Lehrbuch Romanistik

W0045389

Frank-Rutger Hausmann

Französisches Mittelalter

Lehrbuch Romanistik

Verlag J.B. Metzler
Stuttgart · Weimar

Frank-Rutger Hausmann, geb. 1943, lehrt seit 1976 als Professor für französische und italienische Literatur in Aachen und Freiburg i.Br..
Bei J.B. Metzler ist erschienen: *François Rabelais* SM 176. 1979; Mitautor der *Einführung in die französische Literaturwissenschaft* SM 148. 3. Auflage 1987; der *Französischen Literaturgeschichte*. 3. Auflage 1994; der *Italienischen Literaturgeschichte*. 2. Auflage 1994; Mitarbeiter am *Metzler Philosophenlexikon*. 2. Auflage 1995 u.a. Sammelwerken.

Die Deutsche Bibliothek – CIP-Einheitsaufnahme

Hausmann, Frank-Rutger:
Französisches Mittelalter: Lehrbuch Romanistik / Frank-Rutger Hausmann. – Stuttgart; Weimar: Metzler, 1996
ISBN 3–476–01422–3

Gedruckt auf chlor- und säurefreiem, alterungsbeständigem Papier

ISBN 3–476–01422–3

Dieses Werk einschließlich aller seiner Teile ist urheberrechtlich geschützt. Jede Verwertung außerhalb der engen Grenzen des Urheberrechtsgesetzes ist ohne Zustimmung des Verlages unzulässig und strafbar. Das gilt insbesondere für Vervielfältigungen, Übersetzungen, Mikroverfilmungen und die Einspeicherung und Verarbeitung in elektronischen Systemen.

© 1996 J.B. Metzlersche Verlagsbuchhandlung
und Carl Ernst Poeschel Verlag GmbH in Stuttgart
Einbandgestaltung: Willy Löffelhardt
Satz: Typograffiti Birgit Neumann, Kirchentellinsfurt
Druck und Bindung: Franz Spiegel Buch GmbH, Ulm
Printed in Germany

Verlag J.B. Metzler Stuttgart · Weimar

INHALT

VORWORT

Der vorliegende Band versteht sich in erster Linie als ›Lehrbuch‹ für Studenten und verfolgt ein neues didaktisches Konzept. Er ist aus Vorlesungen hervorgegangen, die ich an der Universität Freiburg gehalten habe. Auf die vorliegende ›Einführung in die französische Literatur des Mittelalters‹ sollen zwei weitere Bände ›Renaissance und Klassik‹ bzw. ›Aufklärung und 19. Jahrhundert‹ folgen. Diese ›Lehrbücher‹ sollen mit allgemeinen terminologischen, methodischen, gattungsgeschichtlichen, historischen, soziologischen, buchgeschichtlichen und anderen Fragestellungen vertraut machen, die das Verständnis der literarischen Texte selber erleichtern. Wichtige Aspekte werden deshalb an ausgewählten Textstellen verdeutlicht, die, soweit es sich um Texte der älteren Sprachstufen handelt und wo nicht anders vermerkt, zum besseren Verständnis von mir ins Deutsche übersetzt wurden. Die Belege wollen und können nicht vollständig sein; meist handelt es sich um Auszüge aus bekannteren Werken, die paradigmatisch das Gesagte beleuchten. Im Text, in den Fußnoten und der Bibliographie am Schluß des Bandes finden sich Angaben zu weiterführender Literatur, wobei insbesondere auf die Vorläufer, wichtige Nachschlagwerke und neuere Monographien verwiesen wird. Auch hier kann wieder nur eine repräsentative Auswahl geboten und nicht Vollständigkeit erreicht werden. In die Bibliographie werden nur mehrfach zitierte Titel aufgenommen.

Die ›Lehrbücher‹ sollen und können keine literaturgeschichtlichen Darstellungen ersetzen, sondern verstehen sich als deren propädeutische Begleiter. Sie orientieren sich insbesondere an der im Metzler-Verlag erschienenen und von Jürgen Grimm herausgegebenen Französischen Literaturgeschichte (Stuttgart ³1994), können aber auch beim Studium jeder anderen Geschichte der französischen Literatur gute Dienste leisten. Sie wenden sich nicht an den Forscher, sondern an den Fachstudenten, wollen aber auch Interessenten anderer Disziplinen beim besseren Verständnis der französischen Literatur behilflich sein. Daher werden alle Begriffe und fremdsprachlichen Ausdrücke erklärt oder übersetzt, so daß sich weiteres Nachschlagen erübrigt.

Ich danke dem Metzler-Verlag und seinem Lektorat, daß sie mein Konzept akzeptiert und diesen ersten Band intensiv betreut haben. Besonderen Dank schulde ich Frau Ute Hechtfischer für zahlreiche Anregungen und Verbesserungen bei der Lektorierung des Manuskripts.

Freiburg, im Februar 1996   Frank-Rutger Hausmann

I. ZUM BEGRIFF DES MITTELALTERS

Die ›Entdeckung‹ des Mittelalters im 19. Jahrhundert

> Eine große Periode im Leben des menschlichen Geschlechts, vom Ausgang des 5. Jahrhunderts bis zu dem des 15. Jahrhunderts sind wir gewohnt, mit dem Namen Mittelalter zu bezeichnen. Die Vorstellung einer tausendjährigen Unterbrechung der allgemeinen Kultur, die man ehedem mit dieser Benennung verband, hat, aus humanistischen Anschauungen entsprungen, auf literarischem Gebiet einen Schein von Berechtigung: für die universalhistorische Betrachtung kommt ihr keinerlei Wahrheit zu.

Dieser Satz stammt von einem der bedeutendsten deutschen Historiker, Leopold von Ranke (1795–1886), den man auch den Begründer der modernen Geschichtswissenschaft genannt hat. Das Zitat findet sich zu Beginn des 8. Teils seiner Weltgeschichte (1887; zit. nach Voss, S. 9f.). Wir können dieser Definition mehrere für unseren Gegenstand wichtige Aspekte entnehmen:

Der MA-Begriff ist bei Historikern, Literatur- und Kulturwissenschaftlern umstritten, denn die Historiker verstehen etwas anderes darunter als die Literaturwissenschaftler. Das MA soll im allgemeinen etwa 1000 Jahre gedauert haben; aber je nachdem, ob man den Blick auf Staatswesen, Wirtschaft, gesellschaftliche Verfassung, Philosophie, Theologie, Wissenschaft und Künste oder die Literatur richtet, schwanken die Begrenzungen. So läßt man, je nach Standpunkt, das MA häufig mit dem Untergang des Römischen Reichs 476 beginnen und mit dem Fall von Konstantinopel 1453 enden – andere Daten sind die römische Reichskrise im späten 3. Jh., das sog. Toleranzedikt von Mailand 313, Konstantins Sieg über Licinius 324, der Hunneneinbruch von 375 als angeblicher ›Beginn der Völkerwanderung‹, die Schlacht bei Adrianopel 378, das Gotenfoedus (Bündnisvertrag) des Theodosius 382, der Tod dieses Kaisers und die sog. Reichsteilung von 395, die Absetzung des Romulus Augustulus 476, der Regierungsantritt Chlodwigs 482, sein Sieg über Syagrius 486, die Herrschaft Kaiser Justinians 527–565, der Langobardeneinfall in Italien 568, der Pontifikatsbeginn Gregors des Großen 590, Mohammeds sog. Flucht nach Medina 622, Pippins Sieg bei Tertry 687, die Thronbesteigung der Karolinger 751/2, der Regierungsantritt Karls des Großen 768, seine Kaiserkrönung 800 usw.[1] Eine ähnliche Zahl unterschiedlicher Daten macht man auch für das Ende namhaft (Eroberung Amerikas, Vertreibung der Juden aus Spanien 1492; Beginn der Italienkriege

1498; Luthers Thesenanschlag in Wittenberg mit Beginn der Reformation 1517 usw.).

Das erste Zeugnis in altfranzösischer Sprache sind die *Straßburger Eide* vom 14. Februar 842 (*DLF* 1374–1375); aber dabei handelt es sich um einen juristischen, noch keinen literarischen Text. Der erste literarische Text ist die sog. *Eulaliasequenz* von ca. 881 (*DLF* 1355–1356; *LexMA* 4,93–94), ein hagiographisches Werk, und bereits diese noch nicht einmal besonders augenfällige Divergenz der Daten belegt, daß wir für die Literatur ganz andere Beschreibungs- und Erklärungsmodelle suchen müssen als für die Universalgeschichte. Aber da diese das weitergehende Phänomen darstellt, aus dem sich die Literatur in Teilen ableitet und erklärt, wollen wir mit ihr zunächst beginnen.

Ranke lehnt für die historische Periodenbildung den Begriff des MA.s grundsätzlich ab, worin ihm jedoch nicht viele Historiker gefolgt sind. Man kann vielmehr festhalten, daß sich die ›humanistische Trias‹ (Antike, Mittelalter, Neuzeit) trotz ihrer mittelalterfeindlichen Stoßrichtung als Periodisierungssystem auf Dauer behauptet hat. Noch 1964 schreibt R.-J. Sattler: »Die gegenwärtige Historiographie hat sich von dieser negativen, der Aufklärung und ihrer Akzentsetzung stammenden Einschätzung des Mittelalters gelöst. Sie behält den Terminus Mittelalter bei, weil seine seit langem selbstverständliche, unbestrittene und allseitige Verwendung das ratsam erscheinen lassen. Der Versuch, den Begriff Mittelalter und die mit ihm verbundene Periodisierung abzustoßen, würde nur zu Verwirrungen führen.«[2]

Die Begriffe ›Mittelalter‹ und ›Neuzeit‹ belegen, daß die historische Periodenbildung stark zeit- und raumbezogen ist. Ihr liegen im übrigen (ideologische) Werturteile zugrunde, die aus einer bestimmten Bewußtseinslage entstanden sind. Das zeigt sich nicht nur an der Intervallfunktion des Begriffs ›Mittelalter‹, sondern verstärkt auch am Begriff ›Neuzeit‹ bzw. ›Moderne‹.[3] Die Relativität des Begriffs ›Moderne‹ als des jeweils Neuen bedingt zugleich periodologische Verlagerungen, die sich im deutschen Bereich als Abstufungen (Neuzeit, Neuere Zeit, Neueste Zeit, Zeitgeschichte; im Franz. *histoire moderne et contemporaine*) wiederfinden. Aber es gibt eine Form des Modernismus schon im MA, man denke nur an den ›Dolce stil novo‹ (*LWR* 429), der sich über das Alte und Überkommene (hier die ›Sizilianische Schule‹ und die Bolognesen) stellt. Das bekannte Bild, daß der gegenwärtige Mensch ein Zwerg auf den Schultern von Riesen sei, besagt Analoges.[4] Es geht auf Bernhard von Chartres (Bernardus Carnotensis; †1124/30) zurück: »Wir sind die Zwerge, die auf den Schultern der Riesen sitzen, so daß wir weiter sehen können als diese, nicht kraft der Schärfe unseres eigenen Gesichtes oder durch die Größe unseres Körpers, sondern weil wir durch die Größe der Riesen in die Höhe hinaufgebracht und emporgehoben werden.«[5]

Die Dreiteilung der Geschichte in Antike, Mittelalter und Neuzeit (*LWR* 251–254) ist zwar seit dem Historismus des späten 19. Jh.s mehrfach hinterfragt worden, aber aus praktischen Erwägungen beibehalten worden. Die Frage nach den Grenzen des MA.s, der Achse dieser Periodisierung, ist so alt wie das Periodisierungsschema selber. Diskussionen über die Grenzen und Inhalte des MA.s sind zwar immer wieder geführt worden, aber ohne definitives Ergebnis. Die Diskussion hat jedoch gezeigt, daß, wo man früher harte Zäsuren sehen wollte, fließende Übergänge zu registrieren sind; dies gilt besonders für die Zeitspanne von Spätantike und Frühmittelalter bzw. von Spätmittelalter und Renaissance.[6] Was die Historiker als MA bezeichnen, ist also keineswegs eine geschlossene, einheitliche Periode der Weltgeschichte gewesen. Man hat deshalb versucht, den historischen Gegebenheiten der einzelnen Phasen dieser Periode durch Untergliederung auch dieses Hauptbegriffs gerecht zu werden: Früh- (*haut moyen âge*), Hoch- (*âge de la féodalité*), Spätmittelalter (*bas moyen âge*). Die Begriffe sagen noch nicht viel und müssen mit Inhalten gefüllt werden. A. Hauser erfaßt die Differenzierung prägnant und beweist Gespür für die Entwicklung von Geschichte, Kunst *und* Literatur:

> Die entwicklungsgeschichtliche Einheit des Mittelalters ist eine künstliche; in Wirklichkeit zerfällt es in drei durchaus eigenartige Kulturperioden: in die des frühmittelalterlichen naturalwirtschaftlichen Feudalismus, des hochmittelalterlichen höfischen Rittertums und des spätmittelalterlichen städtischen Bürgertums. Die Einschnitte zwischen diesen Epochen sind jedenfalls tiefer als die am Anfang und am Ende des gesamten Zeitalters. Feudalismus, Rittertum und Bürgertum sind aber nicht nur schärfer voneinander getrennt als Antike und Mittelalter oder Mittelalter und Renaissance, die Wandlungen, durch die sie voneinander geschieden sind – die Geburt des ritterlichen Dienstadels und der Umbau der feudalen Naturalwirtschaft in die städtische Geldwirtschaft, das Erwachen der lyrischen Sensibilität und die Entwicklung des gotischen Naturalismus, die Emanzipation des Bürgertums und die Anfänge des neuen Kapitalismus –, sind für die Entstehung des modernen Lebensgefühls von größerer Bedeutung als die geistigen Errungenschaften der Renaissance selber. (S. 127)

Für die französische Literaturgeschichte (*LexMA* 4,836–844) stellt sich die Situation noch etwas anders dar, da das sog. Altfranzösische zwar keine einheitliche Sprache ist, sondern ein Bündel von Dialekten (*LexMA* 4,844–847), aber chronologisch doch abgegrenzt werden kann (Ende ca. 1350, danach Mittel- oder Frühneufranzösisch). Und auch die Hauptthemen der altfranzösischen Literatur (Hagiographie und Bibeldichtung, Kreuzzüge, Rittertum und Feudalismus, Liebesallegorien, Theater usw.) können chronologisch geordnet und bestimmten historischen Momenten zugewiesen werden.

Dennoch, die Geschichte des MA-Begriffs ist lehrreich. Das Wort ist philologisch-humanistischer Herkunft: Petrarca verwendet es erstmals (1373) in einer Versepistel (*Ep. metr.* III,33).[7] Er meint eine Zwischenzeit, konkret diejenige, die zwischen Antike und seiner Gegenwart liegt. Petrarca will als Humanist alle menschlichen Wissens- und Kunstbereiche an die mustergültige Antike anbinden, und insofern ist die Zeit, die ihn von Vergil und Cicero trennt, ein finsteres Interregnum. Die lateinischen Termini sind *media antiquitas, media tempora, medium tempus, medium aevum, media aetas*, und sie haben das Modell für die anderen romanischen Sprachen geliefert. Es ist banal genug, verdient aber festgehalten zu werden: Der mittelalterliche

Mensch hatte natürlich keinesfalls die Vorstellung, in einer mittleren Zeit, einer Übergangszeit des Verfalls und der Unbildung, zu leben; wir werden von seinen Geschichts- und Periodisierungsmodellen noch sprechen. Die Humanisten werteten das MA aus ideologischen Gründen ab. Das berühmteste Zeugnis dafür liefert François Rabelais (1483/94–1553) mit dem Brief, den er Gargantua an seinen in Paris studierenden Sohn Pantagruel schreiben läßt (*Pantagruel*, Kap. 8):

> Die Zeit war noch finster und litt unter dem Unglück und der Not, die durch die Goten verursacht worden waren, welche die gesamte gute Literatur zerstört hatten. Aber durch die Güte Gottes ist in meiner Zeit der Literatur und den Wissenschaften ihre Würde zurückgegeben worden [...]. Jetzt sind alle Disziplinen wiederhergestellt, die Sprachen erneuert: Griechisch, ohne dessen Kenntnis sich niemand, ohne sich schämen zu müssen, gelehrt nennen darf; Hebräisch, Chaldäisch und Lateinisch. Die im Gebrauch befindlichen gedruckten Bücher, die so elegant und korrekt sind, stellen eine Erfindung meines Zeitalters kraft göttlicher Inspiration dar wie als Gegenstück dazu die Artillerie kraft teuflischer Eingebung. Die ganze Welt ist voll von Weisen, hochgelehrten Erziehern, sehr großen Büchereien; und meiner Meinung nach gab es weder zur Zeit Platons noch zu der von Cicero oder Papinian eine solche Bequemlichkeit für das Studium, wie man sie heute hat. Und wer nicht in der Werkstatt der Minerva sich vervollkommnet hat, kann sich heute auf dem Platz oder in der Gesellschaft nicht mehr sehen lassen. Ich sehe, daß die Räuber, die Henker, die umherstreifenden Soldaten, die Pferdeknechte von heute gelehrter sind als die Doktoren und Prediger zu meiner Zeit. Was soll ich sagen? Sogar die Frauen und Mädchen streben nach dem Lob und dem himmlischen Manna der guten Lehre. (Buck, S. 127)

Diese Einschätzung ist aufschlußreich: Für Rabelais liegt der Unterschied zum MA demnach nicht so sehr in der damaligen Unkenntnis der Antike, sondern in der fehlenden Verbreitung des Wissens. Dazu haben aus Rabelais' Sicht die im 15. Jh. erfundene Buchdruckerkunst und ein ausgedehntes Erziehungssystem beigetragen; was Rabelais nicht erwähnt, ist die Reformation, die zur Verbreitung der Erziehung und Bildung wesentliche Ideen beigesteuert hat, da erstmals auch Laien für religionsmündig erklärt wurden (sog. Priestertum aller Gläubigen). Aber wenn man bedenkt, daß ein Mönch zwischen ein und zwei Jahren für das Kopieren einer sorgfältig gestalteten Handschrift benötigte, jetzt aber in knapp zwei Wochen zwischen 400 und 2000 Exemplare ein und desselben Buchs durch den Druck hergestellt werden können, dann leuchtet der Unterschied ein. Wichtig ist auch die Ausweitung des Sprachenkatalogs, insbesondere die Einbeziehung des Griechischen (und, weniger wichtig, des Hebräischen und Aramäischen), die dem MA weitgehend unbekannt waren. Das Studium des Griechischen eröffnete seit Boccaccio dem Abendland neue Dimensionen.[8] Rabelais beschimpft die sog. Goten; er meint damit Barbaren jeglicher Art, wohl nicht zuletzt die germanischen Franken, deren Sprache, Kultur und Literatur von den Romanen häufig als obskurantisch verketzert wurden. Sie seien schuld daran, daß das Latein verderbt worden sei. Richtig ist daran, daß unter dem Einfluß der Germanen das klassische

Latein abgeschliffen wurde und, da es in einer Übergangszeit ein ausgemachtes Sprechlatein war, schon viele Elemente der späteren romanischen und germanischen Volkssprachen enthielt (s. Kap. V). Einer der frühesten lateinischen Lexikographen, der französische Byzantinist Charles Du Fresne, seigneur Du Cange (1610–1688), Verfasser des berühmten, noch heute benutzten *Glossarium ad scriptores mediae et infimae latinitatis* (1678), trägt dem Rechnung: ›Der‹ *Du Cange* erfaßt das spezifische Vokabular des Spätlateins, des sog. Mittellateins, und seine Bezeichnung *media et infima latinitas* drückt auch wieder ein dreigliedriges Schema, diesmal ein eindeutiges Dekadenzschema, aus. Hinzu kommt für Rabelais' negative Einschätzung noch die Tatsache, daß die germanischen Literaturen eigentlich älter sind als die romanischen und bereits früh mit ihnen in Konkurrenz treten. West- und Ostfranken haben, wie wir den *Straßburger Eiden* entnehmen können, bereits um die Mitte des 9. Jh.s ein eigenes Sprachbewußtsein entwickelt.

Die Verketzerung des angeblich so finsteren MA.s dauerte über den Humanismus hinaus bis zum Beginn des 19. Jh.s an.[9] Die Klassik und die Aufklärung stehen insoweit noch im Bann der ›imitation des anciens‹, sind späthumanistisch, als für sie das MA »temps ténébreux, siècles grossiers et gothiques« sind, die den *bon goût*, der sich an den Modellen der antiken griechischen und lateinischen Kultur orientiert, beleidigen. Wir zitieren als Beispiel den sonst nicht sehr bedeutenden Abbé Charles de Longchamps, der in seinem *Tableau historique des Gens de Lettres, ou Abrégé chronologique et critique de la Littérature Françoise, considérée dans ses diverses révolutions, depuis son origine jusqu'au XVIIIe siècle* (6 Bde., Paris 1767–1770) schreibt:

> Soumis à des Vainqueurs Barbares, les Gaulois vont prendre leurs mœurs et leur ignorance. Les Sciences avilies sous un gouvernement qui les dedaigne, languiront sans honneur pendant quelques siécles, jusqu'à ce qu'elles se perdent tout-à-coup dans les ténébres d'une nuit absolue [...]. Sous la domination des premiers François, les Gens de Lettres manquoient donc de cet encouragement que la politique des Romains avoit entretenu jusqu'à la destruction de l'Empire. A ce defaut d'encouragement se joignit une autre cause d'ignorance, la corruption de la langue latine qui cessa bientôt d'être la langue de la Nation. (Voss, S. 197 Ann. 74)

Derartige Argumente ließen sich auch bei anderen Autoren finden. Oft heißt es, die Franken seien an der Dekadenz der Kultur schuld, und demenstprechend heißt die Völkerwanderung auf französisch *l'invasion des barbares*. Viele Franzosen behaupten, die Kelten seien die wahren Erben Roms, nicht die Germanen. Dieser Gegensatz wird bereits seit dem 16. Jh. zugespitzt und nimmt schon bald politische Dimensionen an: Die Fortschrittlichen in Frankreich werden sich häufig auf das republikanisch-römische Erbe berufen, das mit dem keltischen verschmolzen ist, die Konservativen auf das monarchistisch-germanische. Dies gilt mit der Einschränkung, daß während der Hugenottenkriege prominente Protestanten die Franken als Bringer der Freiheit für die von den Römern unterjochten Gallier verherrlichen sollten. Mit der historischen Wahrheit hat dies aber nicht viel zu tun, denn es ist die Wiederbelebung eines uralten Freund-Feind-Schemas, das ideologisch verschärft wird.[10] Fränkische und später deutsche Schriftsteller mußten sich im ganzen MA von Romanen als Barbaren verspotten lassen (*LexMA* 1,1434–1436). Die Abwehrreaktion gegen die Germanen bewog um 550 gar den christlichen Römer Cassiodor zu der absurden Wortdeutung, das Wort *barbarus* sei zusammengesetzt aus *barba* (Bart) und *rus* (flaches Land): Die Barbaren, so sagte man, lebten nicht in Städten, sondern hausten wie wilde Tiere auf den Feldern. Man erkennt das positive Gegenbild, den glattgeschorenen Mönch, den *litteratus* und *clericus*. Diese Kluft wurde erst überbrückt, wenn auch nicht ganz geschlossen, als die Germanen den katholischen Glauben angenommen hatten und selber alle Nicht-Christen als Barbaren verunglimpfen konnten.[11]

Auch die Geschichte der Mediävistik als Wissenschaft – hier sind die politische Geschichte, die Geschichte von Kunst, Literatur, Musik, Recht, Institutionen usw. betroffen – ist komplex. Wir müssen uns mit einigen Stichworten begnügen. Die Mediävistik entwickelte einen Teil der methodischen Standards, die auch für die Neuphilologien gültig werden, denn auch sie steht im Banne von Textphilologie und Bio-Bibliographie. Allerdings hat sie sich erst um die Mitte des 19. Jh.s von antiquarischer Gelehrsamkeit emanzipiert und ist ein selbständiges wissenschaftliches Fach geworden. Das MA wird in ein Kontinuitätsdenken eingepaßt, in einen historischen Gesamtablauf, der mit den Kategorien von Blüte und Verfall operiert. Lange Zeit wird es so ›materialisiert‹ oder ›ideologisiert‹ und kann nur schwer in seinem Eigenwert erkannt werden. »Man war insgesamt gern bereit, Ritterromantik, gotische Architektur oder auch die märchenhaften und sagenhaften ›Inhalte‹ mittelalterlicher Kunst und Literatur als ›schön‹ oder wertvoll zu begreifen, die einzelnen Werke selbst hatten jedoch kaum Anspruch auf ernsthafte, ästhetische Würdigung.«[12]

Die Aufwertung des MA.s erfolgte am Ende des 18. Jh.s bezeichnenderweise nicht über die Historiographie, sondern auf dem Felde der schönen Literatur. In Johann Gottfried Herder (1744–1803) fand das MA einen ersten Herold und weiterwirkenden Interpreten. Über den Schweizer Universalhistoriker Johannes von Müller (1752–1809) und Madame de Staël (1766–1817) dringen seine Vorstellungen auch nach Frankreich ein. In seiner Schrift *Auch eine Philosophie der Geschichte* (1774) beschreibt Herder das MA als Phase eines Gärungsprozesses, als Versuch einer Synthese aller bisherigen Kulturen, als Zusammenspiel entgegengesetzter Elemente. Im Unterschied zur humanistisch-aufklärerischen Vorstellung versteht er diese Epoche nicht als Übergangsphase von der Antike zur Neuzeit und weiter zu einer goldenen Zukunft, sondern er gibt ihr im weltgeschichtlichen Rahmen die Bedeutung einer Zeit mit eigenem Charakter. Herder verklärt das MA nicht, wenn auch seine Vorstellungen auf die Romantiker nachwirken. Er verherrlicht diese Zeit nicht als Ideal der Einheit von Glauben, Denken und Handeln, als alles noch in der christlichen Religion geborgen ist, sondern ihn interessieren neben der Literatur des Volkes auch dessen Institutionen. Herder wird von der Schweizer Kosmopolitin Germaine de Staël rezipiert, die jedoch ganz im französischen Kulturkreis lebt. In ihrem 1813/14 veröffentlichten Werk *De l'Allemagne* spricht sie in ehrfurchtsvollem Ton von den Grundlagen und Überresten des MA.s in Deutschland, wo diese am sichtbarsten seien, und lobt die mittelalterliche deutsche Literatur, die dem Geist des Rittertums entsprungen sei. So werden die *siècles de barbarie* zu *siècles de chevalerie* veredelt.[13] Und wenig später kann René de Chateaubriand (1768–1848) sagen, das MA sei die einzige noch vom Christentum geprägte Epoche: »Les seuls temps poétiques de notre histoire, les temps chevaleresques lui [sc. au christianisme] appartiennent encore.«[14] Wer also das wahre Christentum und die erhabene Welt der ritterlichen Ideale finden will, der soll auf das MA schauen. Dort verbinden sich *naïveté, simplicité, merveilleux*.

Die Romantiker suchten ganz allgemein die schöpferischen Kräfte in der Gemeinschaft, dem sog. Volksgeist und seinen Äußerungen. Die mittelalterlichen Reiche galten als transnational, die Kultur wurde nicht als individuell-nationalistisch geschieden. Der Volksgeist hatte sich angeblich in Sprache, Dichtung, Mythos, Recht usw. konkretisiert. Die Romantiker wandten ihr Interesse der Volksdichtung zu, dem volkstümlichen Recht und der Sprache als einem unbewußt geschaffenen Gemeinschaftsgebilde. Es entstehen die germanistische und romanistische Sprach- und Literaturwissenschaft, an der bekannte Dichter und Philosophen wie die Gebrüder Schlegel, Schelling, Uhland, die Gebrüder Grimm, Hoffmann von Fallersleben, E.M. Arndt u.a. Anteil haben. Typisch sind die unterschiedlichen Sammlungen von Zeugnissen der Völker, z.B. historische und juristische Quellen (*Monumenta Germaniae Historica*), Märchen (Gebrüder Grimm), Volkslieder (Herder, *Die Stimmen der Völker in Liedern*; Brentano, *Des Knaben Wunderhorn*), Mythen (Jacob Grimm) usw.

Die Einschätzung des Mittelalters in seiner Zeit: Natur, Zeit, Schicksal

Die mittelalterlichen Historiker und Schriftsteller betrachteten die Vergangenheit nicht als einen eigenständigen historischen Abschnitt, sondern beurteilten sie in erster Linie unter theologischen Aspekten. Die Theologie darf mit Fug und Recht als die ›Leitwissenschaft‹ des MA.s bezeichnet werden. Die historisch zentralen Kategorien Raum und Zeit waren durch die biblische Offenbarung eindeutig benannt und ein für allemal festgelegt. Gott hatte die Welt aus dem Chaos heraus geschaffen, den Menschen als Herrn über sie gesetzt, und würde am Jüngsten Tag wieder ihr Ende herbeiführen. Gott selbst personifizierte allein das Ewige (hebr. *ʿōlām*, griech. *aion*). Geographie, Historie und Chronologie waren in diesen göttlichen Schöpfungs- und Heilsplan eingepaßt, und auch unübersehbare Diskrepanzen mit der Botschaft der Bibel wie die Kugelgestalt der Erde und der Heliozentrismus, das Vorhandensein von bewohnten Ländern außerhalb des Mittelmeerraumes und die Möglichkeit der Existenz von Antipoden, Naturerscheinungen wie Erdbeben, Mond- und Sonnenfinsternisse usw. mußten durch entsprechende Interpretationen mit der Heilswahrheit bzw. untereinander konkordant gemacht werden. An den Aussagen der Heiligen Schrift war kein Zweifel möglich, da es sich um eine göttlich geoffenbarte Wahrheit handelte.

Das Ideal einer objektiven Wissenschaft, die sich nur der Wahrheit verpflichtet weiß, war vor dem Renaissancehumanismus undenkbar. Aber es ist keine geringe Leistung, die von den unterschiedlichen Autoritäten vorgegebenen Daten und Fakten mit den biblischen Aussagen in Einklang zu bringen. Gelegentlich behalfen sich die Gelehrten und Schriftsteller damit, daß sie Kräften wie der ›Natur‹, der ›Zeit‹ oder dem ›Schicksal‹ durchaus eine gewisse Selbständigkeit einräumten, sie jedoch allegorisierten und damit zu Vollstreckungsgehilfen des göttlichen Willens erhoben.

Die wichtigste dieser ›Hilfskräfte‹ ist sicherlich die Natur, die in der Antike als *physis* oder *natura* göttliches Ansehen genoß. Als kosmische Potenz stand sie zwischen Zeus und der Götterwelt und konnte durchaus in den Geschichtsverlauf eingreifen. In der zehnten der *orphischen Hymnen*, einer Sammlung, die im 3. oder 4. Jh. von einem unbekannten Autor wahrscheinlich in Ägypten oder Kleinasien verfaßt wurde, sind über achtzig Prädikate der Göttin aufgezählt. »Sie ist die uralte Allmutter; Vater, Mutter, Amme, Nährerin; allweise, allschenkend; Ordnerin der Götter; Bildnerin; Erstgeborene; ewiges Leben und unsterbliche Vorsehung. Diese Allgöttin ist nicht Personifikation eines Begriffs. Sie ist eine der letzten religiösen Erfahrungen der spätheidnischen Welt. Sie besitzt unerschöpfliche Lebenskraft« (Curtius, *ELLMA*, S. 116). Das Christentum hat diese Gottheit überwunden und entthront, doch aus dem Bewußtsein entschwand ihr Einfluß nie. Unter Rückgriff auf Averroës wurde die Scheidung in *natura naturans* (=Schöpfernatur) und *natura naturata* (=erschaffene Natur) üblich (*HWBPh* 6,421–478). Jean de Meun, der Vollender des *Roman de la Rose* (ca. 1275–1280),[15] hat in Anlehnung an Alanus ab Insulis (*De planctu naturae*; vv. 19505 ff.) die Natur zur Schöpferin des Lebens erhoben. Er führt den Leser in ihre Schmiede, wo sie ihrem Vorgesetzten ›Genius‹ Rechenschaft ablegt. Der Autor nutzt diesen langen Einschub zu einem gedrängten Überblick über das gesamte Wissen der Zeit. Es heißt dort:

De l'auctorité de Nature,	Kraft der Autorität der NATUR,
Qui de tout le monde a la cure,	die die Sorge für die ganze Welt trägt,
Come vicaire e conestable	als Verweserin und Statthalterin
A l'empereeur pardurable	des ewigen Kaisers,
Qui siet en la tour souveraine	der in dem höchsten Turm
De la noble cité mondaine,	der edlen irdischen Stadt wohnt,
Don il fist Nature ministre,	zu deren Minister er die NATUR gemacht hat,
Qui touz les biens i amenistre	die alle Güter dort durch den Einfluß

Par l'influence des esteles,
Car tout est ordené par eles
Selonc les dreiz emperiaus
Don Nature est oficiaus,
Qui toutes choses a fait naistre
Puis que cist mondes vint en estre,
E leur dona terme ensement
De grandeur e d'acreissement;
N'onques ne fist riens pour neient
Souz le ciel qui va tourneiant
Entour la terre senz demeure
Si haut desouz come deseure,
Ne ne cesse ne nuit ne jour,
Mais toujourz tourne senz sejour,
Seient tuit escomenié
Li desleial, li renié,
E condanné senz nul respit,
Qui les euvres ont en despit,
Seit de grant gent, seit de menue,
Par cui Nature est soutenue.
(vv. 19505–19532)

der Sterne verwaltet,
denn durch diese ist alles geordnet
gemäß den kaiserlichen Gesetzen,
deren Vollstreckerin NATUR ist,
die alle Dinge entstehen ließ,
seit diese Welt geschaffen wurde,
und ihnen in gleicher Weise die Grenze
ihrer Größe und ihres Wuchses setzte
und niemals etwas unnütz tat
unter dem Himmel, der ohne Verweilen
um die Erde kreist,
ebenso hoch unter ihr wie über ihr,
und weder Tag noch Nacht aufhört,
sondern stets ohne Aufenthalt kreist –
exkommuniziert seien alle
die Treulosen und die Abtrünnigen
und ohne Aufschub verdammt,
die, seien sie große Leute oder geringe,
die Werke verachten,
durch welche NATUR unterstüzt wird.
(Ott, S. 1040–1043)

Eine derart weitreichende und systematische Darstellung der Natur wird man zwar in keinem anderen altfranzösischen Werk antreffen, aber es findet sich immer wieder der Topos von der Natur als der ›Bildnerin des schönen Menschen‹. Dabei rivalisieren Gott und die Natur miteinander, z.B. in Chrétiens *Yvain*, wo es von Laudine heißt:

Onques mes si desmesurer
An biauté ne se pot Nature;
Que trespassee i a mesure.
Ou ele espoir n'i ovra onques?
Comant poïst avenir donques?
Don fust si granz biautéz venue?
Ja la fist Des de sa main nue,
Por nature feire muser.
(vv. 1492–1499)

Nie wieder vorher und nachher hat Natur sich so an
Schönheit selber übertroffen,
denn sie hat alles Maß dabei überschritten.
Oder vielleicht wirkte sie gar nicht selbst daran?
Wie konnte es also zugehen?
Wie ist so große Schönheit entstanden?
Gott selbst wird sie mit bloßer Hand geschaffen haben,
um Natur in Staunen zu versetzen.
(Nolting-Hauff, S. 85)

Im *Rosenroman* finden wir gleich zu Anfang unter den Allegorien auch eine solche der *Zeit* (vv. 361–406), deren zerstörende Unerbittlichkeit der Dichter wohl verstanden hat:

Li Tens qui ne puet sejorner,
Ainz vait toz jorz senz retorner,
Con l'eve qui s'avale toute,
N'il n'en retorne arriere goute;
Li tens vers cui neienz ne dure,
Ne fers ne chose tant soit dure,
Car Tens gaste tot e manjue;
Li Tens qui toute chose mue,

Die ZEIT, die nicht verweilen kann,
sondern immer weiter geht, ohne zurückzukehren,
wie das Wasser, das zu Tal stürzt
und von dem kein Tropfen zurückkommt;
die ZEIT, der gegenüber nichts dauert,
weder Eisen oder sonst ein noch so harter Stoff,
denn ZEIT verdirbt und frißt alles;
die ZEIT, die alles verwandelt,

Qui tot fait croistre et tot norrist	die alles wachsen läßt und ernährt
E qui tot use e tot porrist;	und alles verbraucht und faulen läßt,
Li Tens qui envieilli noz peres,	die ZEIT, die unsere Väter altern ließ,
Qui viellist rois e empereres	die Könige und Kaiser altern läßt
E qui toz nos envieillira,	und uns alle altern lassen wird,
Ou Morz nos desavancira.	oder der TOD wird uns vorher aufhalten.
(vv. 373–386)	(Ott, S. 96–97)

Zeit ist für den mittelalterlichen Menschen meist Endzeit (Gurjewitsch, S. 28 f., 98 f.), denn das irdische Leben ist nur eine Durchgangsstation zum Jenseits, wie auch die irdische Geschichte nur auf die Ewigkeit vorbereitet. Der Tod ist daher in literarischen, liturgischen, juristischen, epigraphischen, ikonographischen u.a. Quellen des MA.s omnipräsent. Er ist kein bloß individueller Akt, als Wendepunkt des Lebens fordert er die mehr oder minder feierliche Einbindung des Individuums in größere soziale Kontexte.[16] Der Tod wird nicht negiert, er kann gezähmt und damit, jedenfalls teilweise, seiner Bedrohlichkeit entkleidet werden.

Als Fortschritt mit dem Ziel der Reifung und Vollendung des Menschen kann Zeit noch nicht verstanden werden; die Helden der altfranzösischen Literatur sind deshalb ewig jugendlich, Geschehensabläufe werden synchron gesehen. Ein einheitlicher Zeitbegriff fehlt so lange, wie man die Zeit noch nicht mechanisch messen kann. Eine Vorstellung des Reifens in der Zeit sollte der Aufklärung vorbehalten bleiben. Gestützt auf Ps 85,12 (»Ich will dir danken, Herr, mein Gott, aus ganzem Herzen, will deinen Namen ehren immer und ewig«), vor allem aber auf Mt 10,26 (»Nihil enim est opertum quod non revelabitur, et occultum, quod non scietur – Denn nichts ist verhüllt, was nicht enthüllt wird, und nichts ist verborgen, was nicht bekannt wird«), galt dem MA das Motto »Veritas filia temporis – Die Zeit enthüllt die Wahrheit.« So gab es bereits terminologisch zwei Zeitbegriffe, die sich den griechischen Wörtern *chrónos* und *kairós* zuordnen lassen. Der erste meint die lineare und gleichmäßig dahinfließende Zeit, die unabhängig von der subjektiven wie theologischen Bedeutung und Gewichtung einzelner Zeitpunkte abläuft; der zweite wird in der griechischen Mythologie bildhaft von einem Knaben verkörpert, der mit wehendem Schopf vorbeihuscht und augenblicklich gepackt werden muß, soll er nicht unwiederbringlich entschwinden. Es gilt demnach, die Gelegenheit beim Schopfe zu packen. Der Kairos ist immer der Augenblick der Entscheidung, in dem Entscheidendes getan oder versäumt wird. Er ergibt sich nach biblischem Denken nicht zufällig, sondern wird von Gott selbst in der kontinuierlich ablaufenden Zeit gezielt herbeigeführt. Der göttliche Wille bricht sozusagen senkrecht in den waagerechten Fluß des Chronos ein. Die beiden ›Zeiten‹ begegnen auch als *occasio arrepta* (ergriffene) und *neglecta* (verpaßte Gelegenheit).

Damit sind wir beim dritten Begriff, dem der *Fortuna* (*LexMa* 4,665–666), angelangt. Ursprünglich meinte sie die lateinische Schicksals- und Glücksgöttin (griech. *Tyche*), deren Attribute, je nachdem, Füllhorn, Kugel oder Rad waren. Seit christlicher Zeit wurde sie meist als trügerische, dämonische Gestalt in Antithese zur göttlichen Gerechtigkeit und als Personifikation des Wechsels von Gunst und Ungunst im Heilsplan Gottes dargestellt (*LCI* 2,53–54; 3,492–494). Räder, die den Wechsel des Lebens, den Kreislauf der Natur oder die Wandelbarkeit des irdischen Glücks versinnbildlichen, kommen meist als Glücksräder vor. Das erste begegnet als Illustration in einer Boethius-Handschrift um 1100.[17] Obenauf sitzt ein König, rechts fällt einer hinab, zuunterst ist einer gefallen, links wiederum steigt einer empor. Das Begriffspaar von Aufstieg und Fall eines Königs wird zur Chiffre der Launenhaftigkeit des Glücks schlechthin,[18] dazu erscheint die Viererformel: »regno – regnavi – sum sine regno – regnabo«, ein einprägsamer Hexameter.[19] Erneut liefert der *Rosenroman* (vv. 4837–6890) einschlägiges Textmaterial:

Mais la contraire e la parverse,	Aber wenn die widerwärtige und schlimme
Quant de leur granz estaz les verse,	sie von ihrer hohen Stellung herabstößt
E les tombe, au tour de la roe,	und bei der Drehung des Rads vom Gipfel
Dou somet envers en la boe,	rücklings in den Dreck schleudert
E leur assiet, come marrastre,	und ihnen wie eine böse Stiefmutter
Au cuer un doulereus emplastre,	aufs Herz ein schmerzhaftes Pflaster legt,
Destrempé, non pas de vin aigre,	das nicht in Essig getaucht ist,
Mais de povreté lasse e maigre,	sondern in elende, dürftige Armut,
Cete montre qu'ele est veraie,	dann zeigt diese ihnen, daß sie wahrhaftig ist
E que nus fier ne se deie	und niemand sich auf die Güte
En la beneürté Fortune,	FORTUNAS verlassen darf,
Qu'il n'i a seürté nes une.	denn bei ihr gibt es überhaupt keine Sicherheit.
(vv. 4893–4904)	(Ott, S. 312–313)

Weitere Belege lassen sich ohne Mühe finden, z.B. in *La vie du pape saint Grégoire*, der auf einem Felsen im Meer für seine Abstammung – er ist das Kind zweier Geschwister und hat seine Mutter geheiratet – Buße tut, bis man ihn zum Papst erwählt. Immer wenn die Schicksalhaftigkeit seiner Bestimmung betont werden soll, heißt es im Text »Si com fortune le voleit« (v. 772), »Si com fortune le faiseit« (v. 803), »Enci cum fortune le meine« (v. 1223) usw.

Das Vier-Reiche-Schema

Neben diesen eher mikrostrukturellen Kräften, die die Geschicke der Menschen steuern, gibt es auch makrostrukturelle, die eine Gesamtschau des Geschichtsablaufs ermöglichen. Die Historiker erwähnen für das MA mehrere konkurrierende Modelle der universalgeschichtlichen Periodenbildung,[20] von denen das Vier-Reiche-Schema sicherlich das wichtigste ist. Etwas weniger verbreitet, aber nicht minder zentral, ist das drei- bzw. sechsstufige Schema, das wir Augustinus verdanken. Es kennt sechs Weltalter, entsprechend Gottes sechs Schöpfungstagen, die mit einer Abfolge von sechs menschlichen Altersstufen verbunden werden; das letzte Alter ist das der *senectus* (Greisenalter), wodurch ein starkes Dekadenzgefühl zum Ausdruck kommt. Die aus der Antike überkommenen Begriffe des ›Goldenen‹ und ›Silbernen Zeitalters‹, die bis heute in der Bezeichnung von Phasen des literarischen Lebens fortwirken (›Silberne Latinität‹, ›Siglo de Oro‹ usw.), sind in das Vier-Reiche-Schema bzw. das Weltalterschema integriert worden. Dieses, das chronologisch jünger ist, aber als erstes besprochen wird, hat, wie fast alle wichtigen geistigen Phänomene des Abendlandes, einen doppelten Ursprung, einen säkular-antiken und einen biblisch-theologischen.

Der gallo-römische Historiker Pompeius Trogus (Ende des 1. Jh.s v. Chr.) führte es unter Kaiser Augustus in die lateinische Geschichtsschreibung ein. Die vier Reiche sind die der Babylonier, Perser, Griechen und Römer. Ihre Ablösung erfolgt durch die sog. Translation, den Übergang der Herrschaft von einem Volk auf das andere, wobei diese als einheitlich und unteilbar konzipiert wird. Bereits hier kann man die Gefahr einer derart teleologischen Betrachtung erkennen: Sie wertet das letzte, das gegenwärtige Reich, das Imperium Romanum, auf, läßt aber die Weltgeschichte mit ihm enden und bietet nachfolgenden Reichen keinen Raum. Die mittelalterlichen Historiker wissen sich jedoch damit zu helfen, daß sie einen Übergang des letzten Reichs von den Römern auf die Deutschen unterstellen. Dies wiederum impliziert den Glauben an die ewige Dauer des Imperium Romanum, was den römischen Staat aufwertet und zum Modell des Idealstaats schlechthin erhebt. So harmonieren in dieser Konzeption geschichtliche Lage, politische Ideologie und historisches Denken auf das glücklichste miteinander. Der heilige Hieronymus (um 348–420), Kirchenlehrer aus Stridon in Dalmatien und Übersetzer der Bibel ins Lateinische (Vulgata), und nach ihm der Kirchenvater Orosius (5. Jh. n. Chr.) aus Braga in Portugal, verknüpften das römische Vier-Reiche-Schema mit den Visionen des Buchs Daniel (Dan 2), dem sog. Traum Nebukadnezars (Nabuchodonosor).

Dieser babylonische König (605–562 v. Chr.) hat einen Alptraum, den ihm keiner seiner Magier und Sterndeuter erklären kann, weshalb er sie umbringen lassen will. Allein der Jude Daniel findet, von Gott angeleitet, die richtige Lösung: Er deutet die aus Gold, Silber, Kupfer und Eisen bzw. Ton zusammengesetzte Statue, die ein von oben herabfallender Stein zermalmt, als vier aufeinanderfolgende Königreiche (Dan 2,31–42; Luther-Bibel, S. 843).

Durch Hieronymus wird dem christlichen Denken nicht allein die Übernahme dieses viergliedrigen Periodenschemas möglich, sondern dieses wird durch die Autorität der Heiligen Schrift als richtig erwiesen. So konnte das Schema etwa ein Jahrtausend maßgeblich das christliche Denken beeinflussen. Das Buch Daniel spielt zur Zeit des Neubabylonischen Reiches, als Babylon noch einmal Großmacht wurde und sich bis nach Kilikien (Kleinasien) und vor die Tore Ägyptens (Eroberung Jerusalems am 16.3.597 v. Chr.) erstreckte. Daniel und einige Freunde werden von Nebukadnezar nach Babylon verschleppt, wo sie trotz ihrer Erziehung im Geist der heidnischen Weltmacht dem Glauben ihrer Väter treu bleiben. Daniel wird zum Lohn Empfänger und Deuter göttlicher Offenbarungen und kann Aufschluß über den Gang der Weltgeschichte und ihre Vollendung in der Königsherrschaft Gottes geben: Nebukadnezar ist ein babylonischer Herrscher; dieses Reich ist das erste und wird mit dem Gold gleichgesetzt. Danach kommen noch drei weitere aus Silber, Kupfer, Eisen und Ton, womit die antiken Vorstellungen ebenfalls eingefangen sind. Das letzte Reich ist geteilt, was, wie oben angedeutet, die Translation von den Römern auf die Deutschen im ›Sacrum Imperium Romanum Nationis Germanicae‹, dem ›Heiligen Römischen Reich Deutscher Nation‹, ermöglicht. Die Herrschaft kommt von Gott und wird durch Gott beendet, denn am Ende der Zeit steht (v. 44) das Gotteskönigreich: »Aber zur Zeit dieser Könige wird der Gott des Himmels ein Reich aufrichten, das nimmermehr zerstört wird; und sein Reich wird auf kein anderes Volk kommen. Es wird alle diese Königreiche zermalmen und zerstören; aber es selbst wird ewig bleiben.«

Die Bibel liefert somit einen Verlaufsplan der Heilsgeschichte, denn die vier Reiche kommen ja in ihr vor, und sie kann somit als Geschichtsbuch, nicht nur als Geschichtenbuch, gelesen werden, das von der Erschaffung der Welt in der *Genesis* bis zu ihrem Ende in der *Offenbarung*, der *Apokalypse*, reicht. Wichtig ist die Terminologie, die Hieronymus in seiner lateinischen Übersetzung vorgibt, insbesondere in v. 21: »et ipse [sc. Deus] mutat tempora et aetates, transfert regna atque constituit.« Die Herrschaft, die von Gott stammt, ist einheitlich und unteilbar, aber Gott kann sie, wenn ein Reich ausgedient hat, weitergeben, übrigens dreimal. Dies ergibt mit der Vierzahl der Reiche, die für die vier Eckpunkte der Welt stehen, als Zahl der Trinität die berühmte Siebenzahl, die Zahl der göttlichen Schöpfung. Somit sind *mutatio*, Wandel, Verschlechterung, Dekadenz, und *translatio*, Instabilität und Wechsel, der Geschichte innewohnend.

Strukturbildend wurde dieses Schema vor allem für die *Chronica sive historia de duabus civitatibus* (*Chronik oder Die Geschichte der Zwei Staaten*; Einleitung, S. XI–LXVIII) des staufischen Historiographen Otto v. Freising (* nach 1111, † 22.9.1158 Morimond, Burgund), der als Sohn des Markgrafen Leopold III. von Österreich und Oheim Friedrich Barbarossas oft an der Reichspolitik beteiligt war (*LexMA* 6,1581–1583). Seine Weltchronik, einer der bedeutendsten geschichtsphilosophischen Versuche des MA.s, basiert in wesentlichen Teilen auf diesem Modell. Es wird allerdings mit augustinischen Vorstellungen kombiniert, die im Anschluß noch zu besprechen sind.

Ottos Chronik ist äußerst vielschichtig und nicht so schnell auszuschöpfen. Als Zisterziensermönch und Bischof hatte er eine sorgfältige theologisch-philosophische Ausbildung erhalten und kannte viele Quellen aus eigenem Studium. Man kann an seiner Chronik daher sehr gut grundsätzliche Prinzipien der mittelalterlichen Hermeneutik (›Verstehenslehre‹) nachvollziehen, denn die historischen Ereignisse, die er berichtet, sind natürliches Geschehen und gleichzeitig Hinweis (s. Kap. VII). Es *geschieht* etwas, und gleichzeitig *bedeutet* es etwas. Das natürliche sichtbare Geschehnis ist zugleich eine

außerkreatürliche unsichtbare Demonstration. Die historische Szene erschließt sich erst dann ganz, wenn das Geschehene und das damit Aufgewie-
sene erfaßt und aufgefaßt werden. Es kann für Otto wie für seine Leser keinem Zweifel unterliegen, daß der wahre oder höhere Sinn der Geschichte
nicht ein Spiel des Zufalls, sondern eine absichtliche Entscheidung Gottes ist.
Die Geschichte hat Ziel und Erklärung in Gott, und was wir über die Geschichte sagen, gilt ganz allgemein für das Tun der Menschen, also auch für
die Literatur, die sehr lange ebenfalls in diesem göttlich-teleologischen Sinn
gedeutet werden kann und muß. Otto v. Freising entdeckt dabei einen analogen und verwandten Verlauf historischer Ereignisse, er entdeckt sozusagen
das Wirken einer morphologischen Parallele. Gott gibt dem Menschen auf
diese Weise Zeichen, damit er seinen Willen erkennen kann.

Dies ist für den damaligen Historiker keineswegs spekulativ, auch wenn
es uns heute, die wir uns an Kausalitäten klammern, so scheinen will. Die
›Translation‹ ist nur eine von vielen möglichen Variationen des sog. typologischen oder figuralen Denkens, das seit urchristlicher Zeit bekannt ist. Wir
kennen es aus der Bibelexegese und als Prinzip der Darstellung in der Kunst-
und Literaturgeschichte. Die typologische Bibelexegese fragt nach dem Sinn
und der Bedeutung von Ereignissen, wie sie im AT erzählt werden. So bedeutet etwa Josephs Befreiung aus der Grube oder diejenige Daniels aus der
Löwengrube die Auferstehung Christi. Worauf es beim typologischen Erklären ankommt, ist nicht so sehr die Allegorese an sich, die in Antike und Patristik allgemein verbreitet und hinreichend bekannt war, sondern die Verknüpfung von Anzeige und Bedeutung im wirklichen Geschehensablauf. Die
figurale Deutung nimmt ein sich ereignetes, historisches Geschehnis als reale
Prophetie für ein anderes wirkliches, historisches Ereignis. Das anzeigende
reale Geschehnis ist die ›Figur‹ oder der ›Typus‹; das Gemeinte, das präfigu-
rierte Ereignis ist die Erfüllung.[21] Bei den vier Reichen oder Weltmonarchien
Otto v. Freisings sind das erste und letzte die eigentlichen und wichtigen
Hauptreiche, also Babylon und Rom.

›Translatio studii‹ – Chrétien de Troyes

Die historisch-politische Translation, so konnte mehrfach gezeigt werden, bevorzugt die Deutschen als die Träger des Imperiums. Für die anderen Völker,
die sich durchaus ihres Wertes bewußt waren oder doch allmählich wurden,
blieb in diesem Schema nur wenig Raum. Angesichts der Tatsache, daß zur
Kapetingerzeit seit den Verträgen von Verdun (843) und Meersen (870) alles
Land östlich der Flüsse Schelde (Escaut), Saône und Rhône, also vor allem Lothringen, das östliche Burgund und die Provence, zum Deutschen Reich
gehörte, konnten die Franzosen es nicht wagen, den Deutschen das *imperium*
(Herrschaft) streitig zu machen. Anders stand es jedoch mit *sacerdotium* bzw.

religio (Glauben) und *litterae* (Wissen). Auch für diese Bereiche der Religion und der Bildung wurde nun eine Translation konstruiert, die, analog der *translatio imperii*, ebenfalls von Osten nach Westen verlief. Wenn die politische Herrschaft von Babylon kam, so galt dies gleichfalls für die Literatur, worunter man wohl die Bibel faßte, noch nicht das damals unbekannte und etwas ältere *Gilgameschepos* (ca. 2000 v. Chr.). Und wenn auch Benedikt von Nursia (um 480–555), ein Italiener also, als Vater des abendländischen Mönchstums galt, so ist doch Antonius der Große von Ägypten (um 251–356) der Vater des Eremitentums und der christlichen Askese.[22]

Die Franzosen reklamierten nun, gegen die Deutschen, eine höhere Bildung (*clergie*), eine ausgefeiltere Literatur, was für das 12. Jh. vermutlich stimmt, und zudem noch den Primat der meisten Ordensgründungen, was angesichts von Cluniazensern und Zisterziensern ebenfalls nicht ganz unberechtigt ist: Clunys gigantische Klosterkirche in Südburgund wurde zum Vorbild des romanischen Baustils schlechthin (*DLF* 311–316), am Modell der weißen Mönche von Cîteaux orientierten sich Templer und andere Ritterorden wie Johanniter, Templer und Deutscher Orden (*DLF* 300–307).

Werner Goez, dem wir das erste grundlegende Buch über die Translationen verdanken,[23] hat etwas vorschnell ebenfalls Otto v. Freising für den ›Erfinder‹ der *translatio sapientiae*, der Ost-West-Wanderung der Kultur, erklärt. Im Prolog zum fünften Buch der *Chronik* heißt es nämlich:

> Wie ich schon oben gesagt habe, hat alle menschliche Macht und Weisheit im Orient ihren Anfang genommen, und im Okzident erleben wir nun den Anfang ihres Endes. Was die menschliche Macht betrifft, so glaube ich, hinlänglich geschildert zu haben, wie sie von den Babyloniern auf die Meder und Perser, dann auf die Makedonier, nachher auf die Römer und dann unter dem Namen des römischen Reichs auf die Griechen gekommen ist (i.e. Byzanz). Wie sie aber von diesen auf die Franken übertragen worden ist, die im Abendland wohnen, das bleibt nun in diesem Buche zu berichten. Daß aber die Wissenschaft zuerst im Orient, und zwar in Babylon, gefunden und von da nach Ägypten übertragen worden ist, dadurch, daß Abraham zur Zeit einer Hungersnot dorthin zog, berichtet Josephus im ersten Buch seiner *Altertümer* (i.e. *Antiquitates Iudaicae*, jüd. Geschichte bis 66. n. Chr.) [...] Dann sind sie bekanntlich zur Zeit der Scipionen, des Cato und des Cicero und vor allem in der Kaiserzeit, wo der Chor der Dichter mannigfache Dichtungen schuf, zu den Römern und schließlich in jüngster Zeit [...] in den äußersten Okzident, das heißt nach Gallien und Spanien übertragen worden. (*Chronik*, S. 375)

Die Auffassung von Goez blieb nicht unbestritten: Franz Josef Worstbrock hat dagegen eingewandt,[24] daß der von Otto so beschriebene Prozeß der Kulturwanderung bereits in der Antike bei Herodot u.a. belegt ist. Aber Goez hat insofern recht, als Otto v. Freising ihn systematisiert und die drei *translationes* parallel behandelt hat. Wenn wir aber Worstbrock folgen, gibt es mehrere Stränge für die Geschichte der *translatio sapientiae*. Wir wollen uns im folgenden für die französische Variante interessieren, da Chrétien de Troyes (vor 1150 – vor 1190) ihr im *Cligés*-Prolog (S. 1) und letztlich im Roman selber ein wichtiges Denkmal gesetzt hat:[25]

Cil qui fist d'Erec et d'Enide
Et les Comandemanz Ovide

Et l'art d'Amors an romanz mist
Et le Mors de l'Espaule fist,
Del roi Marc et d'Iseut la blonde,

Et de la Hupe et de l'Aronde
Et del Rossignol la Muance,
Un novel conte recomance
D'un vaslet, qui an Grece fu
Del lignage le roi Artu.
Mes ainz que de lui rien vos die,
Orroiz de son pere la vie,
Dont il fu et de quel lignage.
Tant fu preuz et de fier corage,
Que por pris et por los conquerre
Ala de Grece an Eingleterre,
Qui lors estoit Bretaingne dite.
Ceste estoire trovons escrite,
Que conter vos vuel et retreire,
An un des livres de l'aumeire
Mon seignor saint Pere a Biauvez.
De la fu li contes estrez,
Don cest romanz fist Crestiiens.
Li livres est mout anciiens,
Qui tesmoingne l'estoire a voire;
Por ce fet ele miauz a croire.
Par les livres que nos avons
Les fez des anciiens savons
Et del siecle qui fu jadis.
Ce nos ont nostre livre apris,
Que Grece ot de chevalerie
Le premier los et de clergie.
Puis vint chevalerie a Rome
Et de la clergie la some,
Qui ore est an France venue.
Des doint qu'ele i soit retenue
Et que li leus li abelisse
Tant que ja mes de France n'isse
L'enors qui s'i est arestee.
Des l'avoit as autres prestee.
Mes des Grezois ne des Romains
Ne dit an mes ne plus ne mains;
D'aus est la parole remese
Et estainte la vive brese.
(w. 1–44, Mölk, S. 33–34)

Derjenige, der *Erec und Enide* schrieb
und die *Ars amatoria* Ovids (Commandemanz, viell.
    gemeint *Amores und Remedia*?)
in die Volkssprache übersetzte
und den *Schulterbiß* verfaßte,
desgleichen die *Geschichte von König Marc und der
    blonden Isolde*
sowie die *Metamorphose von Wiedehopf, Schwalbe
und Nachtigall,*
beginnt jetzt eine neue Erzählung
von einem Knappen, der in Griechenland lebte
und zur Tafelrunde des Königs Artus gehörte.
Aber bevor ich euch überhaupt etwas von ihm erzähle,
sollt ihr erst die Lebensbeschreibung seines Vaters hören,
wessen Sohn er war und zu welcher Sippe er gehörte.
Er war so tapfer und stolzen Mutes,
daß er, um Ruhm und Ehre zu erwerben,
von Griechenland nach England zog,
das damals Britannien hieß.
Diese Geschichte, die ich euch erzählen und
berichten will, finden wir beschrieben
in einem der Bücher der Bibliothek (Bücherschrank)
der Kirche St. Peter in Beauvais.
Ihm wurde die Erzählung entnommen,
aus der Chrétien diesen Roman machte.
Das Buch ist sehr alt,
was die Wahrhaftigkeit der Geschichte belegt,
und deshalb ist sie glaubwürdiger.
Aus den Büchern, die wir besitzen,
kennen wir die Taten der Alten
und der früheren Zeit.
Unsere Bücher haben uns gelehrt,
daß Griechenland den Primat (*premier los*)
im Rittertum und in der Gelehrsamkeit hatte.
Danach wanderte das Rittertum nach Rom
wie auch die Blüte der Gelehrsamkeit,
die jetzt in Frankreich angekommen ist.
Gott gebe, daß sie dort bleibe
und daß der Ort ihr gefalle,
so daß nie wieder die Ehre, die sich dort jetzt aufhält,
Frankreich verläßt.
Gott hatte sie den anderen geschenkt (geliehen?),
aber von den Griechen und den Römern
spricht man jetzt überhaupt nicht mehr.
Ihr Wort ist zurückgeblieben*
und die lebendige Glut ist erloschen.

*(so allgemein, aber wohl richtiger: Sie werden nicht
    mehr erwähnt)

Seit dem 12. Jh. vollzieht sich, angeführt von den humanistisch gesinnten
Kreisen Frankreichs, gleichzeitig mit einer neuen Rezeption der Antike der
Aufbruch der Wissenschaften und der Literatur. Paris wird schon bald zur *cu-*

ria philosophorum, zum Zentrum der Philosophie und Bildung (*LexMA* 6,1705–1721). Dies legitimiert eine eigene Translationstheorie, die das *studium* von Griechenland über Rom nach Frankreich wandern läßt. Eine derartige Anschauung dürfte auf dem Boden der Pariser Schule zur Blüte gelangt sein und ist bei Vinzenz v. Beauvais, Hugo v. St. Viktor, Giraldus Cambrensis, Alexander Neckam u.a. belegt. Spätestens um 1160–70 war sie Allgemeingut dieser Schule, und um 1175 wird sie von Chrétien aufgenommen. Otto v. Freising, und hier ist Worstbrock zu ergänzen, hat seine Ausbildung in Frankreich erfahren und konnte die Konzeption der *translatio studii* durchaus kennen, und es ist nicht so, daß er die Wanderung von Griechenland über Rom nach Frankreich ablehnt; er verlängert sie nur, seinem Viererschema getreu, nach Babylon.

Wie bereits erwähnt, finden sich im Prolog zu Chrétiens *Cligés* wichtige Elemente der Translations-Theorie. Um diese zu verstehen, müssen wir etwas weiter ausholen. Der *Cligés* ist aller Wahrscheinlichkeit nach der zweite Roman Chrétiens nach *Erec et Enide* (DLF 271–272; ESM, S. 299–300). Chrétien verbindet einen orientalischen Stoff mit dem bretonischen Sagenkreis um König Artus. Bereits damit ist eine wichtige *translatio* angelegt, zumal der Vater des Helden, der dem Roman den Namen gibt, Alexander, der Sohn des Kaisers von Byzanz ist, der nach England (Großbritannien) an den Hof des Königs Artus zieht. In seiner Person *transferiert* er sich, wenn wir diesen Kunstterminus einmal schmieden dürfen, von Ost nach West. Das Königtum von Artus muß seinerseits wiederum als *translatio* der Herrschaft Karls des Großen verstanden werden, die vom Frankenreich nach Britannien an den westlichen Rand Europas weitergegangen ist.[26] Wie in den meisten Romanen folgt Chrétien einem strengen Aufbauschema. Er gliedert den Roman in Prolog, Exposition, Hauptabenteuer und Schluß. In den Eingangsversen zählt er seine vor diesem Roman verfaßten Werke auf, gibt also einen höchst aufschlußreichen ›Werkkatalog‹, der für die Chrétienforschung von zentraler Bedeutung ist, auch wenn über die Hälfte der hier erwähnten Werke als verloren gelten muß. Danach nennt er, recht unspezifisch, die Quellen des Romans, als die er ein Buch der Klosterbibliothek von St. Pierre in Beauvais (76 km nordöstlich von Paris) namhaft macht. Dies ist vielleicht eine uns nicht mehr verständliche Widmung zur Abtragung einer Dankesschuld für vom Gönner erhaltene Unterstützung, sei sie nun ideeller oder materieller Art. Daran schließt sich ein Lob der Taten der Alten an, die in Griechenland und Rom gelebt haben. Frankreich sei heute deren Erbe geworden, und der Dichter hofft, daß sein Land an die Stelle von Griechenland und Rom getreten ist. Es ist dies die bereits mehrfach benannte *translatio*.

Eine kurze Inhaltsangabe des Romans ist zum besseren Verständnis seiner zentralen Ideen nötig (Hofer, S. 109–125; Bräuer, S. 324–325): Der reiche Kaiser von Griechenland und Konstantinopel hat zwei Söhne, der ältere heißt Alexander, der jüngere Alsis. Alexander will am Artushof Ritterschaft und Ruhm erwerben und fährt daher mit zwölf (man beachte die Zahl, die ja auch die der Zwölf Apostel bzw. der Zwölf Artusritter, der *chevaliers de la table ronde*, ist) adligen Jünglingen über das Meer nach Großbritannien. Dort verliebt er sich in Soredamors, die Schwester Gauvains, und verdient sich ihre Hand mit kühnen Heldentaten. Sie haben einen Sohn mit Namen Cligés. In Konstantinopel ist inzwischen Alsis zum Kaiser gekrönt worden, da sein älterer Bruder, der legitime Thronerbe Alexander, als verschollen gilt. Als Alexander eines Tages in die Heimat zurückkehrt und alles aufklärt, verpflichtet sich Alsis, nicht zu heiraten, damit der Thron später an seinen Neffen Cligés fällt und die reguläre Erbfolge wieder hergestellt wird. Er bricht jedoch sein Gelübde und heiratet die deutsche Prinzessin Fenice. Diese hält ihn mit Hilfe eines Zaubertranks nachts von sich fern, weil sie überzeugt ist, der ihr eigentlich bestimmte Mann komme erst noch. Es kann sich natürlich nur um Cligés handeln, der seinen Onkel Alsis auf der Brautsuche nach Köln begleitet hatte. Spätestens an dieser Stelle fallen die Gemeinsamkeiten mit der Tristan-Sage auf. Den Zaubertrank hatte Fenice übrigens von ihrer Amme Thessala erbeten, weil sie sich, ohne sich dies einzugestehen, bereits beim Turnier in Cligés verliebt hatte.

Der Dichter nutzt diese Vorgänge, um lange Exkurse über die höfische Minne einzuflechten. Chrétien erweist sich als subtiler Kenner der Provenzalen wie der durch Andreas Capellanus (*DLF* 59–62) vermittelten Minnedoktrin. Fenice setzt sich lange gegen Cligés' Drängen zur Wehr, weil sie nicht Isoldes Schicksal erleiden will. Doch schließlich willigt sie ein, mit ihm zu fliehen. Natürlich ist ihr Ziel der Artushof, so daß auch Cligés seine Translation vollzieht. In England erfährt das Paar, daß Alsis, wahnsinnig vor Schmerz und Zorn, gestorben ist. Der Weg auf den Thron ist endlich frei; Cligés wird nach Konstantinopel zurückgerufen und dort gekrönt. Einer Heirat mit Fenice steht nichts mehr im Weg. In einer Art Übertrumpfung ist die *translatio* umgekehrt, denn Cligés, der Halbengländer, bringt sozusagen die am Artushof erworbene Ritterschaft nach Byzanz, in den Osten zurück. Aus der *translatio* ist eine *re-translatio* geworden!

Chrétien sagt in seinem Werkkatalog, daß er zunächst einen Artusroman schrieb, sich dann aber intensiv mit diversen ›Ovidiana‹ beschäftigte. Der *Schulterbiß* ist die Tantalussage; Tantalus setzte den Göttern, um ihre Allwissenheit zu prüfen, seinen Sohn als Speise vor, von der Ceres den Schulterteil verzehrte (*Met.* VI,403ff.). Während diese Erzählung bei Ovid nur kurz erwähnt wird, konnte sich der Dichter bei der *Metamorphose von Wiedehopf, Schwalbe und Nachtigall* auf eine breit ausgeführte Vorlage (*Met.* VI), die Tereus-Sage, stützen und mit dem *Tristan*gedicht in eine bekannte Tradition einreihen: Tereus, König von Daulis oder Thrakien, ist mit Prokne verheiratet, die ihm den Sohn Itys gebiert. Tereus verliebt sich aber in ihre Schwester Philomela, und es gelingt ihm, indem er ihr vorlügt, Prokne sei tot, sie zu verführen, in Wahrheit zu vergewaltigen. Dann schneidet er ihr die Zunge heraus, um sie daran zu hindern, die Tat preiszugeben. Sie webt die Geschichte jedoch so in einen Teppich ein (dieser Mythos wird später wichtig für das

Konzept eines ›weiblichen Schreibens‹ werden!), daß Prokne, die in Wirklichkeit von ihrem Mann unter einem Vorwand zu einem entlegenen Ort aufs Land geschickt worden war, nach ihrer Rückkehr den wahren Sachverhalt erkennt. Die Schwestern nehmen grausame Rache, indem sie Itys zu Ragout verarbeiten und Tereus als Festmahl vorsetzen. Als dieser merkt, wen oder was er gegessen hat, stürzt er mit gezücktem Schwert auf Gattin und Schwägerin ein. Er wird in einen Wiedehopf, diese werden in Schwalbe und Nachtigall verwandelt.

Die starken Ovidbezüge (*DLF* 1094–1095) Chrétiens – die verschiedenen Liebesdichtungen, die von einer weltzugewandten Lebensauffassung künden, bzw. die Metamorphosen, die neben die rein theologische eine eher anthropomorphe Welterklärung setzen – fallen auf. Dies hat dazu geführt, daß einer der Begründer der mittellateinischen Philologie, der Münchner Ordinarius Ludwig Traube (1861–1907, seit 1902 in München), bezüglich des 12. Jh.s von einer *aetas ovidiana* spricht, die an eine *aetas virgiliana*, ein Begriff, den Traube vor allem auf die Karolingerzeit applizierte, anschließt.[27] Es ist dies, nebenbei, eine interessante Binnengliederung des MA.s, die von einem Literaturwissenschaftler festgelegt wurde. Während die *aetas virgiliana* eher das Lehrgedicht und das Epos pflegt, sozusagen staatstragender und moralischer ist, emanzipiert die *aetas ovidiana* mehr das Individuum. Der Einfluß Vergils schlägt sich übrigens in der sog. *rota Vergilii* (›Rad Vergils‹),[28] einem kreisförmigen Schema, nieder, das, entsprechend den Werken Vergils (*Bucolica, Georgica, Aeneis*) drei Bäume (Buche, Obstbaum, Lorbeer/Zeder), drei Örtlichkeiten (Trift, Acker, Burg u. Stadt), drei Stände (Hirt, Bauer, Krieger), drei Geräte (Stab, Pflug, Schwert), drei Tiere (Schaf, Rind, Roß), drei Stile (*humilis, mediocris, sublimis*) unterscheidet (nach Aelius Donatus, *Vergilkommentar*).

Chrétien folgt also zunächst diesem Schema, indem er auf den Spuren Ovids wandelt, aber er ›umrahmt‹ die Ovidiana durch zwei Artus-Romane. Darin ist ein Programm zu erkennen, das mit der Translation und vor allem den Zentralbegriffen *chevalerie* und *clergie* (s. Kap. III) zusammenhängt. Sie werden in der französischen Kultur und der daraus hervorgehenden Literatur offensichtlich verschmolzen, und zwar derart, daß geschichtliche Legitimation und phantastische Mythenbildung parallel verlaufen.[29] Chrétien weiß, daß das, was Ovid schildert, zunächst griechischen Ursprungs ist. Zwar kannte er weder Nikander, Parthenios noch die hellenistischen Epyllien (Kleinepen), Ovids Hauptquellen, aber daß die Mehrheit der von Ovid beschriebenen 250 Verwandlungen aus der griechischen Mythologie stammte, lehrten ihn bereits die Namen. So begründet Chrétien mit seinen ›Ovidiana‹ zunächst selber eine lebendige *translatio studii*, indem er Griechisch-Italisches mit Französischem (Keltischem) kombiniert, wobei das Französische die Antike überwölbt. Seine große literarische Leistung besteht darin, unbeschadet dem Nachweis anderer Quellen (*Athis et Prophilias*), als erster diese *translatio studii* mit der *translatio imperii* zu verbinden (Mölk, S. 47–49; *DLF* 108). Er münzt sozusagen den Topos *sapientia et fortitudo* (*arma et litterae, miles et clericus, vita activa et vita contemplativa* haben alle Anteil daran) auf den Roman um (Curtius, S. 186–188) und legt fest, daß der Dichter hinfort in beiden Bereichen bewandert sein müsse. Das Schreiben über die ritterliche Kultur steht damit im Zeichen von Vergangenheit und Gegenwart. Die Antike wird zur großen Hilfsmacht bei der Selbstauslegung des Menschen, denn es gab neben Vergil und Ovid den antikisierenden Roman, der vom Trojanischen Krieg, von Theben, Alexander, Äneas usw. berichtete.[30] So wird ein Höchstmaß an Bildung Grundlage für sittliches Handeln, und die ritterlich-feudale Welt findet ihre Präfiguration in der Antike. Aber eben nur eine Präfiguration; an Ritterlichkeit können sich die Helden der Antike nicht mit denen der Artusrunde messen. Deshalb steht am Schluß der Satz, daß das Wort der Alten zwar geblieben, die lebendige Glut ihres Wirkens aber erloschen ist, denn eine neue, andere Wertordnung ist an ihre Stelle getreten.

Abwendung von der Antike – Marie de France

Um die Tragweite dieser Zeilen vom nachlassenden Wirken der Alten zu verstehen, wollen wir einen zweiten Text, den Prolog zu den *Lais*[31] der Marie de France, hinzuziehen:

Ki Deus ad duné escience	Wem Gott Wissen verliehen hat
E de parler bon' eloquence	und gute Beredsamkeit, um sich auszudrücken,
Ne s'en deit taisir ne celer,	der darf dies nicht verschweigen und verstecken,
Ainz se deit volunters mustrer.	sondern er soll es bereitwillig zeigen.
Quant uns granz biens est mult oïz,	Wenn ein hohes Gut oft vernommen wird,
Dunc a primes est il fluriz,	dann erst gelangt es zur Blüte,
E quant loez est de plusurs,	und wenn viele es loben,
Dunc ad espandues ses flurs.	dann erst entfaltet es seine Blüten.
Custume fu as anciens,	Es war bei den Alten üblich,
Ceo testimoine Preciens,	und das bezeugt Priscian,
Es livres ke jadis feseient	daß sie sich in den Büchern, die sie einst schrieben,
Assez oscurement diseient	für die nachfolgenden Generationen,
Pur ceus ki a venir esteient	die sie verstehen sollten,
E ki aprendre les deveient	ziemlich dunkel ausdrückten,
K'i peüssent gloser la lettre	so daß diese den Wortlaut kommentieren
E de lur sen le surplus mettre.	und ein Höchstmaß von eigener Sinndeutung hinzufügen konnten.
Li philesophe le saveient	Die Philosophen wußten das
E par eus memes entendeient,	und sie verstanden es von sich aus,
Cum plus trespasserunt le tens,	daß sie um so feinsinniger sein würden,
Plus serreient sutil de sens	je weiter die Zeit voranschritte,
E plus se savreient garder	und daß sie sich immer besser davor hüten könnten,
De ceo k'i ert, a trespasser.	das zu übergehen (vernachlässigen), was (an guten Lehren) darin enthalten war.

Ki de vice se volt defendre	Wer sich gegen Fehler schützen will,
Estudier deit e entendre	der muß studieren und aufmerksam sein
E grevos', ovre comencier:	und mühsame Werke beginnen;
Par ceo se puet plus esloignier	dadurch kann man sich von Fehlern entfernen
E de grant dolur delivrer.	und von großem Schmerz befreien.
(*Prologue*, vv. 1–27, Mölk, S. 66–67)	(vgl. auch Rieger, S. 69–71)

Hier kommt ein Gefühl der Überlegenheit, ein Ausdruck des Stolzes auf die Blüte der französischen Wissenschaft und Literatur zum Ausdruck, den Köhler (*Ideal*, S. 52) zu Recht mit einer Distanzierung der ›Modernen‹ von den ›Alten‹ in Zusammenhang bringt: Die Alten hinterließen ihre Weisheit, damit die Nachfolgenden sie studieren und aus ihrem eigenen Vermögen etwas Neues hinzufügen könnten. Die eigene Zeit bedeutet jedoch einen Fortschritt, zumal ja das Wissen der Alten christlich erfüllt und mit der Offenbarung in Einklang gebracht wird. Analoges ließe sich bei Otto v. Freising finden, aber natürlich auf Latein und in einem annalistischen Text. Das aufregend Neue bei Chrétien, Marie de France u.a. ist, daß sich auch in der Bildung und der Literatur ein Überlegenheitsgefühl herauskristallisiert. H.H. Glunz hat dies bereits 1937 gesehen:

> Die antiken Stoffe von Troja, von Alexander und andere, wie sie Bénoit de Sainte-More und Herbort von Fritzlar im Trojaroman, Veldeke in der Eneit, Walter von Lille im Alexanderroman bearbeiteten, waren eng an die alten Vorbilder gebunden. Sie machten den höfischen Dichter mit den antiken Vorbildern der Helden und deren Episoden bekannt und forderten so gerade den Wetteifer heraus. Um die moderne, nach sittlicher Vollendung strebende Gesellschaft als der antiken überlegen darzustellen, führte zuerst Chrétien von Troyes fiktive oder pseudohistorische Stoffe ein. Die matière de Bretagne war nach Belieben bild- und formbar, man konnte sie so gestalten, daß in den Episoden der Gehalt, die sittlich erzieherische Wirkung eines exemplarischen Ritterlebens, zum Ausdruck kam, während doch auch der Glanz großer antiker Helden und Taten auf ihnen lag. Es steht fest, daß die Artusepen sich in unzähligen Motiven und Zügen an der alten Dichtung, vor allem an der Aeneis, geformt haben. Damit war im Stoffe der Typus der Handlung, des Weltlichen, des schönen Scheines geschaffen, den der Dichter vom Antitypus des christlichen Strebens nach Wahrheit und Realität her erfüllen konnte. (S. 74)

Wir berühren hier nur das großen Problem der Definition des Mittelalters, der Epochenschwelle, der Eigentümlichkeit älterer Literatur. Was wir global über Antike, Mittelalter und Neuzeit sagen, ist bei näherem Hinsehen komplizierter, als es scheinen mag, und muß in jedem Einzelfall differenziert werden. Herausbildung von Individualität und ein gewandeltes Verhältnis zur Antike zu Definitionskriterien der Renaissance und damit der Neuzeit zu erheben, reicht mithin in keinem Falle aus. Auch das MA steht immer tief in der Schuld der Antike, wie wir bei Chrétien sahen. Es zwingt sie allerdings unter einen mehr oder minder christlichen Blickwinkel und ist ihr gegenüber insofern sogar weniger ehrfurchtsvoll als der spätere Humanismus.

Die *Lais* sind der Höhepunkt im Schaffen der Marie de France (um 1130 – um 1200). Sie ist die erste uns bekannte französische Dichterin überhaupt,[32] doch wissen wir von ihren Lebensumständen nichts Genaues. Der Prolog wurde im Anschluß an die Redaktion der *Lais* geschrieben und enthält drei Hauptgedanken: In vv. 1–8 wird gesagt, daß man sein Talent nicht verstecken soll, was ein Gemeinplatz oder Topos ist, der sich z.B. in Mt 25,14–30 findet (»Gleichnis von den anvertrauten Pfunden, mit denen man wuchern«, oder dem »Licht, das man nicht unter den Scheffel stellen soll«). Auch in vv. 23–27 steckt ein Gemeinplatz, daß man nämlich Faulheit meiden soll (Curtius, S. 97–98). Schwieriger in der Deutung und heftig in der Forschung umstritten ist der zweite Gedanke in vv. 9–22. Leo Spitzer[33] hat im Anschluß an E.R. Curtius die Begriffe *lettre* (15) und *sen* (16) aufgegriffen und sie zum Ausgangspunkt einer mehrsinnigen Schriftdeutung gemacht. Spitzers Auffassung belegen auch Anfang und Epilog von Maries *Esope* (Mölk, S. 69–71, Nr. 58), wo sie analoge Hinweise gibt und mit den Begriffen *essample, moralitet* usw. operiert, die an die horazischen Kategorien *delectare* und *prodesse* gemahnen und ebenfalls eine zweischichtige Deutung nahelegen. Diese muß nicht unbedingt mit der komplizierten theologischen des *vierfachen Schriftsinns* (s. Kap. VII) übereinstimmen, plädiert aber neben der Gefälligkeit für Tiefsinn.

Dieses exegetische Verfahren wurde immer wieder auf profanes Schrifttum übertragen, und es kann keinem Zweifel unterliegen, daß Marie de France zumindest neben dem wörtlichen Sinn ihrer *Fabliaux* auch eine moralische Belehrung anstrebt. Aber J. Rychner hat wohl recht, wenn er Spitzer vorwirft, das folgende Priscian-Zitat nicht genügend berücksichtigt zu haben: »grammatica ars [...] cuius auctores, quanto sunt iuniores, tanto perspicaciores, et ingeniis floruisse et diligentia valuisse omnium judicio confirmantur eruditissimorum – Je jünger die Autoren der grammatischen Kunst sind, desto scharfsichtiger sind sie, und alle Gelehrten bestätigen, daß sie sich durch Scharfsinn und Sorgfalt auszeichneten.« Marie definiert sich als Moderne; sie stützt sich zwar auf die Alten, aber als eine Autorin, die in der Gegenwart lebt, weiß sie mehr als diese und blickt weiter. Wenn man Spitzers und Rychners Deutungen kombiniert, was ohne weiteres möglich ist, kann an ihrer modernistischen Position kein Zweifel mehr bestehen.

Die Augustinische ›Weltwoche‹

Der Titel von Aurelius Augustinus' (354–430) hier vorzustellendem Werk *De Civitate Dei contra paganos* (22 Bücher; entstanden zw. 413 und 426/27) zeigt die kritische und zugleich apologetische Absicht des Verfassers an.[34] Anlaß der Schrift war die Plünderung Roms durch Alarich im Jahre 410, ein Ereignis, das auf die Völker des Imperiums einen tiefen Eindruck machte. Die Römer behaupteten nämlich nach der Plünderung, die alten Götter hätten sich aus Abscheu über jene Atheisten, die sich Christen nannten, von Rom ab-

gewandt. Augustin entgegnete (Inhalt der ersten 10 Bücher), die Römer seien
schon lange vor dem Aufstieg des Christentums von ähnlichen Mißgeschicken
betroffen worden, und Alarich, ein Christ, habe sich eigentlich ganz gut be-
nommen. Der polytheistische Kultus gewährleiste keinesfalls irdisches Wohl-
ergehen, und die römischen Eroberungen seien nicht Ergebnis von *virtus* (Tugend), sondern von skrupelloser Unterdrückungspolitik. Augustins Urteil
über das Imperium Romanum zeichnet sich durch Vorurteilslosigkeit und
Mäßigung aus. Allerdings lehnt er die traditionelle Auffassung von Rom als
dem vierten Reich der Prophezeiung Daniels ab, weil er im Prinzip jede welt-
geschichtliche, d.h. politische Eschatologie verwirft. Persönlich glaubte er
zwar an das Weiterbestehen des Imperiums, aber dessen Fortbestand oder Untergang war in seinen Augen für die Deutung der letzten Dinge unerheblich.
Er polemisiert jedoch gegen diejenigen Heiden wie Christen, die an die ein-
zigartige Bedeutung und Heiligkeit Roms glauben. Worauf es in der Geschichte ankommt, ist für ihn nicht die vergängliche Größe von Reichen, sondern Erlösung und Verdammung in einer eschatologischen Zukunft, die von
Jüngstem Gericht und Auferstehung bestimmt werden. Auf die ersten und
letzten Dinge, die Erschaffung der Welt und das Gericht, bezogen, ist die Geschichte selber nur ein Interim, eine Zwischenphase. Nur in dieser Perspektive tritt die profane Geschichte überhaupt in den Gesichtskreis von Augustin.

Nach dem einmaligen Ereignis der Geburt Christi kann es laut Augustinus ohnehin nichts Neues geben. Das eigentliche historische Geschehen ist
der Kampf zwischen der *civitas Dei* und der *civitas terrena*, dem Reich Gottes und dem Reich Satans. Dieser Kampf ist universell, weder spezifisch christlich, erst recht nicht national. Auf Erden beginnt die *civitas terrena* mit dem
Brudermörder Kain, die *civitas Dei* mit Abel. Abel ist ein *peregrinans*, ein
ewiger Pilger, der erst am Jüngsten Gericht ans Ziel gelangt, wenn die *civitas
terrena* endet bzw. mit der *civitas Dei* verschmilzt. Die Nachfahren Abels
müssen zwar in der *civitas terrena* leben, aber sie sind nicht ihre Gründer noch
Träger. Die Geschichte des Gottesstaates ist nicht mit der des Menschenstaa-
tes koordiniert, sondern ist Pilgerschaft (*peregrinatio*). Die Kirche als Trägerin der *civitas Dei* steht mit den weltlichen Ereignissen in Zusammenhang, hat
jedoch eigene Maßstäbe wie Aufopferung, Gehorsam und Demut, die mit den
irdischen Kategorien Opportunismus, Stolz und Ehrgeiz nichts zu schaffen
haben. Augustins Werk hat den Zweck, Gott in der Geschichte zu rechtferti-
gen. Die Geschichte ist Gott unterstellt, sein Wirken liegt jenseits unserer Verfügung. Die Geschichte ist ein von ihm eingerichtetes Pädagogium, das
hauptsächlich durch Leiden erzieht.

Auf dieser theologischen Grundlage unterscheidet Augustin sechs Epochen, die den sechs Tagen der Schöpfung entsprechen. Die erste reicht von
Adam bis zur Sintflut, die zweite von Noah bis Abraham, die dritte von Abraham bis David, die vierte von David bis zur babylonischen Gefangenschaft,
die fünfte von diesem Zeitpunkt bis zur Geburt Christi, die sechste und letzte
Epoche endlich erstreckt sich vom ersten Erscheinen Christi bis zu seiner Wie-

derkunft am Ende der Welt, wodurch die ewige Sabbatruhe eingeleitet wird. Die Dauer der letzten, der christlichen Epoche, ist bei Augustin unbestimmt. Er verzichtet auf apokalyptisch-eschatologische Spekulationen (Isidor, Beda u.a.), ist aber für sie verantwortlich. Bereits der Barnabasbrief, der zugleich aus dem Petrusbrief (2. Pet 3,8) liest, daß ein Tag vor Gott gleich tausend Jahre ist (»quia unus dies apud Dominum sicut mille anni«), veranschlagt die Dauer der Welt auf insgesamt 6000 Jahre. Daß die tausend Jahre, die der Satan nach der Apokalypse gefesselt sein soll, auf die Zeit der irdischen Herrschaft Christi gedeutet werden, ist die Hauptthese des altchristlichen Chiliasmus.[35] Für Augustin allerdings ist die Differenz von ein paar hundert oder gar ein paar tausend Jahren irrelevant.

Neben dieser Einteilung in sechs Epochen ist eine in Analogie zu den sechs Altersstufen der Menschheit zu erkennen: erste Kindheit (*infantia*), zweite Kindheit (*pueritia*), Jugend (*adolescentia*), Jünglingsalter (*iuventus*), Mannesalter (*aetas senior*), Greisenalter (*senectus*), über die sich das Dreierschema von Geschichte vor dem Gesetz, unter dem Gesetz, unter der Gnade als die Zeiten von Vater, Sohn und Geist legt. Es handelt sich um eine streng religiöse Konzeption, und so können wir von Augustin kein Interesse für die weltlich-irdische Geschichte erwarten. Nur zwei Reiche, Babylon und Rom, als Sinnbilder der *impia vanitas* (»ruchlose Eitelkeit«), wobei Rom das neue Babel ist, und Jerusalem, als Sinnbild des Gottesstaates, sind überhaupt näher ausgeführt. Augustin erkannte als römischer Bürger wie auch als Kenner von Vergil und Cicero die Größe Roms, verzichtete aber auf traditionelle Versuche, das römische Imperium mit der Entstehung und Ausbreitung des Christentums zu harmonisieren. Ihm geht es um den Triumph des Glaubens im Gottesstaat. Entgegen diesen Absichten ist die *civitas Dei* Ausgangspunkt von pessimistischer Endzeitstimmung wie auch scharf dichotomischen Denkens geworden, das eine ›gute‹ wie eine ›böse‹ Geschichtsdeutung kennt. Dies ist nun sehr genau am Beginn des *Alexiusliedes* zu beobachten.

Früheste Texte – »La vie de Saint Alexis«

Der *Saint Alexis* (DLF 1330–1331; *EnzMär* 1,291–295; Frenzel, *Stoffe*, S. 32–34), wohl um die Mitte des 11. Jh.s im nordfranzösischen Kulturraum entstanden, gehört zu den frühesten Werken in einer romanischen Sprache überhaupt, da Frankreich ja immer noch das einzige Land der Romania ist, das zu diesem Zeitpunkt schriftlich fixierte Texte von Rang hervorbringt (Köhler, *Mittelalter I*, S.19–31). Thematisch ist das *Alexiuslied* ein Stück hagiographischer Epik, eine besondere Form der Heiligenbiographie (*Vita*). Wie die anderen, später noch zu besprechenden altfranzösischen Texte auch, beruht es auf einer lateinischen Vorlage, die es jedoch in einen höherwertigen literarischen Text, ein Kunstwerk, verwandelt: Alexius ist der Sohn eines römischen Aristokraten mit Namen Eufemion, das lang erwartete einzige Kind seiner Eltern. Auf Veranlassung der zwar frommen, aber durchaus weltverhafteten Eltern soll er die Tochter eines anderen römischen Aristokraten heiraten. Aber da zeigt sich, daß seine Frömmigkeit eine ganz anders geartete ist als diejenige seiner Eltern. Er fühlt sich zu Weltverzicht und Askese (*LexMA* 1,1112–1116) berufen. Zwar gehorcht er als guter Sohn zunächst noch dem Wunsch des Vaters, doch in der Brautnacht verläßt er seine junge Frau aus keinem anderen Grunde, als weil er die Wertlosigkeit und Brüchigkeit des irdischen Lebens erkannt hat. Er hat sich zur *imitatio Christi* entschlossen. Er geht nach Kleinasien, um Anachoret, Einsiedler, zu werden, verschenkt alle seine Habe und erniedrigt sich selber zum Bettler. Siebzehn Jahre wirkt er unerkannt in Edessa. Ein erstes Wunder geschieht: Ein Gnadenbild in der dortigen Kathedrale verkündet seine Heiligkeit, und das Volk strömt zusammen. Er flieht aus Demut den Ruhm der Heiligkeit und kehrt nach Rom zurück. Noch einmal siebzehn Jahre haust er dort, diesmal unerkannt unter der Treppe seines Elternhauses. Als er den Tod nahen fühlt, schreibt er seine Lebensgeschichte auf und verbirgt das Pergament in seiner Kleidung. Dann stirbt er. Wieder geschieht ein Wunder: Eine Stimme vom Himmel verkündet seine Auserwähltheit. Der Papst und die beiden Kaiser von Rom suchen ihn; Stimmen weisen zum Hause des Eufemion. Dort finden sie den Toten und das bei ihm verborgene Pergament, welches seine Lebensgeschichte erzählt.

Soweit die Handlung des *Alexius* in groben Zügen. Die folgenden ersten beiden Strophen enthalten eine Einleitung in Form einer allgemeinen Reflexion, denen später die beiden Schlußstrophen entsprechen:

> Bons fut li siecles al tens ancienor,
> Quer feit i ert e justise et amor,
> S'i ert credance dont or n'i at nul prot;
> Tot est mudez perdude at sa color:
> Ja mais n'iert tels com fut as ancessors.
>
> Al tens Noë ed al tens Abraham
> Ed al David, qui Deus par amat tant,
> Bo[e]ns fut li s[i]ecles: ja mais n'[i]ert si vailant;
> V[i]elz est e frailes, tut s'en va[i]t declinant,
> Si'st ampeir[i]et, tut bien vait remanant.
>
> Gut war die Welt zur Zeit der Alten,
> denn Treue war da und Gerechtigkeit und Liebe,
> und Glaube war da, wovon es jetzt nicht genug gibt;
> sie ist ganz verändert, verloren hat sie ihre Farbe:
> niemals wird sie wieder so sein, wie sie bei den Alten war.
>
> Zur Zeit Noahs und zur Zeit Abrahams
> und zu der Davids, den Gott so sehr liebte,
> war die Welt gut: niemals wird sie wieder so wertvoll sein;
> alt ist sie und brüchig, immer mehr geht sie dem Ende zu,
> und sie ist in Verfall geraten, alles Gute schwindet immer mehr.
> (Berns, S. 11)

Das Thema dieses Prooemiums (Proverbiums) ist die Vergreisung der Welt, ein Fundamentalthema der frühmittelalterlichen Epoche schlechthin. Die Ursprünge liegen bei Augustin und seiner antizyklischen Weltalterlehre, die Elemente von Hesiod, Homer, Seneca u.a. integriert. Das sechste und letzte Weltalter ist das der Vergreisung (*mundus senescens*), wozu die Bibel selber Anregungen gegeben hatte (1. Kor 10, 11): »Es ist aber geschrieben uns zur Warnung, auf die das Ende der Zeiten gekommen ist.« Im vorliegenden Text reichen die Phasen der guten Welt von den alttestamentlichen Gestalten, im augustinischen Schema sind dies die 2. und 3. Phase, bis zur römischen Geschichte. Diese Epochen kennen Treue, Gerechtigkeit, Liebe und Glauben, sind Zeiten eines vollendeten Christentums, das verloren ging.[36] Sinn des Gedichtes ist es nun, durch die Gestalt des Alexius die Gegenwart wieder zum Guten zurückzuführen, ehe das Weltende hereinbricht. Die Hagiographie, der der *Alexius* zuzurechnen ist, findet sich in allen großen monotheistischen Religionen. Sie entstammt dem Bedürfnis nach Mythenbildung, das einen festen literarischen Niederschlag sucht. Das 11. Jh. war für Westeuropa und besonders für Frankreich eine unglückselige Zeit: Mißernten, Hungersnöte und wirtschaftliche Katastrophen bedrückten die Menschen. In Adelskreisen herrschte die Gepflogenheit der Privatrache; die unteren Schichten waren durch soziale Unzufriedenheit aufgebracht. Der Tiefpunkt dieser Unglücksperiode lag etwa bei 1030–1050, der Periode, die unmittelbar dem *Alexiuslied* vorausgeht. Der Anfang und das Ende des *Alexiusliedes* stehen mit ihrer Gegenwartsklage in Übereinstimmung mit diesem düsteren Zeitgefühl. Dazu kommt als Hintergrund das Cluniazensertum (*LexMA* 2,2172–2177), eine Ordensgründung, die im 10. Jh. von einem bei Mâcon (Burgund) gegründeten Benediktinerkloster ausging und deren Ziel die Neubelebung der religiösen Askese war. Die Ordensgründer waren bekehrte Aristokraten, die den völligen Verzicht auf den freien Willen in den Vordergrund stellten und natürlich auf jegliches Privateigentum verzichteten. Die Cluniazenser wollten die seit dem 8. Jh. eingetretene Verweltlichung des Mönchstums beseitigen, und dank Cluny wurde z.B. der Zölibat wieder eingeführt, der fast völlig in Vergessenheit geraten war. So wird das 11. Jh. das klassische Jahrhundert des Askesegedankens. Der Verfasser des *Alexiusliedes* war, so muß man sagen, von den cluniazensischen Ideen wie besessen (s. Kap. III).

Das erste Kapitel über den ›Mittelalterbegriff‹ hat einen weiten Bogen gespannt. Im 2. Teil wurden drei recht verschiedene Texte einander gegenübergestellt, das *Alexiuslied* aus dem 11. und der *Cligés* bzw. die *Lais* aus dem 12. Jh., die erhebliche Divergenzen in der Zeitauffassung erkennen lassen: im *Alexius* Gegenwartsklage, Weltverzicht, Vergreisungsgefühl, wie es Augustin in *De civitate* angesichts des römischen Niedergangs packend beschreibt; bei Chrétien und Marie de France der Triumph über die hohen Standards der eigenen Gegenwartskultur, der geistige Werte für mindestens genauso erheblich deklariert wie irdische und für das sich immer stärker emanzipierende Frankreich den kulturellen Primat reklamiert. Von Einheitlichkeit des Denkens findet sich nicht die geringste Spur; und man kann weiterhin gut erkennen, daß es trotz der Dominanz christlich-theologischer Vorgaben auch im MA durchaus eigenständige Reflexionen über den Stellenwert der Geschichte und der Kultur gibt.

II. GESCHICHTE UND GESCHICHTLICHE GESTALTEN FRANKREICHS IM MITTELALTER

Chronologischer Überblick: das Frankenreich

Frankreich (ursprünglich die Bezeichnung für das Land der Westfranken)[1] ist wie Deutschland (Land der Ostfranken) aus einem gemeinsamen Reich, dem sog. Frankenreich, hervorgegangen, das nominell von 482–911 bestand und für die Ostfranken mit dem Tod des letzten ›deutschen‹ Karolingers Ludwigs IV. (Ludwig das Kind; König 900–911) und der Wahl des Franken Konrads I. (911) bzw. des Sachsen Heinrichs I. (919) zu Königen endet. Im Westen regieren die Karolinger sogar bis 987 – der letzte ›französische‹ karolingische König ist Ludwig V., aber da das Reich 843 im Vertrag von Verdun unter Kaiser Lothar I. und seine Brüder Ludwig den Deutschen und Karl II., den Kahlen, in drei Teile aufgeteilt worden war, endet es in der deutschen Geschichtsschreibung 911, als der letzte ›deutsche‹ Karolinger stirbt.

Die Franken (der Name bedeutet so viel wie ›die Kühnen‹) sind ein germanischer Stamm, der sich aus mehreren Kleinstämmen zusammensetzt.[2] Dieser Stammesbund wird zwischen 253 und 260 erstmals faßbar, als die Franken ihre Einfälle tief nach Gallien hinein vortragen. Nach dem Tod eines germanischen und damit auch fränkischen Königs zerfällt das Herrschaftsgebiet zwar nicht in verschiedene Staaten, wird aber unter die Söhne in unterschiedliche Einflußsphären geteilt, was unweigerlich zu inneren Konflikten führt. Die Franken hatten unter dem Namen Merowinger (nach dem Namen eines ihrer Könige Merowech) das weströmische Reich beerbt (*LexMA* 6,542–544), und ihre Dynastie setzt deshalb mit König Chlodwig (Chlodowech; franz. *Clovis*, dt. *Ludwig*) ein (*LexMA* 2,1863–1868), der 486 den römischen *dux* Syagrius bei Soissons besiegt, womit offiziell das Römische Imperium endet.

Das angesprochene Prinzip der Reichsteilungen erlaubt es auch, daß die Stellung der höchsten Verwaltungsbeamten, der sog. Hausmeier (zu lat. *maiordomus*, franz. *maire du palais* = Vorstand der königlichen Hofhaltung), immer mächtiger wird und diejenige der merowingischen Könige an Einfluß schon bald übertrifft. Einer von ihnen, Karl Martell (ca. 688/689–741, Hausmeier seit 714), ist es denn auch, der als *de facto*-Herrscher von Austrasien 732 die Mauren bei Poitiers schlägt und sie fünf Jahre später aus der Provence vertreibt (*LexMA* 5,954–956). Sein Sohn Pippin der Kurze, der Jüngere

(Pépin le bref; König 751–68), kann es sich sogar leisten, den letzten merowingischen König Childerich III. abzusetzen und sich selber zum Herrscher ausrufen zu lassen. Damit ist die neue mächtige Dynastie der Karolinger etabliert (*LexMA* 5,1008–1014; Holmes, S. 97–108). Die Karolinger erleiden 987 das gleiche Schicksal, das ihre Vorfahren einst den Merowingern bereitet hatten. Da Ludwig V. keinen Erben hinterläßt, werden Herzog Hugo Capet (der Beiname ist abgeleitet von lat. *cappa* = Umhang, Mantel) von Franzien (*LexMA* 5,157–158) und Erzbischof Adalbero von Reims auf einer Wahlversammlung in Senlis zu Stimmführern einer nordfranzösischen Adelsgruppe gekürt. Der Onkel Ludwigs V., Herzog Karl von Niederlothringen, wird mit seinem Anspruch abgewiesen, Hugo von den Großen der Francia unter Mitwirkung der Normandie und Burgunds zum neuen König gewählt und anschließend in Noyon gekrönt. Damit ist die Dynastie der Kapetinger (*LexMA* 5,935–937) inthronisiert, die bis 1328 regieren wird. Die letzten Karolinger halten sich zwar noch einige Jahre, werden dann aber durch Verrat an Hugo ausgeliefert, der sie alle in Orléans einkerkern läßt, wo sie umkommen.[3]

Es ergeben sich die folgenden wichtigen Datenblöcke:
- Merowingerherrschaft offiziell 482–751, inoffiziell bis 714, als Karl Martell in die Politik eingreift.
- Karolinger 714–751–987
- Kapetinger 987–1328
(- Valois 1328–1589).

Da, mit Ausnahme der *Eulaliasequenz*, in der Zeit der Merowinger und Karolinger kein literarischer Text in französischer Sprache nachweisbar ist, werden die Epochen dieser beiden Herrscherfamilien nur als ›Vorgeschichte‹ behandelt und ausschließlich Hinweise auf zwei glänzende Herrschergestalten mitgeteilt, die für das Frankenreich Wesentliches geleistet haben: dies sind Chlodwig, der (498 oder 506/08) zum Christentum übertrat, und Karl der Große, der das Reich einte und administrativ, institutionell und bildungsmäßig die Voraussetzungen für das spätere Erblühen Frankreichs wie Deutschlands schuf, die ihn beide, mit guten Gründen, für ihre Geschichte reklamieren. Wir beschränken uns also auf das 11. bis 13. Jh. und befassen uns allein mit der Literatur der Kapetingerzeit. Was nach 1328 kommt – 1339 bricht der Hundertjährige Krieg aus, der bis 1453 dauerte –, ist spätmittelalterliche ›Nachgeschichte‹ und wird im Vorfeld der Renaissance behandelt werden.
    Die Kapetingerzeit läßt sich auch ihrerseits in Blöcke untergliedern, die sich an den prägenden politisch-ökonomisch-kulturellen Ereignissen orientieren wie den Ordensgründungen, den Kreuzzügen, dem feudalen Rittertum, dem Aufblühen der Naturwissenschaften usw.:

- 950–1060 Zeit der Anfänge [Normannen; Feudalismus; Cluny und die Reform des Mönchtums]

- 1060–1140 Heroisches Zeitalter [Königtum und Ile-de-France; Kreuzzüge; Blüte von Wissenschaft, Kunst und Architektur (Romanik)]
- 1140–1230 Höfisches Zeitalter [das höfische Rittertum; die Minnedoktrin; die Gotik]
- 1230–1330 Scholastisches Zeitalter [Aufstieg von Stadt und Bürgertum; Freiheit der Wissenschaft].

Zeit der Anfänge (950–1060)

Man kann in diesem Jahrhundert noch keine großen Kulturleistungen erwarten: Es ist eine Phase der Festigung und Neuorientierung. Die Barbareneinfälle sind vorüber; die Normannen sind 911 seßhaft geworden, sie werden gute Christen und tüchtige Ackerbauern; die Sarazenen werden über die Pyrenäen zurückgedrängt, die Ungarn in der Schlacht auf dem Lechfeld (955) entscheidend geschlagen. Der neuen Dynastie der Kapetinger gelingt es im Lauf des 11. Jh.s, die Macht der Monarchie zu festigen. Aus den Trümmern des Karolingerreichs entsteht das neue kapetingische Frankreich. Die vorherrschende Wirtschaftsform ist die Naturalwirtschaft; Märkte decken nur Lokalbedarf. Die Städte werden wieder aufgebaut und befestigt. Sie sind im Besitz von weltlichen oder geistlichen Fürsten. Kirchen und Burgen bilden die Zentren der Grundherrschaften. Die Feudalherren bieten ihren Vasallen Schutz und Sicherheit und erlangen dafür Gefolgschaft und Dienstleistungen. Das Lehnswesen kommt zu voller Entfaltung. Die feudale Gesellschaft ist als Pyramide angelegt: An der Spitze steht der König als oberster Lehnsherr; ihm folgen die mächtigen Kronvasallen, die Herzöge, Markgrafen und Grafen mit riesigem Landbesitz, Dörfern und Städten; unter ihnen rangieren ihre Vasallen, der Hochadel, *barons et seigneurs*, oft Nachfolger und Erben karolingischer Würdenträger, die selber eine Gruppe anderer Ritter ins Feld führen können. Die hohe Geistlichkeit ist ebenfalls feudalisiert (Bischöfe und Äbte). Es entwickelt sich schon ein frühes Bürgertum; freie Bauern sind selten; die meisten Bauern sind leibeigen. Während der Dritte Stand in seiner einfachen Lebensweise verharrt, vertreiben sich die Ritter die Zeit mit Krieg, Jagd, Spielen, Festen und Minnedienst.

Grundlage des Lehnwesens war die Landwirtschaft. Das Land gliedertte sich in Domänen, auf denen die Pächter sich abmühten, und es wurde von eigenen Domanialverwaltungen sorgfältig administriert. Jeder Lehnsherr hatte seine eigene Verwaltung; der König besaß kaum Land, da er sich die Ergebenheit des fränkischen Adels mit Landgeschenken erkaufen mußte. Er übernahm von den Karolingern den Hofstaat und von Byzanz das Hofzeremoniell. Bei Hofe entwickelte sich eine eigene Verwaltungskaste, aus der viel später einmal die *noblesse de robe* (sog. Amtsadel, im Gegensatz zum Geburtsadel, der *noblesse d'épée*) hervorgehen sollte. Einigendes Band der Gesellschaft war die Religion, und das 10. Jh. brachte eine erste Welle der Spiritualisierung, die alle Lebensbereiche erfaßte. Die Kirche ordnete das Mönchswesen neu, indem sie die Simonie (Käuflichkeit der Pfründen) beschnitt, und sorgte für eine Vergeistigung des Adels, was keine geringe Kulturleistung darstellt, wenn man dessen allgemeine Verrohung bedenkt. Im Jahr 910 wurde das Kloster Cluny (Saône-et-Loire) gegründet (*DLF* 311–316), das zum Zentrum der sog. kluniazensischen Reform wurde.[4] Die Klöster sollten von geistlichen und weltlichen lokalen Gewalten unabhängig sein, die Mönche asketisch leben und die monastischen Grundprinzipien Armut, Keuschheit und Gehorsam wieder zu Ehren bringen. Der Reform war großer Erfolg beschieden; um 1100 hatten sich bereits 1450 Klöster im ganzen Abendland dieser Bewegung angeschlossen. Die Ritter erhielten als neue Aufgaben den Schutz der Kirche, der Witwen, Waisen und Schwachen und sahen ihr Ziel nicht minder in der Bekämpfung der Heiden. Das Fehderecht wurde durch die Gottesfriedensbewegung (*treuga Dei*; franz. *trêve de Dieu*) eingedämmt. Der Gottesfriede galt zunächst nur an einigen Festtagen, dann an einigen Wochentagen, dann während der Zeit der Kreuzzüge und wurde schließlich zum Dauerzustand. Auch das Volk wurde von einem Frömmigkeitsrausch erfaßt: Wallfahrten wurden beliebt, besonders nach Santiago de Compostela, Rom und ins Heilige Land; der Marienkult stärkte sich, neue Feste wie Allerseelen wurden eingeführt. Es gab noch keine Ketzerei. Die Dom- und Klosterschulen arbeiteten in der Stille an der allgemeinen Bildung weiter, retteten das Erbe der Antike und stellten Bildung für die Zukunft zur Verfügung. Um 1100 setzte ein wahres Baufieber ein, der ›romanische Stil‹ breitete sich, von Osten und Süden kommend, über Savoyen nach Burgund, dem Elsaß und dem Rheinland aus.[5] Die Volkssprache ist bereits eigenständig geworden, aber noch mundartlich geprägt. Waren die frühen Texte mit Ausnahme der *Eulalia* praktischen Zwecken zuzuordnen (Eid, Vertrag, Glosse, Predigt), so ist das *Alexiusleben*, das zwischen 1040 und 1050 am Ende dieser ersten Phase entstand und vielleicht dem Kanoniker Thomas (Tetbald) von Vernon aus Rouen zugeschrieben werden kann, ein erster ›Edelstein‹, eine »wohl abgewogene Komposition eines gelehrten Kunstdichters« (Curtius, *Zur Interpretation*). Das Werk ist fest im Geist der cluniazensischen Reform verwurzelt.

Heroisches Zeitalter (1060–1140)

Diese Phase ist in allen Gebieten des politischen, wirtschaftlichen und geistig-künstlerischen Lebens eine Zeit der Vitalität, des Aufbruchs und des Aufbaus. Eingeleitet wurde sie durch die ›Gregorianische Reform‹ (*Dictatus papae*, 1075), die nicht nur die Allgewalt der Päpste begründete, sondern auch eine gewaltige Erneuerungsbewegung innerhalb der Kirche ins Leben rief, die zur Gründung zahlreicher neuer Orden führte und die große Bewegung der

Kreuzzüge vorbereitete (*LexMA* 4,1686–1688): 1073 wurde der Orden von Grandmont, Vorläufer der Bettelmönche, bei Limoges durch Etienne de Muret gestiftet; 1084 der Orden der Kartäuser in La Grande Chartreuse bei Grenoble durch Bruno von Köln, 1098 der Orden der Zisterzienser in Cîteaux (Côte-d'Or) durch Robert von Molesme. Gerade die Zisterzienser entwickelten sich zu Meistern der Urbarmachung und revolutionierten den Ackerbau mit neuen Methoden. Die Stabilisierung des Feudalsystems nach einer langdauernden Periode der Anarchie leitete eine Zeit relativer politischer Ruhe ein und brachte im Zusammenhang mit dem erfolgreichen ersten Kreuzzug einen starken wirtschaftlichen Aufschwung, namentlich in den neu aufblühenden Städten. Französische Kaufleute engagierten sich im Levantehandel (östliches Mittelmeer), errichteten an der syrischen Küste Niederlassungen und verdrängten die Griechen, Syrer und Juden. Um die Nachfrage des Exporthandels befriedigen zu können, wurden einheimische Erzeugnisse wie flandrisches Tuch, Champagner Leinen, Metallwaren aus Dinant und Limousiner Email verfeinert und erlangten Weltgeltung. Die Messen der Champagne (*les foires de Champagne*) wurden zu einem der wichtigsten Waren- und Geldumschlagplätze der Erde. Die Kunst profitierte davon, der romanische Stil erlebte seine Blüte, aber nicht nur die Architektur, auch die Plastik, Wandmalerei, Buchmalerei usw. wurden gepflegt. Durch den Kontakt mit der arabisch-jüdischen Wissenschaft erweiterte sich das Weltbild; die Philosophie der Frühscholastik verwirklichte bedeutende Denkleistungen in Dialektik, Mystik und den Naturwissenschaften. Petrus Abälard (1071–1142), dem berühmten Lehrer zu Sainte-Geneviève in Paris, dessen tragische Liebe zu Héloïse – ihr Onkel ließ ihm auflauern und ihn entmannen – durch mehrere Briefe überliefert ist, verdanken wir nicht nur eine innovative Methode des Philosophierens, sondern eine bis dahin unbekannte Auffassung des Menschen und eine andere Ethik.

Zugleich aber tauchten neue Mächte auf: Während die Kirche sich reformierte und das französische Königtum den Grundstein seiner Macht legte, regte sich auch das Volk: Die Bürger in den Städten und die Bauern auf dem Land begannen, sich aus den Fesseln der Feudalherrschaft zu befreien; hörige Bauern kauften sich in zunehmendem Maße frei. In den Städten gründeten die Bürger Schwurbruderschaften (*associations jurées*), um ihre Forderungen durchzusetzen, und die Könige, namentlich Louis le Gros (Ludwig VI., der Dicke, ca. 1081–1137; König ab 1108), der auch der Vater der Kommunen genannt wird, begünstigte diese kommunale Bewegung, um außerhalb der Krondomäne Stützpunkte zu haben. Fast alle Städte Frankreichs erlangten eine weitgehende Unabhängigkeit. Die Naturalwirtschaft wurde allmählich durch die Geldwirtschaft ersetzt, und die Kraft des Barkapitals verlieh dem, der es besaß, ein Stück Freiheit. Das System des Feudalismus zeigte erste Risse, obwohl sich rein äußerlich betrachtet der einst militärisch ausgerichtete eher rohe Ritterstand nobilitierte und eine verfeinerte Kultur entwickelte.

Höfisches Zeitalter (1140–1230)

In der nun folgenden Zeitspanne, der ›Mittagshöhe‹ des französischen MA.s, verfestigten sich die im vorangehenden Abschnitt angedeuteten Tendenzen: Das Königtum erstarkte immer mehr, ein neues nationales Staatsbewußtsein bildete sich aus; das städtische Bürgertum, das den Übergang von der feudal-agrarischen Naturalwirtschaft zur modernen Geldwirtschaft in die Wege geleitet hatte, wurde noch wohlhabender und selbstbewußter; die Adelselite mit ihrer ritterlichen Kultur brachte literarische Meisterwerke hervor; der Mensch synthetisierte Weltzugewandtheit und Mystik;[6] die Universitäten bereiteten durch die Übernahme des Aristotelismus die Säkularisierung der Bildung vor. Frankreich hatte die kulturelle Führung des Abendlandes übernommen, denn von Cluny war eine neue Religiosität ausgegangen, der Europa die Christianisierung und Humanisierung des Adels verdankte: die Gottesfriedensbewegung, die Kreuzzugsidee, das Ideal des Rittertums, wie es in den *chansons de geste* und dem höfischen Roman Idee geworden ist. Die nord- und mittelfranzösischen Kloster- und Domschulen wie auch die Universitäten zogen zwei Jahrhunderte lang alle bedeutenden Persönlichkeiten Europas an sich. Wer etwas auf sich hielt, hatte in Paris studiert. Die Stadt modernisierte sich um die Wende vom 12. zum 13. Jh., ihre Stadtbefestigung wurde erneuert, der erste Louvre, der Petit Pont, Petit Châtelet, Klöster, Spitäler, Kirchen wurden gebaut, vor allem die Kathedrale Notre-Dame auf der Ile de la Cité überragte schon bald die Stadt. Mit 100.000 Einwohnern war Paris eine der größten Agglomerationen der Erde. Zwischen 1140 und 1250 folgten andere Städte (Noyon, Soissons, Senlis, Laon, Amiens, Beauvais, Arras, Cambrai, Tournai, Reims, Sens, Meaux, Tours, Angers usw.) im Kathedralenbau. Die Ritter schufen sich eine Standeskultur, die Essen, Kleidung, Wohnen, Lektüre usw. raffinierte. Die Stellung der Frauen wurde aufgewertet, und sie erlangten rudimentäre Rechte. Vornehme Damen wie Ermengard von der Bretagne, Alienor von Aquitanien, ihre Töchter Marie von Champagne und Alix von Chartres, Yolande von Flandern, Beatrix von Navarra u.a. – wir kennen sie meist als Adressatinnen von Dichtungen – übernahmen durch ihre hohe Bildung Vorreiterfunktionen. Die Amordichtung mit ausgefeilter Minnedoktrin mag das ihre dazu beigetragen haben. Die Kirche stand um 1200 zwar auf dem Gipfel ihrer Macht, aber dadurch drohten ihr Verweltlichung oder Ketzerei. Die Bettelorden der Franziskaner (1209/10) und Dominikaner (1215/16), gegründet aus dem Geist der Verinnerlichung, verfolgten unterschiedliche Tendenzen. Die Franziskaner wollten durch ein schlichtes Leben Vorbild sein, die Dominikaner durch Festigung der Lehre die Ketzer bekämpfen. Ihre Angehörigen bekleideten schon bald alle wichtigen Professuren, man denke an Albertus Magnus und seinen Schüler Thomas von Aquin, die beide zu den bedeutendsten Gelehrten ihres Zeitalters zu zählen sind. Der Dominikaner-Orden ist aber auch wesentlich an der Ausrottung der Albigenser und damit am

Untergang der provenzalischen Kunst und Kultur beteiligt. Im Bildungssektor setzte um 1140 eine Krise des reformerischen Modernismus ein, auf die das Papsttum mit der Anerkennung der Universität von Paris als eigener Korporation und der Etablierung der neuen Lehrmethode nach dem System der *septem artes* antwortete (s. Kap. IV). Gerne hätten die Päpste aus der Pariser Universität eine theologische ›Kaderschmiede‹ für das gesamte Abendland gemacht, doch das gelang ihnen nicht. Die Professoren, Studenten und Bürger von Paris kämpften für Autonomie und Gewissensfreiheit. Der Aristotelismus breitete sich aus, und es ist die große Leistung der Dominikaner, ihn mit den Glaubensinhalten harmonisiert zu haben, so daß ein Ausgleich zwischen Glaube und Vernunft geschaffen wurde. Der ab 1240 fest etablierte Thomismus blieb bis heute die offizielle Lehrmeinung der katholischen Kirche.

Um die Mitte des 12. Jh.s entstand in der Ile-de-France die Gotik in der Abtei Saint-Denis, Grablege der französischen Könige.[7] Abt Suger ließ Baumeister, Steinmetze und Glasmaler aus dem ganzen Land zusammenkommen und in den neuen Bau normannische, burgundische und provenzalische Konzepte integrieren, deren Ergebnis die Illusion eines unbegrenzten Raumes war. Der geistige Impuls liegt in der Korrespondenz von materieller und immaterieller Welt: Die Kirche ist ein Abbild der Gottesstadt und des Leibes Christi. Die neuplatonische Lichtmetaphysik steuerte den Aspekt der Lichtmystik bei. Da Gott Licht ist, muß auch der Bau das Licht hineinfluten lassen, aufbewahren und spiegeln. So hat die gotische Architektur materielle, ästhetische und geistige Wurzeln. Hinzu kommen die wirtschaftlichen und technischen Möglichkeiten, die damals zur Verfügung standen. Alles in allem erlebte Frankreich eine Hochblüte, die K. Vossler vom ersten augusteischen Zeitalter des Landes sprechen ließ.

Scholastisches Zeitalter (1230–1330)

Im zweiten Drittel des 13. Jh.s bahnte sich unmerklich eine Wende an. Die Gewalten ›Kirche und Staat‹ und ihre Träger waren nicht mehr primär von religiösen und sittlichen Ideen geleitet, sondern von politischen und wirtschaftlichen Erwägungen. Der Drang zur Autonomie wurde allenthalben stärker, die Idee der Universalmonarchie, die zumindest als Fiktion von allen Christen anerkannt worden war, zerbrach. Im Gutachten zum Prozeß Kaiser Heinrichs VII. (1308–1313) gegen König Robert von Neapel schrieb Oldradus de Ponte: »In der in Nationen zerteilten Welt ist für eine Universalmonarchie die Zeit endgültig vorbei!« Besonders verhängnisvoll sollte sich der Gegensatz zwischen Frankreich und England auswirken, das sich im Hundertjährigen Krieg zwar vom französischen Einfluß befreite, aber auch vom Festland zurückzog. Die Oxforder Universität pflegte schon früh einen pragmatischen Realismus und religiösen Nonkonformismus und machte Paris den Führungsanspruch streitig. Im scholastischen Lehrsystem kam es zu heftigen Richtungskämpfen. Die Regierungszeit Ludwigs IX., des Heiligen (1226–70), und Philipps IV., des Schönen (1285–1314), spiegelt die aufbrechenden Spannungen. Der erste König ist noch ein christlicher Ritter mit allen ritterlichen Idealen, der zweite ein von keinem Skrupel belasteter Realist, und dennoch können sie die Gegenkräfte nicht bannen. War die vorangegangene Epoche eine solche des Aufschwungs, wurde jetzt alles von Staats wegen kanalisiert und in Vorschriften gebannt. Dieser Immobilismus führte zur Gründung von Ligen und Assoziationen sowie zu internen Ständekämpfen. Das Geld schuf neue Klassen, arme Ritter, reiche Bürger, Großkaufleute, Kleingewerbetreibende, selbständige Handwerker, Lohnarbeiter. Der landbesitzende Adel wurde vor allem von der neuen Geldwirtschaft betroffen; die Grundherrschaft mußte jetzt durch Lohnarbeiter versorgt werden, da die Leibeigenschaft sich auflöste. So konnte er sich nicht mehr gegen den König formieren, sondern mußte sich um seine eigenen Belange kümmern. Es entstand am Hof in Paris eine neue Beamtenorganisation, die sich mit dem alten Adel mischte. Als weiterer Konflikt bahnte sich hier das Problem des Aufstiegs in den Adel und des Klassenwechsels an. Erst jetzt formierten sich alle die französischen Untertanen, die nicht zum Klerus oder zum Adel gehörten als Dritter Stand.

Die Machtfülle des Staates wuchs, die Juristen (Legisten) gewannen an Einfluß. Der Hof mit allen Einrichtungen wurde zum Zentrum, das sich und das Land organisierte. Philipp der Schöne schuf eine moderne Bürokratie und berief als erster König zu Beginn des 14. Jh.s als Ständevertretung die Generalstände (*États généraux*) ein. Dieser Herrscher betrieb eine lebhafte Außenpolitik, die viel Geld kostete. Er beschaffte es sich durch Pogrome und Prozesse gegen mißliebige Gruppen wie Juden, Lombarden und Templer, und er beschädigte so nicht nur sein eigenes Ansehen, sondern auch das der Monarchie. Galt bisher der Satz »rex de suis vivat – der König soll von seinen eigenen Mitteln leben«, wurde jetzt ein allgemeines Steuersystem eingeführt. Frankreich verstrickte sich in einen Kampf gegen Papst und Kurie, der in der ›Schande von Anagni‹, der Festsetzung Papst Bonifaz' VIII. durch den französischen Kanzler Guillaume de Nogaret, gipfelte. Das Papsttum lenkte ein und wurde hinfort von den Franzosen beherrscht, denen es immer wieder Zugeständnisse machte. Ab 1309 residierten die Päpste in Avignon; es begann die ›babylonische Gefangenschaft‹ der Kirche. Um 1300 geriet der Stern der Pariser Universität ins Sinken, die vorher noch bedeutende Theologen aus Deutschland, England, den Niederlanden und natürlich Frankreich selber in ihren Reihen zählen konnte. Die Franziskaner ersetzten den Kreuzzugsgedanken durch den friedlicheren der Weltmission, die die Kenntnisse des Kosmos erheblich vergrößerte, aber auch dem Rittertum einen Teil seiner Funktionen raubte. Die Gotik wandelte sich zur Hochgotik (*gothique flamboyant*), was einen Umschlag ins Zierliche und Pretiöse bedeutete. Statt großräumiger Kathedralen baute man kleine, elegante Kapellen. Beispiel dieser neuen Richtung ist die Sainte Chapelle in Paris. Die Sprache der Ile-de-France, das Französische, setzte sich immer mehr als Koiné (Gemeinsprache) und Modell durch, veränderte sich dabei aber langsam zum standardisierteren Mittelfranzösisch (ab 1350): Laut- und Formenbestand vereinfachten und vereinheitlichten sich, zugleich wurde der Wortschatz größer. Intellektualismus und Bürgergeist zogen in die Literatur ein und verdrängten die Ritterideale. Die Prosa ersetzte den Vers. Berufsmäßige studierte fahrende Sänger (*ménestrels*) ersetzten die Jongleure und Spielleute. Die Gattungen der neuen Zeit sind die satirische Lyrik (Rutebeuf), *Fuchsroman*, Schwänke, populärwissenschaftliche Enzyklopädien.

Franzosen und Deutsche – »Die Straßburger Eide«

Franzosen und Deutsche haben, wie bereits betont, einen gemeinsamen ›fränkischen‹ Ursprung,[8] aber die Franzosen haben alleine den Namen der Franken übernommen. Dies hat mehrere Gründe: Der Name ›Franken‹[9] wurde nach der fränkischen Eroberung Galliens zur Bezeichnung des Landes (mlat. *Francia*, franz. *France*, das anfangs nur der Name der Ile-de-France war,[10] dann auf ganz Nordfrankreich ausgedehnt wurde, im Gegensatz zur Provence) wie auch der Bevölkerung (*français*, von *franciscus* oder *francensis*). Da die Franken die freie herrschende Oberschicht bildeten, während die unterworfene galloromanische Bevölkerung keine politischen Rechte hatte, wurde der Stammesname *frank* auch im Sinne von ›frei‹ verwendet (frz. *franc*, »qui est de condition libre, par opposition à esclave ou à serf«) (Tagliavini, S. 123 Anm. 14). Die Ostfranken nennen ihre Sprache im Gegensatz zum Latein des gelehrten Klerus die *deutsche* Sprache, *lingua theodisca*, d.h. volkstümliche (*diutisc* von *diot* = Volk), die *lingua vulgaris* (vgl. lat. *vulgus* = Volk). Der erste Beleg für *theodiscus* (786) bezieht sich noch auf das Angelsächsische. *Teutisci* als Volksname, im Gegensatz zu den Langobarden, ist zuerst 843 belegt. Für *theodiscus* kommt dann, von Fulda ausgehend, unter gelehrtem Einfluß das anklingende *theutonicus* (Erstbeleg 876) zur Anwendung. Schon im 9. Jh. wird demnach die Sprachbezeichnung zum Volksnamen für die Stämme des Ostfrankenreichs (*gens theudisca, Teutisci, Theodisci, Teutonici*), die seitdem ein gemeinsames Volksbewußtsein bezeugen (*DWB* 2,1043–1048). Es handelt sich bei den späteren ›Deutschen‹ (auch die Franzosen sind ein Stammesgemisch) nicht um eine vorgegebene Einheit, sondern das Resultat des Zusammenschlusses der festländischen Westgermanenstämme der Alamannen, Bayern, Thüringer, Friesen und Sachsen mit den rechtsrheinischen Franken. Allerdings haben die eigentlichen Sprachgrenzen, die sich laufend veränderten, bei den diversen Reichsteilungen keine nennenswerte Rolle gespielt.

Der Landesname *Francia-France* war im MA umstritten und konnte verschiedene Territorien bezeichnen. Er umfaßte keineswegs nur das Herrschaftsgebiet fränkischer und später französischer Könige. Die westfränkischen Herrscher (*Rois de France*) regierten in ihrer Vorstellung, jedenfalls belegen dies zahlreiche literarische Texte, über mehrere Reiche, und dazu gehören, selbst noch nach der Trennung der beiden Reichshälften, *Lombardie*, *Allemagne*, *Bavière* und *Saxe*. Dieser weite Territorialbegriff speist sich offenkundig aus der Erinnerung und aus ungenauen geographischen Kenntnissen. Man darf sich die *France* also nicht zu eng vorstellen. Zwar wurde schließlich das Gebiet zwischen Somme und Seine (es reicht somit über die Ile-de-France hinaus) mit diesem Namen bezeichnet, aber Volksgruppen, die erst allmählich aus der ›fränkischen‹ Gemeinschaft ausschieden, wurden noch lange dazu gezählt. In der Chanson de geste *Fouque de Candie* von Herbert le Duc de Dammartin (Heim, S. 259; *DLF* 454–455) umfaßt die *France* noch die Bretagne, Poitou, Anjou, Normandie, Ponthieu (Teil der Picardie), Flandern, Hennegau, Lothringen und Köln:

Ce dist li rois: »Oies, seignor princhier!
En France voeil dant Buevon envoier
m'ost a conduire et Bernart au vis fier,
Drieu d'Aminois et Hughon et Renier
et en Bretaigne le vallet Engelier
et en Poitou et Droon et Gautier,
et en Angou voeil trametre Rogier,
en Normandie envoierai Lohier
et en Pontieu et Milon et Gautier,
a cels de Flandres David et Hiretier
et en Henau Buevon et Berengier
en Loheraine Beghinart Neldijer
et en Coloigne dant Tiois le cartrier ...«
(vv. 34–46)

Da sprach der König: »Hört her, Ihr Fürsten!
Ich will Herrn Bueve nach Franzien schicken;
er soll mein Heer führen, und mit ihm Bernart ›Stolzgesicht‹ (=mit dem stolzen Antlitz),
Drieu d'Aminois, Hugo und Renier,
und in die Bretagne will ich den Knappen Engelier schicken,
ins Poitou Droon und Gautier,
nach Anjou Rogier,
in die Normandie will (werde) ich Lohier entsenden,
nach Ponthieu Milon und Gautier,
nach Flandern (zu den Flamen) David und Hiretier,
in den Hennegau Buevon und Berengier,
nach Lothringen Beghinart Neldijer,
und nach Köln Herrn Tiois, den Kanzler.«

Eingerahmt von (den heutigen Ländern) Spanien, Italien, der Schweiz, Deutschland, Belgien und den Niederlanden, nur durch den Kanal von England geschieden, besaß Frankreich seit jeher eine besondere Kraft, die aus der Berührung und Auseinandersetzung mit verschiedenen Nationen erwuchs. Immer fühlte sich das Land stark genug, die von außen kommenden Impulse aufzunehmen, zu verwandeln und zu integrieren, weshalb es den Franzosen auch gelang, sich im innersten Kern weder je grundsätzlich zu verändern noch zu erschöpfen. Während vieler Jahrhunderte war Frankreich zudem Mittelpunkt der europäischen Kultur. Weil das Land die Zivilisation als soziale Übereinstimmung, die Kunst als Ausdruck des Lebens und die Bildung als kostbares Erbe betrachtete, war es immer viel geschlossener als der deutsche Nachbar (Suchanek-Fröhlich, S. IXf.). An französischer Sprache und Kultur orientierten sich bereits früh die Gelehrten wie die Intellektuellen der damaligen ›zivilisierten Welt‹. Kein Land ist sich trotz Invasionen und Überfällen, Neubesiedlungen und Revolutionen der Kontinuität seiner Geschichte in so hohem Maße bewußt wie Frankreich, dem es gelang, Römisches, Keltisches und Germanisches zu Eigenem, eben dem Französischen, zu verschmelzen.

In der Literatur findet sich dieses Kontinuitätsdenken von Anfang an bezeugt: Der Verfasser des *Rolandsliedes* (Ende 11. Jh.) besingt sehnsuchtsvoll die *dulce France*, das »süße Heimatland«:[11] 170mal kommt der Begriff in der Oxforder Handschrift des Rolandsliedes vor, einem Refrain vergleichbar. Selbst wenn die territoriale Basis der Gemeinschaft, an die sich das *Rolandslied* wendet, nur sehr klein ist, liegt das Selbstbewußtsein dieser Region darin, daß sie sich als ein wesentlicher Teil eines ideellen Ganzen fühlt, als ein Teil des Karlsreiches, der *Francia*, des Reiches der christlichen *pax*.[12] Adenet le Roi läßt in seinem Roman den Titelgeber Cleomadés (ca. 1285) schwärmen:[13]

Car en les ancïens escris	Denn in alten Schriften steht geschrieben,
trueve on que lonc tans a esté	daß Frankreich immer
France la flours et la purté	die Blume und die Verkörperung
d'armes, d'onnour, de gentillece,	von Waffen, Ehre und Edelmut,
de courtoisie et de noblece.	von Höflichkeit und Großzügigkeit war.
ce est la touche et l'examplaire	Es ist Vorbild und Beispiel
de ce c'on doit laissier et faire.	von dem, was man lassen und tun muß.
(vv. 244–250)	

In der *Chanson (Conquête) de Jérusalem* (Ende 12. Jh.) wundert sich der Graf von Flandern darüber, daß Christus in der syrischen Wüste lebte, wo es doch in Arras mit seinen Schlössern, Obstgärten und Flüssen voller Fische so viel schöner sei.[14]

Das sind vielleicht späte Belege, aber bereits das erste eindeutig volkssprachliche romanische Zeugnis, ein genau auf den 14. Februar 842 datierbarer Text, bezeugt, daß die Franzosen schon damals eine solidarische Volksgruppe waren, die sich von den ›deutschen‹ Nachbarn abgrenzten. Es handelt sich um die *Straßburger Eide*, mit denen Ludwig der Deutsche und Karl der Kahle, Söhne Ludwigs des Frommen, nach der Schlacht bei Fontenoy-en-Puisaye (25. Juni 841) in der Nähe von Straßburg ihr Bündnis gegen ihren Bruder Lothar erneuerten, den sie kurz darauf zum Frieden von Verdun (843) und zur bereits besprochenen Reichsteilung zwingen sollten. Ludwig der Deutsche war König der Ostfranken und herrschte damit über ein deutschsprachiges Gebiet, Karl der Kahle dagegen beherrschte den der Sprache nach galloromanischen Westteil. Ludwig leistete den Eid auf französisch, damit Karls vorwiegend galloromanisch sprechende Soldaten ihn verstehen konnten. Aus dem gleichen Grund sprach Karl den Eid auf deutsch. Daran schließen sich die Schwüre der Heerführer Ludwigs in deutscher Sprache und die der Heerführer Karls in französischer Sprache an. Nur die beiden Könige vertauschen also ihre Sprachen; die Heerführer dürfen in der Muttersprache den Eid leisten. Der Chronist Neithard (*DLF* 1076–1078), ein Enkel Karls des Großen und Vetter der beiden am Schwur beteiligten Könige, hat den Eid in drei sprachlichen Versionen in seinen *Historiae* festgehalten. Während der deutsche Teil in einer Spielart des Rheinfränkischen gehalten ist, ist der französische vermutlich poitevinisch, da Karl der Kahle in Poitiers residierte:

> Pro Deo amur et pro cristian poblo et nostro commun saluament, d'ist di en auant, in quant Deus sauir et podir me dunat, si saluarai eo cist meon fradre Karlo, et in a(d)iudha et in cadhuna cosa, si cum om per dreit son fradra saluar dift, in o quid il mi altresi fazet, et ab Ludher nul plaid nunquam prindrai qui, meon uol, cist meon fradre Karle in damno sit.
>
> In Godes minna ind in thes cristianes folches ind unser bedhero gehaltnissi, fon thesemo dage frammordes, so fram so mir Got gewizci indi mahd furgibit, so hald ih thesan minan bruodher, soso man mit rehtu sinan brudher scal, in thiu thaz er mig so sama duo, indi mit Ludheren in nohheiniu thing ne gegango, the, minan willon, imo ce scadhen uuerdhen.
>
> Bei Gottes Liebe und bei des christlichen Volkes und unserem gemeinsamen Heil werde ich von diesem Tage an, soviel Gott an Weisheit und Macht mir gebe, diesen meinen Bruder Karl so unterstützen, sowohl mit Hilfeleistung wie auch mit jedem Dinge, wie man zu Recht seinen Bruder unterstützen soll, auf daß er mir ebenso tue; und mit Lothar werde ich keine Übereinkunft je schließen, die nach meinem Willen diesem meinem Bruder Karl zum Schaden sei. (Tagliavini, S. 374, Anm. 12; Mettke, S. 20–21)

Territoriale Gliederung Frankreichs

Wenn wir von Frankreich im MA sprechen, handelt es sich keineswegs um einen gefestigten Nationalstaat, sondern um einen eher losen Bund von Fürstentümern, die die Oberhoheit des kapetingischen Königs mehr oder weniger eindeutig anerkennen. In der Anfangszeit der kapetingischen Monarchie beherrscht der König nur etwa 10 % des alten westfränkischen Reichsgebiets unmittelbar. Dieses Areal – wir sprechen von Krondomäne – ist unter Hugo Capet noch sehr klein[15] (Orléans bis Étampes; Senlis-Compiègne; Montreuil; Attigny s. Aise) und umfaßt erst unter Ludwig VI. (1108–1137) die Ile-de-France, die zum Ausgangspunkt der immer weiter wachsenden Königsmacht werden wird. Die innenpolitische Leistung der kapetingischen Könige besteht darin, die Krondomäne immer stärker auszudehnen und sich immer neue unabhängige Fürstentümer einzuverleiben; die außenpolitische, die Engländer aus Frankreich zu vertreiben und die Reichsgrenze über die Linie Rhône, Saône, Marne, Schelde auszuweiten.

Neben der Krondomäne und strukturell mit ihr vergleichbar stehen mehrere bedeutende Fürstentümer, deren Inhaber sich im Kampf gegen weniger mächtige Lokalgewalten schließlich ebenso durchsetzen wie der König im Kronland. Dadurch unterbleibt eine Zersplitterung wie in Deutschland, zumal sich die älteren vasallitischen Bindungen zwischen diesen Fürstentümern und der Monarchie lockern, aber prinzipiell erhalten bleiben. Die Beziehung zwischen Herr und Vasall ist gegenseitig, Hilfeleistung und Unterstützung sind ethische Pflicht. Dies bildet die Grundlage des Rittertums, dessen ständische Abschließung etwa ab 1150 zu beobachten ist. Ein deutliches Wirtschaftswachstum befördert im Norden den Aufschwung der Städte und den Aufstieg des Bürgertums. Hier finden wir das dichteste Straßennetz und die beste Infrastruktur.[16] Schon seit Ludwig VI. nutzt die Monarchie den Gegensatz Adel-Bürgertum für ihre Zwecke, indem sie die kommunale Bewegung gegen die feudal-territoriale ausspielt. Gleichzeitig kommt es zu engen Beziehungen zwischen Monarchie und Kirche, in der es neben einer ultramontanen, auf das Papsttum orientierten auch stets eine gallikanische königstreue Gruppe gibt, auf die sich die Monarchie stützen kann.

Das französische Bildungswesen, in dessen Zentrum die Universität von Paris steht, erlangt Weltgeltung. Auf diesem Boden blüht das römische Recht, das die Kronjuristen nutzen, um die Ansprüche der Monarchie abzusichern. So erwächst aus schwachen Anfängen bis 1270 eine starke Monarchie, wohingegen die ›ostfränkische Konkurrenz‹ im Reich, sieht man von gewissen Ausnahmen ab, immer schwächer wird.

Die territoriale Gliederung Frankreichs bis zum Ende der Kapetinger, von Nord nach Süd gegen den Uhrzeigersinn betrachtet, stellt sich folgendermaßen dar: Wir finden zunächst die Grafschaft *Flandern* (Hauptstadt Brügge), womit das sog. Kronflandern gemeint ist. Karl der Kahle hatte seit dem Vertrag von Verdun (843) die Grafschaft Flandern errichtet und seinem Schwiegersohn Balduin I. verliehen. Die Grafen des 10. und 11. Jh.s (die ›Balduine‹) widmeten sich dem Ausbau des Gebiets und konnten es um die angrenzenden Grafschaften *Artois* (in Frankreich), *Hennegau* (Hainaut) und *Waasland* (Pays de Waes) im Deutschen Reich vergrößern. Im Jahr 1180 heiratet Philipp II. August in erster Ehe Isabella von Hennegau, wodurch ihre Mitgift Südflandern (Artois) an die Krone kommt. Die Grafen von Flandern im Norden paktieren mit England, auf dessen Wolle die flandrische Tuchindustrie angewiesen war; der Patriziat von Gent, Brügge und Douai zunächst mit Frankreich, bis auch ihm der Druck der französischen Besatzung, die 1300 erfolgt, zu stark wird. In der Schlacht bei Kortrijk (Courtrai), der sog. Sporenschlacht (1302), wird das französische Ritterheer vernichtend geschlagen, wahrt Flandern seine Unabhängigkeit. Der Machtkampf um die Grafenwürde wurde 1376 durch die Heirat Philipps des Kühnen von Burgund mit der Erbin des Grafen Ludwig von Male entschieden. Seitdem teilte Flandern das Geschick von Burgund. Es ist dies das einzige Gebiet, das einmal zu Frankreich gehört hat und heute nicht mehr Teil des französischen Staatsverbandes ist.[17]

Die im Süden anschließende Grafschaft *Picardie* (Hauptstadt Amiens) wurde früh unter zahlreiche Feudalherren aufgeteilt, von denen die Grafen von Vermandois die mächtigsten sind. Am Ende des 12. Jh.s wurde die Picardie Krongut.[18]

Es folgt die *Normandie* (Hauptstadt Rouen), ein von dänischen und norwegischen Flüchtlingen im 9. Jh. erobertes und 911 zum Herzogtum unter Rollo erhobenes Territorium in Nordfrankreich, das seit Wilhelm dem Eroberer (1066) in Personalunion mit England verbunden ist. Die englischen Könige sind als Herzöge der Normandie Lehnsleute und Rivalen der französischen. Die Situation wird für Frankreich katastrophal, als sich Eleonore von Aquitanien 1152 von Ludwig VII. scheiden läßt und Heinrich II. von England heiratet. Dieser huldigt dem französischen König zwar 1156 für die Normandie, Aquitanien, Anjou, Maine und die Touraine, gut die Hälfte des ganzen Landes, um sich seine Neutralität im Konflikt mit seinem Bruder Gottfried zu sichern, aber diese Machtkonzentration bildet eine stete Bedrohung für die französische Monarchie. Erst 1453, am Ende des Hundertjährigen Krieges, mit der Eroberung des gesamten englischen Festlandsbesitzes, ist diese Gefahr endgültig ausgestanden. Bereits 1258, im Frieden zu Paris, verzichtete Heinrich III. von England gegenüber Ludwig IX. (dem Heiligen) auf die Normandie, Anjou, Touraine, Maine, Poitou und machte damit Frankreich *de facto* zur Großmacht.[19]

Es schließt sich die *Bretagne* mit ihrer ethnischen Sonderstellung an, die durch keltische Flüchtlinge von den britischen Inseln (daher der Name) begründet ist. Ab 1166 definitiv unter englischer Verwaltung, heiratet die Regentin Alix 1213 einen kapetingischen Prinzen und begründet eine eigenständige Grafendynastie, die bis zu ihrem Ende (Claude de France heiratet 1514 François Ier) dem Territorium eine weitgehende Selbständigkeit bewahrt.[20]

Anjou,[21] westfranzösische Grafschaft an der Loire, teilt (seit 1054) mit der *Touraine* und (seit 1101) *Maine* lange das Schicksal der Normandie, bis alle Gebiete 1258 Krondomäne werden.

Die *Champagne*, schon zur Römerzeit wegen ihrer Weinberge berühmt, zerfiel im 8./9. Jh. in zahlreiche Feudalherrschaften und verlor ihre Eigenständigkeit. Die Grafen von Troyes und Blois konnten eine mächtige Herrschaft errichten, zumal sie vor 1050 noch die Grafschaft Meaux erbten. Sie nutzten die Schlüsselstellung ihres Territoriums im Schnittpunkt wichtiger Handelswege zwischen den Niederlanden, Frankreich, dem Reich und Italien, um die sog. Champagne-Messen (Troyes, Provins, Lagny) abzuhalten, die zum Treffpunkt der europäischen Kaufleute und Bankiers wurden. Zu Beginn des 12. Jh.s beherrschten die Grafen von Troyes die gesamten Besitzungen des Hauses. Durch die Heirat Adeles, der Tochter Wilhelms des Eroberers, mit Graf Stephan von Blois wurden sie mit den Königen von England verwandt. Der älteste Sohn Thibaut der Große gründete (1125) die Grafschaft Champagne. Dessen Sohn Henri le Libéral (der Freigebige) heiratete Marie de France, die Tochter Ludwigs VII., und machte den Hof von Troyes zu einem der

Zentren ritterlicher Kultur. Durch die dritte Ehe Ludwigs VII. mit Adèle de Champagne, der Schwester Henris, wurde das Land noch enger mit der Monarchie verbunden. Aber erst die Ehe Philipps IV. mit Johanna von Navarra brachte 1284 die Grafschaft an die Krondomäne.[22]

Das Herzogtum *Burgund* umfaßt die Grafschaft Nevers und das eigentliche Herzogtum Burgund, das aus Teilen der alten Grafschaften Autun, Auxerre und Sens besteht (Hauptstadt Dijon), liegt also westlich der Saône. Der östliche Teil, die sog. *Freigrafschaft* (*la Franche-Comté*; heute ist ›comté‹ Maskulinum!) um Besançon, der Rest des einst bedeutenden Königreichs Burgund, gehörte bis zum 17. Jh. zum Deutschen Reich. Seit 1032 herrschten in Burgund schwache kapetingische Herzöge, die mit Philipp I. 1361 ausstarben. Seine Witwe, Margarete II. von Flandern, Burgund, Artois, Nevers und Rethel, heiratete 1369 Herzog Philipp II., den Kühnen (1342–1404), einen Bruder des französischen Königs Karls V. Er ist der Stammvater einer mächtigen Dynastie, die Flandern und Burgund vereinte und eine Zeitlang zur bedrohlichen Gegenmacht gegen das französische Königtum wurde. Auf Philippe le Hardi folgen Jean Sans Peur, Philippe le Bon und Charles le Hardi, der 1477 bei Nancy in der Schlacht fällt, wodurch Burgund als erledigtes Kronlehen von französischen Truppen besetzt wird. Maria, die Tochter Karls des Kühnen, heiratet jedoch den habsburgischen Erzherzog Maximilian und bringt so Flandern, die Franche-Comté und die Niederlande in österreichische Hand.[23]

Aquitanien, in römischer Zeit das Land von den Pyrenäen bis zur Loire, ist später die auf das *Poitou*[24] reduzierte Herzogsgewalt, die auch über Anjou, Angoulême, Périgord und La Marche die Lehnsherrschaft behauptet. Das Herzogtum *Gascogne* wird durch Heirat 1036 mit Aquitanien vereinigt. Es bleibt bis 1453 englisch und wird auch *Guyenne* genannt. 1224 erobert Ludwig VIII. das *Poitou*, nach dem Frieden von Paris 1258 bleiben geringfügige Gebiete im Raum Limoges, Cahors, Périgueux bei der Guyenne. *Toulouse* bildet mit Albi und Cahors eine Einheit; seit 1112 ist das Territorium von der mittleren Garonne bis zur Rhônemündung arrondiert. Nach den Albigenserkriegen kommen 1229 das Herzogtum *Narbonne*, das *Albigeois* und das südliche *Quercy* an die Krone; der Rest folgt durch Erbfall 1271.[25]

Dialektale Gliederung

Dieser Reichtum an Kulturlandschaften führt auch, so lange wenigstens, wie sie nicht bei der Krone sind, zu einem eigenständigen kulturellen und sprachlichen Reichtum (s. Kap. V; Vossler, S. 6f.): In der Ile-de-France spricht man *franzisch*, das später zur Nationalsprache, dem Französischen, wird; im Artois und der Pikardie, also dem südlichen Flandern, *pikardisch* (im übrigen Flandern flämisch, eine westgermanische Sprache), in der Normandie *normannisch* (dies hat nichts mehr mit dem ursprünglichen gleichnamigen germanischen Dialekt zu tun!), das in seiner in England gesprochenen Variante *Anglonormannisch* heißt. Die Bewohner von Anjou, Saintonge, Maine, Bretagne (soweit romanisch), Poitou und Touraine sprechen *südwestliche Dialekte*, die, je nach Geographie, vom Normannischen bzw. vom Okzitanischen beeinflußt sind. In der Champagne wird *champagnisch* gesprochen; die beiden ostfranzösischen Mundarten *Wallonisch* und *Lothringisch* werden im Reichsgebiet gesprochen. Mittelalterliches *Burgundisch* ist nicht häufig belegt. Die Hofhaltung lag in wallonischen und flandrischen Städten, und das Schriftfranzösische der Verwaltung hütete sich vor allzu ausgeprägtem Regionalismus. Auch galt das Latein viel zu viel, als daß man für die Mundart eine besondere Beachtung übrig gehabt hätte. Das *Okzitanische* mit seinen diversen Varianten ist nicht unser Gegenstand, doch müssen wir auch noch kurz über diesen Kulturraum sprechen, der bis zu seiner Vernichtung durch den Norden (1208–1229) diesem kulturell weit überlegen war. Mit *Frankoprovenzalisch* bezeichnet man ein Bündel von Dialekten, die in der heutigen Welschschweiz, Savoyen, Dauphiné, Lyonnais und Bresse gesprochen wurden. Sie gelten trotz gewisser Gemeinsamkeiten mit dem Galloromanischen wie dem Okzitanischen als eigenständig.

Der Süden Frankreichs – die Provence

Schaut man sich den französischen Sprachatlas (*Atlas Linguistique de la France*) an, stellt man fest, daß Frankreich in alter Zeit in Nord-Süd-Richtung von einer linguistischen Grenze getrennt wurde, die auch zugleich eine juristische, kulturelle wie kulinarische (Olivenöl-Butter) Grenze war. Es ist die Grenze zwischen Französisch und Okzitanisch (früher meist Provenzalisch genannt), *langue d'oïl* und *langue d'oc*, wie man beide Sprachen seit Dantes *De vulgari eloquentia* nach den Bejahungspartikeln (*hoc; hocille*) nennt. Die Trennlinie verlief von der Mündung der Garonne nordöstlich an der Nordgrenze des Massif central vorbei, schnitt etwa bei Lyon/Vienne die Rhône, machte dann einen Bogen, der über Grenoble, Briançon reichte und westlich von Nizza auf das Mittelmeer traf. Heute ist diese Sprachgrenze nach Süden zurückgewichen und verläuft etwa 50 km südlich von Lyon und etwa 10 km südlich von Grenoble.

Das Okzitanische, gegenwärtig eine Minderheitensprache auf dem Rückzug, war im MA ebenfalls kein einheitliches Gebilde, was mit der Geschichte des Territoriums zusammenhängt.[26] Die Sprachwissenschaftler unterscheiden mehrere Dialekte, und zwar im Norden beginnend im Uhrzeigersinn: *Auvergnat-Limousin, Alpin-Dauphinois, Provençal, Languedocien-Guyennais, Gascon-Aquitain.* Unabhängig von diesen Dialekten ist die Sprache der Trobadors eine erstaunlich einheitliche Gemeinsprache (Koiné), die vom Provenzalischen im engeren Sinn ihren Ursprung nimmt, aber ansonsten

keine Rückschlüsse darauf erlaubt, woher ein Dichter stammt. Die Bezeichnungen ›provenzalische Lyrik‹ und ›provenzalische Sprache‹ sind insofern für
das MA irreführend, denn das Provenzalische ist nur der östlich der Rhônemündung gesprochene Dialekt. Da sich aus ihm im 19. Jh. das Neuproven-
zalische, die Sprache der Félibrige-Dichter, entwickelte (*LWB* 300f.), wurde
der Begriff fälschlich auch auf die Frühzeit übertragen. Die dialektalen Unterschiede entsprechen in etwa denen zwischen den nordfranzösischen Dialekten; es sind distinktive Unterschiede, die die Verständlichkeit nicht
berühren, und daher können sich die Dichter alle einer Koiné bedienen.

Die Grafschaft Provence, die Dauphiné, das Languedoc und die Gascogne haben im MA keineswegs eine gemeinsame Geschichte. Die eigentliche
Provence, zwischen Rhône und Alpen gelegen, stand bis 1481 (Übergang an
die französische Krone) unter der Lehnshoheit des Heiligen Römischen Reiches deutscher Nation, wenngleich die deutschen Kaiser wenig Einfluß auf
das Land ausübten und die Herrscherfamilien der Aragón und Anjou sich ab-
wechselten. Die *Dauphiné* kam durch Kauf 1349 an den König von Frankreich, wurde aber nicht zur Krondomäne geschlagen, sondern blieb traditio-
nell in der Hand des französischen Thronerben, der nach dem Wappentier, einem Delphin, den Namen ›Dauphin‹ annahm. Das *Languedoc* unterstand
meistenteils den Grafen von Toulouse aus dem Hause Trencavel. Sie wurden
im 12. Jh. die mächtigsten Feudalherren im Süden Frankreichs, unter denen
die Trobadorliteratur besonders aufblühte. Diese mächtigen Grafen waren
der Krone ein Dorn im Auge, und da sie die ketzerischen Albigenser nicht intensiv genug bekämpften, lieferte dies König und Papst im Verein den Vorwand zu ihrer Vernichtung. 1270 war dieser Vorgang abgeschlossen, gehörte
das Land zur Krone. Die *Gascogne* war ein südwestfranzösisches Herzogtum
zwischen den Pyrenäen, der Garonne und dem Golf von Biskaya. 1052 ging
es an Aquitanien über und wurde englisch, im Frieden von Paris 1258 mußte
Heinrich III. von England als Herzog von Guyenne dem französischen König
den Lehnseid leisten, doch nur der Westteil wurde von englischen Beamten
verwaltet, da im Inneren mächtige Barone (Albret, Béarn, Armagnac etc.) ihre Autonomie bewahrten. Die *Auvergne* war ursprünglich eine eigene Grafschaft, zwischen England und Frankreich hin- und hergerissen und um-
kämpft. Im 13. Jh. fiel sie an Alfons von Poitiers, einen Bruder Ludwigs IX.
(des Heiligen), der den Prozeß der Integration des Landes in die Krondomäne
einleitete.

Die Provence im weitesten Sinne kann von allen Provinzen Frankreichs
auf die längste eigenständige Geschichte zurückblicken, eine Geschichte, die
fast lückenlos überliefert ist. Die Stadt Marseille wurde um 600 v. Chr. als
griechische Kolonie von Phocaea aus gegründet, und der Name ›Provence‹
leitet sich vom lat. *Provincia* her, die dort, sozusagen *kat'exochen*, im Jahr
118 v. Chr. errichtet wurde, später im allgemeinen *Provincia Narbonensis*
hieß. Als das übrige Gallien noch besetztes römisches Militärgebiet war, unterstand die Provence direkt dem römischen Senat. Plinius nennt sie »Italia verius

quam provincia – sie ist eher ein Stück Italien als eine Provinz«, und die kulturellen Wechselbeziehungen zwischen beiden Gebieten sind immer sehr intensiv. Das Christentum verbreitete sich schon früh in der lateinisch und griechisch sprechenden Provence; in Lyon und Vienne bestanden bereits im 2. Jh. Christengemeinden. Hier erhielten sich trotz verschiedener Einfälle von Ost- und Westgoten und trotz der Nähe zu den Kelten im Norden die Traditionen des römischen Rechts, der römischen Baukunst und der römischen Lebensweise, und zwar in einem Grad, der nur noch von Italien übertroffen wurde.

Die Provence stellte aber auch ein Zentrum humanistischer Studien dar, die in kleinen Schulen gelehrt wurden. Bereits lange vor den Kreuzzügen machte sich die Nachbarschaft des Orients bemerkbar. Die gesamte Küste von Nizza bis Perpignan samt dem Hinterland stand dank dem lebhaften Schiffsverkehr auf dem Mittelmeer in enger Berührung mit dem maurischen Spanien, mit Afrika sowie mit den Handelsstädten Kleinasiens. Die Reconquista und die Kreuzzüge vermochten daran nichts zu ändern, Kaufleute und Reisende sorgten weiterhin für den kulturellen Austausch, und blühende jüdische Gemeinden übernahmen wegen ihrer Internationalität Vermittlerfunktionen. In Montpellier ließ sich eine beträchtliche Zahl von Arabern und Juden nieder, und ihnen ist es vermutlich zu verdanken, daß dort die medizinische Wissenschaft früh gepflegt wurde. Orientalische Stilelemente zeigen sich in der Architektur z.B. der ehemaligen Grafschaft Périgord (Dordogne), und möglicherweise geht auch die provenzalische Lyrik auf arabische Anregungen zurück (Evans, S. 2–7).

Katharer und Albigenser

Weitere Einflüsse aus dem Osten bereiteten schließlich der provenzalischen Kultur ein gewaltsames Ende. Die frühchristliche Sekte der Manichäer hatte sich persische Vorstellungen einer dualistischen Religion, in der sich die Prinzipien des Guten und Bösen, des Lichts und der Dunkelheit, gleich stark gegenüberstehen und ewig bekämpfen, zu eigen gemacht. Zu Beginn des MA.s breitete sich diese Sekte auf der Balkanhalbinsel aus und griff im Lauf des 11. Jh.s auf die Provence über. Ihre Anhänger nannten sich Katharer (zu gr. κάθαρος rein), da die strenge Lehre den wirklich Initiierten Sexualität und Fleischgenuß verbot. Es gab die Klasse der Reinen (*perfecti*) und der normalen Gläubigen, die erst vor dem Tod das Sakrament der Tröstung erhielten. Nach ihrem Hauptquartier Albi nahmen sie später den Namen Albigenser an.[27] Da sie das Leiden Christi, vor allem aber die Vermittlerrolle der katholischen Kirche bezweifelten, wurden sie bereits 1163 auf dem Konzil von Tours als Häretiker gebrandmarkt. Papst Innozenz III. beschloß im Jahr 1199, den Albigensern und ihrer Ketzerei ein Ende zu bereiten, nachdem die 1184 auf dem Konzil von Verona eigens zu diesem Zweck gegründete Inquisition dies nicht zuwege gebracht hatte.[28] Die Dominikaner unter dem später heiliggesprochenen Ordensgründer Dominicus wurden mit Inquisitionsaufgaben betraut. Für den 1208 unter Führung von Simon von Montfort ausgerufenen Kreuzzug bedurfte es noch eines Vorwandes. Ihn lieferte die Ermordung des päpstlichen Legaten Peter von Castelnau. Der Kreuzzug selber zog sich bis 1226, der Friedensschluß bis 1229 hin, die letzte Katharerfestung Montségur wurde sogar erst 1244 eingenommen.

Der von Papsttum und französischer Krone im Verein unternommene Feldzug gegen den freiheitlichen und kulturell hochentwickelten Süden zerstörte eine glänzende Kultur, die ihren vitalsten und schönsten Ausdruck in der Liebeslyrik fand. Nicht unerwähnt bleiben soll, daß Tausende Unschuldiger niedergemetzelt wurden. Vielfach sperrte man sie in die Kirche und zündete diese an. Überliefert ist die (angebliche) Antwort des päpstlichen Legaten Amalric Arnaud auf die Frage der Soldaten, wie sie die Schuldigen von den Unschuldigen unterscheiden sollten: »Tuez les tous. Dieu reconnaîtra les siens!«[29] Im Land lebte albigensisches Gedankengut noch lange fort.[30] Letztlich lieferten sich hier Partikularismus und Zentralismus einen ersten gnadenlosen Kampf, der in Frankreich stets zu Lasten des Partikularismus, wie ihn die eigenständigen Provinzen verkörperten, ausging und der bis heute noch nicht wirklich beendet ist.

Chlodwig

Welche Spuren haben die vorerwähnten politischen Ereignisse und Gegebenheiten in der altfranzösischen Literatur hinterlassen? Chlodwig und Karl der Große, die bedeutendsten Herrschergestalten der Frühzeit, die wichtige Prozesse der mittelalterlichen französischen Geschichte verkörpern und symbolisieren, kennen wir vor allem aus zwei Geschichtswerken, die wegen ihres einfachen Lateins und ihrer Farbigkeit hervorstechen: der *Historia Francorum* des Gregor von Tours (um 538–594; das Werk ist 575 u. 580/85 entstanden)[31] bzw. der *Vita Caroli Magni* von Einhard (Eginhard, um 770–840; entstanden 830; Ed. Rau u. Scherabon Firchow).

Chlodwig hatte 486 den Patrizier Syagrius, den letzten römischen Machthaber Galliens, geschlagen. Erfreut sandte ihm der oströmische Kaiser die Purpurtunika und beschenkte ihn mit dem Titel eines Konsuls. Aber Chlodwig wußte, daß es für die Befestigung seiner Stellung in Gallien wichtiger war, Christ zu werden. Nach dem Vorbild Konstantins ließ er sich mit 3000 seiner Krieger in Reims taufen, nachdem ihn zuvor angeblich auf dem Schlachtfeld die göttliche Gnade erleuchtet hatte.[32] Dieser Vorgang war von seiner Frau Chrodichilde bereits seit langem vorbereitet worden:

Er ging, ein neuer Constantin, zum Taufbade hin, sich rein zu waschen von dem alten Aussatz und sich von den schmutzigen Flecken, die er von alters her gehabt, im frischen Wasser zu reinigen. Als er aber zur Taufe hintrat, redete ihn der Heilige Gottes mit beredtem Munde also an: »Beuge still deinen Nacken, Sicamber [=Sugambrer, bekannter Frankenstamm]. Bete an, was du verbrannt hast und verbrenne, was du angebetet.« Es war nämlich der heilige Bischof Remigius von Reims ein Mann von hoher Wissenschaft und besonders in der Kunst der Beredsamkeit erfahren usw.[33]

Der heilige Remigius, der den Täufling feierlich in die Wanne tauchte, mag sich inmitten dieser Horde schwerbewaffneter Täuflinge nicht gerade wohlgefühlt haben. Immerhin, die christkatholische Monarchie war geschaffen und begann ihr eineinhalbtausendjähriges Leben. Wie stürmisch auch oft in der Folgezeit die Beziehungen zwischen Thron und Altar sein sollten, ohne Chlodwigs frühen Übertritt hätte es keine Romanik und Gothik, keine Mönchs- und Nonnenorden, keine Skriptorien und keine Bildung, kein Rittertum und keinen Kreuzzug gegeben, jedenfalls nicht so bald.

Die Merowinger traten nun in den Bereich einer Zivilisation, die viel mächtiger war als sie.[34] Aber sie ließen sich nie ganz vereinnahmen und hielten noch lange an ihrer Gewohnheit fest, die Herrschergewalt durch Mord und Lüge zu mehren. Schrecklich ist, was Gregor über den Barbaren Chlodwig berichtet: Nachdem er die Heere der Burgunder und Westgoten geschlagen und unter seinen Verwandten durch Gewaltanwendung aufgeräumt hatte, verteilte er sein Reich unter seine vier Söhne und bejammerte heuchlerisch den Tod so vieler Verwandter. Er tat dies nicht etwa aus Mitleid und Reue, sondern wollte nur sehen, ob es etwa noch einen Angehörigen gäbe, den er töten könnte (Ed. Buchner, S. 141). Es ist erstaunlich, daß dieser blutrünstige und zugleich zukunftsorientierte König in der altfranzösischen Literatur so gut wie keinerlei Spuren hinterlassen hat.

Karl der Große: historische Wahrheit und Idealisierung

Der zweite bedeutende frühmittelalterliche Herrscher, Karl der Große (*Lex-MA* 5,956–966), hat allein ca. 100 *chansons de geste* (Heldenepen) in der Volkssprache inspiriert (Frenzel, *Stoffe*, S. 396–404). Karl wurde schon bald nach seinem Tod idealisiert, wobei diese Idealisierung der kritischen Prüfung kaum standhält. Man hat auch ihm für seine Herrschaft insgesamt eine politische Konzeption unterstellt, etwa die Wiederherstellung der römischen Kontinuität. Aber was er fortsetzte, war vielmehr die fränkische Tradition, und er wird häufiger an Chlodwig als an Julius Caesar gedacht haben. Er, der glänzendste Vertreter der karolingischen Dynastie, war ein echter Franke, der seine Herrschaft ausdehnen und sie mit den Mitteln einer guten und nötigenfalls

auch harten Regierung befestigen wollte. Sein Vater Pippin hatte ihm den klu-
gen, ja vorsichtigen Ausdehnungsdrang der fränkischen Politik und die besondere Bindung an Rom ›hinterlassen‹, die ein halb dienendes und halb be-
herrschendes Verhältnis war. Karl hat unaufhörlich Krieg geführt: Der Papst
rief ihn, wie schon seinen Vater, gegen die Langobarden zu Hilfe. Bereits 775
nahm er ihre Hauptstadt Pavia ein und krönte sich mit ihrer eisernen Krone,
einem schmalen Stirnreif, zum König von Italien. Wenige Jahre später zog er
nach Spanien, von einem aufständischen Emir herbeigerufen. Aber vor Sara-
gossa zwang ihn die Nachricht von der Erhebung der Sachsen zurück. Im Tal
von Roncevaux wurde seine Nachhut von wilden Bergstämmen (nicht von Sarazenen!) vernichtet, »der Hornruf Rolands ist bis heute noch nicht verhallt.«
Sein Sohn hat später die spanische Mark errichtet.

Karls Feldzüge gegen die widerspenstigen Sachsen waren endlos. Karl
ließ ihnen nur Taufe und Unterwerfung oder blutige Vernichtung als Alternative. Ihr Herzog Widukind (Wittekind) beugte sich nur widerwillig, aber Karl
hatte jetzt die Slaven gegen sich, die Awaren, Sorben und Böhmen, und er mußte sich auch noch mit Dänen und Normannen herumschlagen, wodurch er an
die Grenzen seiner Kraft geriet. Sein Reich umfaßte jedoch alle germanischen
Völker des Festlandes sowie den größten Teil der lateinischen Christenheit.

Die Gründe, warum er den Kaisertitel annahm, kennen wir nicht. Einhard berichtet, daß der Herrscher von dieser neuen Würde überrumpelt worden sei. Sicher ist, daß Papst Leo III. eines Tages, von seinen Feinden verfolgt,
in Paderborn auftauchte, und daß Karl ihn mit einem Heer nach Rom gelei-
tete. In der Weihnachtsnacht des Jahres 800 wurde er in der Peterskirche zum
Römischen Kaiser gekrönt. Der Papst hatte mehr von dieser Krönung als der
Kaiser, der sich auch noch die Feindschaft der Byzantiner (Ostroms) zuzog,
die selber das Kaisertum für sich reklamierten. Byzanz betrachtete diese Erhebung, nicht ganz zu Unrecht, als Usurpation. Karls Krönung ist interessan-
terweise nicht mit einer Salbung verbunden, aber der Papst ernennt ihn zum
Rechtsnachfolger von Byzanz, weshalb das Kaisersiegel in der Umschrift *Renovatio Romani Imperii* (Erneuerung von Konstantins Reich) führt. Diese
Krönung ist Anlaß späterer Mißverständnisse, da sowohl das Kaisertum als
auch das Papsttum behaupteten, der jeweils andere schulde ihm Botmäßig-
keit. Immerhin schien diese Krönung zunächst Einheit zu versprechen, so als
ob alle europäischen Kräfte, die politischen wie die kulturellen, in Karls Reich
gebündelt worden wären. Karl, der selber fränkisch sprach, eher mühsam
schrieb, aber Latein und Griechisch verstand, unterschätzte vielleicht schon
die Eigendynamik des romanischen Elements in seinem Herrschaftsgebiet. Er
mochte hoffen, ein einheitliches Imperium zu schaffen, und er konnte sich vermutlich nicht vorstellen, daß dieses schon 29 Jahre nach seinem Tod (814)
wieder zerfallen sollte. Als erster Herrscher nutzte er planmäßig die vielfälti-
gen Funktionen von Kirche und Mönchstum und schuf eine geordnete Reichskirche. Er konnte dabei auf der von anglo-irischen Mönchen wie Willibrod
(† 739), Bonifatius († 754), Fulrad von Saint-Denis († 784) u.a. geschaffene

Kirchenstruktur aufbauen: Die Könige statteten ihre Bischofskirchen mit Königsgut aus, gleichzeitig wurden die Bischöfe als Träger schriftlicher Kultur und römischer Verwaltungspraxis für den Aufbau der Reichsverwaltung unentbehrlich. Karls Kaiserkrönung und seine Neuorganisation der Kirche sind die Gründe für ein Aufblühen des Reichs in administrativer wie kultureller Hinsicht, bergen aber auch den Keim für viele spätere Konflikte zwischen Kirche und Staat.[35]

Karl war bildungshungrig und förderte die kulturelle Erneuerung durch Heranziehung berühmter Gelehrter. Zu seiner Hofakademie gehörten u.a. der Grammatiker Petrus von Pisa, Paulinus von Aquileja, Theodulf von Orléans, Paulus Diaconus, der Geschichtsschreiber seines Volkes (*Historia Langobardorum*), Alkuin, der Leiter der Hofschule in Aachen, Hinkmar von Reims, Lupus von Ferrières. Sie stammten aus allen Reichsteilen und wirkten gemeinsam an der ›karolingischen Renaissance‹ (*LexMA* 2,187–179) mit, die das allgemeine Bildungsniveau durch Rückgriff auf die Werke der heidnischen wie christlichen Antike beleben sollte (s. Kap. V). Entsprechende Hinweise finden sich auch in den Kapitularien (Verordnungen, Verwaltungsanweisungen und königliche Rundschreiben), vor allem der *Epistola de litteris colendis* (784/85), die betont, rechtes Leben und rechtes Sprechen gehörten zusammen. Aber Karl förderte auch die heimische Volkskultur (Mettke, S. 69f.): Es wurde auf sein Anraten versucht, eine deutsche Grammatik zu erstellen, die germanischen Heldenlieder wurden gesammelt, die Benediktinerregel wurde in Reichenau aus dem Lateinischen übersetzt, am Ende des 9. Jh.s entstand das Heldenepos des *Waltharius*, und nach seinem Tod ging dieses Schreiben und Sammeln noch weiter (*Heliand*, Otfried von Weißenburg usw.). Wir können also festhalten, daß Karl eine äußerst vielschichtige Herrscherpersönlichkeit ist, die im Lauf ihrer Herrschaft einen segensreichen Weg von den *arma* zu den *litterae* durchlief.

Karl der Große und die altfranzösische Literatur – das »Rolandslied«

Die französischen Heldenepen (*chansons de geste*, von lat. *gesta* = Tat, Handlung, aber auch früh schon belegt in der Bedeutung Abstammung [*lignage*]) werden meist in drei Zyklen eingeteilt, die man als die *Karlsgeste* (*EnzMär* 7,981–1002), die *Wilhelmsgeste* und die *Empörergeste* bezeichnet. In der Karlsgeste wird der Kampf Karls des Großen gegen die Heiden für die Konsolidierung des Reiches dargestellt. Die Wilhelmsgeste befaßt sich mit den Taten des königstreuen Vasallen Guillaume de Toulouse (später meist Guillaume d'Orange genannt) zum Schutz und zur Erhaltung von Karls Erbe unter dem (nach der epischen Tradition) vollkommen unfähigen Nachfolger Ludwig. Die Empörergeste behandelt die Revolten aufständischer Vasallen gegen die Zentralgewalt. Als die höfischen Epen entstehen, ist Karl der Große bereits seit fast dreihundert Jahren tot. Die Erinnerung an ihn ist eher verschwommen, und so tritt neben Karl in einigen Epen, z.B. im *Gormont et Isembart* und den frühen Wilhelmsepen, sein Sohn Ludwig (Louis) als zweiter epischer König. In den meisten *chansons de geste* hat dieser Epenkönig Ludwig mit dem historischen Ludwig I. (dem Frommen) nur den Namen und den Vater gemein. Die Forschung des 19. und 20. Jh.s hat sich mit diesem Ludwig der *chansons de geste* unter zwei Gesichtspunkten befaßt: Sie versuchte, die verschiedenen epischen ›Ludwige‹ mit bestimmten karolingischen und kapetingischen Fürsten dieses Namens zu identifizieren; darüber hinaus betrachtete sie den Sohn Karls des Großen unter dem Blickpunkt des Niedergangs der Königsmacht und des Aufkommens des Feudalismus (Bender, passim): Karl ist so lange die unbestrittene Herrscher- und Lichtgestalt in den Epen, wie die Monarchie stark ist. Als die Königsgewalt abnimmt, wird ihm ein schwacher, gelegentlich fälschlich idealisierter Ludwig entgegengestellt. Während Karl die Belange des niederen und mittleren Adels vertritt, bevorzugen die großen Vasallen die ›Ludwige‹.

Die späten Epen, meist sog. *Empörergesten*, in denen der Konflikt König-Vasall zu einer Verbannung des Aufrührers vom Hofzentrum führt, sind vielleicht, so die Thesen der Literatursoziologie, mit verantwortlich für das Entstehen des höfischen Romans, der ja auch von einem Helden getragen wird, welcher seine Probleme meist in der Einsamkeit mit sich selber ausmachen muß. In jedem Fall funktionieren die Karlsepen nach dem Dreischritt ›geeinte Feudalwelt unter einem idealen König – Konflikt – geeinte Feudalwelt unter einem idealen König‹, während die Ludwigsepen eher dem Dreischritt ›Einheit und positive Königsgestalt – Konflikt und negative Königsgestalt – Einheit und positive Königsgestalt‹ folgen. Der epische König Ludwig versagt bei der Erfüllung seiner Königspflichten, aber er läßt sich durch Kritik belehren, sieht seine Fehler ein und macht sie wieder gut.

Die Figur des Königs ist bei allen Wandlungen im Prinzip unanfechtbar in ihrer Führerrolle Frankreichs, ja sogar der gesamten Christenheit; sie ist gottgewollt. Die Erblichkeit der Monarchie wird nicht in Frage gestellt. Den Raum für diese mentale Konzeption bildet, wie gesagt, die *France*, das Land, das emotional empfundener Besitz der unter dem Namen *François* auftretenden Menschen ist. Die Epen sind Zeugnisse eines unreflektierten Nationalbewußtseins, ihr pathetisch-affektiver Gehalt wird nicht hinterfragt. Während der Karlskult zunächst noch mit Aachen verbunden ist und erst die vielen Könige mit dem Namen Louis nach Saint-Denis weisen, sind diese Namen jedoch austauschbar, da sie exemplarisch-funktionalen, nicht historischen Charakter haben. Die *François* genannte Gruppe zeichnet sich durch ein starkes Selbstbewußtsein und ein ausgeprägtes Zusammengehörigkeitsgefühl aus. Ihre Angehörigen sind die Besten, die mit Stolz auch den Namen *François* monopolisieren. Alle diese Vorstellungen wirken jedoch nicht abstrakt, sondern sind an handelnde Personen gebunden, was angesichts der erst jungen Überlieferung volkssprachlicher Literatur nicht verwundert. Verfeinerte Reflexion und ausdifferenziertes Argumentieren kennen noch keine Tradition.

In der Karls- wie der Empörergeste spielt Karl der Große eine zentrale Rolle, auch wenn er nicht immer im Zentrum des Geschehens steht. Trotzdem ist seine Person der Kristallisationspunkt, um den herum sich die Vordergrundshandlung organisiert. Dieser Karl hat mit dem historischen König und Kaiser nichts oder nur wenig zu tun; er leiht den späteren Kapetingern den Namen und ist Kern einer verfremdeten Figur, die über den historischen Karl kaum etwas, dafür viel über die Königsvorstellung des 12. und 13. Jh.s aussagt. Insbesondere im *Rolandslied* tritt uns das Bild einer in sich geschlossenen, funktionierenden Feudalgesellschaft unter der kraftvollen Führung des Königs entgegen. Alles geschieht einvernehmlich, die Vasallen sind mächtig, aber treu, was natürlich eine Idealisierung ist. Die Heldenepik zwischen 1150 und 1180 zeigt dagegen mit aller Schärfe aus der Sicht der in die Defensive gedrängten Lehnsleute das Bild einer immer mächtiger werdenden monarchischen Zentralgewalt; die Empörergeste gibt darauf eine Antwort.

Die Handlung des *Rolandslieds*, des populärsten Karls-Textes, dreht sich um die Schlacht bei Roncevaux (778), aber auch um Ganelons Verrat, Rolands Tod und Karls Rache an Ganelon, der Rolands Stiefvater ist. Realistische Beschreibungen darf man nicht erwarten, wie man bereits am Äußeren Karls sieht. *De facto* erst gut 30 Jahre alt (wenn man die ›echten‹ Daten der Schlacht nimmt), wird er als ehrwürdiger Greis mit weißem Bart und Silberhaar geschildert, der bereits das Alter von 200 Jahren erreicht haben soll. Dieser topische Greisenhabitus bleibt rein äußerlich. Im *Rolandslied* ist Karl ein großartiger Kämpfer und mächtiger Kriegsherr.

In der vermutlich 1156 im Umfeld der Kanonisation Karls in Aachen geschriebenen lateinischen *Turpins-Chronik*, die eng damit zusammenhängt, wird Karl hingegen verjüngt und geschönt, und dieses überzeichnete Bild wirkt schon fast komisch:

> Karl hatte dunkelbraunes Haar, ein rotes Gesicht, einen wohlgeformten und schönen Körper, aber einen durchdringenden, drohenden Blick. Er war acht Fuß hoch, gemessen nach dem Maß seiner eigenen, sehr großen Füße, breitschultrig mit kräftigen Hüften, einem entsprechenden Leib, starken Armen und Beinen, überhaupt mit sehr starken Gliedmaßen begabt, ein kühner Kämpfer. Sein Gesicht maß in der Länge anderthalb Spannen, der Bart eine und die Nase etwa eine halbe. Seine Stirn maß einen Fuß, seine Augen funkelten und blitzten wie die eines Löwen. Die Augenbrauen maßen eine halbe Spanne. Jeder Mensch erschrak zutiefst, wenn er ihn voller Zorn mit weit aufgerissenen Augen ansah. Der Gürtel, den er um den Leib trug, war acht Spannen lang, ohne die Riemenenden, die noch herabhingen. Bei den Mahlzeiten aß er wenig Brot, aber einen Viertel Hammel, oder zwei Hühner, oder eine Gans, oder eine Schweineschulter, oder einen Pfau oder einen Kranich, oder einen Hasen. (Ed. Klein, S. 90/91)

Wenn man bedenkt, daß ein Fuß ca. 30 cm mißt, dann ist er 2,40 m groß (in Wirklichkeit immerhin 1,92 m, wie die Archäologie beweisen konnte). Die Spanne mißt ca. 25 cm, so daß er in den Ausmaßen recht imposant ist (*LCI*

7,276–282). Die Menschen früherer Zeiten hatten Schwierigkeiten mit Abstraktionen und konnten sich eben nur einen körperlichen Riesen vorstellen, wenn es darum ging, überdurchschnittliche moralische Eigenschaften zu verdeutlichen. Das gilt noch bis zu Rabelais' Riesen. Die physischen Züge leiten schon bald zu den moralischen über: Karl entscheidet nicht spontan, sondern denkt nach. Dabei streicht er bedächtig über seinen langen Bart, der ein unerläßliches Requisit zu sein scheint.

Vor schwierigen Entscheidungen fragt er seine Pairs und Barone um Rat. Obgleich ein französischer König im 11. Jh., als das *Rolandslied* entstand, ohne Zustimmung seiner Feudalherren überhaupt nichts unternehmen konnte, soll der Herrscher nicht als schwächlicher kapetingischer König, sondern als eine Art aufgeklärter karolingischer Despot gezeichnet werden.[36] Karl ist fromm, denn zwischen dem lieben Gott und ihm besteht ebenfalls eine Art Feudalbeziehung, die auf dem *do ut des*-Prinzip aufbaut. Wenn Karl Gott dient, ist dieser seinerseits verpflichtet, ihn für diesen Dienst zu belohnen. So ist es auch nicht verwunderlich, daß beide im Traum miteinander kommunizieren.

Bis hierhin ist Karls Bild geradezu ideal, in einen mythischen Bereich entrückt. Aber der Text enthält auch Elemente, die ambivalent sind. Bedenklich ist Karls Verhalten in der Beratung über die Gesandtschaft zu dem Heiden Marsilius und im Ganelonprozeß. E. Köhler hat gezeigt, daß historisch gesehen die Institution des *conseil des barons*, des königlichen Beratergremiums, einer Realität entspricht.[37] Der König ist in schwierigen Entscheidungen verpflichtet, sich durch die Barone beraten zu lassen und ihr Einverständnis einzuholen. Das *jugement des barons* soll der königlichen Rechtswillkür einen Riegel vorschieben. Im vorliegenden Fall manipuliert Karl die Entscheidung seiner Barone, die Herzog Naimes als Gesandten ausgewählt haben. Karl sorgt dafür, daß Ganelon, Rolands Stiefvater, auf dieses Himmelfahrtskommando geschickt wird, wohl wissend, daß er zum Verräter werden wird. Dies löst den Hinterhalt gegen Roland und seine 20.000 Franken aus, in der Roland mit allen Getreuen umkommt. Im anschließenden Prozeß in Aachen manipuliert Karl noch einmal: Die Barone begnadigen Ganelon, doch Karl setzt ein Gottesurteil durch, das gegen Ganelon ausgeht, der samt dreißig Bürgen gehenkt wird. Man gewinnt den Eindruck, daß Karl sich Rolands und Ganelons auf einen Schlag entledigt. So wandelt sich der anfangs ideal gezeichnete Herrscher langsam in einen ›machiavellistischen‹ Taktierer *ante litteram*, der auf »krummen Wegen Hausmachtpolitik betreibt, indem er die rechtlichen Institutionen des Feudalwesens zur Elimination widerspenstiger Fürsten einsetzt« (Wunderli, S. 70). In späteren Epen verstärkt sich dieses Bild: sie sind zwar nie anti-monarchisch, werden aber immer pro-feudaler. Erich Köhler[38] und Alfred Adler[39] haben gezeigt, daß das Königsbild, je nachdem, zwischen prokӧniglichen und pro-feudalen Extrempositionen oszilliert.

Die ›chansons de geste‹ und ihre Anordnung in drei Zyklen

Die Heldenepik zerfällt, wie gesagt, in die Karls-, Wilhelms- und Empörergeste (auch: Gesten). Auf französisch heißen die drei Zyklen, leicht verändert, *le cycle du Roi*, *le cycle de Garin de Monglane* (oder Monglaive) und *le cycle de Doon de Mayence*. Garin de Monglane ist Wilhelms Urgroßvater. Diese Einteilung geht auf Bertrand de Bar-sur-Aube (*DLF* 170), den Autor des *Girart de Vienne* (um 1180), zurück:

> Bone chançon plaist vos que ge vos die
> De haute ystoire et de grant baronie?
> Meillors ne puet estre dite n'oïe:
> Ceste n'est pas d'orgueil ne de folie,
> De traïson ne de losangerie,
> Mais dou bernage que Jhesus beneïe,
> Dou plus tresfier qui onques fust en vie.
> A Saint Denise, en la maistre abeïe,
> Dedans un livre de grant ancesserie,
> Trueve on escrit, de ce ne dout je mie.
> N'ot que trois gestes en France la garnie,
> Du roi de France est la plus seignorie
> Et de richesse et de chevalerie.
> Et l'autre apres, bien est drois que je die,
> C'est de Doon a la barbe florie,
> Cel de Maiance qui tant ot baronie.
> En son lignage ot gent fiere et hardie,
> De tote France eüssent seignorie,
> Se il ne fussent plain de tel felonie.
> De cel lignage ou tant ot de boisdie,
> Fu Guenelons [...]
> De cel lignage, qui ne fist se mal non,
> Est la seconde geste.
> La tierce geste, qui molt fist a proisier,
> Fu de Garin de Monglaive le fier.
> (vv.1–21; 42–45; Mölk, Nr. 12, S. 9–10)

> Wollt ihr eine schöne Dichtung hören
> von bedeutender Geschichte und hohem Rittertum?
> Eine bessere kann man weder erzählen noch hören:
> sie handelt nicht von Hochmut und Narretei,
> von Verrat oder Betrug,
> sondern vom stolzesten Rittertum, das es je gab
> und das Jesus segnen möge.
> In Saint-Denis, in der königlichen Abtei,
> findet man sie in einem Buch von hohem Alter
> aufgeschrieben, und an ihr zweifele ich nicht.
> Es gibt in unserem schönen Frankreich nur drei ›Gesten‹,
> vom französischen König handelt die bedeutendste,
> von Reichtum und Ritterschaft.

> Und die zweite danach, das will ich euch genau sagen,
> handelt von Doon mit dem dichten Bart,
> dem von Mainz, der ein so guter Ritter war.
> In seiner Sippe gab es stolze und kühne Männer,
> sie hätten über ganz Frankreich geherrscht,
> wenn sie nicht voll Schurkerei gewesen wären.
> Aus dieser Sippe, in der so viel Betrug herrschte,
> stammte Ganelon [...].
> Von dieser Sippe, die nur Böses bewirkte,
> handelt die zweite Geste.
> Die dritte Geste, die sehr zu loben ist,
> handelte vom stolzen Ritter Garin de Monglaive.

Man merkt unschwer, daß der Autor die zweite und dritte Geste vertauscht, d.h. zuerst die Empörer-, und dann die Wilhelmsgeste nennt. Das mag auch damit zusammenhängen, daß sein *Girart* zur Wilhelmsgeste gehört.[40]

Von der Persönlichkeit Karls des Großen war bereits gesprochen worden; bei Wilhelm dem Großen von Aquitanien oder Gellone (ca. 755–812) handelt es sich um einen Onkel des Kaisers, der später ebenfalls heiliggesprochen wurde. Er war über seine Mutter, die Tochter von Karl Martell, mit den Karolingern verwandt (*LCI* 8,604–605) und diente als Befehlshaber der Franken unter seinem Neffen Karl im Krieg gegen die spanischen Sarazenen (*ESM* 81ff.). Hingegen wissen wir von Karls berühmtem Neffen Roland[41] nur wenig. Es gibt zwar einen historisch belegten Grafen Roland, der im Umkreis Karls des Großen als Präfekt der bretonischen Mark eine wichtige Rolle gespielt hat, doch wissen wir nicht, ob er Karls Neffe ist. Er wird unter den Toten einer Schlacht, die sich die Franken auf dem Rückzug in den Pyrenäen mit aufständischen Bergvölkern liefern, erwähnt. Der Erfolg gerade dieser Episode könnte mit ihren historischen ›Leerstellen‹ zusammenhängen, die später anders (nämlich mit einer Episode aus dem Kampf gegen die Sarazenen) besetzt werden konnte. In der Empörergeste schließlich steht der Kampf des Königs gegen eine Reihe von unbotmäßigen Vasallen im Vordergrund.

Das früheste Epos ist die bereits vorgestellte *Chanson de Roland*, die am Ende des 11. Jh.s (nach 1086) geschrieben sein muß (*DLF* 1299–1304). Bis zur Mitte des 14. Jh.s werden übrigens noch Epen über Karl und seine Recken gedichtet. Wenn wir das *Rolandslied* um 1085 ansetzen (*LexMA* 2, 1703–1707),[42] so sind seit Karls Herrschaft und Tod bereits etwa 270 Jahre vergangen. Es wäre genauso, als würde heute eine fast hundert verschiedene Werke umfassende Literatur über Ludwig XIV. oder Napoleon entstehen. Es stellt sich also die Frage, warum Karl mit einer derartigen Zeitverzögerung zum literarischen Mythos wird.

Die Forschung hat mehrere Gründe für die Entstehung der *chanson de geste* am Ende des 11. Jh.s ins Feld geführt, als sich die kirchliche Auffassung wandelte, die jegliche kriegerische Gewaltanwendung als mit dem Fünften Gebot für unvereinbar erklärte. Der Konflikt mit dem Islam und die Kreuzzüge (der erste wird 1095 verkündet) zwingen die Päpste zur Neubewertung des bewaffneten Kampfes. Bereits im Investiturstreit war die Kirche zu einem weltlichen Machtfaktor geworden und hatte sich wehrhafte Verteidiger gesucht. Man nennt in Anlehnung an 2. Tim 2,3–4 (»Mühe dich ab wie ein guter Soldat Jesu Christi. Niemand, der für Gott kämpft, läßt sich auf weltliche Geschäfte ein«) alle, die als Ritter gegen die Heiden kämpfen, die Armee Christi (*militia Christi*) (Bumke, S. 399f.). Am reinsten verkörpern die Johanniter oder Hospitalier (gegr. 1050) und die Templer (gegr. 1119) das Konzept des christlichen Ritters. Die Ritterklasse erfährt so eine neue Legitimation.

Angeblich hatte es schon immer mündlich tradierte Erzählungen von Heldentaten gegeben (sog. traditionalistische Epenentstehungs- oder Epenentwicklungstheorie, s. Kap. VI), aber erst im 11. Jh., so die These von Joseph Bédier (sog. Epenschöpfungstheorie), hätten Kleriker entlang der Pilgerstraßen nach Santiago de Compostela, nach Rom und Jerusalem diese Geschichten aufgeschrieben. Ihr Ziel sei es gewesen, durch kirchlich-prokönigliche Propaganda das schwache kapetingische Königtum zu stärken und eine Gallikanisierung der französischen Kirche zu erreichen.[43] Aber häufig sucht der Epenheld auch in einem Kloster Schutz, das den gleichen Schutzheiligen hat wie das Kloster, in dessen Umfeld das Epos entstand. Zudem war seit der Cluniazensischen Reform dem Klerus ganz allgemein aufgetragen worden, die Zeugnisse der nationalen Geschichte zu sammeln und zu verbreiten. An der Herausbildung dieser Hypothesen hat sich eine Forschung bewährt, die an keinem Detail vorüberging, aber gelegentlich in überflüssige Streiterei ausartete.

Um noch einmal die Grundfrage klarzumachen: Hat es derartige Epen schon immer gegeben (sog. Epenentstehungs- oder Kantilenentheorie; franz. *cantilène* bezeichnet eine Art Kurzepos)? Für diese Theorie tritt der Begründer der französischen Romanistik, Gaston Paris (1839–1903), wegen nicht zu übersehender stofflicher germanischer Elemente in diesen Epen am dezidiertesten ein (»la chanson de geste, c'est l'esprit germanique dans une forme romane.«) Oder sind sie erst aus bereits erwähnten Gründen am Ende des 11. Jh. s entstanden? Zu dieser Auffassung neigen später namhafte Forscher wie Philipp August Becker und E.R. Curtius. Immer wieder in den *chansons de geste* vorkommende Anachronismen sprechen zu Gunsten der Epenschöpfungstheorie (11. Jh.), die heute mit der Epenentstehungstheorie kombiniert wird. Der Kern der Epen ist älter, ihre Ausgestaltung jünger.

Das Kloster Saint-Denis

Der Kaiser und die Frankenkönige werden gerne als ›Reis Saint Denis‹ bezeichnet (Könige des hl. Dionysius). Dieser Heilige – er wird meist als Märtyrer mit abgeschlagenem Haupt dargestellt – ist der Schutzpatron von Frankreich, eine historische Gestalt aus dem 4. Jh., der als Bischof von Paris amtierte (*LCI* 6, 61–67; *LexMA* 3,1076–1079).[44] Seine Erhebung zum Schutzheiligen erfolgte erst im 11. Jh., wie auch die Entwicklung der ihm gewidmeten Abtei Saint-Denis (9 km nördlich von Paris), die allerdings bereits Dagobert I. reich dotiert hatte und die ab 639 die Grablege der französischen Könige war. Sie wurde in der Revolution geplündert und ging in ihrer ursprünglichen Form unter. Unter Abt (ab 1122) Suger von Saint-Denis (*DLF* 1412–1414) war, wie er selber berichtet (*Libellus de consecratione s. Dionysii*), die Kirche neu gebaut worden und wurde schon bald von zentraler Bedeutung für die französische Monarchie. Die Mönche sollten sich insbesondere um eine königsnahe Geschichtsschreibung kümmern und entsprechende Zeugnisse sammeln. Mehrfach lesen wir daher zu Beginn von *chansons de gestes* und verwandten Texten, daß der Autor seinen Stoff aus Saint-Denis bezog, z.B. im *Doon de Maience*:[45]

> Seigneurs, cez gestes chi dont nous faisons oyance
> A une hoeure nasquirent; mais Dieu fit demonstrance,
> Pour la grande valeur dont aroient puissance,
> Et que d'eulz isteroit gens de haulte honnourance:
> Toute terre en trembla et fut d'aultre samblance.
> Les saiges clers d'adont, par leur signiffiance,
> En firent lez cronicques, qui sont de grant vaillance,
> Et sont en l'abbaye de Saint Denis en France;
> Puis ont esté extraictes, par moult belle ordonnance,
> De latin en rommant, pour donner congnissance
> Des grans fais aprouvés et parfaicte creance,
> Que tous bons a l'ouir doibvent avoir plaisance.
> (vv. 15–26; vgl. Mölk, S. 14–15)

> Meine Herren, diese Taten hier, die wir zu Gehör bringen,
> entstanden in einem bestimmten Augenblick; aber Gott gab Zeichen,
> wegen der großen Tapferkeit, zu der sie anspornen könnten,
> daß sehr ehrenwerte Männer aus ihnen hervorgehen würden:
> Die ganze Erde zitterte darob und nahm ein anderes Aussehen an.
> Wegen ihrer Bedeutung verarbeiteten weise Gelehrte sie auch
> zu Chroniken, die sehr wertvoll sind.
> Sie werden in der Abtei Saint-Denis in Franzien aufbewahrt;
> danach hat man, wohl geordnet, Auszüge daraus gemacht,
> sie aus Latein ins Romanische übersetzt, um die bezeugten hohen Taten
> zur Kenntnis zu bringen und ihnen Glaubwürdigkeit zu verleihen,
> die alle Gutgesinnten mit Vergnügen hören wollen.

Ähnlich verhält es sich mit der Königsflagge, der sog. *oriflamme* (lat. *aurea flamma*), einer großen Standarte mit aufgesteckten Goldplättchen. Sie war zunächst das Banner des hl. Dionysius und tauchte zu Beginn des 12. Jh.s als Flagge des französischen Heeres wie auch als Königsflagge auf.[46] Wenn die Epen dem karolingischen Heer diese Oriflamme andichten, so begehen sie wieder einen Anachronismus, der erst seit dem Hochmittelalter möglich war. In den Epen werden nicht die Kreuzzüge geschildert, sondern der Kampf gegen die Sarazenen, die Spanien besetzen. Unverkennbar ist jedoch, daß diese Feldzüge, die im 9. Jh. stattgefunden haben, mit den Kreuzzügen des 11./13.

Jh.s verbunden (kontaminiert) werden. Das geht so weit, daß gewisse Formeln der Kreuzzugspredigten wörtlich in die *chanson de geste* aufgenommen
wurden. Die bekannteste heißt lat. »exaltare Christianum nomen – den christlichen Namen erhöhen« (altfrz. »exhalcier sainte crestientet«, was zwar nicht
im *Rolandslied*, aber in den Wilhelmsepen mehrfach belegt ist).[47]

Es ist nicht weiter verwunderlich, wenn Karl, der mächtige Kaiser, zum
Mythos des Heidenbezwingers und zur Inkorporation des christlichen Ritters
wird. Die Franzosen können ihn aufgrund der historischen Vergangenheit mit
gleichem Recht (gegen die Deutschen) für sich reklamieren, und durch den
weiten zeitlichen Abstand ist er über die Schwächen der zeitgenössischen französischen Könige, die jedermann bekannt wurde, erhaben: Es handelt sich bei
den Kapetingern insbesondere um Eheprobleme, man denke an Robert II., der
sich 1003/04 auf päpstlichen Druck von seiner Frau Bertha scheiden läßt, die
angeblich zu eng mit ihm verwandt ist; an Philipp I., der seine Frau Bertha
verstößt und Bertrada von Montfort, die Gemahlin des Grafen Fulko von Anjou (1092), entführt, oder Ludwig VII., der sich 1152 von Eleonore scheiden
läßt und Aquitanien an den neuen Ehemann, Henri II. Plantagenêt, den mächtigen König von England, zurückgeben muß. Einhard, der Biograph Karls,
hatte wohlweislich derartige Hinweise, die auch schon auf die frühen Kapetinger zutrafen, ausgespart.

Die Karlsepen

In der bereits mehrfach zitierten *Chanson de Roland* steht zwar der Neffe
Roland im Zentrum, aber die Schlacht von Ronceval (Roncevaux) wird durch
eine weitere Schlacht verlängert, in der Karl den Herrscher der Heiden, Bali-
gant, schlägt. Als Beauftragter Gottes vernichtet er nicht nur die spanischen
Sarazenen, sondern den ganzen heidnischen Orient. Zur gleichen Zeit erfuhr
ein von der Kirche selbst erfundenes legendäres Abenteuer Karls seine literarische Ausformung: Karls Orientreise. Was bei Notker noch als unerfüllter
Wunsch des Kaiser erwähnt wurde, wird in der *Pèlerinage de Charlemagne*
(*DLF* 1123–1125) bereits heroisch-komisch dargestellt. Der Kaiser erwirbt in
Jerusalem wichtige Reliquien, die ihm dann in Konstantinopel von Nutzen
sind, und spätere Herrscher bedienen sich dieses Werks, um einen Anspruch
auf das Heilige Land herzuleiten, z.B. Friedrich Barbarossa. An die Sachsen-
kriege knüpft die *Chanson des Saisnes (La Chanson des Saxons)* (Ende 12.
Jh.) von Jehan Bodel, ein besonders wichtiges Werk, weil darin die drei zentralen Stoffkreise der altfranzösischen Literatur, von denen die *chansons de
geste* nur den ersten bilden (*matière de France, antikisierender Roman, matière de Bretagne*), festgeschrieben werden:

Qui d'oyr et d'entendre a loisir et talant,
Face pais, si escout bonne chançon vaillant
Dont li livre d'estoire sont tesmoing et garant!
Jamais vilains jougleres de cesti ne se vant!
Car il n'en saroit dire ne les vers ne le chant.
N'en sont que trois materes a nul home entendant:
De France et de Bretaigne et de Romme la grant;
Ne de ces trois materes n'i a nule samblant.
Li conte de Bretaigne s'il sont vain et plaisant
Et cil de Romme sage et de sens aprendant,
Cil de France sont voir chascun jour aparant.
Et de ces trois materes tieng la plus voir disant;
La coronne de France doit estre si avant,
Que tout autre roi doivent estre a li apendant
De la loi chrestienne qui en dieu sont creant.
(Mölk, S. 6–7; vgl. auch Ed. Brasseur, vv. 1–15, S. 2–3)

Wer Muße und Lust hat zuzuhören,
der gebe Ruhe, dann hört er ein gutes tüchtiges Ritterlied,
dessen Wahrheit die Geschichtsbücher bezeugen und gewährleisten!
Niemals soll ein elender Spielmann sich dessen rühmen!
Denn er könnte derartige Verse und Melodien nicht vortragen.
Es gibt für jeden verständigen Menschen nur drei Stoffkreise:
von Frankreich, der Bretagne und dem mächtigen Rom;
und diese drei Stoffkreise haben nicht ihresgleichen.
Wenn die Erzählungen der Bretagne eitel und gefällig
und die von Rom weise und verständig sind,
dann sind die von Frankreich jeden Tag, der heraufzieht, wahrhaftig.
Und von diesen drei Stoffkreisen habe (=behandele) ich den zutreffendsten
    (gemeint ist des Autors Sachsenlied).
Die Krone von Frankreich muß einen solchen Rang einnehmen,
daß alle anderen Könige der Christenheit, die an Gott glauben,
von ihr abhängen. [...]

An dieser Passage fällt auf, daß auch Bodel ein Anhänger der Translations-
theorie ist und *imperium* und *litterae* für Frankreich reklamiert. Er läßt im
Sachsenlied übrigens einen apokryphen Bruder Rolands die Witwe Widu-
kinds heiraten, um Franken und Sachsen dynastisch zu vereinen.

In der *Chanson d'Aspremont* (DLF 106–107) ficht Karl gegen die Sarazenen in Kalabrien. Als er arg bedrängt wird, taucht der noch jugendliche
Roland auf, erschlägt den Sarazenen Helmont (Aumont) und rettet den
Oheim. *Aiquin* (DLF 28–29) behandelt den Kampf Karls gegen einen gleichnamigen Sarazenenkönig in der Bretagne, deren Einwohner sich um den Erzbischof von Dol scharen. Diesmal sind die ›Douze pairs de France‹ noch zu
jung, um sich an seiner Seite zu engagieren, was jetzt der Vater Rolands übernimmt. *Otinel* (DLF 1089–1090) heißt ein junger Sarazene, der sich in dem
Augenblick, als er Roland erschlagen will, durch Intervention des Heiligen
Geistes bekehrt (»Le cuer li mue – Er bewegt, ändert sein Herz«), dafür Beli-
sent, die Tochter Karls des Großen, zur Frau erhält und zum König der Lombardei gekrönt wird. An die Italienkämpfe knüpft sich auch die Sage vom Rie-

sen *Fierabras* (›der Großsprecher‹), der von Olivier besiegt wird und sich taufen läßt (*DLF* 444–445; *EnzMär* 4,1100–1102). Der Zahl der Handschriften
nach war *Fierabras* eines der beliebtesten Epen. In ihm spielen die angeblich
von Karl aus dem Heiligen Land mitgebrachten Passionsreliquien eine große
Rolle, weshalb Bédier und Suchier annahmen, dieses Epos sei aus Anlaß des
sogenannten *lendit* (lat. *indictum* = Termin), eines berühmten Markttreffens
beim Kloster Saint-Denis, entstanden, das Abt Suger, wie berichtet, zum Zentrum der Pflege der französischen Geschichte erhob. Dagegen hat der Krieg
mit den Dänen zur Sage von *Ogier de Danemarcke* (*DLF* 261–263) geführt,
der in seiner Jugend Karl das Leben rettet, aber später sein erbitterter Widersacher wird, weil Karls Sohn Charlot Ogiers Sohn beim Spielen tötet und von
Karl nicht bestraft wird. Die Orientreise wird erneut in *Galien* (*DLF* 480) aufgegriffen, der ein Sohn Oliviers und der Tochter Jacqueline des Kaisers Hugo
von Konstantinopel ist. Galien rächt den Tod seines Vaters an den Heiden und
wird Kaiser von Byzanz.

Wilhelm, der dem gleichnamigen Zyklus (24 Werke) seinen Namen
leiht, wird 790 Graf von Toulouse. Er ist der Vormund von Ludwig dem
Frommen, dem Sohn Karls. *Le Couronnement de Louis* (vor 1150), das zweite wichtige Werk des Wilhelmszyklus (*DLF* 332), spiegelt diese Beziehung.
793 kämpfte Wilhelm in der Nähe von Carcassonne gegen die Sarazenen, und
dies ist vielleicht der Grund für die Benennung des Zyklus. Wilhelm starb
übrigens als Mönch im Kloster Saint-Guilhelm-du-Désert, dem er den Namen
lieh (Inhalt von *Moniage Guillaume*).[48] Immer wieder, so die Geste (*DLF*
1024), packt ihn die Kampfeslust, und er verläßt auf Zeit sein Kloster, in dem
er ohnehin nicht sehr heiligenmäßig lebt. Das Modell dieses Zyklus ist die
Chanson de Guillaume (um 1140). Auch sie (*DLF* 520–522) berichtet vom
Sarazenenkampf, diesmal Wilhelms und seiner Neffen Vivien, Girard, Guich-
ard und Gui. Nach schrecklichen Gemetzeln bleibt Wilhelm schließlich Sieger.
Um Vivien, einen zweiten Roland, der schwört, vor keinem Feind jemals
zurückzuweichen, ranken sich Zyklen wie *Enfances Vivien, Chevalerie (Co-
venant) Vivien* und *Aliscans* (*DLF* 1487–1488; 50–51; 1204–1205). *Le Charroi de Nîmes* (*DLF* 254–255) schließt locker an die Krönung Ludwigs an.
Dieser vergißt bei der Lehnsvergabe seinen Onkel, dem er viel verdankt, da
dieser ihn gegen den Widerstand von inneren und äußeren Feinden auf den
Thron hob. Zornbebend verläßt der Onkel den Hof und erobert sich ein eigenes Königreich, Nîmes. In einer weiteren Anschlußgeste, *Prise d'Orange*,
dringt er mit Hilfe der heidnischen Prinzessin Orable in die Stadt ein. Ihr
Mann Tibaut wird erschlagen, sie läßt sich taufen und heiratet Wilhelm unter
dem Namen Guibourc.

Zur Familie des *Doon de Mayence* (*DLF* 390), der der Großvater von
Ogier und Renaut ist, gehören zahlreiche Verräter und Rebellen: *Doon de
Nanteuil* (*DLF* 522–523), *Renaut de Montauban* (*DLF* 1256) und seine drei
Brüder, in Deutschland als *Die vier Haimonskinder* bekannt (Frenzel, *Stoffe*,
S. 275–277), sodann *Huon de Bordeaux* (*DLF* 703–706; Frenzel, *Stoffe*,

S. 333–334), zu dem sie sich flüchten. Wir zählen etwa 60 Empörergesten, *Gormont et Isembart* (um 1130) ist die älteste (*DLF 554–555*). Isembart überwirft sich mit König Ludwig III. (um 881), schwört dem Christentum ab und flieht zu den Sarazenen. Er kommt mit deren König Gormont zurück und verwüstet seine Heimat. In einer entscheidenden Schlacht wird Gormont von Ludwig erschlagen, Isembart beichtet, tödlich verwundet, und kehrt in den Schoß der Kirche zurück. Das Meisterwerk dieses Genres ist *Raoul de Cambrai* (vor 1160), eine *chanson de geste*, in der vermutlich der Kampf der Prinzen von Cambrésis und Vermandois in Nordfrankreich gegen die Könige Ludwig den Stammler (877/878) und Ludwig IV. d'Outremer (936–954) geschildert wird (*DLF 1231–1235*).

Diese Titel, die nur einen kleinen Ausschnitt darstellen (Bräuer, S. 37–101), sollen eine Vorstellung von dieser Literatur vermitteln, die viel gelesen und verbreitet gewesen sein muß. Die *war and love*-Stereotypen erinnern an heutige *soap-operas*, die so beliebt sind, weil am Ende alles gut wird und der Leser/Zuschauer fest auf die prästabilierte Harmonie bauen kann. Daß sich aber höchst unterschiedliche Interessenlagen hinter den einzelnen Epen verbergen, hatten wir angedeutet:

> Als am Ausgang des XII. Jahrhunderts die historische Feudalgesellschaft, in der König und Fürsten machtpolitisch gleichrangige Partner waren, zerfällt, zerbricht auch die Feudalgesellschaft der Karlsepik und wird die mythische Idealität des Karlskönigtums in ihr Gegenteil verkehrt. In denjenigen Chansons de geste, die diesen Zerfallsprozeß darstellen, wandelt sich die traditionelle epische Struktur: Mit dem Ende der alten Feudalgesellschaft entsteht eine neue poetische Ausdrucksform: das nicht mehr auf zyklische Fortsetzung angelegte Epos, das in sich selbst geschlossen sein kann, weil es nicht mehr um eine epische Begebenheit, sondern um die Person des einzelnen Helden zentriert ist. (Bender, S. 184)

Die Kreuzzüge

Die Kreuzzüge haben das europäische MA in mancherlei Beziehung verändert und zwei Jahrhunderte lang in Atem gehalten.[49] Sie bilden einen eigenen historischen Forschungsgegenstand, der sich vor allem mit den Namen Steven Runciman[50] und Hans Eberhard Mayer[51] verbindet, beide Verfasser von umfangreichen modernen Kreuzzugsgeschichten.[52] Der historische Moralismus des 19. und 20. Jh.s sieht in den Kreuzzügen den Ausdruck von religiöser Intoleranz, nationalem Chauvinismus und zerstörerischem Kolonialismus. Dies ist jedoch zu modern gedacht, entspricht zwar unserem gegenwärtigen Moralempfinden, geht aber an den Intentionen des MA.s völlig vorbei. Bereits der Begriff ›Kreuzzug‹ war dem MA unbekannt; damals sprach man von Pilgerfahrt, Überfahrt, Reise, Weg nach Jerusalem usw. Die Kreuzfahrer hefteten sich, um kenntlich zu sein, ein Kreuz an die Kleidung, was man *se croiser* nannte. Danach wurde der Begriff ›Kreuzzug‹ im 15. Jh. gebildet.

Wirft man einen Blick auf die Landkarte der damals bekannten Welt, stellt man fest, daß der Islam den überwiegenden Teil der Ökumene beherrschte. Vierhundert Jahre vor dem Aufruf zum ersten Kreuzzug hatten die Araber auf ihren Eroberungszügen die Christengemeinden aus Syrien, Ägypten und Nordafrika vertrieben. Städte wie Alexandria, seit dem 3. Jh. eine Hochburg christlichen Glaubens, Hippo, das den hl. Augustin zum Bischof hatte, und vor allem die Urstätten des Christentums Antiochia und Jerusalem, waren in weniger als einem Jahrhundert ganz oder teilweise zerstört worden. Die Lage der Christen, die dort verblieben waren, war erbarmungswürdig; Pilger, die die heiligen Stätten immer noch besuchen wollten, wurden behindert. Unter den Kalifen wurden Christen und Juden besonders verfolgt, und als Kalif Hakim 1009 ohne ersichtlichen Grund die Grabeskirche zerstören ließ, sorgte diese Nachricht in der Christenheit für große Empörung. Gegen Mitte des 11. Jh.s wurde die Macht der Moslems durch den Einfall der mongolischen Türken noch verstärkt. Nachdem die Seldschuken für den Islam gewonnen worden waren und den arabischen Kalifen von Bagdad als ihr Oberhaupt anerkannten, nahmen sie ebenfalls am Heiligen Krieg teil. Sie besiegten die Byzantiner in der Schlacht von Mandikat (1071) und setzten sich in Syrien und Kleinasien fest. Es wäre daher einseitig, allein in den christlichen Kreuzfahrern Aggressoren zu sehen, zumindest hatten sie nie das Gefühl, eine Aggression oder ein Unrecht zu begehen. Sie wollten sich nur mit Gewalt wiederholen, was ihnen mit Gewalt genommen worden war. Alle Texte bezeugen, daß die Europäer die Araber nicht als ihresgleichen betrachteten (*DLF* 358–363); ihre Feindseligkeiten waren voller Verachtung, und sie rühmten ausnahmsweise allein den Edelmut des legendären Sultans Saladin (1138–1193), der für seine Toleranz bekannt wurde und durch die sog. Ringparabel unsterblichen Nachruhm erfuhr.[53] Die Heiden hatten eben den einen Fehler, keine Christen zu sein.

Islam und Araber (Sarazenen)

Der Begriff ›Islam‹ (*LexMA* 5,680–686; *LAW* 298–299) ist arabisch und besagt so viel wie ›sich Gottes Willen unterwerfen‹. Man bezeichnet damit die von Mohammed (ibn Abdullah ibn Abd al-Muttalib, ca. 570–632, ›der Gepriesene‹), einem Kaufmann und Karawanenführer aus dem Klan der Kuraisch, einer der vier wichtigsten Familien von Mekka, begründete Religion. Sie stützt sich auf die Erleuchtung dieses Propheten durch das im Koran (›Rezitationsstück‹) aufgezeichnete Wort Gottes, das ihm angeblich der Erzengel Gabriel übermittelte, und ist eine der drei großen monotheistischen Schriftreligionen. Der Ausgangspunkt des Korans ist die Bibel, doch will er die Fehler des Juden- wie Christentums ausmerzen. Der Koran ist in 114 Suren (Kapitel) fallender Länge mit insgesamt 6236 Versen eingeteilt und wurde erst nach dem Tod des Propheten kodifiziert. Mohammed hatte, aufgrund eigener religiöser Skrupel, vor allem Endzeitoffenbarungen in glühenden Farben hinterlassen, dazu Verordnungen über das religiöse Leben (Ehe, Erbrecht, wirtschaftliche Fragen), Prophetengeschichten als mahnende Beispiele und allerlei gnomische (sentenzenhaft-belehrende) Erzählungen. Der heute gebräuchliche Text des Korans beruht auf der um 655 auf Befehl des Kalifen Othman durchgearbeiteten Sammlung. Das Buch ist im mekkanischen Dialekt des Arabischen, Mohammeds Muttersprache, mit Anklängen an die ältere Dichtersprache, niedergelegt, darf zu kultischen Zwecken nicht übersetzt werden, so daß das Hocharabische bis heute ein einigendes Band aller Muslime darstellt, das z.B. auch Türken, Bengalis, Pakistaner, Indonesier usw. zwingt, den Koran arabisch zu rezitieren (*LAW* 350–351). Es existiert im Islam, der streng monotheistisch ist, keine Dreifaltigkeit. Neben dem Koran gibt es die Sunna, die mündliche Überlieferung. Beide beinhalten arabische, jüdische, christliche und gnostische Elemente. Das zentrale Dogma ist die absolute Einheit Gottes (Allahs), der alle Dinge vorherbestimmt hat und zu verschiedenen Zeiten Propheten wie Moses, Jesus und Mohammed, der der bedeutendste von allen ist, zur Verkündigung seiner Botschaft in die Welt entsandt hat.

Die Elementarpflichten des Gläubigen wurden bereits früh definiert und beinhalten das Aufsagen des Glaubensbekenntnisses, fünf Gebete pro Tag, Almosengeben, Fasten im Fastenmonat Ramadan, mindestens einmal im Leben eine Pilgerfahrt nach Mekka und die Entrichtung der Zakat-Steuer (wörtl. Reinigung; eine prozentuale Steuer auf die Güter des einzelnen). Die Muslime spalteten sich, (was in der Rivalität von Mohammeds Schwiegersohn Ali und den Omajjaden, einer aristokratischen Kaufmannskaste aus Mekka, begründet ist), in die Sunniten, die Mehrheit, die auch die Sunna akzeptieren (daher der Name), und die Schiiten, die sich nur an den Koran halten (*LAW* 567–568; 539). Der sunnitische Islam dogmatisierte sich im 8./9. Jh. in dem Hadith (›Bericht‹), einer autoritativen Glaubensauslegung (*LAW* 244–245). Der Hadith ist in umfangreichen Sammlungen und Kommentaren aus dem 9. Jh. kodifiziert, kann durch Analogieschlüsse (Kijas) und Übereinstimmungen der Gemeinde (in Wirklichkeit der Gelehrten, sog. Idjma) bis heute ergänzt werden. Der Heilige Krieg (Djihad, Dschihad) zur Ausbreitung des islamischen Staatsgebiets (nicht zur gewaltsamen Durchsetzung des Islams bei ›Ungläubigen‹, da ist der Islam tolerant) kann nur von einem Teil der waffenfähigen Männer stellvertretend für die Gesamtgemeinde durchgeführt werden.[54]

Die Arabische Halbinsel, in der mehrere semitische Völker leben, wird im 7. Jh. kurzfristig zu einem Mittelpunkt des Weltgeschehens und Ursprungsland der zahlenstärksten und folgenreichsten, aber auch letzten semitischen Auswanderungswelle. Die Araber sind Nordwestsemiten; Ostsemiten sind Kanaanäer, Hebräer, Assyrier, Babylonier, Akkader, Aramäer usw., Südwestsemiten die Abessinier. Die Semiten sind übrigens keine Rasse, sondern eine sprachliche Gemeinschaft; zu ihnen gehören Armeniden, Orientaliden, Indoeuropäer.

Von ihrer neuen Religion ausgehend, gelingt es den Arabern nach Mohammed, ihr Volkstum territorial auszubreiten, ohne ihre Identität einzubüßen. Ihr Vorstoß spaltet die durch die Trennung in westliches und östliches Christentum gegliederten Anrainer des Mittelmeers zusätzlich. Dem römisch-katholischen Norden und Westen tritt ein islamischer Süden und Osten gegenüber, wobei allerdings Spanien (Al-Andalus) jahrhundertelang weithin der islamischen Oberhoheit untersteht, aber durch die dort immer noch lebende christliche Schicht zum kulturellen Vermittler arabischer und jüdisch-arabischer Gelehrsamkeit an ganz Europa wird (*LAW* 44–45). Der Islam bewirkt zwar die fast völlige Abwanderung der griechisch und lateinisch sprechenden Bevölkerungsschichten seines Herrschaftsbereichs, beläßt aber der semitischen, koptischen, berberischen und persischen Bevölkerung ihren Lebensraum, weithin auch ihre religiösen und kulturellen Überlieferungen. Da das neue arabische Reich Gebiete wiedervereinigt, die vorher durch Ostrom getrennt worden waren, wuchsen alte Kulturströme wieder zusammen.

Unter Sultan Walid I. (705–715) kam es zur größten Europa betreffenden Ausdehnungswelle des Islam, denn 711 gelang der Vorstoß nach Spanien, und das Westgotenreich wurde vernichtet. Unter seinem Nachfolger Hischam mißlang allerdings 732 die Eroberung des Frankenreichs (Niederlage bei Tours und Poitiers gegen Karl Martell, den Großvater Karls des Großen), doch blieben Teile der Provence noch lange in arabischer Hand. Die schiitischen Omajjaden (661–750) wurden durch die sunnitischen Abbasiden (750–1258) abgelöst, doch gelang es dem omajjadischen Prinzen Abd ar-Rahman I., dem sog. Falken der Koraisch, in Córdoba ein eigenes Emirat zu gründen. Es wurde Sitz eines vom Kalifat in Bagdad, wo die Abbasiden unter al-Mansur (754–775) ihren Hauptsitz ausbauten, unabhängigen islamischen Staats, der schon bald wirtschaftlich und kulturell erblühte und Spanien tief mit arabischem und islamischem Wesen durchdrang. Unter der iranischen Wesirdynastie der Barmakiden (bis 803) erreichte das Kalifat Harun ar-Raschids (766–809), dessen Weisheit und Glanz aus den *Märchen aus Tausendundeiner Nacht* (*EnzMär* 1,685–718) zu uns spricht, seinen Höhepunkt.

Christliche Syrer übertrugen die wichtigsten Werke der spätantik-hellenistischen Wissenschaft ins Arabische, wodurch Gelehrte wie al-Kindi (800 – n. 870, Philosoph, Mathematiker, Astronom aus Basra), ar-Razi (Rhazes, ca. 860–925, Arzt, Alchimist und Philosoph aus dem Iran), al-Farabi (Alpharabius; ca. 870–950, Philosoph aus Turkestan, lebte in Bagdad), Avicenna (Ibn Sina; 980–1037, Philosoph und Arzt aus Buchara) u.a. dazu angeregt wurden, eine eigenständige islamische Philosophie zu begründen. Sie wurde in Spanien rezipiert und drang von dort nach Europa, so daß z.B. Platonismus und Aristotelismus im christlichen Abendland über das Arabische bekannt werden konnten (Flasch, S. 310–316). Im christlichen Europa verstand man, trotz zahlreicher Kontakte mit Byzanz, kein Griechisch mehr.

Der Islam verfügt über eine starke Integrationskraft; mehrere ethnisch höchst heterogene Dynastien wechselten sich im Lauf der Jahrhunderte ab:

Fatimiden (909/969–1171), Seldschuken (10. Jh. – Ende 11. Jh.), Mamluken (1250–1382), Mongolen (1256–1353), doch vermochte dies die Einheit des Islam und das ›arabische‹ Selbstwertgefühl nicht zu sprengen.

Orient und Okzident

Der belgische Gelehrte Henri Pirenne (1862–1935) veröffentlichte 1937 ein viel beachtetes Buch (*Mahomet et Charlemagne*),[55] dessen Ergebnisse bis heute noch nicht ausdiskutiert sind. Er geht davon aus, daß nicht die Völkerwanderungen und das daraus resultierende Ende des weströmischen Reichs das ›Mittelalter‹ herbeigeführt hätten, sondern der Drang des Islam nach Westen. Er habe im 8. Jh. Westeuropa vom Mittelmeer abgeschnitten. Europas Schwerpunkt verlagerte sich nach Norden; es sei auf seine eigenen bescheidenen Ressourcen zurückgeworfen worden. Dies habe, jedenfalls temporär, einen kulturellen Rückschritt bedeutet, denn der Islam sei ökonomisch und kulturell dem Abendland zunächst überlegen gewesen. So habe Mohammed Karl den Großen ›gemacht‹.

Pirennes Thesen haben bei vielen Historikern nachgewirkt. Es kann, wie man den Einfluß des Islam im einzelnen auch bewertet, keinen Zweifel daran geben, daß der Islam für den Westen zur Herausforderung wurde und einen jahrhundertelangen Konflikt begründete, der dem Ost-West-Gegensatz nach dem Zweiten Weltkrieg gleicht. Die Kreuzzüge können als die erste wirkliche Antwort der Christenheit auf Mohammed und die islamische Expansion bezeichnet werden. Sie dauern von 1095/96–1291, also etwa 200 Jahre, und sie werden durch die einschneidenden seldschukischen Maßnahmen gegenüber christlichen Jerusalempilgern ausgelöst. Die Kreuzfahrerstaaten konzentrieren sich aber auf die Küste und Jerusalem (bis 1187 und 1229–1244); dem Kalifat selber und den östlichen Provinzen, Ägypten und dem Maghreb können sie nicht wirklich gefährlich werden.

Literarisch ist der Konflikt höchst fruchtbar geworden, vor allem in den *chansons de geste*. Paul Bancourt[56] hat in einer detaillierten imagologischen Arbeit gezeigt, wie negativ die Franzosen die Muslime im allgemeinen sahen, obschon Karl der große mit Harun ar-Raschid noch freundlich verkehrte.[57] Der Name *musulman* kommt erst im 16. Jh. auf; vorher ist unspezifisch von Heiden die Rede, meist aber von *sarrasin* (Sarrazin, Sarrasinois, Sarrazinois usw.), einem Wort griech. Ursprungs ($\sigma\alpha\rho\alpha\kappa\tilde{\eta}\nu\omega\iota$). Dieser Name (›die Östlichen‹) bezeichnete eigentlich nur einen arabischen Nomadenstamm zwischen Euphrat und Tigris, wurde jedoch später für alle Menschen verwandt, die man für Araber hielt: asiatische Völkerschaften wie Türken, Araber, Perser, Beduinen, Syrer, Armenier, Inder, Turkvölker; afrikanische wie Mauren, Berber, Äthiopier, Nubier, Almoraviden; vor allem aber die islamischen Bewohner Spaniens, die im französischen Bewußtsein als Nachbarn sehr präsent waren. Dazu kamen häufig noch heidnische Feinde wie Sachsen, Normannen, Ungarn, Bulgaren, Slawen und selbst Byzantiner. In der *Chanson des Saisnes* wird ihr Erscheinungsbild wie folgt beschrieben:

> Les barbes ont flochies ausi comme poil d'ors,
> Les testes plates, lées comme peles defors,
> Les iex noirs comme poivre et les sorcis rebors,
> Boiches granz et fendues, les denz agruz et fors,
> Mais les cors ont bien faiz aussi com aumaçors.
> (Laisse 192; Ed. Brasseur, S. 473, leicht geänderter Text)

> Sie haben so dichte Bärte wie Bärenfell,
> abgeflachte Köpfe, außen breit wie Schaufeln;
> die Augen schwarz wie Pfeffer und die Brauen struppig;
> große und gespaltene Münder, starke und wohl angeordnete Zähne,
> aber ihre Leiber sind wohlgestaltet wie die von Emiren.

Diese und viele andere Darstellungen sind keinesfalls realistisch, sondern entspringen, mangels genauen Anschauungsmaterials, topischen Stilisierungen, die sich auch bei anderen Feindbildern wiederfinden. Den Sarazenen wird der Menschencharakter schlechterdings abgesprochen, sie werden geradezu als Tiere dargestellt, als Bestien und Menschenfresser. Eigenartigerweise bewegen sie sich als militärische Gegner durchaus auf der Ebene der Ritter, doch werden sie durch ihre vermeintliche Häßlichkeit, Plumpheit und dunkle Hautfarbe, die dem westlichen Schönheitsideal widerspricht, ausgegrenzt. Sie sind Heiden und Götzenanbeter, Sachwalter Satans. Die ritterlich-höfischen Qualitäten der Maße (*mesure*) greifen deshalb bei den Sarazenen nicht, jedenfalls nicht bei den Männern. Sarazenische Prinzessinnen, die häufig nach der Bezwingung ihrer Ehegatten zum Christentum konvertieren (z.B. *Prise d'Orange*), genau wie heidnische Sklavinnen, die christlich erzogen werden (*Aucassin et Nicolette*), sind hingegen meist schön und edel. Nur bei diesen ›gemischten Paaren‹ wird versucht, für die Welt des Orients Verständnis aufzubringen. Dies gilt auch im umgekehrten Falle, wo eine Christin als Sklavin in die Hand der Heiden fällt. Der bekannteste derartige Roman ist *Floire et Blancheflor*, aus deren Verbindung angeblich Berta, die Mutter Karls des Großen, hervorgegangen ist (Ed. Kolmerschlag, S. 365f.). Die Waffen des Sarazenen sind unhöfisch (Keulen, Hämmer, Spieße usw.), wie alles, was ihn angeht, so daß er vielfach dem *vilain*, dem Bauern, gleicht. Er ist Vertreter der Natur gegen die Kultur. So kann im allgemeinen auch kein Dialog mit der Welt der französischen oder europäischen Ritter stattfinden. Alle diese stilisierten Beschreibungen sind Ausdruck einer abendländischen Phobie, die weitere Vorurteile gebiert.

Die Massierung sarazenischer Heere ähnelt dem Aufgebot des Antichristen, mit dem Mohammed vielfach gleichgesetzt wird, so daß eschatologische Ängste in die Heidendarstellungen einfließen. Sie sind fast immer schematisch, kennen nur wenig Variation. Dabei wird nur ausnahmsweise einigen

Sarazenen Würde und Verstand, ihrer Kultur und Lebensweise ein hoher Standard zugebilligt. Aber dies ist immer verdächtig, wird teuflischem Ursprung zugeschrieben. Das gleiche gilt von der vielbewunderten sarazenischen Wissenschaft. Da Missionierungsabsichten nicht fehlen, muß den Sarazenen letztlich doch eine den Christen ähnliche Menschennatur zuerkannt werden, so daß ihre Welt in diesem Fall zum Spiegel der christlichen werden kann.

In dem Abenteuerroman *Aiol* (*DLF* 27–28) wird der Schurke Makaire zum Renegaten. Sein Glaubenswechsel vollzieht sich im Text wie ein perverser satanischer Initiationsritus:

Mibriens prent Makaire et tous ses .iiii. drus,
Si les a amenes en son palais la sus,
En la mahomerie, la u Mahomes fu.
Adont parla Makaires, li traitre pariurs:
»Mahomet, dist li fel, ie sui a uous uenus,
A uous me claim iou, sire, del roi de saint Denis.
Et destrues Francois apres tous uns et uns;
Ne sai ques uous nomaise, miex les conisies uous,
Que ie ne fac, biaus sire, tous les aues ueus.«
Sarrasin ne sont mie si fol ne esperdu,
Que n'aient .i. uilain mis Mahomet el bu,
Qui laiens est entres, car tous creus dedens fu.
»Amis, dist li uilains, ie t'ai bien entendu.
Roi te ferai de Franche et amiral et duc,
Et li rois et li autre seront tout confondu.
Se tu a moi te tiens, mout t'est bien auenu ...«
Et paien li amainent un auferant grenu,
Si le baise en la bouche, que ne se targa plus,
Et crache contre mont el despit de Iesu ...
»Et puis me baiseras enmi le treu del cul,
Che ert senefianche, qu'a moi t'eres rendus,
S'aras dieu renoie et la soie uertu,
Et que il ne peut estre et qu'encore ne fu.«
»Si ferai iou, biaus sire, che dist li durfeus;
De chou me renc coupable que tant ai entendu,
Que tous iors ne uous aie serui et maintenu.«
Makaires le baisa, il et si .iiii. dru;
Li uilains a uessi, Makaires trait en sus.
(Ed. Foerster, vv. 9627–9655, S. 276–277)

Der Heidenkönig Mibriens nimmt Makaire und seine vier Freunde
und hat sie nach oben in seinen Palast geführt,
in die Moschee, dort, wo Mohammed war.
Jetzt sprach Makaire, der meineidige Verräter:
»Mohammed,« sagte der Schurke, »ich bin zu Euch gekommen,
[und] bei Euch, Herr, beklage ich mich über den König von Saint-Denis.
Zerstört die Franken, einen nach dem anderen;
ich kann sie Euch nicht benennen, Ihr kennt sie besser
als ich, edler Herr, [denn] Ihr habt sie alle gesehen.«
Die Sarazenen sind nicht so töricht noch so unverständig,
daß sie dem Mohammed nicht einen Schurken [=Betrüger] in den Bauch gesetzt hätten,
der da hinein geklettert ist, denn er war innen ganz hohl.

»Freund,« sagt der Schurke, »ich habe dich wohl verstanden.
Ich werde dich zum König von Frankreich machen, zum Admiral und Herzog,
und der König und die anderen werden ganz und gar besiegt werden.
Wenn du dich zu mir hältst, dann nützt dir das sehr ...«
Und die Heiden führen ihm ein großmähniges Schlachtpferd herbei;
er küßt es unverzüglich auf das Maul
und speit seine Verachtung für Jesus gegen die Umstehenden ...
»Und dann sollst du mich mitten auf das Arschloch küssen,
was bedeutet, daß du dich mir ganz ergibst,
Gott und seinen Glauben [=Tugend] verleugnest
und daß es ihn nicht gibt und nie gegeben hat.«
»Das will ich tun, edler Herr,« so sprach der Elende,
»ich klage mich hier nach dem Gehörten an,
daß ich Euch nicht immer schon gedient und unterstützt habe.«
Makaire und seine vier Freunde küßten ihn;
der Schurke hat gefurzt, Makaire zieht sich zurück.

Interessant ist auch die Szene, als Mibriens seine Tochter Mirabel fragt, ob sie Mahomet nicht anbeten wolle, und diese den islamischen Götzendienst verflucht, denn »cou que Sarrasin croient, ne uaut une cenele – was die Sarazenen glauben, ist nicht einmal eine Stechpalmenbeere wert.« Ihr Vater verstößt sie, schleift sie über den Boden, schlägt auch Aiol und will ihm den Kopf abschneiden. Mirabel wird vor ein Standbild Mahomets geführt, das sie umwirft und zerbricht. Die Unkenntnis des Schreibers vom Islam ist offenkundig. Entweder hat er sich diese Riten ausgedacht oder irgendeinen einheimischen Götterkult beobachten können. Der Afterkuß als Huldigung des Teufels ist allerdings schon früh als travestierte Form des Satanskultes geläufig und wurde vor allem im späteren Templerprozeß als schwerste Anschuldigung vorgebracht (*HWDA* 5,850–851).

Byzanz

Nicht ganz so fremd wie die arabische Welt, aber immer noch fremd genug, bleibt dem Westen letztlich auch das Byzantinische Reich (*LexMA* 1,1227–1327; Holmes, S. 250–254), das sich als Fortsetzer des Imperium Romanum versteht und von Konstantin dem Großen († 337) bis zur Einnahme durch die Osmanen 1453 immerhin fast 1100 Jahre gedauert hat. Sein Ursprung liegt in der Unübersichtlichkeit des alten Imperiums, das seit Diokletian (284–305) als Tetrarchie (ab 293) verwaltet wurde. Konstantin der Große gründete 330 Konstantinopel am Bosporus, wo er selber residierte. Die Stadt erhielt die gleichen Vergünstigungen wie Rom und wurde mit gestohlenen griechischen Kunstwerken geschmückt. Als Kaiser Theodosius 395 starb, verselbständigte sich der Osten, da es einen alten Gegensatz zwischen griechischer und lateinischer Kultur gab. Dennoch blieb das Lateinische bis zum 7. Jh. Verwaltungssprache, weshalb das *Corpus Iuris* (*LexMA* 3,270–277)

Justinians (534) lateinisch abgefaßt ist. Justinian (527–565) vereinigte noch einmal große Teile des alten Imperiums (Italien, Dalmatien, Nordafrika), doch danach setzte der Verfall ein.

In der uns interessierenden Zeit des Hochmittelalters umfaßt das Byzantinische Reich Unteritalien, (das ehemalige) Jugoslawien, Bulgarien, Türkei und Syrien, um in heutigen geopolitischen Kategorien zu sprechen. In der byzantinischen Staatsideologie mischen sich Romtradition, griechisch-hellenistische und christliche Kultur. Dieses Reich ist als ideologisches Gebilde eine starre Fiktion, denn in Staat, Gesellschaft und Wirtschaft bestehen spätantike Strukturen fort, die für die Realität nicht mehr recht passen und keinen Wandel erlauben. Ein autokratischer Kaiser herrscht an der Spitze eines zentralisierten Beamtenapparats, die imperiale Staatsideologie des heilsgeschichtlichen *Imperium Romanum Christianum* umfaßt alle Lebensbereiche. Die Idee der ›Familie der Könige‹ überspielt die Diskrepanz zur politischen Wirklichkeit. Bis 1453 heißen alle Reichsbewohner Römer bzw. Rhomäer, der Kaiser nennt sich ›Imperator Caesar Augustus‹ bzw. ›Basileus der Römer‹, die Hauptstadt Konstantinopel ist das ›Neue Rom‹. Die große welthistorische Leistung von Byzanz besteht darin, Perser, Araber und Seldschuken sehr lange abgewehrt zu haben, dem Westen zudem die slawische Welt erschlossen und die griechisch-antike Kultur bewahrt zu haben. Die günstige Lage, Seeherrschaft und Staatsmonopole (Seide, Purpur) waren die Grundlage von unerhörtem Reichtum, der subtile Diplomatie, Prunk und höchste künstlerische Leistungen erlaubte. Seit dem 5. Jh. hatte sich der Patriarch von Konstantinopel dem Papst gleichgestellt, dem nur noch ein Ehrenvorrang zukommt. Als Bischof der Reichshauptstadt des Neuen Rom und wegen der (fiktiven) Gleichsetzung von Reich und Ökumene erhebt er Anspruch auf die Führung der Ostkirche, die sich immer mehr verselbständigt und die Lehrautorität des Papstes nicht mehr anerkennt. Diese bis 1453 bestehende Reichskirche ist untrennbar mit der Staatsidee verbunden. Sie hat eine nationalsprachliche (griechisch-byzantinische) Liturgie, kennt die Priesterehe, trennt den Altarraum durch die Ikonostasis (Bilderwand), hat als Gegenkraft gegen Patriarch und Klerus ein sehr lebendiges Mönchstum. Die Krönung Karls des Großen schafft 800 das Zweikaiserproblem, das 1204, als im zweiten Kreuzzug Konstantinopel von den Kreuzfahrern erobert und geplündert wird, durch Anerkennung endet. Heiraten westlicher Kaiser mit byzantinischen Prinzessinnen (Otto II. heiratet Theophano) bringen nur Annäherung, keine Versöhnung; als 1054 eine päpstliche Bannbulle in der Hagia Sophia deponiert wird, worauf der Patriarch seinerseits mit der Bannung des Papstes antwortet, beginnt das bis heute dauernde Schisma. So sind West und Ost religiös und politisch entfremdet, betrachten sich gegenseitig als Abtrünnige und Ketzer.[58]

Die Erforschung des byzantinischen Einflusses auf die romanischen Literaturen steckt noch in den Anfängen.[59] Die Versuche Karls des Großen, Griechisch zu lernen, aber auch die byzantinische Kleidung Karls des Kahlen und seines Hofs, bezeugen die immerwährende Faszination, die Byzanz ausübte. Nach Jean Frappier (vgl. Köhler) kann die Entstehung des antikisierenden Romans (Alexander-, Theben-, Troia-, Eneas-Roman) nicht allein aus dem Einfluß der ›Anciens‹ erklärt werden, sondern ist einem ›climat de Renaissance‹ zu verdanken, das durch das Interesse an allem Byzantinischen geschaffen wurde. Dabei ist stets die Zeit vor und während der Kreuzzüge zu unterscheiden. Unteritalien, das durch mehrere Auswanderungswellen wieder griechisch geworden war, wirkte obendrein noch als Dreh- und Angelpunkt. Hier ließ z.B. Herzog Johann durch den Erzpriester Leo bereits im 10. Jh. den *Alexanderroman* des Pseudo-Kallisthenes ins Lateinische übersetzen. Auch Rom, Venedig und Toledo wurden zu kulturellen Umschlagplätzen. Die Leistung von Byzanz auf dem Gebiet der Literatur ist zweifellos weniger originell als im Bereich der bildenden Kunst und beschränkt sich vor allem auf Stoffüberlieferungen. Zu nennen sind Barlaam und Josaphat, die christianisierte Lebensgeschichte Gautama Buddhas, die auf Johannes Damascenus (1085) zurückgeht (Frenzel, *Stoffe*, S. 72–75), der Eustachius-Stoff des Apollonius von Tyrus, eine Inzestgeschichte, bei der die Königstochter auch im Bordell ihre Reinheit bewahrt (dies. S. 53–55), Athis und Prophilias (Titus und Gisippus), eine Variante der sog. Freundesprobe (dies. 750–754); und auch *Cligés* und *Éracle* sind ohne Byzanz nicht denkbar.

In der *Karlsreise* (*Pèlerinage de Charlemagne à Jérusalem*), dem *Roman de Troie, Eracle, Floire et Blancheflor, Ipomedon* u.a. wird ein leuchtendes Bild des griechischen Ostens entworfen. Die Franzosen bestaunten die Architektur, die Metall- und Emaillearbeiten, die kunstvollen Skulpturen, kurz, ein technisches Raffinement und einen Luxus, die ihnen fremd waren und zu deren Verfertigung ihnen die Kenntnisse noch fehlten; jedenfalls gab es so etwas in französischen Profanbauten nicht. Die Schilderung des Kaiserpalastes in der *Karlsreise* (s.u.) belegt gut die staunende Bewunderung der französischen Orientreisenden:

> Charles vit le palais et la richece grant;
> A or fin sont les tables, les chaieres, li banc.
> Li palais fut d'azur listez et avenanz
> Par molt chieres peintures a bestes et serpenz,
> A totes creatures et a oisels volanz.
> Li palais fut voltiz et desore cloanz,
> Et fut faiz par compas et serez noblement;
> L'estache del miliu neielee d'argent.
> Cent colombes i at tot de marbre en estant;
> Chascune est a fin or neielee devant.
> De cuivre et de metal tresjetet dous enfanz.
> Chascuns tient en sa boche un corn d'ivoire blanc.
> Se galerne ist de mer, bise ne altre venz
> Qui fierent al palais dedevers occident,
> Il le font torneier et menut et sovent
> Come roë de char qui a terre descent.
> Cil corn sonent et boglent et tonent ensement
> Com tabors o toneires o granz cloche qui pent;

Li uns esguardet l'altre ensement en riant
Que ço vos fust viaire que tuit fussent vivant.
Charles vit le palais et la richece grant ...
(Ed. Koschwitz, vv. 342–361, S. 21)

Karl erblickte den Palast und den großen Reichtum;
die Tische, Stühle und Bänke sind aus edlem Gold.
Der Palast war mit Lapislazuli umrandet und
durch viele teure Gemälde mit Tieren und Schlangen,
allen möglichen Geschöpfen und fliegenden Vögeln geschmückt.
Der Palast hatte ein Gewölbe und war oben abgeschlossen,
er war mit dem Zirkel gemacht und edel gestaltet;
der Mittelpfeiler war mit Silber nielliert.
Hundert Tauben ganz aus Marmor gab es dort;
jede ist vorne mit edlem Gold nielliert.
Auch standen dort zwei Kinder aus Kupfer und Metall gegossen.
Jedes hält in seinem Mund ein Horn aus weißem Elfenbein.
Wenn der Nordwestwind, der Nord- oder ein anderer Wind vom Meer her blasen,
die den Palast von Westen treffen,
dann lassen sie ihn sich mal mehr, mal weniger drehen
wie ein Wagenrad, das die Erde berührt.
Diese Hörner tönen und klingen zusammen
wie eine Trommel, ein Donner oder eine große hängende Glocke;
die Kinder betrachten einander lachend,
was auf den Betrachter den Eindruck macht, als ob sie lebendig wären.
Karl sah den Palast und den großen Reichtum ...

Die Gönner und das Publikum Chrétiens und Gautiers (Verfasser des *Éracle*)
sind dieselben. Das Haus Blois-Champagne war durch Bildung und Verwandtschaft mit Byzanz verbunden, Heinrich I. von Champagne war im Orient gewesen, und seine künftige Schwiegermutter, Eleonore von Aquitanien,
ebenfalls. In der *Karlsreise*,[60] einem Epos von nur 870 Versen, fordert Karl
der Große durch sein eitles Auftreten den Widerspruch der Kaiserin heraus.
Sie erklärt ihm öffentlich, es gebe in Konstantinopel einen besseren Kaiser als
ihn, ihren Gatten, nämlich Hugon le Fort. Karl macht sich mit seinen Pairs
auf, um Hugon herauszufordern, reist aber zunächst nach Jerusalem, wo er
teure Reliquien erwirbt. In Konstantinopel wird er freundlich aufgenommen;
nach einem Bankett prahlen er und seine Mannen mit zukünftigen Heldentaten. Der Kaiser hat sie jedoch durch einen Spion überwachen lassen und stellt
sie nun vor die Alternative, ihre Prahlereien in die Tat umzusetzen oder sich
lächerlich zu machen. Die Realisierung gelingt nur dank der Reliquien. Der
Roman behandelt, ironisch gebrochen, gewisse Auswüchse der Kreuzzüge,
des nationalen Chauvinismus zwischen West und Ost und vielleicht sogar des
Reliquienkults. Als der Kaiser in Konstantinopel einzieht, heißt es bewun-
dernd, wobei der Autor wohl die Schilderung eines Kreuzfahrers übernimmt:

Chevalchet l'emperere od sa compaigne grant,
Et passent les montaignes et les puis d'Abilant
La roche del Guitume et les plaines avant.

Virent Constantinoble, une citet vaillant,
Les clochiers et egles et les pons reluisanz.
Destre part la citet demie liue grant
Troevent vergiers plantez de pins et loriers blans;
La rose i est florie, li alborz et l'aiglenz,
Vint mille chevaliers i troevent seanz, –
Et sont vestut de palies et d'ermines toz blans
Et de granz pels de martre josqu'as piez traïnanz.
As eschies et as tables se vont esbaneiant,
Et portent lor falcons et lor ostors alquant –
Et treis milie pulceles a orfreis reluisanz.
(Ed. Koschwitz, vv. 260–273, S. 17)

Der Kaiser reitet mit seinem großen Gefolge;
sie überqueren die Gebirge und die Berge des Antilibanon,
den Felsen von Guitume in Kleinasien und zuvor die Ebenen.
Sie erblickten Konstantinopel, eine wehrhafte [oder: reiche] Stadt,
die Kirchtürme mit Adlern und leuchtenden Kugeln.
Zur Rechten der Stadt, die eine halbe Meile breit ist,
finden sie Gärten, die mit Pinien und weißem Lorbeer bepflanzt sind;
dort blühen Rosen, Wasserholunder und wilde Rosen.
Darinnen sitzen zwanzigtausend Ritter
– sie sind mit Seidenstoffen, weißen Hermelin-
und Marderpelzen, die bis zu den Füßen reichen, bekleidet.
Sie belustigen sich beim Schach- und beim Tricktrackspiel,
und einige tragen ihre Falken und Mauserfalken [auf der Faust] –
sowie dreitausend Edelfräulein mit leuchtenden Goldstickereien.

Der Reichtum der Stadt, die beim Herannahen golden erstrahlte, der Glanz ihrer Einwohner, die in Samt und Seide gingen, sowie die üppige Vegetation mußten auf die in dieser Beziehung nicht allzu sehr verwöhnten Westeuropäer großen Eindruck machen.

Pilgerfahrt und Kreuzfahrt

Die seit 1095 von den Päpsten propagierten Kreuzzüge sind vorgezeichnet durch die Übung der Wallfahrt zu den heiligen Stätten – Rom, Santiago de Compostela und Jerusalem sind die wichtigsten. Europa war von einem Netz von Pilgerrouten durchzogen, die von Spitälern, Abteien und Hospizen gesäumt waren und viel zur Förderung von Handel, Verkehr und Kultur beitrugen.[61] Bedeutend war vor allem der Jakobsweg zur Begräbnisstätte des gleichnamigen Heiligen, der seit dem 10. Jh. Pilger aus ganz Europa nach Nordspanien zog.[62] Die ältere Epentheorie (Bédier) glaubte, entlang dieses Wegs sei die Epik entstanden. Zwar ist von Pilgerfahrten in der Bibel nicht die Rede, aber Pilgern ist eine sinnfällige Art der *imitatio Christi*. Der mittelalterliche Mensch, der mit wenigen Ausnahmen gläubig war, wollte mit Leib und Seele genau dort sein, wo Christus und die Heiligen gelebt hatten. Bereits im 4. Jh.

war Kaiserin Helena, die Mutter Konstantins, nach Palästina gepilgert, denn die Pilgerschaft vereinte Hoch und Niedrig. Selbst der Leibeigene, der ansonsten an die Scholle gebunden war, hatte das Recht, auf Pilgerfahrt zu gehen. Die Pilgerfahrt machte dem Christen das Wesentliche seines Lebens deutlich: auf dem Weg in ein anderes Leben zu sein.

Die Kirche sah in den Kreuzzügen eine Offensive gegen den Islam und versprach den Kreuzfahrern Vergebung der Sünden (*remissio peccatorum*). Während ihrer Abwesenheit übernahm sie die Garantie für Hab und Gut. Ursprünglich waren Pilgerfahrten zunächst Kirchenstrafen, um feudale Fehden zu verhindern; sie waren eine Art sinnvoller Landverweis. Später handelte es sich um militärisch sorgfältig geplante ritterliche Unternehmen, die nach der Befreiung Jerusalems am 15.7.1099 zur Gründung des gleichnamigen Königreichs unter Gottfried von Bouillon und anderer Kreuzfahrerstaaten (Fürstentum Antiocheia, Grafschaften Edessa und Tripolis, Herrschaft Tiberias, Fürstentum Galiläa) führten. Für kurze Zeit wird es sogar einen lateinischen Kaiser, Balduin von Flandern, geben. Und auch in Zypern wurde nach dem Vorbild Jerusalems durch Amalrich von Lusignan 1192/94 ein Lateinisches Königreich gegründet,[63] das, wie die *Gestes des Chiprois* lehren, nach lehnsrechtlichen Grundsätzen regiert wurde (*DLF* 532). So wurden in den Kreuzzügen die kämpferischen Absichten des christlichen Feudalismus mit Hilfe eines christlichen Ziels legitimiert.

Die Idee der Kreuzzüge wurde in Frankreich geboren und blieb nur so lange lebendig und wirksam, wie sich die Franzosen dafür begeisterten. Ludwig VII. (1120–80) führte den zweiten Kreuzzug (1147–49) an, Ludwig IX., der Heilige (1214–70), den sechsten (1248–54) und siebten (1270–75); er stirbt am 25. August 1275 vor Tunis. Sein Leben wurde im Auftrage seiner Witwe Marguerite und seiner Tochter Blanche von dem Franziskaner Guillaume de Saint-Pathus beschrieben und bildet wegen der eingearbeiteten Augenzeugenberichte eine wichtige Quelle (*DLF* 644). Später beteiligten sich Ritter aus Skandinavien, England und Deutschland an diesem Unterfangen, das zu einem gemeineuropäischen wurde und, wie Historiker errechnet haben, etwa 1,1 Millionen Menschen mobilisierte. Der erste Anstoß ging von dem burgundischen Kloster Cluny und seinen Tochterhäusern aus, denn schon 1015 waren die Cluniazenser von der Idee besessen, in die von den Sarazenen besetzten Gebiete zu ziehen. Der erste Kreuzzug war das Ergebnis des Aufrufs von Papst Urban II. auf dem Konzil von Clermont (1095), der eine Art Massenhysterie auslöste. »Deus lo volt – Gott will es so«, lautete das Motto. Der Papst setzte das Fest Mariä Himmelfahrt 1096 als offiziellen Aufbruchstermin fest und bereitete das Unternehmen durch Kreuzzugsbriefe und Predigten vor. Den Kern des Aufgebots bildeten die Ritterheere, die aber schon vor Clermont vom Papst geweiht worden waren. Bevor sie aufbrachen, wälzte sich ein Strom von Mitläufern, von eschatologischen Vorstellungen aufgewühlt, durch Europa. Diese Massen ließen sich am Nieder- und Mittelrhein, später in Süddeutschland, zu grauenvollen Judenpogromen hinreißen, die keiner aufhalten konnte. So fällt sogleich ein düsterer Schatten auf diesen Kreuzzug.[64] Die Kreuzfahrerhaufen setzten über den Bosporus und wurden von den Türken bei Xerigordon vernichtet. Die Ritter planten besser. In Gottfried von Bouillon, Herzog von Niederlothringen, und seinen Brüdern Balduin und Eustache hatten sie tatkräftige Anführer. Offenkundig im Reich nicht genügend beachtet, wollten sie auf diese Weise Ruhm erwerben. Sie wurden durch Graf Raimund von Toulouse, Herzog Robert von der Normandie und die Grafen Robert II. von Flandern und Stephan von Blois verstärkt (*EnzMA* 356–358).

Die religiösen, politischen, sozialen, demographischen und wirtschaftlichen Gründe für die Kreuzzugsbewegung sind vielschichtig und können hier nicht detailliert mitgeteilt werden. Nach Anfangserfolgen setzte schon bald der Niedergang ein. Man kann zwei Phasen unterscheiden: Als Jerusalem 1187 an die Araber unter Führung Saladins zurückfällt, schrumpft das Territorium der Kreuzfahrer auf die Küstenstädte zusammen, doch die Agonie dauert noch einmal hundert Jahre; 1268 gehen Jaffa und Antiocheia verloren, 1291 als letzter Stützpunkt Akkon. Die Christen räumen Palästina.

Im Verlauf der Kreuzzüge entstehen im Heiligen Land die geistlichen Ritterorden, die Mönchsleben, Hospitalfürsorge und Heidenkrieg verbinden und so zur stärksten Stütze der Kreuzfahrerstaaten werden (Templer, Johanniter, Deutscher Orden, Orden vom hl. Lazarus, Orden von St. Thomas in Akkon). Diese neue Lebensform verselbständigt sich, insbesondere die der Templer, die 1128 auf dem Konzil von Troyes unter Mitwirkung Bernhards von Clairvaux eine Regel erarbeiten. Da sie weitgehende Selbständigkeit genießen, sind sie dem französischen Zentralismus schon bald ein Dorn im Auge, vor allem ihr sagenumwobener Reichtum wird von vielen beneidet. Nach dem Fall Akkons übersiedeln sie nach Europa, wo König Philipp IV. unter dem Vorwurf der Häresie ihren Untergang betreibt und endlich erreicht. Der Hochmeister Jakob von Molay wird nach Folter und Geständnis hingerichtet, der Orden aufgelöst, sein Vermögen beschlagnahmt. Das Konzil von Vienne bestätigt 1312 die Auflösung. Bis heute erregen die Verleumdungen Philipps IV. und die erzwungenen Geständnisse die Gemüter.[65]

Kreuzzugsliteratur

Die Kreuzzüge brachten die Westeuropäer mit dem Orient und seiner Kultur in Berührung (Holmes, S. 212f.). Die aus vielen Nationen zusammengewürfelten Heere trugen zur Internationalisierung der Denk- und Lebensformen bei.[66] Ihre logistische Vorbereitung und Durchführung förderte Handel, Verkehr, Wirtschaft und Organisationsvermögen und initiierte sicherlich einen Modernisierungsschub. Zunächst einmal verdienten die italienischen Kaufleute daran, dann auch andere, und die ursprünglich hehren Ziele gerieten allmählich in Vergessenheit. Von Kreuzzug zu Kreuzzug wurden die Menschen abgestumpfter und nahmen die Aufforderung, ins Heilige Land zu ziehen, mit immer mehr Gleichgültigkeit auf. Die von den Kreuzfahrern errichteten Burgen, die sog. Kraks, sind Muster romanischer Festungsarchitektur. Eine eigene Kreuzzugsdichtung (Lieder, Epen)[67] diente einerseits als Werbung für dieses Unterfangen, andererseits als Aufarbeitung der Ereignisse. Die Epen um Gottfried von Bouillon (um 1060–1100) – *Chevalier au cygne, Chanson d'Antioche, Chétifs, Jérusalem, Chrétienté Corbaran, Prise d'Acre, Mort Godefroi* – feiern ihn zwar, stellen aber häufig auch einfache Ritter in den Vordergrund der Handlung und machen sie zu den wahren Helden (*DLF* 264–265). An Titeln sind zum ersten Kreuzzug zu nennen von Richard le Pélerin *La Chanson d'Antioche* (*DLF* 238), später von Graindor de Douai überund umgearbeitet und mit der *Conquête de Jérusalem* (*DLF* 329) fortgesetzt.

Der 3. Kreuzzug (1189–92) unter der Führung von Kaiser Friedrich I. Barbarossa sowie der Könige Philipp II. August von Frankreich und Richard I. von England hat sich ebenfalls literarisch niedergeschlagen, da Richard Löwenherz (Cœur de Lion), wie er seit der Belagerung von Akkon hieß, als glänzender Krieger, höfischer Edelmann und Dichter (*DLF* 1265–1266) die Phantasie beflügelte.[68] Die einschlägigen Werke, die ihn verherrlichen, sind die *Croisade et Mort de Richard Cœur de Lion* bzw. die *Estoire de la guerre sainte*. Ihr Autor soll Ambroise heißen, aus der Gegend von Évreux stammen und den König auf den 3. Kreuzzug begleitet haben (*DLF* 358; 415–416). Für die späteren Kreuzzüge besitzen wir in Villehardouin (um 1160–1213) und Joinville (1225–1317) zwei Chronisten von Rang. Villehardouin ist der Berichterstatter des 4. Kreuzzugs (*Conquête de Constantinople*); Joinville (*Histoire de Saint-Louis*) begleitete Ludwig IX. im 6. Kreuzzug (1248–54) in die ägyptische Gefangenschaft und freundete sich mit ihm an. Robert de Clari (Cléri) berichtet, aus der Sicht des unzufriedenen Kleinadels, der leer ausging, ebenfalls über den 4. Kreuzzug (*Histoire de chiaux qui conquistrent Constantinoble*; nach 1210).

Joinvilles *Histoire de Saint Louis* bietet viele Stimmungsbilder und stellt zentrale Aspekte der Kreuzzugsbewegung vor. Joinville schrieb sie als Achtzigjähriger mit stark apologetischer Absicht, als man seinen geliebten König Ludwig IX. (1214–1270) heiligsprechen wollte (*DLF* 791–794; *LCI* 7,426–442). Er nahm als gerade zwanzigjähriger Seneschall der Champagne am 6. Kreuzzug teil, und sein Bericht ist für die Literaturwissenschaft weniger wegen seines Quellenwerts als wegen der ›petits faits‹ wichtig, die er übermittelt. Aber auch wegen der moralischen Qualitäten, die ihn vor vielen anderen auszeichnen, und die weder Krankheiten, militärische Rückschläge noch die Feigheit der Gefährten mindern können. Bewegend ist bereits der Aufbruch:

> Et lors je me parti de Joinville, sans rentrer au chastel jusques à ma revenue, à pié, deschaus et en langes; et ainsi alai à Blehecourt et à Saint-Urbain, et autres cors sains qui là sont. Et endementieres que je aloie à Blehecourt et à Saint-Urbain, je ne voz

onques retourner mes yeus vers Joinville, pour ce que li cuers ne me attendrisist du biau chastel que je lessoie et de mes deus enfans. (Pauphilet/Pognon, S. 227)

Dann verließ ich Joinville zu Fuß, barfuß und im Hemd, um das Schloß erst bei meiner Rückkehr wieder zu betreten; auf diese Weise gelangte ich nach Blécourt und Saint Urbain und an andere Orte dieser Gegend, wo es heilige Reliquien gibt. Und während ich mich auf den Weg machte, wandte ich mich kein einziges Mal nach Joinville zurück, aus Angst, daß mir das Herz in der Brust zergehen sollte, wenn ich an das schöne Schloß dachte, das ich hinter mir ließ, und an die zwei Kinder. (Evans, S. 85)

Und auch König Ludwig ging im Pilgergewand, mit dem Stab und dem Pilgerschein, der ihm um den Hals hing. In dem eigens dafür angelegten Hafen Aigues-Mortes werden Pferde und Rüstung in die engen Schiffe geladen, und unter dem Gesang des »Veni creator spiritus« (Klopsch, S. 156–159) geht die Reise los. Die Landung bei Damiette in Ägypten gestaltet sich äußerst schwierig. Der König springt beherzt mit der Oriflamme des hl. Dionysius ins Meer, geht an Land und will sich auf die Sarazenen stürzen:

... et sailli en la mer, dont il fu en yaue jusques aus esseles. Et ala l'escu au col, et le heaume en la teste, et le glaive en la main, jusques à sa gent qui estoient sur la rive de la mer. Quant il vint à terre et il choisi les Sarrazins, il demanda quele gent c'estoient; et on li dist que c'estoient Sarrazin; et il mist le glaive desous s'esselle et l'escu devant li, et eust couru sus aus Sarrazins, se sui preudome, qui estoient avec li, li eussent souffert. (dies., S. 235)

... und er sprang ins Meer und stand bis zu den Achseln im Wasser. Und er schritt voran, den Schild um den Hals, den Helm auf dem Haupt und das Schwert in der Hand, bis er seine Leute erreichte, die am Ufer des Meeres waren. Als er das Land betrat und die Sarazenen bemerkte, fragte er, was das für Leute seien. Und man antwortete ihm: Sarazenen; er nahm das Schwert unter die Achsel und hielt den Schild vor sich und hätte sich auf die Sarazenen gestürzt, wenn seine Krieger, die bei ihm waren, ihm dies gestattet hätten.

Damiette wird endlich genommen. Doch der König und seine Truppen kämpfen nicht sehr geschickt und geraten im Frühjahr 1250 bei al-Mansurah in Gefangenschaft. Die Sarazenen machen einen Aufstand und töten ihren Sultan, dann wollen sie auch alle Gefangenen umbringen. Doch sie nehmen schließlich Lösegeld an, das sich Joinville für seine Person bei den Templern leihen muß. Der König kann sich und seinen Bruder mit 200.000 Livres, einer für damalige Verhältnisse gewaltigen Summe, auslösen. Viele Adlige kehren jetzt nach Frankreich zurück, doch der König beschließt, im Heiligen Land zu bleiben und die Christenstädte auszubauen, da er bisher nur militärische Mißerfolge erlitten hat. Er bittet Joinville, bei ihm auszuharren, auch als er wegen des Bauernaufstandes der Pastoreaux (ab 1251) und dem Tod seiner frommen Mutter Blanche de Castille im November 1252 nach Frankreich zurückkehren muß. Zweiundzwanzig Jahre insgesamt dient Joinville dem König; am Zug gegen Tunis, bei dem Ludwig IX. 1270 den Tod fand, nahm er nicht mehr teil.

Joinville reiste zu Schiff; der *Karlsreise* können wir den üblichen Landweg der Pilger entnehmen.[69] Der Text wurde offensichtlich geschrieben, als Jerusalem bereits fest in christlicher Hand war, so daß keine Kämpfe stattfanden und die christlichen Reisenden sich sofort ein Quartier suchen konnten:

> Il eissirent de France et Borgoigne guerpirent,
> Lohereigne traversent, Baiviere et Honguerie.
> Chevalchet l'emperere tres par mi Croatie,
> Les bois et les forez, et sont entret en Grice;
> Les puis et les montaignes virent en Romanie,
> Les Turs et les Persanz et cele gent haïe.
> La grant eve del flum passerent a Lalice,
> Et brochent a la terre ou Deus reçut martirie.
> Veient Jerusalem, une citet antive:
> Li jorz fut bels et clers; herberges ont porprises,
> Et vienent al mostier; ofrendes i ont mises.
> (Ed. Koschwitz, vv. 100–110, S. 7–9)

> Sie verließen Frankreich und ließen Burgund hinter sich,
> durchquerten Lothringen, Bayern und Ungarn.
> Der Kaiser reitet mitten durch Kroatien,
> die Holzungen und die Wälder, und sie haben Griechenland betreten;
> sie sahen die Gipfel und die Berge in Byzanz,
> die Türken und Perser und alle die verhaßten Völkerschaften.
> Das tiefe Wasser des Flusses [=Mäander] überquerten sie bei Laodicea
> und geben den Pferden die Sporen bis in das Land, wo Gott sein Martyrium erlitt.
> Sie sehen Jerusalem, eine alte Stadt:
> Der Tag war schön und sonnig; Quartier haben sie genommen,
> sie gehen zum Dom; dort haben sie Opfergaben niedergelegt.

III. STÄNDE, INSTITUTIONEN UND LANDESBESCHAFFENHEIT

Die ständische ›Dreigliederung‹

Seit dem Anfang des 11. Jh.s ist in England und Frankreich die sog. Dreiständelehre bezeugt, die bald zur allgemein akzeptierten Gesellschaftslehre werden sollte;[1] sie umfaßt Ritter, Kleriker und Bauern; Stadtbewohner kommen noch nicht vor. Eine offizielle Soziallehre der Kirche gibt es nicht, und die Vorherrschaft dieser Dreiständelehre wird selbst von den meisten Ketzern akzeptiert. Wir können sie beispielsweise aus dem Gedicht *Miserere* des Mönchs Barthélemy, genannt le Reclus de Molliens (1. Drittel 13. Jh.) (*DLF* 1247–1248), herauslesen. Er hatte in seinem Kloster, der Abtei von Saint-Fuscien, auch noch den *Roman de Carité* (1224) geschrieben, eine allegorische Predigt, die das Ständesystem ebenfalls Revue passieren läßt, wohingegen sein späteres *Miserere* (ca. 1230) vor allem die menschliche Schuld behandelt:[2]

> Labours de clerc est Dieu priier
> Et justice de chevalier;
> Pain lor truevent li laborier.
> Chil paist, chil prie, et chil deffent.
> Au camp, a le vile, au moustier
> S'entreaïdent de lor mestier
> Chil troi par bel ordenement.
> (Ed. Van Hamel, CLVI,6–12, S. 218)

> Die Arbeit des Klerus ist es, Gott zu bitten,
> die des Ritters, Gerechtigkeit zu üben,
> und der Bauer beschafft ihnen Brot.
> Einer arbeitet, einer betet und einer verteidigt.
> Auf den Feldern, in der Stadt und in der Kirche
> helfen die drei sich untereinander
> in richtig verteilter Ordnung.
> (Evans, S. 19–20)

Die lateinisch schreibenden Theoretiker des MA.s unterscheiden zwischen den *bellatores* (Ritter), den *oratores* (Kleriker) und den *laboratores* (Bauern), die Seite an Seite auf demselben Boden, jedoch unter drei verschiedenen Gesetzen, leben (Bumke, S. 39f.). Der Adel lebt gemäß den feudalen Herrschaftsbegriffen und auf Grund seines Eigentumsrechts an dem Land; der Klerus steht unter kirchlicher Oberhoheit nach dem kanonischen Recht, dem er sich freiwillig beugt; das Volk, meist Bauern, später auch Städter, ist letztlich der Willkür der Feudalherren ausgeliefert, deren Gebiet es bewohnt. Die Stärke des Feudalsystems liegt in der Arbeitsteilung – kämpfen, beten, arbeiten –, die jedem Stand[3] eine eigene, für ihn typische Aufgabe zuweist. Dieses organizistische System kennt im Idealfall keine Ausbeutung, sondern gegenseitigen Schutz und Hilfe. Andere Texte beschreiben ein analoges Modell, so Étienne de Fougères, Bischof von Rennes, im *Livre des manières* (ca. 1164–1178) (*DLF* 420–421), der Normanne Guillaume le Clerc im *Besant de Dieu* (*DLF* 627–628; Langlois 2,107–128), Philippe de Novare (Ende 13. Jh.) in *Des quatre tens d'aage d'ome* (*DLF* 1148–1149; Langlois 2,205–240) usw.

Eine Weiterentwicklung dieses Funktionsschemas ist letztlich bis zur Französischen Revolution nicht mehr erfolgt, und selbst der Aufstieg des Bürgertums, vor allem in den Städten Nordfrankreichs, vermochte dieses rigide Einteilungsschema nicht grundlegend zu verändern, nur zu modifizieren. Alle Personen, die nicht adlig oder Kleriker sind (Bauer, Bürger, Tagelöhner usw.), bilden undifferenziert den sog. Dritten Stand (*Tiers État*), der weitgehend rechtlos ist, sich aber erst im 13. Jh. unter Philipp IV. dem Schönen (1268–1314) konstituiert. Die Könige riefen hinfort sog. Generalstände (*États généraux*) ein, die den Monarchen bei der Herrschaftsausübung und insbesondere in Steuerfragen beraten sollten. Die Kirche, die eigentlich für Gerechtigkeit zuständig wäre, lebte mit diesem System sehr gut und versuchte sogar, sich an die Spitze der Sozialhierarchie zu stellen. Man lese die Allegorie *Le corps humain*, einen anglonormannischen Text, der in der antiken Tradition des Schemas vom Leib und den Gliedern den Körper christlich-hierarchisch auslegt. Mit dem Körper wird ein einheitliches Wesen bezeichnet, dessen beide Hälften Kirche und Staat sind. Kopf, Hand und Fuß werden danach als Klerus, Adel und Gewerbetreibende bezeichnet. Die Allegorese beschreibt detailliert Rechte und Pflichten der Stände, wobei Hand und Arm (*li chevaliers*) dem Kopf (*chief* = Klerus oder Kirche) untergeordnet, dafür aber den unteren Gliedern als strafende Gewalt vorgesetzt sind (vv. 679–812). Dies erinnert an die Zweischwerter- (Gelasius I., 429–496) bzw. Zweigestirnelehre im Hl. Römischen Reich, die den Investiturstreit überschattet (*EnzMA* 629). In Frankreich sollte der Gallikanismus – dieser Sammelname bezeichnet die Doktrinen, die die Befreiung der katholischen Landeskirchen von der päpstlichen Autorität und ihre Vereinnahmung durch die Monarchie vertreten – bald dafür sorgen, daß die französische Monarchie relativ souverän mit der Kirche und Rom verfuhr.[4]

Von den drei Ständen etabliert sich der Klerus als erster, der durch mehrere formale Kriterien, insbesondere durch die Jurisdiktion des kanonischen Rechts, eines Sonderrechts, vom Rest der Bevölkerung getrennt war. Diese Sonderstellung wird vom Papsttum wie auch der Monarchie anerkannt, was das Ende des ganz eng an die Krone gebundenen Reichskirchentums bedeutet, aber durch den bereits erwähnten Gallikanismus aufgefangen wird. Von den Bauern, die das tägliche Brot erwerben, wird später zu zeigen sein, daß man sie im allgemeinen verachtete. Jeder Stand konnte jedoch im Zentrum von Satiren stehen, denn den Klerikern warf man ihren weltlichen Lebenswandel, den Bauern ihre ungeschliffene Grobheit und den Rittern ihre Feigheit, Gier oder Treulosigkeit vor. Hatten diese Satiren im Fall von Klerikern und Rittern ihren erzieherischen oder systemstützenden Sinn, waren sie, was die Bauern angeht, nur unbegründet und gehässig.

Die Herausbildung des Lehnswesens und das Rittertum

Zunächst ist zu fragen, wie es zur Herausbildung des Rittertums[5] und des Lehnswesens kommen konnte.[6] Auffällig ist, daß das Phänomen ›Rittertum‹ in literarischen (fiktionalen) Texten erheblich stärker konturiert ist als in den im engeren Sinne historischen Quellen. Wenn in der *Chanson de Roland* das Wort *chevalier* zum ersten Mal auftaucht, ist es sofort mit den Idealvorstellungen des neuen Rittertums verbunden. Erich Köhler und seine literatursoziologische Schule haben argumentiert, die Ritter seien nicht mit dem alten Adel identisch gewesen, sondern hätten sozial unter ihm gestanden. Der alte Adel habe sich erst später der Idee des Rittertums geöffnet, diese jedoch verfälscht, da ein herrsch- und befehlsgewohnter Adliger dem Dienstideal der Ritteridee nicht gerecht werden konnte. Die Ritterideologie der höfischen Romane und des Minnesangs schließlich vermittelten in der literarischen Fiktion ein verschlüsseltes Bild der sozialen Realität, insbesondere der Probleme, Hoffnungen und Wünsche nach sozialem Aufstieg der neuen Ritterklasse. An diesen Hypothesen ist von germanistischer Seite begründete Kritik geübt worden, und sie müssen wohl oder übel revidiert werden (Althoff, S. 319f.). Auch der Rückgriff auf den Terminus des *miles*[7] löst das Problem nicht, da dieser ein zu breites Bedeutungsspektrum (Ritter, berittener Krieger, Vasall usw.) abdeckt. Althoff definiert, gestützt auf reiches personengeschichtliches Material (Gedenk- und Memorialüberlieferung):

> So erweisen unsere Untersuchungen die »Entstehung des Rittertums« in der Tat als Phänomen der Sozialgeschichte, nur in anderer Hinsicht, als es die Forschung zumeist annahm. Rittertum entstand nicht auf Grund der Selbstbesinnung und -bestimmung sozialer Gruppen an der unteren Schwelle des Adels, sondern zunächst durch die Fremdbestimmung der Waffenträger in bestimmten Regionen seitens kirchlicher Kräfte. Ritter waren also zunächst die Waffenträger, die bereit waren, sich den ethischen Postulaten und den Aufgaben zu stellen, die die Kirche ihnen zuwies. Der primäre Zweck dieser Postulate jedoch war die Sicherstellung von Schutz und die Vermeidung von Willkür und damit die Garantie der Voraussetzungen friedlichen Zusammenlebens. (S. 332)

Adlige und Waffenträger, die mit Zustimmung der Kirche bereit waren, sich als ›Ritter‹ in die Pflicht nehmen zu lassen und die Armen und Rechtlosen zu verteidigen, sind auch eine Antwort auf den Ausfall der Schutzinstanz Königtum. Das System der Herrschaftsträger Königtum-Adel-Kirche erweist sich damit als selbstregulierend.

Das Rittertum ist eine gesamteuropäische Erscheinung der politischen und sozialen Wirklichkeit, verkörpert aber zugleich eine geistige Idee, eine rechtliche Institution und eine soziale Gruppe; an der Klärung des Begriffs sind so unterschiedliche Disziplinen wie Rechts-, Sprach-, Kunst-, Literatur-, Mentalitäts-, politische Geschichte usw. beteiligt. Will man die Bedeutung des Rittertums recht verstehen und würdigen, muß man die Grundlagen des Feudalsystems kennen. Den merowingischen und karolingischen Königen war es gelungen, ihre Herrschaftsstruktur schrittweise auszubauen. Als ihre sichersten und effektivsten Herrschaftsinstrumente dienten ihnen die Reichskirche und eine neu entstandene fränkische Reichsaristokratie. Entscheidend ist auch ein neues reichsfränkisches Staatsbewußtsein, das gallorömische und germanische Elemente verschmilzt. Der so entstehende Staat ist ein ›Personenverbandsstaat‹, kein Nationalstaat. Er drängt die Stammesherzöge zurück, und der Monarchie gelingt es, einen nicht unbeträchtlichen Landbesitz, die sog. Krondomäne, an sich zu bringen. Diese wird zum Aufbau des Lehnssystems dienen. Die Trennung des alten einheitlichen Reichs in mehrere Teile (Frankreich, Italien, Deutschland usw.) braucht hier nicht wiederholt zu werden. Die Versuche der *renovatio Imperii*, der Wiederherstellung der alten Einheit, unter Otto I. 962 und Otto II. 1000 scheitern. Das Reich ist zwar nach wie vor das größte Machtzentrum, aber das Papsttum und die am Rand entstehenden Flächenstaaten, allen voran Frankreich, machen ihm Konkurrenz.

Die Herausbildung von Ständen beginnt im 11. Jh. und ist im 13. Jh. abgeschlossen; ihre Wurzeln reichen aber noch in die gemeinsame fränkisch-karolingische Zeit zurück und sind deshalb für Frankreich wie für Deutschland parallel abzuhandeln. Daß es den Kapetingern gelang, bereits 987 die Monarchie *de facto*, wenn auch noch nicht *de jure*, erblich zu machen und die durch mehrere Faktoren bewirkte Zersplitterung des Königreichs (Normannen- und Sarazeneneinfälle; separatistische Tendenzen der Adligen usw.) nicht nur aufzuhalten, sondern sogar rückgängig zu machen, sei hier nur am Rande erwähnt.

Die Entstehung des Lehnswesens ist ein komplizierter und langwieriger Prozeß, denn die Zusammensetzung des Adels änderte sich laufend. Ursprünglich, in der Völkerwanderungszeit, bestand er aus der Stammesaristokratie und den Militärführern. Seit dem 8. Jh. traten ihm auch reiche Landbesitzer und hohe Würdenträger bei, die in Frankreich z.T. noch bodenständig waren und ihre Privilegien in einer durchgehenden Geschlechterkette aus der römischen Herrschaftszeit herübergerettet hatten, so daß sich römische und germanische Traditionen verbinden. Die Adligen waren *per definitionem* frei, und seit dem 9. Jh. festigte und schloß sich der Adel durch das Lehnswesen und wurde zur Klasse der Landbesitzer, Militärs und Regierenden, zumal durch Erblichkeit die Titel, Rechte und Privilegien weitergegeben wurden. In der merowingischen Zeit gehörten gallorömische Grundbesitzer und fränkische Stammesfürsten mit ihrem Anhang zur Aristokratie. Diese erfuhr dann in karolingischer Zeit eine große Ausweitung durch das sog. Rittertum (ursprüngl. Bedeutung des Wortes ist *Reiter*). Dieses ist vor allem mit technischen Fortschritten zu erklären. Die Einführung des Steigbügels (franz. *étrier*), so hat Lynn Townsend White in einem überraschenden Buch gelehrt (*Medieval Technology and Social Change*, Oxford 1962), erlaubte erstmals (8. Jh.) den berittenen Kampf, was wiederum erhöhte Investitionen in der Ausrüstung nötig machte, die die Möglichkeiten der kleinen Bauern bei weitem überschritten. Die großen Eroberungen gegen Germanen und Slaven im Norden und Osten waren nur durch diese gewandelte Heerestaktik möglich. Nur wer bereits einigen Landbesitz hatte, konnte sich beritten machen und erhielt als Lohn vom König weiteren Landbesitz.

Das Wort *feudum* (Lehen), leitet sich von *fihu* (Vieh) ab, und dieser Begriff wird zum Synonym von Grundherrschaft, wie schon im Lateinischen von Geld (*pecunia*; zu *pecus* = Vieh). Viehhaltung begründet demnach den Reichtum. Die Heeresfolge erklärt sich zunächst nicht aus Gewinnstreben, sondern aus der germanischen Praxis der Gefolgschaftstreue, die ein Wechselprinzip ist. Wer Gefolgschaft leistet – im Frieden *consilium* (Beratung), im Krieg *militia* (Waffendienst) – und Aufwendungen dafür macht, wird später belohnt, damit er auch weiterhin Gefolgschaft leistet, möglichst weitere Berittene mitbringt und so die Macht des Königs stärkt. Dies ist der sog. Heerbann. Das System funktioniert nur in agrarischen Gesellschaften, die zudem laufend Krieg führen. Das Königtum geriet durch das Lehnswesen in Abhängigkeit von seinen Vasallen (die kelt. Bedeutung des Worts lautet zunächst ›Knabe‹), so der Name der Dienstleute, da deren Ansprüche nicht nur erblich wurden, sondern sie selber auch Lehen weitergeben konnten, die sog. Afterlehen, wodurch eine Zersplitterung des Landes und der Adelsklasse eintrat. In Frankreich wurden die Ritter ab dem 9. Jh. in den Adel integriert und bildeten hinfort die *noblesse d'épée*, den alten Schwertadel. Der König blieb der Oberlehnsherr.

Ritterliches Ethos

Mit der Zeit entwickelten die Ritter ein eigenes Ethos, das sie von den anderen Klassen unterschied.[8] Vom Ritter wurden Tapferkeit, Kühnheit und Treue gegenüber dem Herrn und den Mitkämpfern gefordert, und diese Fähigkeiten sollten zunächst durch eine entsprechende Ausbildung erworben werden.[9] Bereits im Kindesalter wurde der Vasall aus seiner Familie herausgelöst und als (Schild-)Knappe (*écuyer*) an den Hof eines befreundeten Ritters geholt. Dort sollte er sich die in der ritterlichen Burg üblichen Verhaltensweisen aneignen. Am Ausgang der Ausbildungszeit wurde der junge Mann mit einer besonderen Zeremonie, die gleichermaßen religiöse wie weltliche Elemente einschloß, zum Ritter (*chevalier*) geweiht (Ritterschlag, Schwertleite, Schwertnahme). Mit dem Kampf in geschlossener Rüstung hängt auch das Aufkommen der Wappen zusammen. Ursprünglich ein Schildzeichen, um den gepanzerten Ritter zu erkennen, wird es später zum Standesabzeichen.[10] Der Ritter kämpfte im Namen Gottes, im Namen des Christentums. Wenn er nicht kämpfte, mußte er seinem gehobenen Stand entsprechend an Jagdpartien, Turnieren, Spielen und dem Hofleben teilnehmen, durfte jedoch auf keinen Fall manuell arbeiten.[11] Dadurch unterschied er sich wesentlich von Bauern und Stadtbewohnern. Dies wird übrigens das Signum der Aristokratie bleiben, so lange sie besteht: Sie arbeitet nicht manuell. Als die Zahl der Ritter immer größer wurde und sie beschäftigungslos zu werden drohten, ›erfand‹ man sozusagen die Kreuzzüge (Wentzlaff-Eggebert), um ihnen einen neuen Lebensinhalt zu geben. Sie wurden zur *militia Christi* (Armee Christi), die im Dienst der Kirche besonders gegen die Moslems stritt. Es entstanden die militärischen Ritterorden wie Johanniter und Templer.

Die Erblichkeit der Lehen führte im 10.–11. Jh. zum Aufstieg der Burgen als Zellen politischer Macht und Rechtsprechung. An die Stelle der alten germanischen Stammesrechte trat das Lehnsrecht, das allerdings auch noch von rechtlichem Pluralismus gekennzeichnet war. Es regelte die Beziehungen von Lehnsgeber und -nehmer: Das Lehnsverhältnis wurde durch förmliche Belehnung (Investitur) im Kreis der übrigen Vasallen begründet. Der Vasall leistete den Lehnseid; er versprach Treue und Mannschaft (Heerfahrt, Hoffahrt), dafür erhielt er Unterhalt in Form des Lehens und Schutz. Treubruch (Felonie) verwirkte das Lehen. Der Lehnsmann hatte Besitz und Nutzung am Lehnsgut. Beim Tod des Manns (Mannfall) oder des Herrn (Herrenfall) mußte, so lange die Lehen nicht erblich waren, um Lehnserneuerung (Mutung) nachgesucht werden. Die Lehnsfähigkeit setzte zunächst Ritterbürtigkeit, Waffenfähigkeit und den Vollbesitz der Ehre voraus. Dieses Recht war nicht kodifiziert, sondern Gewohnheitsrecht.

Erst das Aufkommen der Städte, die sich unabhängig von den Burgen und dem Adel entwickelten (der Name ›Bürger‹ belegt die Existenz von Stadtburgen, die dann militärisch bedeutungslos wurden; das franz. *bourgeois* erscheint erstmals in einem Erlaß von 1134), bzw. der Universitäten führte durch die Stadtrechte wie die Wiederbelebung des römischen Rechts zu einer politischen Schwerpunktverlagerung. Sie leitete, zusammen mit technischen Entwicklungen (Feuerwaffen, Festungsbau, stehendes Heer), das Ende des Rittertums und damit des MA.s ein. Diese Kaste wurde langsam funktionslos, sie verlor ihr christlich begründetes Ethos; die Schlachten von Bouvines und Courtrai (Kortrijk), letztere auch die ›Goldenspornenschlacht‹ benannt, markieren den Umschlag. Bei Bouvines kämpften am 27. Juli 1214 erstmals Bürgermilizen auf Seiten der königlichen Armee und besiegten die Truppen Kaiser Ottos IV.; bei Courtrai (1302) überwältigten die Soldaten des flandrischen Städtebundes ein französisches Ritterheer und sammelten nach dessen Niederlage die goldenen Sporen der Ritter vom Schlachtfeld ab. Wenig später

setzte auch eine antiritterliche Literatur ein, die, von Klerikern wie Laien getragen, mit diesem Stand schonungslos ins Gericht ging.[12]

Das Lehnswesen im Spiegel altfranzösischer Texte

Die bereits erwähnten und in Saint-Denis entstandenen *Grandes Chroniques
de France*, die fortlaufend weitergeführt wurden und deren dokumentierte
Anfänge spätestens im 13. Jh. liegen (*DLF* 296–298), belegen das Selbstverständnis der französischen Nation wie auch der Monarchie. Da die Fran-
ken/Franzosen angeblich von den Trojanern abstammen – die Deutschen eben
nur von den jüngeren Römern, müßte man hinzufügen – (Seznec, S. 30f.), früh
zum Christentum übertraten, Franken (die ›Freien‹) heißen und nicht um materiellen Gewinn Kriege führen, sondern für den Ruhm, hielten sie sich für allen anderen Nationen und Monarchien überlegen. Mit den unterworfenen
Nationen gingen sie freundlich um, konnten sozusagen als Hort der Freiheit
gelten. Dieses Selbstbewußtsein, das die Wirklichkeit zweifelsohne schönt
und korrigiert, zeichnet noch heute Frankreich – angeblich die Heimat der
Menschenrechte und der Zufluchtsort der Unterdrückten – aus und begründet sein Ansehen und seine Stärke:

> Certaine chose est donques que li roi de France, par les queus li roiaumes est glori-
> eus et renommez, descendirent de la noble lignie de Troie. Glorieus furent en vic-
> toires, noble en renommee, en la foi crestiene fervent et devot. Et ja soit ce que ce-
> le nacion soit fort et fiere et cruel contre ses anemis, selonc ce que li nons le senefie,
> si est ele misericors et debonaire vers ses sougez et vers ceux que ele souzmet par ba-
> taille. Car il ne se conbatoient pas ancienement tant pour acroistre leur roiaume et
> leur seigneurie com il faisoient pour aquerre la gloire de victoire. (Henry, *Chresto-
> mathie*, S. 307)

> Es ist also sicher, daß die Könige von Frankreich, um deretwillen das Königreich
> Ruhm und Ansehen besitzt, von der edlen Sippe Trojas abstammten. Sie waren
> ruhmreich durch ihre Siege, edel durch ihren Namen, glühend und fromm im christ-
> lichen Glauben. Und wenn diese Nation stark, wild und grausam gegen ihre Feinde
> ist, wie es ihr Name anzeigt, so ist sie doch mitleidig und großmütig gegenüber ihren
> Untertanen und denen, die sie im Kampf unterwirft. Denn in alten Zeiten schlugen
> sie sich nicht so sehr, um ihr Königreich und ihre Herrschaft zu vergrößern, als um
> den Ruhm des Sieges zu erwerben.

Man kann eine einfache Arbeitshypothese aufstellen und daran einige grundsätzliche methodische Überlegungen knüpfen: Will man etwas über das Funktionieren der Monarchie und die Rolle des Königs erfahren, muß man in den
chansons de geste suchen; interessiert man sich hingegen für das Rittertum,
sollte man eher die höfischen Romane befragen. Das hängt nicht zuletzt damit zusammen, daß die *chansons de geste* Ausdruck kollektiver Gefühle, die
Romane einzelnen Individuen gewidmet sind, die vielfach auch ihre Namens-

geber darstellen. Die Empörergesten markieren den Übergang von der *chanson de geste* zum höfischen Roman.

Gerade die ältere Epenforschung krankt daran, die verschiedenen Realitätsebenen der von ihr untersuchten Texte nicht geschieden, sondern alles gleich ernsthaft untersucht und für bare Münze genommen zu haben. Spätestens seit dem Aufkommen der Literatursoziologie ist es üblich geworden, literarische Texte über ihre ästhetische Bestimmung hinaus zu begreifen, sie letztlich als historische Quelle zu behandeln. Es gibt jedoch im Grunde keine allgemein praktizierbare Methode, die so gearteten Quellen unter Würdigung ihrer spezifischen Eigenwertigkeit auszuschöpfen. Im Unterschied zu einem historiographischen wird der literarische Text stets einen bewußt starken fiktionalen Sinngehalt aufweisen. Dieser ergibt sich aus der Beschaffenheit des zugrunde liegenden Stoffs, der ihn an die außerliterarische Welt bindet, und der ideologischen Position des Verfassers, der nicht in einem wertfreien Raum schreibt. Der historische Kontext ist in jedem Fall zu würdigen; Geschichts- und Literaturwissenschaft müssen aufeinander zugehen und zusammenwirken.[13] Die Aufgabe der historisch fragenden Literaturbetrachtung besteht folglich darin, die verschiedenen Realitätsebenen von Texten herauszuarbeiten und ihren fiktiven wie ideologischen (propagandistischen) Anteil zu bestimmen, soweit dies möglich ist. Literatur reflektiert historische gesellschaftliche Zustände, gestaltet sie jedoch nach eigenen Gesetzen. Sie projiziert Wirklichkeit, die dem Publikum vertraut ist (Ist-Zustand), kann aber auch bestimmte Forderungen umsetzen und die Gedankenwelt der Rezipienten erweitern (Soll-Zustand). Diese stoffliche Mischung verschiedener Realitäts- und Fiktionsebenen wurzelt in der Mentalität des Publikums.

In den *chansons de geste*, insbesondere in den Empörergesten, spiegelt sich das Hin und Her zwischen König und Feudaladel besonders eindringlich. Der *Couronnement de Louis*[14] nimmt seinen Ausgangspunkt von der Krönungsfeierlichkeit in Aachen. Karl der Große, der hier den Platz des ersten Kapetingers Hugo einnimmt, will seinen Sohn Ludwig krönen lassen, wie Hugo einst Robert, um die Monarchie erblich zu machen. In der *chanson de geste* führt dieser Plan zu einem Konflikt mit dem Vasallen Arneïs von Orléans, der dies hintertreibt und sich für den Fall der Fälle selber die Regentschaft sichern will. Als er sich krönen will, fährt Wilhelm dazwischen, erschlägt ihn, und drückt Ludwig die Krone aufs Haupt. Während in Ostfranken die Kurfürsten als Vertreter der Feudalherren den Kaiser und König wählen, ist in Westfranken die Erblichkeit bereits früh gesichert:

> Uns arcevesques est el letrin montez,
> Qui sermona a la crestiienté:
> »Baron«, dist il, »a moi en entendez:
> Charles li maines a molt son temps usé,
> Or ne peut plus la corone porter:
> Il a un fill acui la veult doner.«
> Quant cil l'entendent, grand joie en ont mené;

Totes lor mains entendirent vers Dé:
»Pere de gloire, tu soies mercïez
Qu'estranges rois n'est sur nos devalez!«
Nostre emperere a son fill apelé:
»Belz filz«, dist-il, »envers moi entendez:
Voi la coronne qui est desus l'autel:
Par tel convent la te veuil je doner:
Tort ne luxure ne pechié ne mener,
Ne traïson vers nului ne ferez,
Ne orfelin son fié ne li toldrez;
S'ensi le fais, j'en lorai Damedé:
Pren la corone, si seras coronez:
Or se ce non, filz, laissiez la ester:
Je vos defent que vos n'i adesez.
(vv. 50–72)

Ein Erzbischof ist auf die Kanzel gestiegen,
der der Christenheit predigte:
»Edelleute«, sprach er, »hört mir denn zu:
Karl der Große hat seine Lebenszeit bis zur Neige aufgebraucht,
nun kann er dieses Leben nicht mehr weiterführen.
Er kann die Krone nicht mehr tragen:
Er hat einen Sohn, dem er sie geben will.«
Als diese das hören, haben sie deswegen große Freude gezeigt;
alle Hände streckten sie daher zum Himmel:
»Glorreicher Vater, Dir sei Dank,
daß kein fremder König auf uns gekommen ist!«
Unser Herrscher hat seinen Sohn gerufen:
»Lieber Sohn«, sprach er, »hört mir zu:
Sieh die Krone, die auf dem Altar liegt.
Unter der folgenden Bedingung will ich sie Dir geben:
weder dem Unrecht noch der Ausschweifung noch der Sündhaftigkeit sollt Ihr
    Euch hingeben,
weder sollt Ihr Verrat an irgend jemandem begehen,
noch sollt Ihr einer Waise ihr Lehen wegnehmen;
wenn Du es so hältst, so werde ich deswegen Gott den Herrn loben:
Nimm die Krone, Du sollst gekrönt werden;
willst Du dies aber nicht, mein Sohn, so laßt sie liegen:
ich verbiete Euch, sie anzufassen.
(Heintze/Hesse, S. 136–137)

Die Kirche leiht ihre Hand, die Vasallen sind angeblich glücklich, daß ihnen
kein fremder Kaiser ins Haus steht; der König verpflichtet seinen Sohn auf eine gerechte Amtsführung, vor allem soll und darf er keiner Waise ihr Lehen
wegnehmen; sollte er diesen Krönungseid nicht leisten, bekommt er die Krone allerdings nicht. Die Pflicht zur Gerechtigkeit wird dem Kaiser in zahlreichen Epen vorgehalten. Er steht an der Spitze der Lehnshierarchie, und sein
Verhalten muß auf alle anderen Ritter vorbildlich wirken. Gleich zu Beginn
der *Chanson d'Aspremont* ruft der Bayernherzog Naimes Kaiser Karl beim
Hoftag in Aachen seine Pflichten ins Bewußtsein, wobei er seine absolute
Machtfülle unterstreicht:

»Drois emperere, molt vos poés prisier.
Molt devés Deu aorer et proiier;
Sos ciel n'a home qui vos ost corecier,
Se vos volés desor lui cevalcier,
que nel faciés a vos piés sos ploier.
N'en soiés ja plus orghellos ne fier;
Amés les povres, cho est vostre mestier;
Les orfenins ne vos caut essellier.
De siet roiames sont chi li chevalier;
Siet roi vos servent que nus n'en fait daniger;
Liés poés estre, a celer nel vos quier.«
(Ed. Brandin, Laisse 1, vv.47–57, S. 2–3)

»Gerechter Kaiser, Ihr könnt Euch sehr preisen.
Ihr müßt oft zu Gott beten und ihm danken;
unter dem Himmel gibt es niemanden, der auch zu erzürnen wagte
und den Ihr nicht, wenn Ihr über ihn wegreiten wollt, unter Eure Füße zwingt.
Seid aber deswegen nicht stolz oder hochmütig;
liebt die Armen, das ist Eure Pflicht;
die Waisen dürft ihr nicht vertreiben.
Hier sind Ritter aus sieben Königreichen;
sieben Könige dienen Euch, so daß Euch niemand bedroht;
Ihr könnt glücklich sein, das will ich Euch nicht verhehlen.«

Daß die Vasallen einen Anspruch auf Belohnung hatten, zeigt eindeutig der *Charroi de Nîmes* (DLF 254–255): Als Wilhelm einmal auf der Jagd ist, verteilt König Ludwig die Benefizien und läßt den Abwesenden leer ausgehen. Wutschnaubend stürzt dieser, als er die Schmach erfährt, in den Palast und tobt:

– Looÿs frere, dit Guillelmes le ber,
Molt t'ai servi non pas de tastoner,
De veves fames, d'enfanz desheriter;
Mes par mes armes t'ai servi comme ber;
Si t'ai forni maint fort estor champel,
Dont je ai morz maint gentil bacheler
Dont le pechié m'en est el cors entré.
Qui que il fussent, si les ot Dieus formé.
Dieu penst des ames, si le me pardonez!
– Sire Guillelmes, dist Looÿs le ber,
Par voz merciz, un petit me soffrez.
Ira yvers, si revenra estez:
Un de cez jorz morra un de mes pers;
Tote la terre vos en vorrai doner,
Et la moillier, se prendre la volez.
(Pauphilet, S. 128)

»Bruder Ludwig,« sagt Wilhelm, der Tapfere,
»ich habe dir lange gedient, nicht nur, indem ich dir schmeichelte,
sondern auch Witwen und Waisen enterbte;
auch mit meinen Waffen habe ich dir wie ein tapferer Ritter gedient;
ich habe manche Feldschlacht für dich geschlagen,

in der ich manch edlen Knappen getötet habe,
und die daraus entstandene Sünde ist tief in mich eingedrungen.
Wer sie auch immer waren, Gott hatte sie geschaffen.
Gott möge sich, mit Verlaub, ihrer Seelen annehmen.«
»Herr Wilhelm,« antwortete Ludwig, der Tapfere,
»mit Verlaub, haltet ein wenig inne;
der Winter vergeht und der Sommer kehrt zurück:
irgendwann stirbt dann einer meiner Pairs;
sein ganzes Land will ich Euch dann geben,
und die Ehefrau dazu, wenn Ihr sie haben wollt«.
(Eigene Übers., weil Heintze/Hesse einem anderen Text folgen, vgl. S. 290–291)

Diese Zeilen vermitteln einen guten Einblick in die damalige Feudalgesellschaft. Sie ähnelt eher einer ›Mafiabande‹ als einem gesitteten, auf Recht gegründeten Gemeinwesen. Wilhelm hat sich die Hände schmutzig gemacht, Witwen und Waisen von ihren Lehen vertrieben, Ritter in der Schlacht umgebracht, und das drückt ihm zwar nicht sehr aufs Gewissen, aber er weiß, daß das alles nicht rechtens war. Doch der Liebe Gott wird sich, so hofft er, der armen Seelen schon annehmen. Und Ludwig will ihn nun irgendwann mit einem immer mal wieder eintretenden Lehnsfall abspeisen, was illegal ist, da auch die Lehen erblich sind: Wilhelm soll einfach die Frau des Verstorbenen ›übernehmen‹, damit alles den Anschein von Rechtlichkeit erhält.[15] Es ist klar, daß Wilhelm dies ablehnt, denn er will sofort ein einträgliches Lehen haben. So läßt er sich als Ersatz die Stadt Nîmes, die allerdings noch fest in Sarazenenhand ist und erst erobert werden muß, abtreten. Er wird die Stadt übrigens einnehmen, indem er seine Leute in Salzfässern versteckt, die er als Kaufmann in die Stadt bringt. Dies ist, wie man unschwer erkennt, eine Variante der Sage vom trojanischen Pferd (Bräuer, S. 71).

Umfassende Untersuchungen von Epenzyklen haben ergeben, daß die außerliterarische Realität stärker in die *chansons de geste* hineinwirkt als in andere Gattungen. Sie können deshalb als in hohem Maße historisch orientiert bezeichnet werden, auch wenn sie gelegentlich idealistisch-utopischen Charakter haben.[16] Ihre schriftliche Fixierung beginnt, so weit sie überliefert ist, um 1225 (s. Kap. VIII), ihre Anfänge reichen jedoch viel weiter zurück; ihre Verbreitung erfolgte lange Zeit mündlich. Dieser Befund ist ambivalent: Einerseits spiegeln die Epen einen Prozeß, vermitteln sozusagen das Endergebnis einer bestimmten feudalen Konzeption, da mehrere Generationen ihre jeweiligen Zielvorstellungen in sie hineingelegt haben; andererseits sind die einzelnen Etappen dieses Prozesses nur schwierig zu rekonstruieren. Die sprachliche Ausgestaltung der Epen zielt auf einen wirkungsvollen, dem Publikum genehmen Vortrag durch berufsmäßige Spielleute (*jongleurs*), die damit ihren Lebensunterhalt verdienen und gezwungen sind, sich den ästhetischen wie ideologischen Wünschen des Publikums anzupassen. Zu diesem Publikum zählen alle diejenigen, die an den Inhalten ein Interesse haben und sich damit identifizieren können: Diese Inhalte sind die religiöse Erhöhung des Christentums, die kreuzzugsbedingte Stärkung des ritterlichen Ethos sowie die Darstellung einer idealen staatlichen Hierarchie. Ihr liegt der Verbund von König und Gefolgschaft zugrunde. Die häufige Verwendung von *nos* und *nostre* artikuliert ein erstes französisches Nationalgefühl.

In den 150 Jahren, in denen die meisten Epen entstanden, haben wir es mit vier kapetingischen Königen zu tun: Philippe Ier (1052–1060–1108), Louis VI. ›le Gros‹ (1081–1100–1137), Louis VII ›le Jeune‹ (1120–1137–1180) und Philippe II ›Auguste‹ (1165–1180–1223). Philippe Ier war, wie viele Frühkapetinger, noch ein ausgesprochen schwacher König, und ähnliches gilt für seine beiden Nachfolger, die jedoch im Rahmen ihrer Möglichkeiten Zentralisierungspolitik betrieben und dabei kleine Fortschritte erzielten. Philippe II Auguste gelang der Durchbruch durch eine antifeudale Allianz mit der Funktionärsschicht und dem Bürgertum. Nach der Schlacht von Bouvines (1214), die zur Niederlage Englands führte, die Normandie, Anjou und Touraine an die Krone brachte, waren die Großvasallen endgültig entmachtet, da der Sieg die Position von König Philippe II, der sich jetzt nach antikem Vorbild ›Auguste‹ nannte, stärkte. Da das *Rolandslied* in der Oxforder Version vermutlich in der Regierungszeit von Philippe Ier entstand, kann man das Karlsbild erklären: Im Gegensatz zum schwachen kapetingischen König erscheint Karl sowohl äußerlich wie moralisch als idealer, mächtiger Weltkaiser, der, von Nationalgefühl und christlichem Sendungsbewußtsein durchdrungen, in der Lage ist, alle seine Vorstellungen durchzusetzen. Er ist ein Wunschbild, eine Zielprojektion aus proköniglicher Sicht. Gleichwohl dringen profeudale Positionen vereinzelt durch, so daß das glatte Bild feine Risse bekommt, die sich in der Folgezeit vertiefen werden (Wunderli, S. 80–81).

Im *Rolandslied* verfolgen Kaiser und Ritter noch ein gemeinsames Kampfkonzept, wie Roland (Laisse 88/89) deutlich ausspricht:

> Pur sun seignur deit hom susfrir granz mals
> E endurer et forz freiz et granz chalz,
> Si'n deit hom perdre del sanc et de la char.
> (vv. 1117–1119)

> Für seinen Lehnsherrn muß man große Leiden auf sich nehmen
> und starke Kälte und große Hitze ertragen.
> Blut und Fleisch soll man um ihn verlieren.
> (Klein, S. 68–69)

Roland bekennt sich zur unbedingten Gefolgschaftstreue bis in den Tod, Erzbischof Turpin fügt wenig später noch den christlichen Auftrag hinzu, aber auch die Versprechung, daß, wer im Kampf gegen die Heiden fällt, als Märtyrer ins Paradies aufgenommen wird. Erneut erkennt man, wie sich die Kirche zum Bündnispartner der Monarchie aufschwingt:

> »Seignurs baruns, Carles nus laissat ci;
> Pur nostre rei devum nus ben murir.
> Crestiëntét aidez a sustenir!
> Bataille avrez, vos en estes tuz fiz,

Kar a voz oils veez les Sarrazins.
Clamez voz culpes, si preiez Deu merci!
Asoldrai vos pur vos anmes guarir.
Se voz murez, esterez seinz martirs
Sieges avrez el greignor pareïs.«
(vv. 1127–1135)

»Ihr Herren Ritter! Karl hat uns hier zurückgelassen.
Für unsern König müssen wir wohl sterben.
Helft, das Christentum zu bewahren!
Ihr werdet eine Schlacht bekommen – seid dessen ganz sicher –;
denn vor euren Augen seht ihr die Sarazenen.
Bekennt eure Sünden und bittet Gott um Gnade!
Ich will euch die Absolution erteilen, um eure Seelen zu retten.
Wenn ihr fallt, werdet ihr heilige Märtyrer sein,
und ihr werdet einen Sitz bekommen im großen Paradies.«
(Klein, S. 68–71)

Perceval und das Rittertum

Wichtige Informationen über das damalige Rittertum sind Chrétiens *Perceval (Le Conte du Graal)* zu entnehmen. Der Roman ist leider ein Fragment, aber man kann vermuten, daß in der geplanten Fortsetzung Perceval wieder zur Gralsburg zurückkehrt, um dort Gralskönig zu werden. Diese Lösung ist dadurch vorbereitet, daß er stärker und auch wohl glaubensfester ist als der sieche Fischerkönig, der hinter ihm zurückstehen muß. Der Roman als ritterlicher Entwicklungsroman schildert den Werdegang eines ›tumben Toren‹, eines ›Dummlings‹, bis hin zur Vollendung. Das ist einmalig in der altfranzösischen Literatur, die uns meist mit ausgebildeten Personen konfrontiert, wenn es auch die Tradition der *enfances*, der Darstellungen der Jugendzeit, in den *chansons de geste* gibt (DLF 406–408). Nach der Einleitung, die dem Grafen von Flandern gewidmet ist, beginnt der Dichter seine Geschichte.

Es ist Frühling, das Laub sprießt, die Vögel singen (sog. Frühlingseingang), da weilt der junge Sohn einer Witwe im Walde, wo er fünf Ritter antrifft. Da er noch niemals Ritter gesehen hat, hält er sie zunächst für Teufel und dann für anbetungswürdige Engel. Er fragt sie in kindlichem Staunen nach dem Zweck ihrer Waffen und erhält darüber Auskunft. Er erfährt zum ersten Mal von der Existenz des Artushofes. Als die Ritter ihre Suche nach anderen Rittern, die offenkundig Jungfrauen entführt haben, fortsetzen, kehrt er zur Mutter zurück, um ihr von der Begegnung zu berichten. Sie gerät völlig in Verzweiflung, da sie ihn doch vom Rittertum mit seinen Gefahren fernhalten wollte, erzählt ihm aber von seiner Abstammung. Sein Vater war ebenfalls ein reicher Ritter, der infolge einer Beinverletzung im Krieg verarmt war und sich nach der Thronbesteigung von König Artus auf einen einsamen Meierhof im Wald zurückgezogen hatte. Die beiden älteren Brüder gingen auf Ritterfahrt

und fanden am selben Tag den Tod. Der Vater starb aus Gram. Das kann Perceval nicht beeindrucken, der ebenfalls zu König Artus ziehen will, welcher
Ritterschaft verleiht. Die Mutter sieht ein, daß sie ihn nicht halten kann, gibt
ihm aber ärmliche und bäurische Kleidung, wodurch sie ihn, absichtlich, dem
Gespött aussetzt, hoffend, daß er unverrichteter Dinge schon bald wieder zu
ihr zurückkehrt. Auch rät sie ihm, wie er sich verheirateten Frauen und Edelfräulein gegenüber verhalten solle, und fügt Lehren über gesellschaftliches
und religiöses Betragen hinzu. In seiner Naivität versteht der Knabe sie falsch
und vergewaltigt sozusagen ein Fräulein, das er einsam trifft: Er zwingt ihr
Küsse auf und einen Ring ab, hält dies aber für Ehrerbietung. Schließlich
kommt er zum Schloß von König Artus, zu dem ihm ein roter Ritter zunächst
den Weg verstellt. Seine rote Rüstung erregt das Verlangen des Knaben, und
er bittet Artus, sie ihm zu geben. Der König willigt ein, und der Knabe läßt
sich nicht vom Gespött anderer Ritter, allen voran des Seneschals Keu, abhal-
ten. Er kehrt zum roten Ritter zurück, verlangt dessen Waffen, worauf ihn
dieser heftig mit dem Lanzenschaft ins Kreuz schlägt. Der Knappe läßt sich
dies nicht gefallen und tötet den roten Ritter auf unritterliche Weise. Er
schleudert ihm seinen bäuerlichen Wurfspieß an den Kopf, der dem Ritter ins
Auge dringt und sein Hirn verspritzen läßt, so daß er tot vom Roß fällt. Mit
Hilfe des Knappen Yonet, der Perceval gefolgt ist, legt er die Rüstung an,
wirkt aber immer noch lächerlich, weil er nicht von seiner bäuerlichen Kleidung lassen will, die ihm die Mutter einst mitgab. Er kommt zu einem festen
Schloß, dessen Herr, der Ritter Gornemanz de Goort, ihn freundlich aufnimmt (vv. 1360 ff.).[17]

Gornemanz gibt ihm ritterlichen Unterricht und macht ihn damit wirklich zum Ritter. Genau 333 Verse dauert diese Schulung, die immer noch ein
beschleunigtes Verfahren darstellt. Zunächst einmal fragt Gornemanz den
Knaben nach Woher und Wohin. Seinen Namen kennen wir nicht, denn er hat
noch keinen, muß ihn sich erst noch verdienen (*HWDA* 6,950–967; Frenzel,
Stoffe, S. 592–595). Er selber wird ihn erst später (v. 3575) erraten, und zwar
zu einem Zeitpunkt, als seine Persönlichkeit so weit gefestigt ist, daß er das
Problematische seines Tuns erkennen kann (Schöler–Beinhauer, S. 251).

Gornemanz zweifelt daran, daß Artus Perceval wirklich schon zum Ritter gemacht hat, weil er bei Fragen zunächst ganz naiv das antwortet, was ihm
seine Mutter beigebracht hat, nicht wirklich mit Rüstung, Waffen und Pferd
umgehen kann und bäuerliche Kleidung unter dem Panzer trägt: ein närri-
sches Gewand, Rohlederschuhe, einen schlecht gefertigten Rock aus Hirsch-
leder (vv. 1422f.). Der wirkliche Ritter Gornemanz macht ihm jetzt vor, wie
man zu Pferd sitzt, die Lanze hält, den Schild am Riemen um den Hals hängt,
dem Pferd die Sporen gibt und den Lanzenwimpel entfaltet, den Schild gegen
den Hals des Pferdes lehnt, die Lanze auf die Filzstütze legt usw. Um es ihm
gleichzutun, muß der Knabe Übung, Lust und Erfahrung haben (v. 1467 *painne, cuer, us*):

LORS le fist li prodon monter,	Darauf ließ ihn der treffliche Ritter aufsitzen,
Et il comança a porter	und er schickte sich an, die Lanze
Si a droit la lance et l'escu	und den Schild so kunstgerecht zu führen,
Con s'il eüst toz jorz vescu	als ob er alle Tage in Turnieren
An tornoiemanz et an guerres	und in Kriegen zugebracht hätte
Et alé par totes les terres	und durch alle Länder gezogen wäre
Querant bataille et avanture;	auf der Suche nach Kampf und Abenteuer;
Car il li venoit de nature,	denn es kam ihm von Natur aus,
Et quant nature li aprant	und wenn die Natur ihn unterweist,
Et li cuers del tot i antant,	und das Herz ganz und gar danach trachtet,
Ne li puet estre riens grevainne	kann ihm da nichts schwerfallen,
La ou nature et cuers se painne.	wo die Natur und das Herz sich bemühen.
(vv. 1473–1484)	(Schöler-Beinhauer, S. 145)

Der junge Mann ist ein Naturtalent; obwohl er von allem Ritterlichen bisher sorgsam ferngehalten wurde und eher wie ein Bauer aufwuchs, hat er das Rittersein im Blut. Gornemanz lobt ihn, führt ihm alle Handgriffe dreimal vor, befiehlt ihm, sie dreimal nachzumachen, und sagt beim letzten Mal, daß man nicht mit den Fäusten, sondern mit dem Schwert weiterkämpft, wenn einmal die Lanze splittert. Nach der Lanzen- folgt also die Schwertführung. Gornemanz bietet ihm Quartier an, ein Knappe reicht einen Mantel, damit sich Perceval nicht erkältet. Man wäscht sich und geht zu Tisch. Gornemanz schlägt dem Jungen einen einjährigen Aufenthalt zur Ritterausbildung vor, ist dann aber bereit, ihn auf einen Monat zu verkürzen, doch Perceval will in seinem Ungestüm bereits am nächsten Morgen weiterziehen. Gornemanz resigniert, weckt ihn aber in der Frühe persönlich und schenkt ihm Hemd und Kniehosen aus feinem Tuch, rotgefärbte Beinkleider, dazu einen Rock aus indischem Seidentuch. Nur mühsam ist der junge Mann zu bewegen, die unpassenden Kleider der Mutter, ein letztes Symbol, das ihn an sein früheres Leben erinnert, wegzugeben. Jetzt endlich ist er für den Ritterschlag bereit, der hier in einer besonderen Form erfolgt:

Et li prodon s'est abeissiez,	Und der edle Herr hat sich gebückt
Si li chauça l'esperon destre:	und befestigte ihm den rechten Sporn:
La costume soloit teus estre	der Brauch pflegte so zu sein,
Que cil qui feisoit chevalier	daß derjenige, der jemanden zum Ritter machte,
Li devoit l'esperon chaucier.	ihm den rechten Sporn befestigten mußte.
D'autres vaslez assez i ot;	Genug andere junge Männer gab es dort;
Chascuns qui avenir i pot	jeder, der hingelangen konnte,
A lui armer a la main mise.	hat Hand angelegt, um ihn zu bewaffnen;
Et li prodon l'espee a prise,	und der edle Herr hat das Schwert ergriffen,
Si li çainst et si le beisa	gürtete ihn damit und küßte ihn
Et dit que donee li a	und sagt, daß er ihm mit dem Schwert
La plus haute ordre avuec l'espee	die höchste Ordensweihe verliehen habe,
Que Deus et feite et comandee:	welche Gott geschaffen und geboten hat:
C'est l'ordre de chevalerie,	es ist der Orden des Rittertums,
Qui doit estre sanz vilenie.	welcher ohne Tadel sein muß.
(vv. 1624–1638)	(Schöler-Beinhauer, S. 153–155)

Weiterhin lernt er, daß er einen besiegten Gegner schonen muß, ihn nicht töten darf; daß er nicht zu viel reden, gerne in die Kirche gehen und ein guter
Christ sein soll. Damit ist Perceval entlassen und zieht in die Welt. Er hat alle
notwendigen Regeln für die Lebensführung des weltlichen Rittertums erhalten, wie sie auch in anderen Texten bezeugt sind, vor allem den *Ordene de
Chevalerie*.[18] Dieser Bericht, der vom angeblichen Ritterschlag Saladins
durch seinen ehemaligen Gefangenen Hue de Tabarie handelt, ist schon Beweis einer gewissen Verweltlichung, da jeder Ritter wieder andere Ritter
schlagen, wie ein Bischof andere Priester weihen kann (*LexMA* 7,1749).

Um das Rittertum aufzuwerten, wurde die Zeremonie zunächst in die
Kirche verlegt. Noch am Ende des 11. Jh.s mußte der Novize ein rituelles Bad
nehmen, eine Nacht betend in der Kirche verbringen; dann legte er die Beichte ab, nahm das Abendmahl, lauschte den Ermahnungen des Priesters über die
ritterlichen Pflichten – rein, ehrlich und treu zu sein, die Kirche, die Witwen,
die Waisen, die Verzweifelten und Unterdrückten zu beschützen. Schließlich
erhielt er im Namen der Dreifaltigkeit den Ritterschlag (*la colée*) und wurde
gerüstet, was man *adouber* nennt. Der Kanonist Wilhelm Durandus d.Ä. von
Mende (1237–1296) (*DLF* 617–619) hat im *Pontificale Romanum*, einem
Vorläufer des späteren von Innozenz VIII. verabschiedeten offiziellen kirchlichen Gebetbuchs, den liturgischen Ritus genau beschrieben: Segnung des
Schwerts, Verleihung und Umgürtung. Die Kirche wertete den Vorgang auf,
aber es gab natürlich auch Bestrebungen, den Klerus nicht zu eng daran zu be-
teiligen, um sich nicht in Abhängigkeit zu begeben (Schultz I, S. 184f.). Der
folgende Auszug aus *Gaufrey* (Ed. Guessard/Chabaille, Paris 1859, S. 276),
einer Fortsetzung des *Doon de Mayence*, faßt das Gesagte gut zusammen und
enthält vor allem die einschlägigen altfranzösischen Termini (Kursivierung
vom Vf.):

> Sus .j. paile aufriquant *adoubent* le baron;
> *L'esperon* d'or li *cauche* Garins le bon baron,
> et le senestre li a *cauchié* Doon.
> Puis *vesti* en son dos .j. hauberc fremillon
> Et a *lachie* .j. *elme* où ot d'or .j. bouton.
> À la guise de France *adoube* li baron:
> Berart li *chainst* l'espée au senestre giron.
> *La colée li donne*, chen fu sans traïson.
> Puis dit: »Chevaliers soies, par tel devision,
> Que tous jours portes foi à ton seignor par non.
> Hardi soies as armes et fier comme lion.«
> Et il a respondu: »Dex l'otroit et son non.«

> Auf einer afrikanischen Leinwand kleiden sie den Ritter ein;
> Garins, der edle Ritter, schnallt ihm den goldenen Sporn an,
> und den linken hat ihm Doon angeschnallt.
> Dann hat er ihm ein glänzendes Panzerhemd über den Rücken gezogen
> und einen Helm mit einem goldenen Knopf umgebunden.
> Die Ritter kleiden ihn nach französischer Art ein:

Berart gürtete ihn zur linken Seite mit dem Schwert.
Er gibt ihm den Ritterschlag, und dieses Zeichen war frei von Verrat.
Dann sagt er: »Sei ein Ritter, und zwar derart,
daß du alle Tage dem, der sich dein Herr nennt, Treue entgegenbringst.
Sei kühn im Waffendienst und wild wie ein Löwe.«
Und er hat geantwortet: »Das gebe Gott und sein [heiliger] Name.«

Höhepunkt des Ritterlebens war der Kampf, der Zweikampf. In jeder *chanson de geste*, in jedem Roman finden wir mehrere davon. Die damaligen Leser/Hörer konnten offenkundig nicht genug davon bekommen, ähnlich dem heutigen Publikum, das unermüdlich Sportveranstaltungen, Abenteuer- und Kriminalfilme konsumiert. Die Kämpfe laufen immer stereotyp ab, und den Laissen 280/281 des *Rolandslieds* kann man das ›Verfahren‹ besonders gut entnehmen: Der erste Angriff erfolgt zu Pferd, dann, wenn beide Recken auf den Boden gestürzt sind, geht es zu Fuß weiter:

Dedesuz Ais est la pree mult large,
Des dous baruns justee est la bataille;
Cil sunt produme et de grant vasselage,
Et lur chevals sunt curanz et aates.
Brochent les bien, tutes les resnes lasquent,
Par grant vertut vait ferir l[i] uns l(i) altre;
Tuz lur escuz i fruissent et esquassant,
Lur osbercs rumpent et lur cengles departent,
Les seles turnent, chaeites sunt les alves.
[Tel] cent mil humes i plurent kis esguardent. Aoi.
A tere sunt ambdui li chevaler,
Isnelement se drecent sur lur piez.
Pinabels est forz, (et) isnels et legers;
Li uns requiert l'altre, n'unt mie des destrers,
De cez espees enheldees d'or mer
Fierent e caplent sur ces helmes d'acer.
Granz sunt les colps as helmes detrencher.
Mult se dementent cil Franceis chevaler.
»E Deus!« dist Carles, »le dreit en esclargiez!«
(vv. 3873–3891)

Unterhalb Aachens liegt eine weite Wiese.
Dort wurde der Kampf der beiden Ritter ausgefochten.
Es sind ritterliche Helden von großer Tapferkeit,
und ihre Pferde sind schnell und wendig.
Sie spornen sie gut an und lassen ihnen die Zügel schießen.
Mit großer Gewalt sprengen sie aufeinander los.
Ihre Schilde zerbrechen und splittern auseinander,
ihre Panzerhemden reißen, und ihre Sattelgurte springen,
daß sich die Sättel drehen und zu Boden fallen.
Da weinen wohl hunderttausend Männer, die ihnen zuschauen.
Beide Ritter liegen auf der Erde,
aber schnell springen sie wieder auf die Füße.
Pinabel ist stark, schnell und gewandt.
Einer dringt auf den andern ein, und da sie keine Pferde mehr haben,

schlagen sie mit ihren Schwertern mit den vergoldeten Griffen
einander auf die stählernen Helme.
Gewaltig sind die Hiebe und geeignet, die Helme zu spalten.
Die fränkischen Ritter klagen laut.
»Ach Gott«, sprach Karl, »laß das Recht erscheinen!«
(Klein, S. 214–215)

In den folgenden eindrucksvollen Laissen 284/285 fällt der (anatomische) Hyperrealismus auf, der ein typisches Zeichen früher Darstellungstechnik ist. Die Natur dient, und dies ist ein weiterer typischer Zug, nur als Staffage oder Kulisse. Der Kampf wird eindringlich ›Zug um Zug‹, sehr sparsam, aber sehr effektiv, vorgeführt:

Mult par est proz Pinabel de Sorence,
Si fiert Tierri sur l'elme de Provence:
Salt en li fous que l'erbe en fait esprendre,
Del brant d'acer la mure li presentet,
Desur le frunt li ad faite descendre,
Parmi le vis i fait le colp destendre:
La destre joe en ad tute sanglente,
L'osberg desclot josque parsum le ventre.
Deus le guarit que mort ne l'acraventet. Aoi.
Ço veit Tierris quë el vis est ferut;
Li sancs tuz clers en chiet el préd herbut;
Fiert Pinabel sur l'elme d'acer brun,
Jusqu'al nasel li ad f[r]ait e fendut,
Del chief li ad le cervel espandut,
Brandit sun colp, si l'ad mort abatut.
(vv. 3915–3929)

Pinabel von Sorence ist von sehr großer Tapferkeit.
Er schlägt Dietrich auf den Helm, der aus der Provence stammt,
so daß die Funken daraus hervorsprühen und das Gras Feuer fängt.
Er fährt ihm mit der stählernen Klinge, deren Spitze er ihm zeigt,
über die Stirne durch das Gesicht herab,
so daß die ganze rechte Wange davon blutet.
Bis auf den Bauch reißt er ihm das Panzerhemd auseinander,
Gott aber schützt ihn, so daß er ihn nicht tot niederschlägt.
Dietrich sieht, daß er im Gesicht getroffen ist
und daß das helle Blut auf die grasige Wiese rinnt.
Er schlägt Pinabel auf den Helm von braunem Stahl,
zerschmettert ihn bis zum Nasenschutz
und schlägt ihm das Hirn aus dem Kopf.
Er drückt nochmals nach und wirft ihn tot nieder.
(Klein, S. 216–217)

Die ›aventure‹ – Ein Exkurs

Die Klasse der Ritter ist volkswirtschaftlich, genau wie die Klasse der Kleriker (sieht man einmal von den das Land kultivierenden Zisterziensern ab), unproduktiv. Sie lebt auf dem Rücken der Bauern und, etwas weniger kraß, der Handwerker und der Mitglieder des Beherbergungswesens, die alle die notwendigen Lebensmittel und Kleider produzieren, die Gebäude und Wege errichten und in Stand halten, die Waffen schmieden und reparieren, die benötigten Übernachtungen ausrichten usw., um das ritterliche Leben zu ermöglichen. Von Lohn ist dabei nur selten die Rede. Die Ritter müssen dem eine sinnvolle immaterielle Aufgabe entgegenstellen: Es ist der Kriegsdienst, der Kampf gegen die Heiden, die Unterstützung der Witwen und Waisen, der Schwachen und Kranken, der Kampf für das Recht. Geübt wird dieses Verhalten bei Turnieren, Jagden und anderen Spielen. Während der Krieg und der Kreuzzug kollektive Einsätze sind, ist jeder einzelne Ritter permanent zu ritterlichem Tun verpflichtet. Dies ist nicht Selbstzweck, sondern Christenpflicht, muß sich aber zugleich am Verhalten der anderen messen. Deshalb ist der Ritter in eine höfische Gemeinschaft eingebunden, die ihn stimuliert oder korrigiert und seine Berichte entgegennimmt. Sie ist das eigentliche Publikum seines Tuns, nicht diejenigen, denen er hilft. Das Leben des Ritters vollzieht sich deshalb in ständiger Bewegung. Er kann nicht immer am Hof bleiben, sondern muß in die Welt hinaus gehen, weil er nur dort in nicht-spielerischer Weise sein Rittertum unter Beweis stellen kann. Der Auszug aus der höfischen Welt und die Rückkehr ist im Terminus der *aventure* beschlossen, der ritterlichen Bewährungsprobe.[19] Calogrenant definiert im *Yvain*, was wir unter der *aventure* zu verstehen haben:

»Je sui, ce voiz, uns chevaliers,
Qui quier ce, que trover ne puis;
Assez ai quis et rien ne truis.«
»Et que voldroies tu trover?«
»Aventures por esprover
Ma proesce et mon hardement.
(vv. 358–363)

»Ich bin, wie du siehst, ein Ritter,
der sucht, was er nicht finden kann;
lange habe ich schon gesucht und finde nichts.«
»Was möchtest du denn finden?«
»Abenteuer, um
meine Rittertugend und meine Kühnheit zu erproben.
(Nolting-Hauff, S. 33)

Chrétien hat den Terminus (lat. *advenire* = widerfahren, begegnen) erstmals in diesem ideologischen Sinne verwandt und zum Kernbegriff seiner Dichtung gemacht. Der Ritter auf Abenteuer wird zum Inbegriff der *vita activa*, jedes Vergessen dieser Pflicht, jede *recréantise* (*lâcheté, faiblesse*), fordert neue Bewährung. Erst das Abenteuer gibt dem ritterlichen Leben demnach seinen Sinn; es impliziert Passivität und Aktivität. Der Ritter kann es zwar suchen – der Begriff der Suche (*quête*) ist ein wichtiger Komplementärbegriff (Köhler, *Ideal*, S. 66f.; *SWB* 665–666) –, aber was ihm widerfährt, dem kann er auch nicht ausweichen. Die *aventure* ist eine Schicksalsmacht. Im besten Fall hat sie einen höheren Sinn, eine geistliche *senefiance*, wenn der Ritter z.B. den Gral sucht, aber nie ist ein Abenteuer (nur) banale Bestätigung körperlicher Fähigkeiten und geistiger Wendigkeit. Die Abenteuer sind auf jeden Ritter zugeschnitten, sind Bilder seiner selbst, in ihnen begegnet er sich selbst. Chrétien als der Herold der *aventure* zeigt immer das prekäre Gleichgewicht von aktiver Schicksalssuche und passivem Geführtwerden. So kann der Autor des *Guillaume de Palerne* (Ed. Michelant, Paris 1876; *DLF* 637–638), der allerdings den Anteil der launischen Fortuna an der *aventure* bereits höher bewertet als den Gottes und damit einem moderneren Schicksalsbegriff vorarbeitet, definieren:

Par aventure vit li hom;	Durch das Abenteuer lebt der Mensch;
Par aventure a sa destine,	durch das Abenteuer erlebt er sein Schicksal,
Par aventure muert et fine.	durch das Abenteuer stirbt er und kommt er um.
Par aventure uns hom estort	Durch das Abenteuer entkommt ein Mann da,
De la ou mil reçoivent mort;	wo tausend den Tod empfangen;
Aventure refait perir	das Abenteuer läßt andererseits einen Menschen
Un home ou mil en fait garir.	umkommen oder tausend genesen.
(vv. 1532–1538)	

Die Burgen

Unser Bild vom Rittertum wäre ohne ein Wort über die Burgen unvollständig (Holmes, S. 128f.), die die mittelalterliche Landschaft prägten und frühe Zeugen von Kunst und Architektur sind, die es durchaus mit den Kirchen aufnehmen können.[20] Im 10. Jh. bestand die Burg noch aus einem hölzernen Turm, um den herum ein Graben lief, sowie aus einem befestigten Bauernhaus, in dem die Familie des Herrn ein eher gutsherrliches Leben führte. Schon ein Jahrhundert später verwendete man statt Holz Stein und wohnte im befestigten Bergfried oder Hauptturm (*donjon*) der Burg. Im 12. Jh. diente der Bergfried nur noch zur Verteidigung, und innerhalb der Palisaden und Wälle entstand ein zweites Gebäude (*palais*; dt. Palas), das dem Herrn und seiner Familie als Wohnung diente. Eine Vorburg trat hinzu, die den Bediensteten und den *retrahants*, d.h. denjenigen, die sich zu Zeiten der Gefahr in die Burg flüchteten, Schutz gewährte. Im Saal des Palas stand die Wiege der höfischen Manieren und der Feinheiten des Ehrbegriffs. Dies beschreibt der *Dolopathos*,[21] eine Variante des bekannten *Roman des Sept Sages* (*DLF* 1317–1320; Bräuer, S. 281–282). Das hier beschriebene Schloß ist hoch gelegen und dadurch uneinnehmbar. Zudem hat es nur einen einzigen, gut zu bewachenden Eingang, und auf die Befestigungsanlagen ist höchster Wert gelegt. Mit dem Aufkommen der Artillerie mußten im 14. Jh. die Burgen übrigens immer niedriger gebaut werden, um die Schußbahn freizuhalten, was dann ganz zu ihrem Ende führte:

> Li chastiaux sist an une roche;
> Li aighe jusc'à mur s'aproche;
> La roche fut dure et naïve,
> Haute et large jusc'à la rive
> Et sist sor une grant montaigne,
> Qui samble qu'as nues se teigne.
> El' chastel n'avoit c'une entrée;
> Trop riche porte i ot fermée,
> Qui sist sor la roche entaillie;
> De cele part fut la chaucie,
> Li fossez et li rolléiz,
> Et si fut li pons levéiz.
> Si estoit assiz li chastiax
> Que parrière ne mangoniax
> Ne li grevast de nulle part;
> Par nul anging, ne par nul art
> Nel' poïst on adamaigier
> Tant k'il éussent à maingier.
> Cil ki del chastel fussent garde
> N'eussent de tot le monde garde.
> Moult fu estroite li antreie
> Qu'ansi fut faite et compasseie
> Par devant la haute montaigne;
> I covient c'uns solx hom i veigne;
> J'ai dui n'i vauroient ansamble.
> D'autre part devers l'aigue samble,
> Por ceu k'il siet en si haut mont,
> Qu'il doïe cheoir en .i. mont;
> De tant com om trait d'un quarrel
> N'aprochoit nuns hons lo chastel.
> Il i ot portes colleisces,
> Bailles fossez et murs et lices.

> Die Burg lag auf einem Felsen;
> der Wassergraben reicht bis an die Mauer;
> der Felsen war hart und unbehauen,
> hoch und breit bis zum Grabenufer
> und lag auf einem großen Gebirge,
> das sich bis zu den Wolken zu erstrecken schien.
> Die Burg hatte nur einen Eingang;
> es gab nur ein sehr starkes befestigtes Tor,
> das auf dem behauenen Felsen ruhte;
> auf der Seite waren der Zugang,
> die Gräben und die Befestigungen
> und ebenfalls die Zugbrücke.
> Die Burg war so gelegen,
> daß Steinschleudern
> sie an keiner Seite beschädigen konnten.
> Durch keinerlei Mittel oder Kunst
> konnte man sie zerstören,

so lange ihre Bewohner zu essen hatten.
Die Burgwächter
brauchten nicht die ganze Umgebung zu bewachen.
Der Eingang war sehr eng,
denn dergestalt war
vorne das hohe Gebirge beschaffen;
nur ein einziger Mann konnte hindurchgehen;
zwei konnten nicht gemeinsam hindurchkommen.
An der anderen Seite sammelte sich das Wasser,
weil sie auf einem so hohen Berg liegt,
daß es auf eine Stelle herabstürzt;
auf Bolzenschußweite
konnte sich niemand der Burg nähern.
Sie hatte Schiebetüren,
Wälle, Gräben, Mauern und Zäune.

Bei der Lektüre von Chrétiens *Erec* wird sich der Leser vielleicht verwundert fragen, woher Énide stammt. Im altfranzösischen Text heißt der Ort nämlich *chastel* (v. 345); das ist aber noch keine Stadt, sondern eine große Burganlage, die bereits stadtähnlichen Charakter hat, denn es gibt dort Straßen, Plätze und individuelle Wohnungen. Aus solchen Burgen konnten sich ebenfalls ganze Städte entwickeln, allerdings durfte der Herr nicht zu sehr auf seinen Privilegien beharren:

Erec va suiant tote voie	Erec folgte auf seinem ganzen Weg dem Ritter
[...]	[...]
tant qu'il vindrent a un chastel	bis sie zu einer befestigten Stadt gelangten,
molt bien seant et fort et bel;	die sehr glücklich gelegen, stark und schön war;
par mi la porte antrent tot droit.	beide ritten geradewegs durch das Tor hinein.
El chastel molt grant joie avoit	Freudiges Treiben herrschte an diesem Ort
de chevaliers et de puceles	von Rittern und Jungfrauen,
[...]	[...].
Li un peissoient par les rües	Die einen fütterten Sperber auf den Straßen
espreviers [...]	[...],
li autre joent d'autre part	wieder andere spielten
ou a la mine ou a hasart [...]	anderswo Würfelspiele [...].
Erec va suiant tot le pas	Erec folgte dem Ritter auf dem Fuß
par le chastel le chevalier,	durch den Ort,
tant que il le vit herbergier;	bis er sah, wo er Quartier nahm;
formant an fu joianz et liez,	er war sehr froh und zufrieden,
quant il vit qu'il fu herbergiez.	als er ihn dort einkehren sah.
Un petit est avant passez,	Er selbst zog noch ein bißchen weiter,
et vit gesir sor uns degrez	bis er einen schon bejahrten Edelmann
un vavasor auques de jorz,	auf der Treppe vor seinem Haus liegend erblickte;
mes molt estoit povre sa corz; [...]	sein Haushalt wirkte freilich sehr ärmlich [...].
(w. 342–376)	(Gier, S. 24–25)

Von derart realistischen Beschreibungen unterscheiden sich zahlreiche Zauberschlösser, deren Baulichkeiten und Ausstattungen pure Phantasie sind, z.B. Burg Brandigant (*Erec et Enide*, Ed. Gier, S. 301f.), in der 7000 Menschen hausen sollen.

Ritterliche Eß- und Wohnkultur

Auch die Eß- und Wohnkultur verfeinerte sich im Lauf der Zeit, obwohl es, gemessen an heutigen Standards, in den Burgen unbequem, kalt, dunkel, zugig und unhygienisch war. Wir erfahren z.B. von dem Franziskaner Fra Salimbene da Parma (1221 – n. 1288) in seiner *Chronica*, was der hl. Ludwig an einem Fasttag [sic!] des Jahres 1248 zu sich nahm: »Erst gab es Krebse, Brot und Wein, dann in Milch gekochte Bohnen, Fisch, Krabben, Aalpastete, darauf folgten Reis in Mandelmilch und Zimt, gefüllte Aale in Sauce, Torte und weißer Käse in Sahne, und schließlich Früchte« (Evans, S. 29). Das sind alles Fastenspeisen, denn Fische hatte man dialektisch zu Nicht-Fleisch erklärt, damit die Klöster als Besitzer der meisten Teiche entsprechend verkaufen konnten. Die hier beschriebenen Speisen könnte man sich auch noch heute als Festmahl vorstellen! Sonst aß man mehrere Braten und Würste, Schinken, Geflügel, Tauben, Pasteten; besonders beliebt waren eigenartigerweise gebratene Pfauen und Schwäne.

Im *Fabliau du prestre et du chevalier* (Montaiglon/Raynaud II,55, Nr. XXXI) lernen wir ein anderes Menü kennen: Jeder Gast bekommt eine Kerze, um nicht im Dunkeln speisen zu müssen; zuerst gibt es Brot und Wein, dann Schweinefleisch und Kaninchen, darauf junge Vögel, später Kuchen. Es wird ein Kapaun aufgetragen, und dann folgen Fische in Pfeffer, Pasteten, Früchte, Nüsse, Zimt, Ingwer, Ricolisse (*réglisse* = Lakritz), gute Kräuter und Spezereien. Diese Gewürze waren sehr kostbar; sie dienten übrigens häufig dazu, den strengen Geschmack des Fleisches, das wegen fehlender Kühlung sehr ›faisandiert‹ war und streng roch und schmeckte, zu überdecken. Einen entsprechenden Beleg finden wir im *Perceval* (Schöler-Beinhauer, S. 235). Als der Gral an Perceval vorbeigetragen wird, und er nicht nach seinem Sinn fragt, folgt darauf ein kostbares Mahl. Es wird auf einer Elfenbeinplatte serviert, die auf zwei Böcken aus Ebenholz ruht und mit einem kostbaren Tischtuch bedeckt ist. »Li premiers més fu d'une hanche/ De cerf de greisse au poivre chaut – Das erste Gericht bestand aus einer Hirschkeule mit heißer Pfefferbrühe« (v. 3280). Es war übrigens schon selbstverständlich, daß man sich vor dem Essen die Hände wusch.

Wenn in der altfranzösischen Literatur von Speisen die Rede ist, handelt es sich allerdings meist um Festmähler wohlhabender Leute. Was hier verzehrt wird, ist nicht das Übliche, denn die Mehrheit der Bevölkerung ernährte sich bis zur großen Pest von 1348 eintönig von Getreide, das zu Brot, Fladen, Suppe oder Brei verarbeitet wurde. Die angebauten Sorten (Korn, Hafer, Roggen, Dinkel, Weizen) waren weniger ergiebig als heute; auch enthielten sie oft Mutterkornpilze, die ins Brot gelangten und zu schweren Vergiftungen (Ergotismus, Antoniusfeuer) führten (*SWB* 220 u. 298). Ab der 2. Hälfte des 14. Jh.s wurde die Viehzucht (besonders Schweine) intensiviert, deren Fett zum Braten und Kochen des Gemüses und als Zukost verwendet wurde. Während die ärmeren Schichten der Bevölkerung von Pflanzenkost lebten, wenn sie nicht überhaupt Hunger litten, waren Fisch und Fleisch das Privileg der Oberschicht. Selbst Enides verarmter Vater serviert Erec zum Abendessen Fisch, Fleisch und Geflügel, das ein Diener in der Küche zubereitet, und zwar in Wasser gekocht oder gebraten (*Erec et Enide*):

Li vavasors sergent n'avoit	Der Edelmann verfügte nur über einen einzigen
for un tot seul qui le servoit,	Diener für sich selbst
ne chanberiere ne meschine;	und über kein Kammermädchen und keine Zofe;
cil atornoit an la cuisine	der eine Diener bereitete in der Küche
por le soper char et oisiax.	Fleisch und Geflügel für das Abendessen zu.
De l'atorner fu molt isniax,	Er war darin sehr gewandt
bien sot aparellier et tost	und verstand es wohl, Speisen anzurichten und schnell
char cuire et an eve et an rost.	Fleisch in Wasser zu kochen oder zu braten.
(vv. 485–492)	(Gier, S. 31)

Eine ähnliche Trennung in Arm und Reich kann man bei den Getränken Bier und Wein treffen; Bier konnte jeder zu Hause brauen, Weinbau war an günstige klimatische Bedingungen und kompliziertere technische Voraussetzungen gebunden.

Kochbücher und Ökonomieschriften, in denen sich Hinweise zu Anbau, Diätetik und Gastronomie finden, aber auch die sog. Regimina-Literatur (zu lat. *regimen* = Hausverwaltung bzw. zu franz. *régime* = Diät)[22] entstammen eher dem Spätmittelalter. Der *Viandier de Taillevent* (*DLF* 647–648) oder der *Ménagier de Paris*[23] wurden immer wieder aufgelegt und verbreitet.[24] Im übrigen dürfte es auch erhebliche Unterschiede zwischen Stadt und Land in der Versorgung gegeben haben, denn der *Dit des Crieries de Paris* aus dem 13. Jh. (*Histoire littéraire de la France* XXVII,225–233) zählt die charakteristischen Rufe diverser Lebensmittelhändler auf wie den der Apfelfrau, die besonders schöne Äpfel aus der Auvergne verkauft, des Kastanienverkäufers aus der Lombardei oder des Käsehändlers (»J'ai bon fromage de Champaigne;/ Or i a fromage de Brie!«) (Evans, S. 56). Das Angebot in Paris war besonders gut, weil hier eine wohlhabende Bevölkerung lebte, die die entsprechenden Waren abnahm.

Bei Festbanketten in den Burgsälen traten nach Tisch die Spielleute (*jongleurs*; *trouvères*) auf und trugen ihre Geschichten und Lieder vor, und der Minnedienst (s. Kap. VI) hatte hier seinen Ursprung. Wir sprechen von ›höfischer‹ Liebe, denn sie entstand am ›Burghof‹, womit man die ganze Burg bezeichnet, da sich das Leben so weit wie möglich im Freien abspielte. Die Entwicklung in den Burgen ließ die Frauen nicht unberührt, ja, die Burg wurde sogar ihr Refugium und ihr Revier, zumal die Männer oft im Kampf abwesend waren. Im *Galeran de Bretagne* (Ed. L. Foulet, Paris 1926), dem Roman (12./13. Jh.) eines sonst nicht weiter bekannten Renaut (*DLF* 479–480), wird der Tagesrhhytmus eines Mädchens aus hohem Hause wie folgt beschrieben:

Que je ne face aultre mestier	Ich brauche keine andere Arbeit zu tun,
Le jour fors lire mon saultier	als den Psalter zu lesen,
Et faire œuvre d'or ou de soie,	Gold auf Seide zu sticken,
Oïr de Thebes ou de Troye	der Geschichte von Theben und Troja zu lauschen,
Et en ma herpe lays noter	auf meiner Harfe Melodien zu spielen,
Et aux echez autruy mater	andere schachmatt zu setzen
Ou mon oisel sur mon poign mestre.	und den Falken auf meiner Hand zu füttern.
Souvent ouy dire a mon maistre	Ich habe meinen Herrn oft sagen gehört,
Que tel us vient de gentilesse.	daß ein solches Leben edel sei.
	(Evans, S. 31)

Die höfische Liebe spielt in den Ritter-Epen noch keine Rolle, hat sich also erst im Verlauf des 12. Jh.s herausgebildet. Roland (*Chanson de Roland*) ist zwar mit Aude verlobt, Karl muß verheiratet sein (in Wirklichkeit viermal; er hatte neun legitime und noch einmal sieben Kinder von fünf Konkubinen), aber davon wird in diesem männlichen Kosmos so gut wie nie gesprochen. Frauen sind kein Thema, selbst nicht bei Festlichkeiten und Gelagen.[25] Dieses militante Rittertum scheint sich aber zur Zeit der Kreuzzüge (ab 1095) bereits gelockert zu haben. Geoffrey of Monmouth (*DLF* 499–501) berichtet um 1135 in der *Historia Regum Britanniae* von Turnieren, denen die Hofdamen zuschauen und nur dann den Rittern ihre Liebe gewähren, wenn sie sich zuvor im Kampf bewährt haben. Noch aus der Zeit vor 1101 datieren die Gedichte des ersten Provenzalen, Graf Wilhelms IX. von Aquitanien (*DLF* 592–595), die bereits ein voll ausgeprägtes Minnesystem kennen, aber der Süden ist dem Norden ohnehin kulturell weit voraus. Die Lebensformen haben sich verfeinert, die militärische Askese ist nicht mehr so rigide und auch nicht mehr so nötig, Turniere, Jagden, festliches Spiel haben ihren festen Platz im Alltag. Die Liebeskonzeption wurde offensichtlich im Süden, in der Provence, ›erfunden‹ und wanderte in den Norden, wo sie zwar, sieht man von wenigen Ausnahmen ab, keine bedeutenden Lyriker hervorbrachte, aber im höfischen Roman ihren festen Platz hat. Die später genauer zu behandelnden Entstehungstheorien der Lyrik (volkstümlicher Ursprung in den Mailiedern; klassisch-antike Elegien-Dichtung, Ovid; mittellateinische Dichtung, *Carmina Burana*; lateinische Marienlyrik; Araber- und Katharer-These usw.) lassen sich zwar gut miteinander verbinden, sind aber letztlich unbefriedigend (s. Kap. VI).

Auch die von E. Köhler in rund 25 Jahren entwickelte soziologische Theorie überzeugt nicht völlig, da sie zu stark sozialen Druck, der auf der Klasse der niederen Barone lastet, für ihre ›minnelyrische‹ Artikulation verantwortlich macht und die ästhetischen Aspekte minimalisiert. Vermutlich ist alles viel einfacher, auch sind monokausale Modelle stets fraglich: Je mehr sich die Kultur verfeinert, desto stärker wird das Unterhaltungsbedürfnis, um so mehr wächst die Phantasie, und die Literatur schreitet von den einfachen zu immer komplizierteren Formen und Gehalten voran.

Es verdient festgehalten zu werden, daß die französische Adelskultur der der Nachbarn überlegen war und nach dorthin ausstrahlte. Dazu trugen Handelsverbindungen, Reisen, dynastische Verflechtungen, Hoftage und Fürstenversammlungen usw. nicht wenig bei. Die Franzosen besaßen einen verfeinerten und gepflegten Lebensstil, ein höheres Maß an Bildung und Weltgewandtheit. Bereits in der ersten Hälfte des 12. Jh.s war die Übernahme französischer Gesellschaftsformen in Deutschland voll im Gange: Die Damen trugen Kleider und Mäntel in französischem Schnitt und bemühten sich um den damenhaften Gang nach Art der Französinnen. Die Männer schmückten sich ebenfalls mit Gewändern und Waffenröcken, wie es in Frankreich üblich war. Zum Empfang der Gäste wurden Sitze aufgeschlagen und nach französischer Sitte Kissen daraufgelegt. Bei Festmählern benutzte man weiße Tischtücher im französischen Stil und Pariser Servietten. Französische Gepflogenheit war es zudem, daß die Herrin des Hofes einen Gast auszeichnete, indem sie sich beim Essen zu ihm setzte. Zu den höfischen Unterhaltungsformen gehörte das Fiedeln in französischer Melodie.[26] Dagegen setzte die literarische Rezeption mit den Übertragungen französischer Epen erst einige Jahrzehnte danach (um 1150) ein und erfaßte nach und nach alle wesentlichen literarischen Gattungen.

> Auf keinem anderen Gebiet war der französische Einfluß im 12. Jh. so dominierend
> wie auf dem der volkssprachigen Literatur. Im Lauf von nur wenigen Jahrzehnten
> hat sich damals das Erscheinungsbild der weltlichen Literatur vollständig verändert.
> In der Nachahmung und Aneignung französischer Vorbilder enstand die höfische
> Dichtung in ihren beiden Hauptgattungen, dem Minnelied und dem höfischen Ro
> man. Getragen wurde die literarische Rezeption von derselben Hofgesellschaft, die
> sich in ihrer Sachkultur und in ihren Umgangsformen nach Frankreich orientierte.
> (Bumke, S. 120)

Das Leben in den Klöstern

Das Mönchstum ist eine der größten Kulturleistungen des christlichen Abendlandes. Es blühte insbesondere vom 9. bis zum 13. Jh., kannte zuvor eine Zeit der Vorbereitung und danach eine Zeit der Dekadenz. Auch heute gibt es noch Klöster und Orden, doch führen sie eher eine Existenz am Rand der Gesellschaft. Im MA gingen von den Mönchsorden und ihren Klöstern mannigfaltige Impulse aus,[27] die die Welt gestalteten; bis zu einem Zehntel der Gesamtbevölkerung lebte damals in Klöstern. Die erste und wichtigste mönchische Bewegung im Abendland ist die der Benediktiner. Sie geht in Namen und Wesen unmittelbar auf Benedikt von Nursia (ca. 480–550) und seine Regel zurück (*DLF* 1332), die bis heute mit ihren drei Forderungen ›Gebet, Arbeit, Gehorsam‹, die nur in der Gemeinschaft und nur an einem Ort, dem Kloster – daher das Gebot der *stabilitas loci* – zu erfüllen sind. Benedikts Regel kann als das grundlegende Dokument des westlichen Mönchtums bezeichnet werden. Eine gereimte altfranzösische Version (Ed. *Romania* 25, 1896, S. 321) ist erhalten. Vom Monte Cassino in Italien nahm das benediktinische Mönchtum im 6. Jh. seinen Ausgang und verbreitete sich über ganz Westeuropa. Die ursprünglich als Rückzugspunkte aus der Welt, als Orte rein geistiger Zuflucht gedachten Klöster wurden immer mehr in die Welt integriert und übernahmen gesellschaftliche Aufgaben. Dies führte dazu, daß die benediktinische Regel mehrfach reformiert wurde, was man, anders gewendet, auch als Abspaltungen vom Benediktinertum deuten könnte: das erste Mal durch Benedikt von Aniane, der 779 auf seinen Ländereien in Aniane (Provence) ein Kloster gründete, das rasch zum Mittelpunkt der monastischen Reform wurde. Die von ihm verfaßte strenge Revision der Benediktinerregel wurde 817 von Ludwig dem Frommen zum Gesetz erhoben (*EnzMA* 83). Die zweite Reform ging von Cluny in Südburgund aus (Holmes, S. 193f.): das gleichnamige Kloster, 910 von Wilhelm dem Frommen, Herzog von Aquitanien, gegründet, war Zentrum der sog. cluniazensischen Reform. Sie trug wesentlich zur Orientierung des Mönchswesens auf Rom und den Papst bei, denn Hauptziel der Reform war die Freiheit der Klöster von laikaler und bischöflicher Bevormundung. Die letzte große Reform verbindet sich mit dem 1098 von Robert von Molesme in Cîteaux (Burgund) gegründeten, von Stephen Harding zunächst verwalteten und dann von Bernhard von Clairvaux ausgebauten Kloster, der Keimzelle des Zisterzienserordens. Die Mönche wurden nach ihrer Tracht als graue oder weiße Mönche bzw. als Bernhardiner bezeichnet. 1153 gab es bereits 344 Klöster; in Clairvaux lebten ca. 700 Mönche und Laienbrüder (Konversen), die sich in Kleidung und Habitus unterschieden und statt Chorgebet Handarbeit leisteten. Die Klöster waren vorbildlich in Wassertechnik, Viehzucht, Obstbau und Bergbau (*SWB* 920–921).

Zahlreiche Kriege, vor allem aber die Französische Revolution, weniger der Verfall durch die Witterung, haben den Bestand an Klöstern in Frankreich erheblich dezimiert. Die Abtei Fontenay in Burgund, ein Zisterzienserkloster, die Reste von Cluny, ebenfalls in Burgund, oder Fontevrault (Anjou), vor allem das im Ersten Weltkrieg stark beschädigte Corbie in der Picardie, bezeugen, was ein Kloster allein baulich darstellte. Corbie war immerhin mit 20.000 ha Land dotiert. Es wird wie folgt beschrieben: Innerhalb der Mauern gab es drei Basiliken und vier Oratorien; zu den Klostergebäuden, die 300 bis 400 Mönchen und ungefähr 120 Laienbrüdern Platz boten, gehörten Refektorien, Keller, Küchen, Schlafräume und Kapitelsaal, ein Gästehaus mit besonderen Räumen und eigenen Oratorien für Bischöfe, Grundherren, Mönche, Weltpriester und Bettler; eine Schule war vorhanden, ferner Außengebäude, die in unruhigen Zeiten den Vasallen der Abtei Schutz bieten sollten; es gab zudem Wohnungen und Werkstätten für 40 Handwerker, für Schuhflicker, Schmiede, Küfer, Pergamentmacher, Gießer, Maurer, Zimmerleute, Holzschnitzer, Brauer und Gärtner. Diese volkswirtschaftliche Einrichtung war oder wurde ein fester Teil des Feudalsystems, da die Klöster ihren Besitz mehrten, zum Grundherren und Steuernehmer aufstiegen (Evans, S. 60f.). Dies erklärt nicht zuletzt die Notwendigkeit von Reformen. Ab dem 9. Jh. waren in allen Benediktinerklöstern Skriptorien (*SWB* 747) zu finden, Stuben zum Abschreiben von Büchern. Gewöhnlich schrieben die Mönche nach dem

Diktat eines ihrer Mitbrüder. Diese Skriptorien haben ganz Wesentliches für Erhalt und Verbreitung der klassischen Literatur wie auch zeitgenössischer Werke geleistet. Je mächtiger der Orden wurde, meist vor seiner erneuten Reform, um so unbeliebter wurde er. So heißt es in dem bereits erwähnten *Hervis de Metz* aus der Regierungszeit Philipps II. August:

> Wenn heutzutage ein Mann krank wird und sich zum Sterben legt, dann denkt er weder an seine Söhne noch an seine Neffen und auch nicht an seine Vettern, sondern er ruft nach den schwarzen Mönchen des heiligen Benedikt und vermacht ihnen all sein Land, sein Einkommen, seine Öfen und seine Mühlen. Die Adligen unserer Zeit sind arm geworden, und an ihrer Stelle bereichert sich der Klerus. (Evans, S. 65; ohne Quellenangabe)

Die ebenfalls erwähnte *Bible Guiot* wendet sich gegen die Strenge der neuen Regel nach der cluniazensischen Reform:

Trop tiennent bien leur convenanz	Sie halten sich zu genau an die Gelübde,
Que il prometent la dedenz.	die sie dort ablegen.
Il me promistrent, sans mentir,	Ja, sie würden mir ungelogen
Que quant je voldroie dormir	befehlen zu wachen,
Que il me convenroit veillier,	wenn ich schlafen,
Et quant je voldroie mengier	und zu fasten,
Qu'il me feroient geüner.	wenn ich essen möchte.
(vv. 1663–1669, s. auch Orr, S. 61)	(Evans, S. 68)

Die cluniazensische Reform war übrigens viel folgenreicher als die zisterziensische. Auf dem Höhepunkt hatten sich ihr ca. 1100 Häuser mit 20–30.000 Mönchen angeschlossen. Cluny selber wurde zum Zentrum der Bewegung, was es vorher nicht gab, denn jeder Benediktinerabt verwaltete sein Kloster autonom. Jeder Cluniazenser mußte sein Gelübde in der Mutterabtei ablegen. Das Gebet wurde höher geschätzt als die Handarbeit, die man den Laienbrüdern überließ.

Cîteaux stand im Gegensatz zu Cluny und war anfangs viel strenger: Die Mönche aßen nur einmal am Tag, nachdem sie zwölf Stunden hart gearbeitet hatten. Sie erhielten weder Fleisch, Fisch, Speck noch Eier, nur selten Milch. Der Tag begann mit der Matutin um 2 Uhr morgens, worauf bei Anbruch der Dämmerung die Laudes folgten. Die Zwischenzeit war die einzige Zeit, wo sie tun durften, was sie wollten: lernen, beten, meditieren, lesen. Danach wurde in der Kapelle die Messe zelebriert, was bis 9 Uhr dauerte, worauf bis 2 Uhr nachmittags Feldarbeit folgte. Mit Vesper und Komplet (letzte Hore des Stundengebets) ging der Tag zu Ende:

Omnem horam occupabis	Jede Stunde sollst du
Hymnis, psalmis, et amabis	mit Hymnen und Psalmen füllen,
Tenere silentium.	auch gerne Schweigen einhalten.
Super hoc orationem	Obendrein sollst du Predigt
Diliges et lectionem,	und Lesung gerne haben,
Nutricem claustralium.	die die Amme der Mönche ist.
(Evans, S. 69)	

Die Zisterzienser waren im Gegensatz zu den Benediktinern, aus denen sie doch hervorgegangen waren, unintellektuell. Es war ihnen verboten, Verse zu schreiben; in ihren Kirchen waren Figurendarstellungen verpönt. Dafür waren Bibelexegese und Musik erlaubt und wurden gefördert. Die Zisterziensergründungen erfolgten immer an einsamen Orten, wodurch der Kontakt mit der Welt vermieden wurde. Die Brüder mußten nicht einmal lesen können. Typisch für den Geist von Cîteaux ist das Marienmirakel vom *Tumbeor Nostre Dame* (Henry, *Chrestomathie*, S. 175–178). Dieser ehemalige Gaukler wird Zisterziensermönch, ist aber so unwissend, daß er nicht einmal das Ave Maria beten kann. Immer wieder zermartert er sich das Hirn, wie er der Jungfrau dienen kann, und schließlich beginnt er, für sie zu tanzen, weil das das einzige ist, was er gelernt hat. Ein mißgünstiger Mitbruder beobachtet ihn und berichtet das unglaubliche Vorkommnis dem Abt. Beide verstecken sich in der Krypta und beobachten den tanzenden Mönch. Und beide müssen mit ansehen, wie plötzlich die Jungfrau vom Altar heruntersteigt und mit dem Saum ihres Mantels den Schweiß von der Stirne des Gauklers wischt:

Et la douce roïne france	Und die süße, edle Königin
Tenoit une touaille blance,	hielt einen weißen Schleier (=Tuch)
S'en avente son menestrel	und fächelt damit ihrem tanzenden Sänger
Mout doucement devant l'autel.	ganz sanft Luft vor dem Altar zu.
La france dame de bon aire	Die edle freundliche Herrin
Le col, le cors et le viaire	fächelt ihm den Hals, den Leib und das Gesicht,
Li avente por refroidir:	um ihn abzukühlen.
Bien s'entreme de lui aidier	Die Herrin gibt sich große Mühe, ihm zu helfen
La dame bien s'i abandone.	und strengt sich sehr an.
Li bons hom garde ne s'en done,	Der gute Mann kümmert sich nicht darum,
Car il ne voit si ne set mie	denn weder sieht noch weiß er,
Qu'il ait si bele conpaignie.	daß er eine so schöne Gesellschaft hat.
(vv. 201–212)	

Wenig später stirbt er. Das ist schon fast franziskanischer Geist. Aber nach dem Tod Bernhards ging es mit dem Orden rapide bergab, er verweltlichte und trieb allzu viele Geschäfte. Selbst das Generalkapitel stellte 1191 fest, daß »die Gemeinschaft nicht vom Erwerb abläßt und daß die Gier nach Reichtum zur Geißel geworden ist.«

In satirischer Absicht läßt übrigens Guiot de Provins in seiner *Bible* Kartäuser, Prämonstratenser, Dominikaner, Franziskaner und geistliche Ritterorden Revue passieren. Über die Benediktiner heißt es beispielsweise:

Des noirs moinnes, des noirs abbeis
sui molt travilliez et peneiz:
en mains leus et en maintes cors
m'en tient li siecles forment cort.
Molt [me] deboutent de parolles
qui sont et villaignes et folles;
li uns a l'autre est testemoinnes.
Je ne puez maintenir les moinnes;

desconfis en sui en mains leu;
mais se Deu plait, c'est por mon preu,
qu'el travail et en la pesance
ai ge, certes, grant penitance.
Tuit dïent que nos abaïes
sont per nos abbés abaïes
»Destruites sont per les abbeiz,«
si dïent. Por coi sui gabeiz?
Certes, je ne vodroie estre abbes
de Citeaus, ne de Cleny rabes!
Trop me travaillent et deboutent;
per foi! tant sovent me corroussent
que je ne lor sai raison rendre;
por pou qu'il ne me font derendre!
Des obedianciers rebruent;
de ceaus dïent que tout destruent.
Certes, sovent me font irié:
Signor! queius corpes i ai gié?
(Ed. Orr, S. 42–43, vv. 1043–1068)

Mit den schwarzen Mönchen, den schwarzen Äbten,
bin ich arg geplagt und beschwert:
an manchen Plätzen und Orten
engt mich die Welt wirklich mit ihnen ein.
Mit üblen und närrischen Worten
treiben sie mich zum äußersten;
dafür gibt es mehrere Zeugen.
Ich kann die Mönche nicht ertragen
und bin von ihnen an manchen Orten völlig erledigt.
Aber, so Gott will, ist das zu meinem Nutzen,
denn bei dieser Arbeit und Mühe
tue ich gewißlich große Buße (oder: erdulde Pein).
Alle sagen, daß unsere Abteien
von unseren Äbten »angekläfft« (Wortspiel zu abaïer = begehren; bellen;
    aber es klingt auch abbé mit) werden.
»Die Abteien werden von den Äbten zerstört«, sagen sie.
Warum macht man sich also über mich lustig?
Sicher, ich möchte nicht Abt
von Cîteaux oder Cluny sein!
Meiner treu, sie plagen mich allzu sehr und treiben mich zum äußersten;
so oft ärgern sie mich,
daß ich nicht mehr aus noch ein weiß;
sie bringen mich noch dazu, die Kutte abzustreifen!
Sie lehnen die Pfründenverwalter ab;
sie sagen von ihnen, daß sie alles zerstören.
Sicher, sie erzürnen mich oft!
Herr Gott, welche Schuld habe ich denn daran?

Und so geht es weiter mit den Zisterziensern (*ordre blanche*), Kartäusern, dem Orden von Grandmont, den Hospitaliern (Johannitern), Prämonstratensern, Templern usw., denen ihre Verweltlichung mit aller Deutlichkeit vorgeworfen wird.

Die Bauern und die bäuerliche Welt – ›fabliaux‹ und ›pastourelles‹

Die Bauern wurden im MA verachtet, verlacht, mißhandelt und ausgebeutet. Ausnahmen bestätigen nur die Regel. Ihre Geringschätzung wurde durch die kirchliche Ständelehre gerechtfertigt, die auf die Erbsünde (1. Mos 3,17–19)[28] und Noachs Verfluchung seines ungehorsamen Sohns Ham (1. Mos 9,19–25) rekurrierte.[29] So bleibt der Bauer bis zum Ende des MA.s mit dem Makel sündig-triebhafter Herkunft belastet und wird in der höfischen Literatur zur Inkarnation des Häßlichen, Maßlosen und Närrischen, zum Gegenstand von Spott und Verachtung (*LexMA* 1,1563–1604; *SWB* 77–80). Dies ist nicht zuletzt deshalb ungerecht, weil die Landwirtschaft die Hauptstütze der mittelalterlichen Wirtschaft war (Holmes, S. 131f.).

Bauern hatte es immer gegeben, freie und unfreie. Da die Sklaverei aufgrund kirchlichen Widerstands im 8./9. Jh. abgeschafft wurde, waren im Prinzip alle frei. Aber wirklicher Allodialbesitz, Vollbesitz an der Scholle, wurde immer seltener. Die Bauern gerieten in die Abhängigkeit des Grundherrn. Sie konnten im Normalfall eine Mißernte nicht verkraften, mußten sich verschulden und wurden praktisch zu Leibeigenen (*servitium*). Die Leibeigenen bekamen Land, das sie bewirtschafteten, mußten aber einen Teil des Ertrags im Gegenzug abgeben, Kopfsteuer zahlen, Dienste (Hand- und Spanndienste) leisten und durften sich nicht vom Gut entfernen. Sie waren keine Rechtssubjekte. Die Gerätschaften waren noch behelfsmäßig, z.B. die Pflüge, die noch nicht wenden konnten, so daß man mit Ochsengespannen nur lange Streifen umbrechen konnte. Die Dreifelderwirtschaft (Wechsel von Sommer- und Wintergetreide bzw. Brache) steigerte zwar die Erträge, aber das Leben der Bauern war mühsam und beschwerlich. Der *Conte des Vilains de Verson* (Calvados) beschreibt diese Dienste wie folgt:

> Im Juni müssen die Bauern das Gras schneiden und aufschichten und es auf den Gutshof bringen. Im August sind sie gezwungen, das Getreide des Klosters zu ernten und einzubringen; ihr eigenes Getreide liegt derweil in Regen und Wind, während sie den dem Steuerabschätzer geschuldeten Teil der Ernte unter Dach bringen. Am Geburtstag der Jungfrau schuldet der Hörige eines von acht Schweinen, am Namenstag von Saint Denis die Grundzinsen für sein Land, an Weihnachten wohl gemästetes Geflügel, dann die Getreidesteuer von zwei Maß Gerste und drei Quart Weizen, am Palmsonntag die Schafsteuer, an Ostern muß er pflügen, säen und eggen. Wenn gebaut wird, schleppt der Hörige Steine und geht den Maurern zur Hand, auch muß er für zwei Heller am Tag für das Kloster Holz schlagen. Wenn er sein Land verkauft, so schuldet er dem Herrn den dreizehnten Teil des Erlöses, und wenn er seine Tochter nach außerhalb der Grundherrschaft verheiratet, bezahlt er eine Buße. Er muß sein Korn in der Mühle des Herrn mahlen und sein Brot im Ofen des Herrn backen, wo die Bediensteten mit der festgelegten Bezahlung nicht zufrieden sind, murren und ihm drohen, sein Brot nicht zu backen. (Evans, S. 35–36; ohne Quellenangabe)

In den Fabliaux (z.B. *L'Oustillement au vilain*, Ende 13. Jh. – der Titel bedeutet so viel wie ›Einrichtung, Ausstattung des Bauern‹)[30] – erfahren wir, daß die Bauern zusammen mit dem Vieh in elenden Hütten (*manse* oder *mesnil*) in einem Weiler (*vilette*) wohnen, und daß alle Personen in einem Bett schlafen. Nur gelegentlich gibt es für das Getreide und das Viehfutter eigene Hütten. Die Bauersleute haben kaum Möbel, nur rudimentäres Küchengerät, einen Schrank, einen Tisch, Pflug, Sense, Spaten, Messer, eine Egge, einen kleinen Wagen. In einem großen Kamin brennt ein Feuer aus Torf oder Reisig; an einem Haken (*crémaillère*) hängt ein Kessel, auf dem Boden steht ein Dreifuß zum Kochen. An dieser Ausstattung hat sich auf dem Lande bis zum Beginn dieses Jahrhunderts nichts geändert.

In literarischen Texten, vor allem in den bereits erwähnten *Fabliaux* (*DLF* 439–441; Ed. Gier, S. 303f.) und in der Spruchdichtung (*Proverbes au vilain*),[31] kommen Bauern immer wieder vor: Der Ritter begegnet ihnen bei der Arbeit, aber beide Gruppen bleiben sich so fremd, als kämen sie von einem anderen Stern. Am Anfang des *Perceval* von Chrétien geht der Knabe mit den Rittern zu den Ochsentreibern seiner Mutter, die die Haferfelder eggen:

[...] et vet la ou li herceor	[Der Knabe] geht dorthin, wo die Egger
Herçoient les terres arees,	die gepflügten Ländereien eggten,
Ou les avainnes sont semees.	auf denen der Hafer gesät ist.
Et quant cil virent lor seignor,	Und als sie ihren Herrn erblickten,
Si tremblerent tuit de paor.	zitterten sie alle vor Angst.
(vv. 307 ff.)	(Schöler-Beinhauer, S. 85)

In den Romanen und anderen Werken, die für ein aristokratisches Publikum geschrieben sind, werden die Bauern wie die Sarazenen als häßlich, plump und roh beschrieben. In Laisse 24 der Chantefable *Aucassin und Nicolette* (*DLF* 111–113) begegnet Aucassin, ein junger Mann aus vornehmem Hause, auf der Suche nach seiner Geliebten Nicolette, einer sarazenischen Sklavin, in einem Wald einem jungen Bauern seines Alters:

> Grans estoit et merveillex et lais et hidex. Il avoit une grande hure plus noire q'une carbouclee, et avoit plus de planne paume entre deus ex, et avoit unes grandes joes et un grandisme nés plat et unes grans narines lees et unes grosses levres plus rouges d'une carbounee et uns grans dens gaunes et lais; et estoit cauciés d'uns housiax et d'uns sollers de buef fretés de tille dusque deseure le genol, et estoit afulés d'une cape a deus envers, si estoit apoiiés sor une grande maçue. (S. 114/116)

> Er war groß und auf wunderbare Weise häßlich und schrecklich. Er hatte eine große Mähne schwärzer als Kohle, und sein Augenabstand betrug mehr als eine Spanne (Handbreit), er hatte große Wangen, eine riesige platte Nase, weite Nasenlöcher, breite Lippen röter als eine Karbonade und lange gelbe Zähne. Er war mit einer Strumpfhose angetan und Schuhen aus Rindsleder mit Rindenschnüren bis zum Knie, und er war mit einem Mantel, den man beidseitig tragen konnte, bekleidet und stützte sich auf eine große Keule.

Beide erzählen sich ihr Leid, und auf Aucassins Frage erfahren wir von dem jungen Mann ein typisches ›Bauernschicksal‹:

> J'estoie luiés a un rice vilain, si caçoie se carue, quatre bués i avoit. Or a trois jors qu'il m'avint une grande malaventure, que je perdi li mellor de mes bués, Roget, le mellor de me carue, si le vois querant, si ne mengai ne ne buc trois jors a passés, si n'os aler a le vile, c'on me metroit en prison, que je ne l'ai de quoi saure: de tot l'avoir du monde n'ai je plus vaillant que vos veés sor le cors de mi. Une lasse mere avoie, si n'avoit plus vaillant que une keutisele, si li a on sacie de desou le dos, si gist a pur l'estrain, si m'en poise assés plus que de mi; car avoirs va et vient: si j'ai or perdu, je gaaignerai une autre fois, si sorrai mon buef quant je porrai, ne ja por çou n'en plouerai. Et vos plorastes por un cien de longaigne? Mal dehait ait qui ja mais vos prisera! (S. 116/118)

> Ich hatte mich bei einem reichen Bauern verdingt und führte sein Pfluggespann mit vier Ochsen. Vor drei Tagen widerfuhr mir ein großes Unglück, denn ich verlor Rouget, den besten meiner Ochsen, den besten meines Gespanns. Ich suche ihn überall, habe drei Tage lang nichts gegessen und getrunken und wage nicht, zum Hof zurückzukehren, denn man würde mich einkerkern, weil ich nichts besitze, um ihn (=den Ochsen) zu bezahlen: Ich habe von allem Reichtum der Welt nichts als das, was Ihr auf meinem Leib seht. Ich hatte eine arme Mutter, und sie besaß nur eine Matratze, die man ihr unter dem Rücken weggezogen hat. Sie liegt jetzt auf dem nackten Stroh, und das tut mir mehr leid als mein eigenes Geschick. Denn der Reichtum kommt und geht: Wenn ich jetzt verloren habe, werde ich ein andermal wieder gewinnen, und dann werde ich meinen Ochsen bezahlen, wenn ich kann, und deswegen werde ich nicht weinen. Und Ihr weintet um einen schmutzigen Hund? Verflucht sei, wer Euch noch jemals schätzt!

Ein Kommentar ist eigentlich überflüssig. Der junge Mann muß sich, weil er arm ist, bei einem Großbauern als Gespannführer verdingen. Und wenn er sein Gespann beschädigt oder eines der Zugtiere fehlt, ist er dafür haftbar. In einer Art Sippenhaft wird sogar seine Mutter aus der elenden Hütte gewiesen. Im vorliegenden Fall geht die Geschichte noch einmal gut aus, weil Aucassin, der sehr reich ist, den Schaden ersetzt.

Bezeichnend ist auch die Gattung *Pastourelle* (Schäferlied), in der in Dialogform ein Ritter (mit oder ohne Erfolg) versucht, eine Schäferin zu verführen (*DLF* 966–976, bes. S. 972). Die Handlung ereignet sich meist im Frühling in ländlicher Umgebung. Der Ursprung der ca. 130 französischen und 31 okzitanischen Pastourellen (okz. *pastorela* = Hirtin) ist umstritten; man führt sie auf die Volkspoesie, Maitanzlieder, antike oder mittellateinische Überlieferung zurück. Die wichtigsten Bauelemente der Gattung sind Frühlingseingang und Minnegespräch. Gelegentlich schaltet sich noch ein Schäfer ein, der der Freund, Ehemann oder Geliebte der Schäferin ist und versucht, ihre Ehre zu verteidigen (*SWB* 623–624). Aufschlußreich ist die Tatsache, daß der Ritter sich für die Schäferin ausschließlich als Sexualobjekt interessiert, auf das er Jagd macht, und sein Vorgehen kann im Extremfall in eine Vergewaltigung ausarten. Der Mann oder Freund der Schäferin wird meist als tölpelhafter *vilain* dargestellt, der seinen Ehepflichten gar nicht oder nur ungenügend nachkommt, weshalb dem aristokratischen Verführer alles erlaubt ist.[32] Einen Einschnitt in der Pastourellen-Dichtung markiert das Singspiel *Li Jus de Robin et de Marion* von Adam de la Halle, das vermutlich um 1285 in Neapel am Hof von Karl von Anjou entstand und dort auch erstmals aufgeführt wurde (Schoell, S. 124f.). Die Anfangsszenen folgen noch ganz dem üblichen Muster: Marion weist das Ansinnen eines Ritters, der sich ihr mit einem Jagdfalken auf der Faust nähert, erfolgreich zurück. Sie informiert ihren Freund Robin, einen Schäfer, der einige Vettern, die starke Knüttel in der Faust tragen, zur Verstärkung holt, sollte der Ritter zurückkehren. Dieser taucht auch wirklich wieder auf und entführt Marion, der es jedoch gelingt, sich seiner zu erwehren und sich sogar aus eigener Kraft zu befreien. Die Bauernburschen sind nämlich feige, verstecken sich hinter den Büschen und beobachten aus sicherem Abstand, wie Marion mit dem Ritter alleine fertig wird. Die Ereignisse klingen aus in einem fröhlichen Pfingstspiel mit Tanz und Gesang, das nicht der Derbheit ermangelt. E. Köhler spricht schon von einer Vorform der komischen Oper, des Singspiels und der Operette. Adam de la Halle ist städtischer Bürger und Kleriker, d.h. er hat studiert (*DLF* 9–12), und teilt die Vorurteile des Adels gegen die Bauern. So hatte Andreas Capellanus die Liebe der Bauern mit derjenigen von Pferden und Mauleseln verglichen. Der Dichter will die Aristokratie nicht zu heftig verunglimpfen und ermöglicht dem Ritter einen leidlich ehrenvollen Abgang, der aber nicht über seinen Mißerfolg hinwegtäuschen kann (Köhler, *Mittelalter* II,100–104).

Kriegsgefangene

Im Zusammenhang mit dem ›Dritten Stand‹ soll abschließend noch die Episode der Seidenweberinnen in Chrétiens *Yvain* erwähnt werden, die bis heute nicht ganz geklärt ist. Sie betrifft offenkundig eine andere Gruppe von sozialen Außenseitern, frühe Manufakturarbeiterinnen sozusagen. Der Kontext ist die *pesme aventure*, ein Zweikampf, der im Fall des Sieges eine unbillige *costume*, einen unerträglichen Brauch, beendet. Yvain befreit die Seidenweberinnen im Dienst der *deus fiz de deable*. Sie sind die Söhne eines *netun* (Neptun) und einer Menschenfrau und erhalten vom König der *Isle de Puceles* einen jährlichen Tribut von 30 Jungfrauen, solange diese beiden Unholde nicht überwunden und getötet werden. Die Tributlieferung und ihr Ende durch den siegreichen Zweikampf, den Yvain natürlich besteht, ist aus *Tristan* genommen. Dies soll hier nicht weiter interessieren, sondern die Frage, ob es im MA, wie der berühmte Chrétien-Forscher Wendelin Foerster noch glaubte, bereits Fabriken gab. Henri Pirenne hat darauf hingewiesen, daß die Seidenindustrie zu Chrétiens Zeiten in Frankreich noch nicht bestand. So ist diese Episode als Erfindung eingestuft worden, der allerdings zugrunde liegt, daß Webarbeit in MA und Altertum das Los kriegsgefangener Frauen und Mädchen war. Jedenfalls ist ihr Elend ganz naturalistisch geschildert, und wenn es noch keine

Industriearbeiterinnen sind, die in einem Saal tagaus tagein schuften müssen, dann sind es arme Kriegsgefangene:

Tos jorz serons povres et nues	Wir werden allezeit arm und entblößt sein
Et toz jorz fain et soif avrons;	und allezeit Hunger und Durst leiden;
Ja tant gaeignier ne savrons,	wir werden nie genug verdienen,
Que miauz an aiiens a mangier.	um besser essen zu können.
Del pain avons a grant dangier,	Brot bekommen wir nur sehr kärglich,
Petit au main et au soir mains;	wenig am Morgen und weniger am Abend,
Que ja de l'uevre de noz mains	denn jede von uns erhält für ihrer Hände Arbeit
N'avra chascune por son vivre	nur vier Heller das Pfund zum Leben,
Que quatre deniers de la livre.	und davon können wir nicht
Et de ce ne poons nos pas	genügend Nahrung und Kleidung erwerben;
Assez avoir viande et dras;	schon wer zwanzig Sous die Woche verdient,
Car, qui gaaingne la semainne	ist keineswegs der Not enthoben.
Vint souz, n'est mie fors de painne.	Und Ihr sollt fürwahr wissen,
Et bien sachiez vos a estros,	daß keine unter uns ist,
Que il n'i a celi de nos,	die nicht zwanzig Sous oder mehr verdienen müßte,
Qui ne gaaint vint souz ou plus.	ein Herzog könnte davon reich werden!
De ce seroit riches uns dus!	Und wir leiden große Armut,
Et nos somes an grant poverte,	und der, für den wir arbeiten,
S'est riches de nostre desserte	bereichert sich an unserem Verdienst.
Cil, por cui nos nos traveillons.	Einen großen Teil der Nächte
Dez nuiz grant partie veillons	und den ganzen Tag dazu wachen wir,
Et toz les jourz gaeignier;	um zu verdienen,
Qu'an nos menace a maheignier	denn man droht uns schwer zu mißhandeln,
Des manbres, quant nos reposons,	wenn wir der Ruhe pflegen,
Et por ce reposer n'osons.	und darum wagen wir nicht auszuruhen.
(vv. 5300–5324)	(Nolting-Hauff, S. 263)

Die Frauen müssen ihren Unterhalt selber verdienen und bekommen nur vier Deniers (=4/12 Sou) pro Tag oder pro Woche. Über den damaligen Geldwert wissen wir nur wenig;[33] er ist nur sehr schwer abzuschätzen. Doch gehen die beiden Zahlenangaben im Text nicht genau auf. Wäre der Lohn 4 Deniers pro Tag, dann ergäben sieben Tage nur 28 Deniers, gerade einmal 2 Sous. Dies gilt offenkundig vor dem Hintergrund, daß eine Livre (=20 Sous) pro Woche nur knapp für die Deckung der Bedürfnisse ausreicht. Wie dem auch sei, das reicht nicht, und im Säumnisfall werden die Gefangenen sogar körperlich verstümmelt, müssen daher ununterbrochen an der Arbeit sein.

Der Wald

Frankreich ist damals, wenn wir Jacques Le Goff glauben dürfen, ein riesiges Waldgebiet wie das übrige Mitteleuropa auch, in dem die menschlichen Siedlungen nur stark zerstreut und schlecht miteinander verbunden sind. Dabei finden wir nicht nur Hochwald, sondern vielfach im Norden auch Steppengebiete und überall Niederwald (die gesamte französische Waldfläche beträgt etwa 60%), der an die Stelle von vernachlässigten Rodungen getreten ist. Der Wald ist »der natürliche und physiologische Rahmen der westlichen Christenheit.«[34] Die Haltung des Menschen gegenüber dem Wald ist ambivalent: Einerseits stellt er eine riesige lebensnotwendige Ressource dar, aus der der Mensch schöpft, zum anderen ist er eine finstere und gefährliche Masse, vor der der Mensch Angst hat. Dorthin ziehen sich die ›Outcasts‹ der Gesellschaft zurück (Berol/Mölk, S. 66f.), und ihre Spannbreite reicht vom Einsiedler bis zum Wegelagerer; dort hausen gefährliche wilde Tiere wie Wölfe und Bären, aber auch Fabelwesen wie Werwölfe und Einhörner, und dort geschehen mancherlei Wunderdinge. Der Wald ist obendrein der Ort des Zaubermärchens.

Er wurde als Stoffreservoir genutzt, wie wir uns dies heute nicht mehr vorstellen können: Aus den Bäumen, die z.T. mehrere Jahrhunderte alt waren, wurde das gesamte Baumaterial für den Bau von Häusern, Schiffen, Bergwerken, Maschinen usw. bezogen; aus dem Unterholz gewann man Brennstoff, überall wurde Holz zu Holzkohle gemeilert. Der Beruf des Köhlers, der heute verschwunden ist, hat sich in dem recht häufig anzutreffenden Familiennamen gehalten. Aus harzreichen Ästen machte man Fackeln und Kienspäne zur Beleuchtung, aus der Asche wurde vor der Erfindung von Detergentien der Grundstoff zur Wäschesäuberung gewonnen. Die Schweine und anderen Tiere trieb man in die Niederwälder zur Nahrungssuche; aus Laub schüttete man das Lager der Tiere auf und füllte auch die eigenen Betten. Die Rinde stellte den Basisstoff der Gerberei, aus Ästen wurde allerlei Flechtwerk, für die Wände der Häuser bis hin zu Körben und Reusen, hergestellt. Man kann den Erfindungsreichtum der Menschen nur bewundern, die alles zu verwerten wußten. So nimmt es kein Wunder, daß die Indogermanen die Bäume anbeteten und und zum Wohnsitz von Halbgöttern machten. Vergil sagt nicht von ungefähr in den *Georgica*: »Nobis placent ante omnia silvae – Uns gefallen in erster Linie die Wälder.« Die Weltesche Yggdrasil war bei den Germanen ein immergrüner Baum im Weltmittelpunkt, auf der der Gott Odin ritt; sie verehrten alle alten Bäume, hielten Eiche und Linde für heilig. Auch bei den Kelten standen Bäume im Mittelpunkt des Kultes. Die Buchstaben (=Stäbe aus Buchenholz), ursprünglich magische Zeichen aus Rinde oder Ästen, lieferten die Runen, die raunenden Zeichengeber, aus denen unsere Schrift wurde. Allerdings galt auch den Indogermanen die massierte Ansammlung von Bäumen in Wäldern als bedrohlich. Das griech. Wort ὕλη (Wald) bedeutet so viel wie Chaos, und das lat. Äquivalent *silva* ist stammverwandt mit *silvaticus*, was in den romanischen Sprachen das Adjektiv ›wild‹ (frz. *sauvage*) ergab.

Die Omnipräsenz des Waldes im Alltag erklärt die Haltung der Theolog-Philosophen Albertus Magnus und Thomas von Aquin, die den Wald den menschlichen Bedürfnissen unterordnen und seine Ressourcen für unerschöpflich halten. Die literarischen Zeugnisse sehen weniger den Nutzen des Waldes; für sie ist er ein unheimlich-sakraler Ort, in dem sämtliche profanen Tätigkeiten aufhören. Wilde Tiere und Räuber bedrohen die mühsam der Natur abgerungenen zivilisierten Gegenden; wer sich im Wald verirrt, spielt mit seinem Leben. Der Wald wird zur Waldwüste (*désert*), dem Gegensatz zum Ritterhof und später zur Stadt als der Verkörperung der Zivilisation. Er ist ein Ort, der den Menschen in Versuchung führt, in der christlichen Tradition reinigt und ihm seine Spiritualität verdeutlicht. Literarisch wird er als *locus terribilis* (Ort des Schreckens) im Gegensatz zum *locus amoenus* (Ort der Anmut), der idealisierten harmonischen Landschaft, gestaltet. Das Altfranzösische hat dafür den Begriff der *gaste foreste* (zu lat. *vastare* = verwüsten; gekreuzt mit germ. *wast* in gleicher Bedeutung) oder *gaudine* (dt. Wald). Der Wald ist nicht so sehr realistisch abgeschilderte Natur, sondern Projektion menschlicher Phobien und Wünsche. Chrétiens Löwenritter empfindet den Wald als Gegenpol der Gesellschaft, wo sein Held dem Wahnsinn anheimfällt. Tristan und Iseult sind Liebende, die, von der Gesellschaft verstoßen, dort ihre Zuflucht finden. Perceval wächst als tumber Tor im Wald auf, von wo er auszieht, um die höfische Gesellschaft zu erobern. Im (anonymen) Lai *Guigemar* dringt der gleichnamige Held in den Wald ein, um Abenteuer zu bestehen, wo ihm eine der vielen sprechenden weißen Hirschkühe auf der Jagd begegnet, so daß wir eine Fülle von altfranzösischen Waldszenen benennen können, was sicherlich auch mit dem keltischen und germanischen Erbe zusammenhängt.[35]

Als Beispiel sei der anonyme Lai *Guingamor* (Ed. Richthofen, S. 22–42) angeführt: Er verbindet mehrere alte Erzählmotive, vor allem das ›Potiphar-Motiv‹. Ein bretonischer König hat einen Neffen mit Namen Guingamor, den er zu seinem Nachfolger bestimmt. Als der König eines Tages auf der Jagd ist, macht die Königin dem Neffen Avancen, die dieser ablehnt (Frenzel, *Stoffe*, S. 607–611). Aus Angst, er könnte sie verraten, provoziert sie ihn, die gefährliche *aventure de la forest* zu wagen, hinter der sich die Jagd auf einen unheimlichen weißen Eber verbirgt. Guingamor nimmt die Herausforderung an und erwirkt vom König, daß er auf die Jagd gehen darf, die bereits zehn Rittern das Leben gekostet hat. Dabei wird er von seinen Leuten abgeschnitten, verirrt sich immer tiefer im Wald, bis er an einer Quelle zwei badende Edelfräulein, eine Fee und ihre Zofe, trifft. Er läßt sich überreden, drei Tage mit in ihren Palast zu kommen, wo er natürlich auch die zehn vermißten Ritter findet. Als er am dritten Tage aufbrechen will, sind dreihundert Jahre vergangen (Siebenschläfermotiv). Er glaubt dies nicht und will an den Hof zurückkehren. Die Fee gewährt es ihm, warnt ihn aber, zu essen oder zu trinken. Guingamor kommt zu einem Köhler und Holzfäller, der ihm bestätigt, daß sein Onkel, der König, längst tot, der Hof verödet ist. Enttäuscht kehrt er um. Aber Durst und Hunger überfallen ihn, und er pflückt drei Äpfel von einem wilden Apfelbaum und beißt hinein. Sein Körper verfällt, doch die Fee und ihre Zofe bringen ihn zum Sterben auf das Schloß zurück.

Eine genaue Waldbeschreibung findet man auch in diesem geschickt dramatisierten Text nicht, aber eine Fülle von Ausdrücken (*forest*; *lande*; *brueil* = Gehölz; *fouteloie* = Buchenwald; *gaudine*) wie das gesamte Inventar eines Waldes (Dickicht, Lichtung, Heide, Bach; Köhler mit Meiler, wilder Apfelbaum usw.). Guingamor ist der einzige, der in den Wald geht, von den anderen heißt es (v. 285): »Prés de la forest l'atendront,/ Mès ja dedenz nen enterront – Bei dem Wald sollen sie auf ihn warten,/ aber keinesfalls hineingehen.« Der Wald ist gefährlich, er ist verzaubert, aber er ist auch ein Ort der Prüfung, der Initiation, ein Schwellensymbol, so daß sich im Fall all der altfranzösischen Waldszenen durchaus eine psychoanalytische Deutung anböte. Sie ist von der Literaturwissenschaft aber noch zu leisten.

Das Leben in den Städten

Die politischen, wirtschaftlichen und mentalen Veränderungen, die im 12. Jh. zum Tragen kamen, bewirkten auch ein Anwachsen der Städte: Am wichtigsten sind die ökonomischen Veränderungen im Gefolge der Gottesfriedensbewegung[36] und der Kreuzzüge, die Handel und Verkehr aufblühen lassen. So beginnen allmählich große Handelsstraßen die verschiedenen Länder Westeuropas miteinander zu verbinden. »Au commencement, il y avait la route,« schreibt der Sozialhistoriker Robert Delort (S. 231). Die Städte, die an diesen Handelswegen lagen, wuchsen am schnellsten. Die großen Wege verbanden Oberitalien mit dem Rheinland und mit Nordfrankreich. Da die Wege noch schlecht, die Fortbewegung langsam war (Normalleistung pro Tag 50 km, mit besonderen Kurierpferden auch 90 km), kam den Menschen das Land viel größer vor als uns heute. Von Venedig nach Brügge benötigte man 25 bis 30 Tage, von Bayonne bis Gent einen Monat. Eigenartigerweise waren die Schiffahrtswege auf den Flüssen schneller. Die wichtigsten Entwicklungszentren Frankreichs waren die Oise, die Aisne und die Somme.

Die Stadt erscheint am Ende des 12. Jh.s zum ersten Mal in der Literatur. Guillaume Le Breton ist (in lateinischer Sprache) der Biograph von König Philippe II Auguste: Er verfaßt in Prosa die *Gesta Philippi regis* und in Versen (12 Bücher) die *Philippide*; beide Werke wurden im 13. Jh. ins Altfranzösische übersetzt (*DLF* 626–627). Die *Philippide* enthält Beschreibungen von Gent mit seinen Häusern und Türmchen, seinen Schätzen und seiner großen Bevölkerung, von Ypern mit den berühmten Wollfärbereien, von Arras, das stolz auf seinen Wohlstand ist, von Lille mit seinen Handelsherren und den feinen Tuchen, die es in alle Welt exportiert, von den Weinbergen von Angers, dem Getreide von Tours, dem Fischhandel von Nantes, also den nördlichen Städten, die den ersten Reichtum anhäufen (Evans, S. 41f.). In einigen *chansons de geste* wie *Auberi le Bourguignon* (*DLF* 109–110) finden wir Beschreibungen von Arras, Courtrai und Lille, im *Aiol* (*DLF* 27–28) die von Poitiers und Orléans. Da die Städteschilderungen in diesem Abenteuerroman (es handelt sich eher um einen Roman als eine *chanson de geste*) sehr interessant ist, dazu ein Beispiel. Auf die zahlreichen bunten Räuber- und Kampfgeschichten kann nicht im einzelnen eingegangen werden, aber der Roman bietet alles an

Abenteuern, was das Herz begehrt. Letztlich handelt es sich um die Geschichte einer Familienzusammenführung, denn Aiol heiratet die Sarazenin
Mirabel, hat mit ihr zwei Kinder, Tumas und Manesier, die in alle Winde zerstreut, verfolgt, aber am Ende wiedervereint werden. Ziemlich zu Beginn des
Romans kommt Aiol nach Orléans, wo er zuerst im Münster zum Heiligen
Kreuz seine Andacht verrichtet und, von allen verlacht, durch die Straßen
zieht. In einem Gasthaus zerschlägt er einem Falschspieler die Rippen, auf
dem Markt wird er am folgenden Tag von Bürgern und endlich vom König
selbst verhöhnt; die dicke Fleischersfrau Hersent (vv. 2657–2734) fällt mit
vier anderen Weibern über ihn her, bis er durch Vermittlung eines mitleidigen
Bürgers an einem Seitentor herausgelassen wird und sich retten kann:

> De Blois s'en est tornes, ne se uaut atargier,
> Ioste l'aigue de Loire commenche a ceuaucier,
> Ains le ior ne fina des qu'il uint a Orliens,
> La troua il le roi qui France a a baillier,
> Si fu mout por ses armes gabes et laidengies.
> Des or cheuauche Aiols les Loire sous,
> De Poitiers a Orliens uient en .v. iors,
> Che fu un markedi deuant Pascor,
> Qu'Aiols entra es rues d'Orliens tout sous;
> Mais de che fist il bien que gentiex hon
> Qu'il uint a sainte Crois ourer le ior.
> Par defors le mostier ot .i. peron,
> Vn anel i ot d'or grant et reoint,
> Que fisent saieler li ancissor.
> Son destrier i aresne li frans Aiols,
> Et l'escu et le lanche drecha desous [...]
> Par grant humilite ist del moustier
> Et troua son ceual aparellie,
> Qu'il auoit al peron bien atachie.
> N'auot o lui sergant ne escuier,
> Ains saisi son escu et son espiel,
> Puis a toutes les rues d'Orliens cherkie,
> Mout i troua serians et ceualiers
> Et dames et puceles par ces soliers.
> (vv. 1881–1946)

> Aus Blois ist er fortgeritten und will nicht säumen;
> er beginnt die Loire entlangzureiten,
> und ehe der Tag sich neigte, an dem er nach Orléans kam,
> fand er dort den König, der Frankreich verwaltet.
> Er wurde wegen seiner Waffen heftig verhöhnt und verspottet.
> Jetzt reitet Aiol die Loire hinab
> und kommt in fünf Tagen von Poitiers nach Orléans.
> Am Dienstag vor Ostern
> betrat Aiol ganz unten die Straßen von Orléans.
> Aber er handelte wie ein Edelmann
> und kam zur Kirche vom Hl. Kreuz, um an diesem Tag noch zu beten.
> Vor dem Münster war eine Steintreppe
> mit einem großen goldenen runden Ring,

den die Vorfahren dort befestigen ließen.
Der tapfere Aiol bindet dort sein Schlachtroß an
und legte seinen Schild und seine Lanze darüber [...].
Demütig verließ er das Münster
und fand sein Pferd aufgezäumt,
das er an der Steintreppe festgebunden hatte.
Er hatte keinen Diener noch Knappen bei sich;
so nahm er Schild und Lanze
und hat alle Straßen von Orléans abgesucht;
er traf viele Fußsoldaten und Ritter,
auch Damen und Fräulein auf den Söllern (=Obergeschossen).

Die Stadt definierte sich bis zum 18. Jh. durch ihren Mauerring, der sie vom Umland trennte. Im Innern übten Kaufleute, Priester, Richter und Handwerker ihre Funktionen aus. Wer von auswärts kam, war vom Anblick der Stadt meist tief beeindruckt, insbesondere von Paris. In *Le Roman de Berthe aux grands pieds* von Adenet le Roi erreicht Königin Blancheflor auf der Reise von Ungarn nach Paris in Begleitung des Königs und des üblichen Gefolges endlich die Höhe des Montmartre:[37]

Moult li plot le pays quant l'ot bien avisé,
La dame ert à Montmartre, s'esgarda la valée,
Vit la cité de Paris, qui est longue et lée.
Mainte tour, mainte sale et mainte cheminée,
Vit de Monthleheri la grant tour quarnelée:
La riviere de Saine vit, qui moult estoit lée
Et d'une part et d'autre mainte vigne plantée.
Vit Pontoise et Poissi et Meullent en l'estrée,
Marli, Montmorenci, et Conflans en la prée,
Dantmartin en Goiele [...]
Et mainte autre vile.
(vv. 1960–1970)

Als sie das Land gut betrachtet hatte, gefiel es ihr sehr.
Die Dame war in Montmartre und betrachtete das Tal,
sie sah die Stadt Paris, die lang und breit ist.
Manchen Turm, manchen Saal und manchen Kamin
sah sie und auch den hohen bezinnten Turm von Montlhéry:
sie sah den Seinefluß, der sehr breit war,
und auf beiden Seiten viele angepflanzte Weinstöcke.
Sie sah Pontoise, Poissy und Meulan auf ihrer Reise,
Marly, Montmorency und Conflans inmitten der Wiese,
Dammartin-en-Goële und manch andere Stadt.

Die Anfänge einer autonomen städtischen Verwaltung werden von Bruderschaften geleistet, die sich unter dem Vorwand gemeinsamer Religionsausübung und Vorbereitung hoher kirchlicher Feste zusammenschließen (Himmelfahrts-, Fronleichnams-, Heiliggeistbruderschaften usw.), aber durchaus politische Ziele verfolgen wie den Schutz ihrer besonderen ökonomischen und juristischen Interessen. Daraus haben sich Bürgermeister und Schöffen (*échevins*) oder Geschworene (*jurats*) entwickelt, dazu eine Stadtwehr oder Miliz, ein eigenes Stadtregiment, das Steuern erhob und Recht sprach. Diese Organisation richtete sich weniger gegen den Monarchen, der in den Städten natürliche Bündnispartner gegen den allzu mächtigen Feudaladel sah, als gegen die geistlichen oder weltlichen Grundherren, denen die Städte ihre Rechte abrangen. Es gab zwei Typen von Städten: die alten aus der Römerzeit wie Paris, bzw. solche in der Nähe einer Abtei, eines Bischofssitzes, einer Burg, eines Meßplatzes, und die neuen, die sog. *villes neuves* des 12. Jh.s. Einige Städte wurden von Freien bewohnt, nicht von Leibeigenen, wie Paris; andere besaßen zwar schon Privilegien, unterstanden aber noch der Autorität von Herren. Die Anfänge der Freiheit von Paris liegen im dunkeln, doch bestätigte Ludwig VII. (Mitte des 12. Jh.s) die Privilegien der ›Hanse‹ – das Wort deutschen Ursprungs meint so viel wie Gilde oder Schar –, der Händlerzunft von Paris, der *marchands de l'eau*, die die Güter auf der Seine transportierten. Noch heute ziert ihr Zunftabzeichen, eine Barke auf der Seine mit dem lateinischen Motto »Fluctuat nec mergitur – sie schwimmt auf dem Wasser, aber sie geht nicht unter« das Pariser Stadtwappen. Philippe II Auguste machte die Einwohner von Paris zu *francs bourgeois* (um 1190). Der fulminante Aufstieg der Stadt begann, die Stadtbewohner entwickelten ein kaum zu überbietendes Selbstbewußtsein. Im *Renart le Contrefait* (41.000 Verse aus dem 14. Jh.; Ed. Raynaud/Lemaître) heißt es:

> Mais les francs bourgois seulement
> Ilz se vivent tres noblement.
> De tous estatz c'est le greigneur,
> Qui vivent a plus grant honneur.
> Ilz poeuent leurs corpz deporter,
> Tous vestemens de roy porter
> Et vestemens de grans prelatz
> Pour son plaisir, pour son solas,
> Et vert, et vair, et gris, et pers,
> Tous vestemens clos et ouvers,
> Faulcons, ostours et espreviers,
> Beaulx palefrois et beaulx destriers;
> Robe royée vestir poeult
> Et chicquetée se il voeult.
> Voeulle estre marchant ou bourgois,
> Ce poeult il le faire a son chois,
> S'il lui plait, ou clerc, ou gaigneur,
> S'il voeult, en terre laboureur;
> Au quel qui lui plait poeut entendre,
> Ja n'est qui le doye reprendre.
> (vv. 38.523–38.542)

> Denn nur die freien Bürger
> leben sehr vornehm.
> Von allen Ständen ist ihrer der höchste,
> sie leben in größtem Ansehen.
> Sie können sich ihres Körpers erfreuen,
> alle königliche Kleider tragen

oder Kleider großer Prälaten
zu ihrem Vergnügen und ihrer Erbauung,
und zwar grün, bunt, grau und dunkelblau (vair et gris, auch: Stoff und Pelze),
offene und geschlossene Kleider;
sie besitzen Falken und Sperber,
prächtige Zelter und herrliche Schlachtrosse.
Sie können gestreifte Kleidung tragen
oder geschlitzte, wenn sie wollen.
Sie können Kaufmann oder Bürger sein,
gerade wie es ihnen beliebt.
Wenn ein Bürger will, kann er Kleriker oder Arbeiter werden,
oder wenn er will, das Land pflügen.
Er kann zuhören, wem er will,
und niemand kann ihm Vorwürfe machen.
[Wenn die Vasallen zum Heer gerufen werden,
dürfen die Bürger im Bett bleiben,
und während die ersten auf dem Schlachtfeld sterben,
veranstalten die Bürger ein Essen am Fluß.]

Der Autor dieses Werks ist stolz auf seine Abkunft aus der Stadt Troyes. Er schreibt seinen umfangreichen Roman um 1319–42, wobei er den ›Fuchsstoff‹ nutzt, um eine umfassende Enzyklopädie aller historischen, mythologischen und naturkundlichen Kenntnisse der damaligen Zeit damit zu verbinden. Eine knappe Zusammenfassung zu Beginn des ersten Bandes erschließt den Gegenstand in übersichtlicher Weise. Fast alle Punkte, die bisher aus dem Alltagsleben Frankreichs angesprochen wurden, werden hier berührt.

Rouen ist das typische Modell einer Königsstadt, deren Verfassung aus dem Jahr 1171 stammt. Hundert ihrer Bürger trafen sich alle 14 Tage, um die städtischen Angelegenheiten zu erledigen, und wählten jedes Jahr aus ihrer Mitte zwölf *échevins* (german. *skapin, scabinus*, verwandt mit ›schaffen, anordnen‹) oder Richter und zwölf Ratsherren als Beistand. Auch stellten sie drei Kandidaten für das Amt des Bürgermeisters auf, von denen der König dann einen bestimmte. Die Macht war damit vom Monarchen delegiert, und während der Anwesenheit des Königs oder seiner Abgesandten war die Zuständigkeit der Gemeinde auf juristischem Gebiet automatisch aufgehoben. Diese sog. *établissements de Rouen* wurden von Tours, Poitiers, Angoulême, La Rochelle und sogar Bayonne kopiert. Die *villes neuves* entstanden während der Gottesfriedensbewegung zunächst in der Nähe von Klöstern und Abteien, die den Siedlern Schutz boten, wurden dann aber auch von lokalen Feudalherren gegründet. Diese verliehen den Stadtbürgern Freiheit, ließen sich dies aber mit Steuern bezahlen. Breteuil in der Normandie, 1060 von einem normannischen Herrn gegründet, diente den Städten von Irland und Wales als Modell. Daß die Könige in allen Städten Bündnispartner sahen, wurde bereits erwähnt. Noch auf dem Totenbett sagte Ludwig der Heilige zu seinem Sohn:

Meismement les bones villes et les communes de ton royaume garde en l'estat et en
la franchise où ti devancier les ont gardées; et se il y a aucune chose à amender, si l'a-
mende et adresce, et les tien en faveur et en amour; car par la force et par les riche-
sces des grosses villes, douteront li privé et li estrange de mespenre vers toy, espe-
cialement ti per et ti baron. (Joinville, *Histoire de Saint-Louis*, Ed. Pauphilet, S. 363)

Denke vor allem daran, den guten Städten und Gemeinden deines Reiches denselben
Stand und dieselben Freiheiten zu erhalten, die sie unter deinem Vorgänger genossen; und wenn es irgend etwas zu verbessern gibt, dann tue es und bring es in Ordnung, und bewahre dir ihre Gunst und ihre Liebe. Denn dank der Macht und dem
Reichtum der großen Städte werden deine eigenen Untertanen, vor allem deine Vasallen und deine Adligen, aber auch die Ausländer, es niemals wagen, etwas gegen
dich zu unternehmen. (Evans, S. 50)

Den Königen gelang es, sich zu den natürlichen Beschützern der Städte auf-
zuschwingen, was später dazu führen sollte, daß sie ihre Privilegien kassierten
und sie der Krone zuschlugen. Die Gemeinderegierungen verfielen, die Freiheiten wurden seit Philipp II. August eingeschränkt, es entstand dafür eine königstreue bürgerliche Schicht von *grands bourgeois*. In dieser Oligarchie
brach Zwietracht aus, ein Machtkampf, den das Königtum bereits im 13. Jh.
zu nutzen begann, um das demokratische Stadtregiment durch königliche Be-
amte zu ersetzen. Die Handwerker organisierten sich in Zünften, und ihre Leistung ist es, daß sie die Monopole der Grundherren auf Öfen, Wein- und Öl-
pressen, Mühlen, Spinnereien usw. brachen und ihren Gilden zuwiesen. Die
einzelnen *métiers* organisierten sich zudem in Lehrlinge, Gesellen und Meister. Die französischen Zünfte gliederten sich nicht nach den Erzeugnissen,
sondern den Rohstoffen, die sie verarbeiteten. Die Zünfte regelten bereits die
Arbeitszeiten und übernahmen außerdem karitative Aufgaben. Einer der
Goldschmiede mußte z.B. immer am Sonntag den Laden aufhalten, und der
Erlös floß an die Armen.

Jedes Gewerbe hatte eigene Straßen oder gar Stadtviertel. Am besten
sind wir über Paris unterrichtet: Die Apotheker residierten in der Cité, die Per-
gamentverkäufer, Schreiber, Buchmaler und Buchverkäufer in der Rue Saint-
Jacques und dem Quartier Latin, die Geldwechsler und Goldschmiede auf
dem Grand Pont, die Metzger in der Nähe des Grand Châtelet, die Lombarden (Geldwechsler) in der Nähe der Rue Saint-Martin und die Kurzwaren-
händler in der Umgebung der Rue Saint-Denis. Noch heute erinnern Straßen-
namen wie Rue des Parcheminiers, des Ecrivains, des Enlumineurs, de l'Ecor-
cherie (Abdeckerei), de la Buffleterie (Büffellederwaren), de la Verrerie, de la
Tannerie, des Lavandières-Sainte-Opportune usw. an die alten Berufe. Um
1392/94 schrieb ein betagter Pariser Bürger den *Ménagier de Paris*, ein Werk
für seine junge Frau mit Lehren und Ratschlägen, die ein lebhaftes Bild der damaligen Alltagswelt vermitteln.[38]

Einer der interessantesten Texte zur Stadtgeschichte ist die Chanson de
geste *Hervis de Metz* (Ed. Stengel). Hervis ist der Sohn der Herzogstochter Aelis und des Großkaufmanns (*prevost*) Thieri. Da der Herzog völlig verschul-
det ist, hat er seine Tochter sozusagen an den Kaufmann als Ehefrau ›ver-

kauft‹, der dafür seine Schulden begleicht. Die Geste zeigt nun, wie Hervis ein Ritter wird, der seine bürgerliche Abkunft vergessen machen will. Zweimal schickt ihn der Vater mit seinen drei Onkeln zur Messe nach Provins bzw. Laigni (heute: Lagny-sur-Marne), wo er für hohe Summen Stoff und Pelze (*vair et gris*) kaufen soll. Das erstemal verpraßt Hervis das Geld, wofür ihn der Vater schlägt, das zweite Mal kauft er sich eine Sklavin, in Wirklichkeit die jungfräuliche Tochter des Königs Uistasses von Tyrus mit Namen Bïatris (Beatrix), wofür ihn der Vater aus dem Haus stößt. Sie wird die Mutter von Garin und Begues sein.

Im Text erfahren wir eine Menge über das Alltagsleben in der Kaufmannsstadt Metz. Im folgenden Textstück prallen die unterschiedlichen Auffassungen des Ritters und der Kaufleute aufeinander:

> Si oncle en furent coureciet et mari,
> Il le castïent, mais pour noient l'ont dit:
> »Biax sire niés, pour diu qui ne menti
> Pour coi despens et l'argent et l'or fin
> Que te carga li tiens peres Thieris
> Por accater et du vair et du gris,
> Des dras de Flandres, des joiaux de Paris?
> Batus seras certes au revenir.«
> »Taisiés, vilain!« ce lor a dit Hervis.
> »Peletier estes, si com il m'est avis.
> Ne me connois ne en vair ne en gris,
> Ne en chiers dras, se je nes ai vestis.
> Si m'aït dix li roys de paradis,
> J'accaterai mon bon et mon plaisir.«
> Si oncle l'öent, s'en sont grief et marri;
> Il ne l'oserent ne batre ne ferir;
> Car trop le sevent de corage hardi.
> Il acaterent chou qu'il orent quis,
> Tout droit vers Mes racuellent lor cemin.
> Dedens la foire est demourés Hervis,
> .I. matinet, quant jors fu esclarcis,
> S'est acesmés li damoisiaus de pris,
> Si est montés el destrier arrabi,
> Contremont Marne acoilli son cemin,
> Une riviere dont parfont est li fis.
> Une livee n'ot pas alé Hervis,
> Quant il encontre les escuiers gentis
> Qui amenoient la bele Bïatris
> Comme pour vendre a la foire a Laigni.
> (Ed. Stengel, vv. 1215–1243, S. 50–51)

Seine Onkel waren darüber böse und traurig,
sie weisen ihn zurecht, aber ihre Worte sind umsonst:
»Lieber Neffe, um Gottes willen, der nie log,
warum verschleuderst du das Silber und das feine Gold,
das dir dein Vater Thierry anvertraute,
statt (wtl.: um damit) mehrfarbige und graue Pelze,
flandrische Tuche und Schmuckstücke aus Paris zu kaufen?

Bei deiner Rückkehr wirst du sicherlich verprügelt werden«.
»Schweigt, ihr elenden Wichte!« sagte Hervis zu ihnen.
»Ihr seid Kürschner, wie mir recht deutlich wird.
Ich kenne mich in mehrfarbigen und grauen Pelzen nicht aus
noch in teuren Tuchen, nur wenn ich sie anziehe.
So wahr mir Gott, der Paradieseskönig, helfe,
ich kaufe, was mich gutdünkt und was mir gefällt.«
Seine Onkel hören das, sie sind traurig und betrübt;
sie wagen nicht, ihn zu schlagen oder zu verletzen;
sie kennen nur zu gut seine Kühnheit.
Sie kauften, was sie gesucht haben,
und begeben sich geradewegs auf den Heimweg nach Metz.
Hervis ist auf dem Markt zurückgeblieben,
eines Morgens, als es Tag wurde,
hat sich der edle Jüngling fertiggemacht.
Er hat seinen Araberhengst bestiegen
und ist marneaufwärts geritten,
einen Fluß, dessen Strömung tief ist.
Hervis war noch keine Meile geritten,
als er die heidnischen Knappen trifft,
die die schöne Beatrix mit sich führen,
um sie auf dem Markt von Laigni zu verkaufen.

IV. DIE WISSENSCHAFTEN: MIKRO-KOSMOS UND MAKROKOSMOS

›Milites et clerici‹

Es fällt schwer zu entscheiden, welche der beiden Gruppen Klerus oder Adel im mittelalterlichen Ständesystem wichtiger ist:

> Quant Diex nous ot d'enfer rescous,
> S'ordena trois Ordres de nous.
> La premiere fu, sanz mentir,
> De Provoire por Diex servir
> Es chapeles et es Moustiers;
> Et l'autre fu des Chevaliers
> Por justicier les robeors;
> L'autre fu des laboreors.
> (*Fabliaux et Contes*, Ed. Montaiglon/Raynaud II,399–400)

> Als Gott uns von der Hölle befreit hatte,
> gliederte er uns in drei Stände.
> Der erste war, ungelogen,
> der des Priesters, der Gott dienen sollte
> in Kapellen und Klöstern;
> der zweite war der der Ritter,
> um die Räuber abzuurteilen;
> der andere war der der Bauern.

Der Begriff *clerc* ist äußerst vielschichtig und im Französischen doppeldeutig:[1] Er meint in erster Linie den (geweihten) Geistlichen im Unterschied zum Laien, sei er Ordens- oder Weltgeistlicher. Diese ständische Zuordnung, aus der sich bestimmte Standesvorrechte, vor allem eine eigene Jurisdiktion und Befreiung von Pflichten und Lasten ergeben, ist in dem oben zitierten Text angesprochen. Es kann aber mit *clerc* jeder Gebildete gemeint sein, ob er nun Geistlicher ist oder nicht. Der *clerc* im zweiten bedeutungserweiterten Sinne begegnet uns als Dichter, Trobador oder Jongleur, er ist Sekretär, Lehrer und Erzieher, er trägt durch seine Übersetzungen aus dem Lateinischen zur Hebung des allgemeinen Bildungsniveaus bei. In den lateinischen Quellen kommt noch das Begriffspaar *litteratus/illitteratus* vor; der ›Gebildete‹ kann lesen und schreiben (Latein, meist als *grammatica* bezeichnet), der ›Ungebildete‹, gelegentlich auch als *idiota* bezeichnet, nicht.[2] Der *clerc* als des Lesens und Schreibens Kundiger kann jedem der drei Stände angehören.

Über die Schriftsteller, soweit sie dem dritten Stand angehören, wissen wir leider nur wenig. Im Deutschen zählt man sie unter die Fahrenden,[3] und sie bildeten meist eine rechtlose Gruppe ohne Stand, die man auch als Spielleute (*ioculatores*), Gaukler (*histriones*), Schausteller (*mimi*), Geiger (*gigari*), Sänger (*cantores, discantores, cantatrices*) usw. bezeichnet. Arme Kleriker (*pauperes clerici*), Scholaren (*scolares*), Lotterpfaffen und abgehalfterte Kanoniker gehören ebenfalls dazu (Bumke, S. 596f.; 691–700). Die Begriffe *litteratus/illitteratus* unterscheiden demnach nicht verschiedene Bildungsgrade, sondern verschiedene Bildungsweisen, ja Bildungswelten, die neben- und miteinander bestehen. Wir können sie z.T. mit den Oppositionen Latein/Volkssprache bzw. Schriftlichkeit/Mündlichkeit fassen, wobei Interferenzen wichtig sind (s. Kap. V.). Die eigentlichen Dichter können im allgemeinen lesen, die Vortragenden nicht immer. Neben der lateinischen Schrift- und Buchtradition römisch-antiker und biblisch-patristischer Herkunft steht die volkssprachliche mit ihrer häufig nicht-schriftlichen Überlieferung in Dichtung, Geschichte und Sage, Recht und Brauch. Die lateinkundigen *litterati* sind meist Kleriker und Mönche; wenn Laien *litterati* sind, ist dies eher ungewöhnlich.

Die beiden Stände der *milites* (franz. *chevaliers* = Ritter) und *clerici* (Geistliche) haben übrigens immer wieder um die Vorherrschaft gestritten; die Literatur liefert eine große Zahl von *débats* und *altercations*,[4] zumal sich die Begriffspaare *vita activa et contemplativa*,[5] *fortitudo et sapientia*, Theorie und Praxis, Lea und Rahel bzw. Maria und Martha (*LCI* 4,463–468), *arma et litterae, miles et clericus* usw. damit verbinden und die Opposition sinnfällig machen.[6] Der Investiturstreit (*LexMA* 5,479–483), der zwischen 1075 und 1122 seinen Höhepunkt erreichte, war die augenfälligste politische Umsetzung des Konflikts, da sich hier die weltlich-kaiserliche und die geistlich-päpstliche Gewalt gegenüberstanden. In diesem Streit ging es um eine grundsätzliche geistige wie politische Auseinandersetzung zwischen dem Papsttum und den feudalen Staaten Europas, hauptsächlich dem Heiligen Römischen Reich als der Universalmonarchie, es ging mit anderen Worten um die Vorherrschaft. Den auslösenden Anlaß bildete die Praxis der Investitur (Einsetzung) von Bischöfen und Äbten, die sich die beiden Gewalten streitig machten. Wenn auch der Streit mit einem Kompromiß endete, war die Kirche und, wenn man so will, die gesamte Partei der *clerici*, der wahre Sieger. Die ›Intellektuellen‹, modern gesprochen, hatten den ›Machtmenschen‹ durch die Kraft der Argumente eine empfindliche Niederlage zugefügt und ein Stück Einfluß gewonnen. Dies ist letztlich nicht verwunderlich: Chlodwig hatte mit seiner Bekehrung die zukünftige Debatte vorgezeichnet, und auf Dauer haben sich ›offene‹ Ideologien noch immer gegen die weltliche Gewalt durchgesetzt. Das Christentum stellt als Erlösungsreligion, die an eine (göttlich) geoffenbarte Schrift gebunden ist und als wichtiges Gebot die Nächstenliebe proklamiert, ein Ideenpotential zur Verfügung, das allen anderen intellektuellen Modellen der damaligen Zeit überlegen war. Die Heilige Schrift enthielt zudem Erklärungsmöglichkeiten für sämtliche den Menschen bewegenden Fragen und Probleme theologischer, moralischer, ökonomischer, politischer, naturwissenschaftlicher und historischer Art. Seine Tragfähigkeit bewies das Christentum zudem dadurch, daß es konkurrierende Modelle integrierte, stammten sie nun aus dem Judentum, der griechisch-römischen Antike, dem keltisch-germanischen Raum oder später dem islamisch geprägten Orient.

Um das Christentum aber zu verbreiten und in den Köpfen und Herzen der Menschen zu verankern, wurde ein universales Bildungskonzept entwickelt, das ebenfalls viele Jahrhunderte überdauert hat und das, mit gewissen Modifikationen, noch der preußischen Schulreform des Gymnasialunterrichts im 19. Jh. zugrunde liegt (Neuhumanismus; Humanistisches Gymnasium). Gemeint sind die *septem artes liberales*[7] oder ›Sieben Freien Künste‹, von denen im folgenden zu handeln ist. Sie wurden vielfach auch ›die sieben Säulen der Weisheit‹ genannt. Dieses Bildungskonzept war so brauchbar, weil die Artes nicht nur eine Propädeutik für alle anderen Wissensgebiete zur Verfügung stellten (diese waren damals Theologie, Recht und Medizin), sondern auch die klassisch-antike Kultur integrierten und auf diese Weise zur ›Magd der Theologie‹ herabzwangen.

Auch hier erweist sich das Christentum als der antiken Philosophie überlegen. Einen Nachteil aus heutiger Sicht mag man darin sehen, daß die zuerst von Firmicius Maternus und Johannes Scotus Eriugena so bezeichneten sieben mechanischen Künste (*artes mechanicae*) Handwerk (*lanificium* = Webkunst), Kriegskunst (*armatura*), Seefahrt (*navigatio*), Landbau (*agricultura*), Jagd (*venatio*), Heilkunde (*medicina*) und Hof- bzw. Schaustellerkunst (*theatrica scientia*) aus diesem Kanon ausgeschlossen wurden, was die Entwicklung der modernen Naturwissenschaften lange behinderte. Die deutschen Universitäten spiegelten diese wertende Aufteilung übrigens bis zur Zeit des Zweiten Weltkriegs: Die Naturwissenschaften waren Teil der Philosophischen Fakultäten; Ingenieurwissenschaften und Ökonomie hatten in den Universitäten keinen Platz und waren in Technische Hochschulen und Wirtschaftshochschulen ausgelagert. Obgleich das System der Artes nicht den modernen Forderungen der Originalität entspricht und die *imitatio* (Nachahmung) bewährter Modelle lehrt, fördert es dennoch Innovation und Originalität, wie wir einigen Prologen entnehmen können.[8]

›Septem artes liberales‹ und Laienbildung

Die Grundzüge der Artes gehen auf das griechisch-römische Altertum zurück (Flasch, S. 139ff.). Der Sophist Hippias aus Elis, ein Zeitgenosse des Sokrates, galt den Alten als Urheber des auf die freien Künste gegründeten Erziehungswesens. Griechisch heißt dies ἐγκύκλικος παιδεία, zu deutsch ›die gewöhnliche, alltägliche Bildung‹ (die den ganzen ›Jahreskreis‹ versorgt), dann auch die ›umfassende, abgeschlossene Ausbildung‹. Das System ist von Anfang an ganzheitlich und enzyklopädisch angelegt. Es war eine Niederlage der platonischen Philosophie, die die Dichter als Lügner aus dem Kreis der Bildung ausschließen wollte; beide Zweige, Literatur und Philosophie, werden hier zumindest als gleichberechtigt angesehen. Zeugniswert für das System besitzt Senecas *Epistula moralis* 88, die von den *artes liberales* und den *studia liberalia* handelt, weil sie nicht dem Gelderwerb dienen und damit allein eines freien Mannes würdig sind. Daher rührt die heute noch gültige Vorstellung, daß geistige Leistungen wenn überhaupt, so doch wesentlich bescheidener als manuelle zu entlohnen sind:

> Du wünschst zu erfahren, was ich über die Fachwissenschaften denke. Ich schätze sie nicht besonders hoch. Ich zähle auch eine Beschäftigung, die auf materiellen Gewinn ausgeht, nicht zu den sittlichen Werten. Es sind Fertigkeiten, mit denen man Geld verdient. Sie sind nur nützlich, wenn sie die vorbereitende Schulung des Geistes übernehmen, nicht aber, wenn sie uns von höheren Aufgaben abhalten. Man soll solange bei ihnen stehen bleiben, als man noch nicht imstande ist, sich höheren Aufgaben zu widmen. Beschäftigung dieser Art ist eine Vorschule für uns, noch keine richtige Arbeit. Warum man sie freie Wissenschaften (›artes liberales‹) nennt, ist leicht einzusehen: weil sie eines freien Menschen würdig sind. Es gibt aber nur eine Art der wissenschaftlichen Beschäftigung, die wirklich eines freien Menschen würdig ist und befreiend wirkt: das ist das Studium der Weisheit, eine hohe, tapfere und mutige Wissenschaft. Alle übrigen wissenschaftlichen Studien sind im Vergleich hierzu unbedeutend und kindisch. Oder glaubst du, daß an solchen Einsichten etwas Gutes sein kann, wenn deren Verkünder offensichtlich recht erbärmliche und schlechte Menschen sind? Solches Wissen muß man nicht lernen, sondern in seiner Jugend gelernt haben. (Übers. W. Schumacher, zit. nach Buck, S. 28ff.)

In der Spätantike gab es kaum wichtige Philosophen, und so hörte die Philosophie allmählich auf, eine wissenschaftliche Disziplin wie auch eine Bildungsmacht zu sein. Am Ausgang des Altertums gab es als einzigen Wissensbestand (Curtius, *ELLMA*, S. 46ff.) die *freien Künste*. Sie waren inzwischen auf die (heilige) Siebenzahl festgelegt worden, die sie auch im ganzen MA behalten sollten: Grammatik,[9] Rhetorik, Dialektik bildeten das eher sprachlich bezogene Trivium (Dreiweg); Arithmetik, Geometrie, Musik, Astronomie das mathematische Quadrivium (Vierweg). Ein Merkvers brachte, wobei die Reihenfolge den metrischen Erfordernissen des Hexameters angeglichen und die Namen der Künste gekürzt werden mußten, die einzelnen Disziplinen miteinander in Zusammenhang:

> Gram. loquitur; Dia. vera docet; Rhe. verba ministrat;
> Mus. canit; Ar. numerat; Geo. ponderat; As. colit astra.

> Die Grammatik redet, die Dialektik lehrt die Wahrheit, die Rhetorik handhabt die Worte, die Musik singt, die Arithmetik zählt, die Geometrie wägt und mißt, die Astronomie beschäftigt sich mit den Sternen.

Die maßgebliche Darstellung der freien Künste lieferte der heidnische Afrikaner Martianus Capella, der zwischen 410 und 439 in romanhafter Einkleidung seine Enzyklopädie *De nuptiis Philologiae et Mercurii* (*Die Vermählung der Philologie mit Merkur*) vorlegte.[10] Es ist ein recht kurioses, heute kaum noch lesbares Buch, ein Prosimetrum (Mischung aus Vers und Prosa), dessen Inhaltsangabe wir Curtius entnehmen:

> Das Werk wird durch ein Gedicht an Hymenaeus eröffnet, der als Versöhner der Ele-
> mente und der Geschlechter im Dienste der Natura, aber auch als Ehestifter zwi-
> schen den Göttern angesprochen wird. Von diesen ist Merkur noch unbeweibt. Auf
> Rat der Virtus befragt er Apoll. Er schlägt ihm die hochgelehrte Jungfrau Philologia
> vor, die auf dem Parnaß, aber auch im Sternenhimmel und in den Geheimnissen der
> Unterwelt wohlbewandert ist, also das Ganze des Wissens umfaßt. Virtus, Merkur
> und Apoll steigen durch die Himmelssphären zum Palast des Jupiter empor, geleitet
> durch die Musen. Eine Götterversammlung, in der sich auch allegorische Gestalten
> befinden, billigt Merkurs Wunsch und beschließt, daß Philologia zur Göttin erhoben
> werden soll und so fortan alle verdienten Sterblichen. Philologia wird von ihrer Mut-
> ter Phronesis geschmückt, von den vier Kardinaltugenden und den drei Grazien be-
> grüßt. Sie muß auf Geheiß der Athanasia eine Menge von Büchern erbrechen, um
> der Unsterblichkeit würdig zu werden. Dann steigt sie in einer Sänfte zum Himmel
> auf, die von den Jünglingen Labor und Amor und den Mägden Epimelia (Sorgfalt)
> und Agrypnia (Nachtarbeit der Geistesarbeiter mit Schlafverkürzung) getragen
> wird. Im Himmel tritt ihr Juno als Schützerin der Ehe (Pronuba) entgegen und be-
> lehrt sie über die Einwohner des Olymp, der sich aber von dem hellenischen weitge-
> hend unterscheidet. Allerhand Dämonen und Halbgötter, aber auch die antiken
> Dichter und Philosophen sind dort eingezogen. Als Hochzeitsgeschenk erhält die
> Braut die sieben freien Künste. Jeder von ihnen ist ein Buch des Werkes gewidmet.
> Sie werden, dem Zeitgeschmack entsprechend, personifiziert als Frauen, die nach
> Kleidung, Haartracht, Gerät differenziert sind. So erscheint die Grammatik als
> hochbetagte Greisin, die sich ihrer Abstammung vom ägyptischen König Osiris
> rühmt. Später hat sie lange Zeit in Attika zugebracht, erscheint jetzt aber in römi-
> schem Gewande. In einem elfenbeinernen Kästchen führt sie Messer und Feile mit,
> um die Sprachfehler der Kinder chirurgisch zu behandeln. Die Rhetorik ist eine schö-
> ne Frau von erhabener Größe, trägt ein mit allen Redefiguren geschmücktes Gewand
> und Waffen, mit denen sie ihre Gegner verwundet usw. (*ELLMA*, S. 48/49)

Dieser ›allegorische Roman‹, dessen Verfahren, Belehrung und Wissensver-
breitung in eine Handlung einzubetten, noch im 18. und 19. Jh. angewandt
wurde, wurde maßgebend für die Vermittlung der antiken Bildung an das
MA. Zahlreiche Handschriften, vielfach glossiert, bezeugen die Verbreitung;
um 1000 übersetzte ihn Notker der Deutsche für seine Schüler ins Althoch-
deutsche (Mettke, S. 104f.). Der irische Mönch Johannes Scotus Eriugena
(† ca. 877) und der fränkische Lehrer Remigius von Auxerre (ca. 908) verfaßten die wichtigsten Kommentare dazu. Martianus Capella nennt allerdings
auch die Medizin und die Architektur, die er dann nicht weiter behandelt.
Damit ist die Neunzahl erreicht, die der Zahl der antiken Musen entspricht
(*LCI* 2, 703–713).

Das Thema der Artes war offensichtlich auch in der Volkssprache beliebt, denn unter dem Namen von Jehan le Teinturier (13. Jh.) sind zwei Werke mit dem Titel *Mariage des sept Arts et des sept Vertus* bzw. nur *Mariage
des sept arts* überliefert.[11] Im ersten Text will die Witwe *Grammaire*, die die
Künste anführt, wieder heiraten, und zwar ist *Clergie* der Auserwählte. Ihr
Plan suggeriert auch ihren sechs Töchtern eine Ehe. Das ist bereits der ganze
Witz des Textes, der sich nur darin gefällt, die Artes als Bräute vorzustellen,
die sich einen mehr oder minder passenden Bräutigam suchen. Das geht z.B.
so: *Arimetique* will *Confession*, die Beichte, heiraten. Sie gäben nämlich ein

ideales Paar ab, da *Confession* alle Sünden herunterbetet und *Arimetique* sie dann zählt. Immer wieder berufen sich altfranzösische Autoren auf die Artes, denn gäbe es sie nicht, müßte man die Menschen mit Tieren vergleichen. So heißt es im *Roman de Troie* des Benoît de Sainte-Maure:

> Se cil qui troverent les parz
> E les granz livres del set arz,
> Des philosophes les traitiez,
> Don toz li monz est enseigniez,
> Se fussent teü, veirement
> Vesquist li siegles folement:
> Come bestes eüssons vie;
> Que fust saveirs ne que folie
> Ne seüssons sol esguarder,
> Ne l'un de l'autre desevrer.
> (Mölk, Nr. 26, vv. 7–16, S. 24)

> Wenn diejenigen, die die einzelnen Teile
> und die großen Bücher der Sieben Freien Künste
> sowie die Abhandlungen der Philosophen,
> durch welche die ganze Welt belehrt wird, gefunden haben,
> geschwiegen hätten, wahrlich,
> dann lebte die Welt in einem Wahn (=Unwissenheit);
> wie die Tiere lebten wir;
> was Wissen und was Torheit wäre,
> könnten wir nicht unterscheiden
> noch das eine vom andern trennen.

Wo immer es um Bildung und Unterricht geht, kommt das System der Artes zum Tragen. Ein schönes Beispiel liefert der *Dolopathosroman* von 1225 (*KNLL* 19,505–513, hier S. 510), der berichtet, wie Lucemien, der Sohn des Königs Dolopathos, der zur Zeit Caesars lebt, von seinem Lehrer Vergil instruiert wird:

> Tuit ensemble s'i accordèrent,   Alle kamen darin überein
> Et conseillèrent et loèrent   und beschlossen und lobten den Plan,
> C'un philosophe li quéist   daß er ihm einen Philosophen suchte,
> Qui les VII ars li aprëist.   der ihm die Sieben Artes beibrächte ...

Der berühmte Lehrer Vergil beherrscht alle Wissensgebiete, denn er ist ».I. philosophe, ki tenoit / La renomée de clergie; / Sages fu et de bone vie – ein Philosoph, der ein hohes Ansehen wegen seiner Bildung genoß und ein gutes Leben führte.« Nachdem der Königssohn Lesen und Schreiben gelernt hat, beginnt er mit den Artes, zunächst dem Trivium, dann dem Quadrivium, und zum Abschluß urteilt Vergil über den königlichen Schüler: »Douz amis, enseignié vos ai / Clergie – Lieber Freund, jetzt habe ich Euch Bildung beigebracht«:

> Premier li enseigne Gramaire
> Qui mère est, et prevoste, et maire,
> De toutes les arts liberax, ...

A Dialetique l'a mis. ...
Bons clers est de Dialetique;
Puis li enseigne Rectorique; ...
Quant ces III ars sot fermement,
Les autres sot legierement
Que Quadruve apelent cil mestre
Que par l'un art font l'autre naistre.
Toutes les VII ars sot moult bien.
(Ehlers, S. 38f.)

Zuerst unterrichtete er ihn in Grammatik,
die die Mutter, der Vorsteher und der Meister
aller Freien Künste ist, [...]
Dann hat er ihn in die Dialektik eingewiesen. [...]
Er ist jetzt ein guter Schüler der Dialektik;
danach bringt er ihm Rhetorik bei, [...]
Als er diese drei Künste gut beherrschte,
erlangte er auch ohne Mühe Kenntnis in den anderen Künsten,
die die Lehrer, die aus einer die anderen Künste hervorgehen lassen,
Quadrivium nennen.
Alle sieben Künste kannte er sehr gut.

Besondere Beachtung verdient in diesem Zusammenhang auch der Bereich der *Laienbildung*,[12] da die ursprünglich lateinische Wissenschaft und Literatur in die Volkssprachen übertragen wurde, die sich immer stärker emanzipierten. Benutzt man das triadische Schema *clericus*, *monachus* und *laicus*, erkennt man die Differenzierung des Bildungsangebots, ohne daß man gleich auch von Kleriker- und Mönchs- bzw. Nonnenbildung sprechen müßte. Es gibt zudem keine Exklusivität, denn auch Laien waren in begrenztem Umfang in der Lage, lateinische Texte zu verstehen, und Kleriker und Klosterleute interessierten sich für die Nationalliteraturen. Die Laienbildung und die allgemeine Wissensvermittlung gehen mit einem generell zu beobachtenden Prozeß der Deklerikalisierung einher, der bereits auf spätere reformatorische Tendenzen vorausweist. Das Wissen (*scientia* und *sapientia*), das an die Laien weitergegeben wird, ist natürlich dasjenige der Kleriker. Nur die Auswahl und die Vermittlung sind verschieden. Für Laien eignen sich zumal das Natur- und das Geschichtswissen, wie es die *imago mundi*-Werke und der höchst erfolgreiche *Sidrac* (*DLF* 1385–1387), die von Enzyklopädien (*LexMA* 3,2031–2039) im strengen Sinn geschieden werden müssen, aufbereitet. Beim *Sidrac* handelt es sich um ein Werk, das den Wissensstoff in der Kurzfassung in 613, in der Langfassung in 1225 Fragen zerlegt, was vielleicht seinen Erfolg (63 französische Handschriften) erklärt. Aber auch Enzyklopädien werden über- und in Verse umgesetzt und können dann ein großes Nachleben erreichen. Das beste Beispiel ist das *Elucidarium* des Honorius von Autun (*DLF* 403–405; *SWB* 205), eine systematische Zusammenfassung der christlichen Dogmatik, das als *Lucidaire* oder *Roman du Lucidaire* schon bald ins Französische (wie die meisten anderen Volkssprachen auch) übertragen und wegen seiner faßlichen

Darstellung außerordentlich populär wurde, auch als die Fachtheologen es nicht mehr in ihren Schulen benutzten. Ein wichtiger Aspekt der Laienbildung betrifft die fürstlichen Gönner und Auftraggeber, die immer gebildeter wurden, getreu einem stets von neuem wiederholten Motto, daß ein ungebildeter König ein gekrönter Esel sei – »rex illitteratus asinus coronatus« (Bumke, S. 596–597).

Auch das damalige Menschenbild (modern würde man von ›Mentalitäten‹ oder ›Habitus‹ sprechen) kreiste bereits um das Verhältnis von Wirklichkeit und Wissen, von Materialem und Mentalem, und die Kenntnis der geistigen Voraussetzungen der Selbsteinschätzung der Menschen erleichtert zweifelsohne auch den Zugang zu literarischen Texten. Zumal dem individuellen Denken, Wollen und Fühlen wurden durch mehrheitlich akzeptierte Vorstellungen von Ursprung, Beschaffenheit und Ziel der Menschheit enge Grenzen gesetzt. Dennoch ließ das biblisch-christliche Universalmodell Handlungsspielraum für Neues, das nur mit den grundlegenden Konzepten kompatibel gemacht werden mußte. Es ist nicht die geringste Leistung des damaligen Bildungssystems, im Rahmen rigider Begrenzungen der Phantasie und der Neugierde einen nicht unerheblichen Spielraum zugemessen zu haben.

Der Unterricht

Folgt man dem Klischee vom ›finsteren Mittelalter‹, dann wäre diese Epoche eine Zeit geistiger Finsternis gewesen. Das ist jedoch unsinnig. Gemessen an den damaligen Möglichkeiten – wegen Rechtsunsicherheit und fehlendem Straßennetz war die Kommunikation schlecht, es gab noch keinen Buchdruck, die vormaschinelle Agrarwirtschaft war arbeitsaufwendig und band viel Personal usw. – war das Bildungssystem sogar ausgezeichnet: In Klöstern, an Dom- und Kathedralschulen bzw. später an Universitäten wurde ein umfassender Unterricht im Prinzip für die Angehörigen aller Stände erteilt. Die wichtigsten derartigen Schulen, die zunächst den Klerikernachwuchs sichern sollten und vom Domkapitel unterhalten und einem Domscholaster unterstellt wurden, befanden sich in Tours, Reims, Chartres, Laon, Auxerre, Sens, Rouen, Clermont, und auf den Fassaden der dortigen Kathedralen wie auch auf derjenigen von Notre-Dame in Paris sind die in Stein gehauenen Figuren der Artes zu sehen: die Grammatik als alte Frau mit der strafenden Rute; die Dialektik mit der Schlange der Weisheit; die Rhetorik mit der Schreibtafel des Dichters; die Arithmetik, die ihre Finger zählt; die Geometrie mit dem Kompaß; die Astronomie mit den Astrolabien (astronomisches Beobachtungs- und Meßgerät in Scheibenform) und endlich die Musik, die mit einem Hammer auf eine Reihe von Glocken schlägt.

Insbesondere die Universität, eine abendländische Erfindung (*SWB* 858–859), an der vor allem Italien, England und Frankreich Anteil hatten

und die auf neue administrativ-ökonomische Bedürfnisse mit den entsprechenden Ausbildungsprofilen reagiert, bringt die intellektuelle Emanzipation
erheblich voran. Dazu tragen die Gemeinschaft von Lehrenden und Lernen-
den, die Internationalität ihrer Mitglieder (Aufteilung in Nationen), das Ne-
beneinander mehrerer Fakultäten, die eigene korporative Rechtsform (Rek-
tor, Dekan, Pedell, Quaestor), die in der akademischen Freiheit gipfelt, sowie
das System der Studienabschlüsse und Grade (Baccalaureus, Lizentiat, Magister, Doktor, Professor) nicht wenig bei. In einer ansonsten stark hierarchisch
strukturierten Welt entstehen hier erste Formen einer repräsentativen Demo-
kratie. Während die eher agrarisch orientierte vorangehende Zeit monastisch
geprägt war, wurde das intellektuelle Leben jetzt universitär, und die Dominanz des mittelalterlichen Universitätsunterrichts wurde erst im Renaissancehumanismus des 15. Jh.s erschüttert (Flasch, S. 194–195; 255–261).

Noch vor dem Jahr 1200 wurden die Universitäten von Salerno, Montpellier, Paris, Bologna und Oxford gegründet, Cambridge 1209, Salamanca
1218, Padua 1222, Neapel 1224, Angers 1229, Orléans 1229, Toulouse
1229, Lissabon 1290, Lérida 1300, Avignon 1303, Rom 1303, Valladolid
1304; Deutschland folgte erst 1348 mit Prag, 1365 Wien, 1388 Köln, 1392
Erfurt.[13] Gerade die zahlreichen Universitätsgründungen am Anfang des
13. Jh.s sind auffällig. An allen wurden zunächst die Artes gelehrt, und für
Lehre und Unterricht standen neben den Originaltexten eine Fülle von Ma-
nualen, Handbüchern, Kommentaren und enzyklopädischen Gesamtdarstellungen bereit, die noch heute Respekt abnötigen. Die meisten sind lateinisch,
aber es gab, wie gesagt, auch einige Übersetzungen ins Altfranzösische. Die didaktische Qualität dieser Werke ist überdurchschnittlich, und die Wissensvermittlung war den Verfassern ein ernstes Anliegen. Man denke nur daran,
daß einige dieser Lehrbücher, insbesondere die zum Erlernen des Lateins, etwa 1000 Jahre lang benutzt wurden, z.B. von Aelius Donatus die *Ars minor*,
Priscian die *Institutiones grammaticae*, Boethius *De consolatione philosophiae*, Cassiodorus die *Institutiones*, Isidor von Sevilla die *Etymologiae* usw.,
und wer wollte etwas derartiges von unseren Büchern hoffen?

Die Gründung der Universitäten fällt übrigens mit einer gewaltigen Ari-
stoteles-Rezeption zusammen, wobei Physik und Metaphysik besonders
wichtig sind (*DLF* 82–84; *LexMA* 1,934–949). Der Aristotelismus verdrängte die augustinische Theologie; war die Aristoteles-Lektüre zunächst von der
Kirche noch verboten, wurden ab 1255 in Paris Vorlesungen über das ganze
Werk des Philosophen gehalten, das zum Pflichtprogramm wurde (wenn in
den Texten von *le Philosophe* oder *le Stagirite* – nach seinem Geburtsort Sta-
gira – gesprochen wird, ist stets Aristoteles gemeint). Dabei wurde rationali-
stische Welterklärung mit göttlicher Offenbarung harmonisiert, woraus eine
neue Unterrichtsmethode entstand (*HWBPh* 1,508–517). Thomas von Aquin
(um 1225–1274) trat in seiner Jugend in den Dominikanerorden ein und wurde 1252 nach Paris zum Studium entsandt. Dort erwarb er sich schon bald
den Ruf, wichtigster Theolog-Philosoph seiner Zeit zu sein. Seine auf die

aristotelische Ontologie gestützte Methode, die man auch als Thomismus bezeichnet, ist bis heute grundlegend für die katholische Kirchenlehre. Sie ist in der 1266–74 geschriebenen *Summa theologiae* niedergelegt, die den Versuch darstellt, die gesamte christliche Theologie zu systematisieren (*DLF* 1430–1432), doch bleibt festzuhalten, daß das Gesamtwerk vielbändig ist und zahlreiche andere wichtige Aspekte von der Heidenmission bis hin zur Staatslehre umfaßt. In der *Summa* bietet Thomas den Stoff in der Frage-Form (*quaestio*), womit er sich an die gewohnte Methode des Schul- und Universitätsunterrichts anschließt. In schmucklosem, aber äußerst klarem Latein werden die betreffenden Argumente erörtert, wobei Thesen, Antithesen und Synthesen aufeinanderfolgen. Sein Schlußverfahren, das darin besteht, aus zwei Urteilen ein drittes zu folgern, heißt Syllogismus und wird für Jahrhunderte zur Grundlage akademischer Debatten und Diskussionen.

Henri d'Andeli hat in seinem *Lai d'Aristote* den berühmten Philosophen zum Opfer weiblicher Koketterie gemacht: Alexander der Große bringt aus Indien eine schöne Geliebte mit (Phyllis), über deren Reizen er das Regieren vergißt. Von Aristoteles ermahnt, gelobt er Besserung. Die schöne Inderin ist damit nicht zufrieden und umgarnt eines Morgens den Philosophen, der im Garten meditiert. Er verfällt ihren Reizen und läßt sich von ihr aufzäumen und reiten (*LCI* 1,182–183). Der kindisch-alberne Philosoph, den die Inderin besteigt, wurde zu einem der beliebtesten ikonographischen Motive des Mittelalters. Wir finden es an der Fassade von Saint-Jean in Lyon, dem Chorgestühl der Kathedralen von Rouen und Montbenoît (Doubs) oder einem Kapitell von Saint-Pierre in Caen. Es lehrt, daß auch Alter und Weisheit nicht gegen Jugend und Torheit und Ernst nicht gegen Verliebtheit gefeit sind. Neben der Warnung vor dem *amor carnalis* (Fleischeslust), relativiert der Minnesklave Aristoteles aber auch den allzu starken Einfluß des Geistigen auf die Menschen.

Dennoch dürfen wir das Unterrichtssystem der Artes nicht zu idealistisch sehen: Die Lehrer in den Dom- und Kathedralschulen waren sehr streng, wie der um 1053 geborene und vaterlos aufgewachsene Guibert de Nogent,[14] später ein bedeutener Theologe und Kreuzzugshistoriker, anschaulich schildert, der besonders unter den täglichen Prügeln seines Lehrers litt. Er wurde im *studium generale* unterwiesen, das im Schloß für die jungen Adligen eingerichtet worden war. Wenn Guibert die Liebe seines Lehrers zu ihm einen »saevus amor« nennt, dann dürfte er damit einen unverhohlenen Sadismus dieses Lehrers meinen:

> Während meine Altersgenossen überall nach eigenem Willen frei umherwanderten ... Ich hingegen war an alle möglichen Verbote gefesselt, mußte in meinem kleinen Priesterrock stillsitzen und den anderen Kindern beim Spielen zuschauen wie ein zahmes Haustier ... Doch während der Lehrer mich so hart behandelte und alle unsere Bekannten sich vorstellten, daß mein Geist durch diese unaufhörliche Mühe aufs feinste geschärft würde, sahen sie sich alle in ihren Hoffnungen getäuscht. (Evans, S. 136)

Der Unterricht der Kinder begann mit elementaren Dingen wie Schreiben und Lesen; es mußten Psalmen auswendig gelernt und Grundkenntnisse im Rechnen erworben werden, so daß die Schüler das Datum einzelner Kirchenfeste ausrechnen konnten.[15] Auch der Kirchengesang wurde gepflegt. Der Unterricht erfolgte zunächst volkssprachlich, doch wurden bereits Elemente des Lateinischen eingeführt. War der Schüler dann Scholar, war er zwar frei, aber die materiellen und hygienischen Verhältnisse in den seit dem Beginn des 13. Jh.s eingerichteten Kollegienhäusern, wo die Studenten wohnten, spotteten jeglicher Beschreibung. Das berühmteste Kollegium war das von Robert de Sorbon (*DLF* 1292–1293), dem Kaplan König Ludwigs IX., um 1254–57 an der Pariser Universität gegründete Studienhaus, in dem den Studenten alle zum Studium der Theologie notwendigen Kenntnisse vermittelt wurden. Es wurde Sorbonne genannt und gewann immer mehr an Ansehen, so daß später die ganze Universität nach ihm benannt wurde. Seine Doktoren wurden oft gemeinsam von den Päpsten wie den französischen Königen in Fragen der Theologie und der Kirche konsultiert (*EnzMA* 551). Das Lernen war nicht immer so effektiv wie an der Sorbonne, weil die Studenten mit Streichen und Spitzbübereien den Tag zubrachten. Immerhin lernten sie offenkundig genug, um, wenn sie Laien waren, als Richter, Notare, Advokaten, Magister, Ärzte usw. ihren Lebensunterhalt zu verdienen. Die großen Gelehrten der Zeit gehörten jedoch den Bettelorden an, allen voran den Dominikanern (*ordo Fratrum Praedicatorum*), deren erste Satzung von 1216 stammt (*LexMA* 3,1192–1220). Wenn ein anonymer Schüler, wohl in idealtypischer und damit übertriebener Weise, seinen Studiengang schildert, dann kann man daraus schon die Gliederung der Universität in mehrere Fakultäten mit einer gemeinsamen Propädeutik ablesen:

Deus me dona gracie d'aprendre
Et d'escriture bien entendre:
Les set arz tot premierement
Apris et soi parfaitement;
Apres apris tote mecine
Quanqu'est en erbe et en mecine, ...
Puis paris de divinité,
Si que j'en soi a grant plenté,
Et la vies lois et la novele,
Qui tot le sens del mont cancele, [...]
Apres apris espiremens,
Nigromance et encantemens, [...]
Cil qui tant puet faire d'esfors
Qu'il sace bien agurs et sors
Et fisique et astronomie
Et nigromance lor amie,
Tant seroit sages et poissans
Qu'il en feroit mervilles grans.
(Ehlers, S. 66)

Gott gab mir die Gnade zu lernen
und mich im Schreiben auszubilden.
Zunächst lernte ich die Sieben Freien Künste
und verstand sie vollkommen;
dann lernte ich die gesamte Medizin,
und zwar alles, was mit Heilkräutern und Heilmitteln zu tun hat. [...]
Danach studierte ich Theologie,
so daß ich viel davon verstand,
und dann das alte und das neue Recht (Zivil- und kanonisches Recht),
wobei letzteres den Sinn der Welt auslöscht (gemeint: dem ersten überlegen ist?) [...]
Dann lernte ich Eingebungen,
Schwarze Magie und Zauberei [...]
Wem es gelingen würde,
sich auf Vorzeichen und Lose,
auf Physik und Astronomie
sowie ihre Freundin, die Schwarze Magie, zu verstehen, `
der wäre so klug und mächtig,
daß er große Wunder vollbringen könnte.

Bevor ein Kleriker aber sein Auskommen findet, muß er oft hungern und dar-
ben und sich von denen, die in Amt und Würden sind, schikanieren lassen.
Auch dauert das Studium in der Artistenfakultät bis zum Bakkalaureat im allgemeinen sechs Jahre. Zahlreich sind die entsprechenden Belege über das
Elend der Kleriker, vor allem in den *Fabliaux*. Der Begriff des *povre clerc*
(Montaiglon/Raynaud V,192–200), den noch François Villon auf sich an-
wendet (Ed. Hausmann, S. 22f.), wird zum Topos: »Povrement vivent esco-
lier,/ Il ont plus peine que colier – Elend leben die Kleriker; sie haben mehr
Mühen als Halsketten (i.e. Zeichen der Würde)« (Ehlers, S. 88).

Rechtswissenschaft und Medizin

Die Universitäten hatten im allgemeinen vier Fakultäten: Philosophie (Artes),
Theologie, Recht und Medizin.[16] Die *facultas artium* vermittelte die Vorbe-
dingungen für das Studium in den anderen Fakultäten; ohne diese Propädeutik durchlaufen zu haben, war kein Spezialstudium möglich. Der in der Artistenfakultät entwickelte Wissenschaftsbegriff wurde auf die anderen Fächer
übertragen, was unmittelbar zu Konflikten führte. Insbesondere die Theologen bestritten, daß er auf ihr Studium anwendbar sei. Rechtswissenschaft
und Medizin, die sich mit ihrem Platz im Gefüge der mittelalterlichen Wissenschaft schnell abgefunden hatten, genossen neben der Theologie und gestützt auf die Philosophie relative Autonomie. Kirchliches und weltliches
Recht waren voneinander getrennt, weshalb sich zwei unabhängige Rechts-
systeme entwickelten, die beide der Wahrheit und der Gerechtigkeit dienen
wollten. Das weltliche Recht (*DLF* 875–904) entstand zunächst aus der Kodifizierung der germanischen Stammes- oder Volksrechte im 5.–9. Jh. (*leges*

barbarorum). Sie gründeten in alten Traditionen, die von Rechtskundigen erfragt wurden, und hoben auf das Zusammenwirken von König und Volk bei Aufzeichnung und Verkündigung ab (z.B. *Pactus Alamannorum; Lex Salica; Lex Ribuaria; Lex Baiuvariorum* usw.). Sie schrieben einen rechtlichen Pluralismus fest (*SWB* 474–475; 677–679), denn die südostfranzösischen Burgunder lebten z.B. nach ihrem eigenen Stammesrecht (*Lex Burgundionum,* auch: *Edictum Rothari*), während die sich am selben Ort befindliche galloromische Bevölkerung nach dem römischen, die fränkischen Neusiedler nach dem salischen oder ripuarischen und die jüdischen Bewohner nach dem talmudischen Recht beurteilt wurden. Ab dem 9. Jh. wurde dieser Pluralismus durch die Einführung des Lehnsrechts verdrängt, das an die Stelle der Stammesrechte trat.

Das Lehnsrecht, das insbesondere in Nordfrankreich (die Territorien nördlich der Linie La Rochelle-Genf gelten als *pays de coutumes*, die südlich als *pays de droit écrit*) gültig war, ist zunächst nicht schriftlich fixiertes, später jedoch aufgezeichnetes Gewohnheitsrecht (*consuetudo/coutume[s]*) in lateinischer oder französischer Sprache, das vor der *lex scripta*, wenn es eine solche gibt, weichen muß. Der älteste Coutumier (*Le très ancien coutumier de Normandie*) datiert von 1200 (*DLF* 342–356). Auch das Lehnswesen ist pluralistisch, denn der Lehnsmann übernimmt das Recht seines Herrn, und das angewandte Lehnsrecht ist territorial verschieden. Bedeutende Rechtssammlungen haben z.B. der Pikarde Pierre de Fontaines, *Le Conseil* (1253–59) (*DLF* 1174–1176), Philippe de Beaumanoir, *Coutumes de Beauvaisis* (1283) (*DLF* 1136–1137), und Jacques d'Ableiges, *Grand Coutumier de France* (Ende 14. Jh.) (*DLF* 720–724), hinterlassen, die alle königstreu sind; zu nennen ist auch die *Somme rural* (1393–1396). Sie ist das erste methodisch ausgereifte Rechtshandbuch für Tournai, Flandern, Artois und Hennegau. Das Werk hat Jean Boutillier de Pernes zum Verfasser und definiert das Zivilrecht umfassend als »la noble constitution des loix qui sont faictes et passées par les empereurs et par les saincts concilles et les consaux des senats, et les sainctes decretales faictes par nostre sainct pere le pape qu'on appelle droit canon, et les loix données par les empereurs« (*DLF* 751–753). Der inoffiziellen Sammlung *Établissements de Saint Louis* (1265) entstammt der wichtige Satz »le roi n'a point de souverain es choses temporeix, il ne tient de nelui que de Dieu et de lui – der König hat keinen Lehnsherrn in weltlichen Angelegenheiten; er hängt nur von Gott und sich selber ab«, der dem späteren Absolutismus vorarbeitet und die Souveränität der Königsmacht festschreibt. Statt *établissement* bürgert sich bald der Begriff *ordonnance* ein, und es handelt sich dabei um Gesetze, die das ganze Königreich betreffen, insbesondere die Standardisierung der Organe der Rechtspflege (Parlements, Notariat, Conseil usw.). Die königlichen Juristen, studierte Laien, werden meist als ›Legisten‹ (*LexMA* 5,1805–1806) bezeichnet.

Seit dem späten 11. Jh. begann in Bologna (*LexMA* 2,370–387), wo Irnerius (1088–1125) die Auslegung des justinianischen *Corpus Iuris Civilis*

aus dem 6. Jh. lehrte und Schüler an sich band (Glossatoren), die Wiederbelebung des römischen Rechts, das sich auf Dauer als bestes und stärkstes System erwies und seit dem 14. Jh. als Modell für jedwede weltliche Gesetzge-
bung diente. In Südfrankreich war es seit römischen Zeiten nie ganz in Vergessenheit geraten, aber beständig verändert worden. Es handelt sich dabei
um eine Sammlung von Rechtsvorschriften bzw. -fällen (Fallrecht), die in drei
Teile gegliedert ist: den *Codex Iustinianus* (kaiserliche *constitutiones* = Erlas-
se aus der Zeit von Hadrian bis Justinian), die *Digesta* oder *Pandectae* (Auszüge aus den Schriften römischer Juristen wie Ulpian, Paulus und Papinian,
insgesamt 40 Autoren) und die *Institutiones* (amtliches Lehrbuch mit allgemeinen Begriffen); die *Novellae* (Nachträge) zum *Codex*, der vierte Teil, wurden nie einer geplanten Endredaktion unterzogen. Die Feudalreiche und die
Kirche versuchten zwar, Widerstand dagegen zu leisten, weil nach einem Satz
des Bernhard von Clairvaux überall, wo Justinian eindringt, der hl. Petrus
weichen muß, aber vergebens.[17] Philipp II. August erkannte die Bedeutung
und Tragweite des römischen Rechts, das letztlich einer kaiserlichen Tradition entspringt und Frankreich unter die Hoheit des Imperiums hätte zwingen
können. Im Jahr 1219 wird daher das Studium des Zivilrechts zunächst noch
in Paris verboten, allerdings im benachbarten Orléans erlaubt. Die bereits erwähnten *ordonnances* stellen meist eine Mischung aus Gewohnheits-, römischem und kanonischem Recht dar.[18] Zwischen den beiden genannten Universitäten bestand eine heftige Rivalität, wie die *Bataille des sept arts* des Normannen Henri d'Andeli belegt, eine 461 Achtsilber umfassende Dichtung aus
der Zeit um 1236–50. Der Verfasser, der die Sache von Paris vertritt, stellt dessen Universität als fortschrittlich, Orléans als rückwärtsgewandt dar.
Während man sich in Orléans für die Grammatik begeistert, triumphieren in
Paris Logik und Naturphilosophie. Sie werden von *Droit*, *Médecine* und
Théologie unterstützt. Paris habe das modernere Ausbildungssystem (*DLF*
668–669).

Das alte kanonische oder Kirchenrecht, das bis zur Bestätigung des *Codex Iuris Canonici* (1918) gültig war und auf der Bibel, den Schriften der Kirchenväter, den Vorschriften (Kanones) der Synoden und den Bestimmungen
der Päpste beruht, hat eine nicht minder komplizierte Geschichte (*LexMA*
5,900–907). Zentrum der Kanonistik war wiederum Bologna, das aber schon
bald von Paris abgelöst wurde. Bedeutsam ist das *Decretum Gratiani* (ca.
1140) mit etwa 4000 Zitaten aus verschiedenen kirchlichen Quellen, das
zwar keine offizielle Geltung erlangte, aber die Widersprüche zwischen den
bereits bestehenden kirchenrechtlichen Sammlungen beheben sollte. Der
Machtzuwachs des Papsttums im 12. und 13. Jh. führte zur Kodifizierung diverser Dekretaliensammlungen (päpstliche Entscheidungen), von denen die
Decretales Gregorii (1234) die wichtigsten sind. Dieses Recht war Ausdruck
päpstlicher römischer Weltherrschaft und kam an Einfluß dem justinianischen Recht durchaus gleich, zumal für Bereiche wie Ehe und Familie faktisch
das kanonische Recht zuständig war.

Das Studium der Medizin (*LexMA* 6,452–465) war stark theorielastig; die medizinische Praxis galt als unwissenschaftlich und war der Volksmedizin (Bader, Kräuterkundige, Hebammen, Chirurgen und Feldschere usw.) überlassen. Erst seit dem 11. Jh. wurde die antike Medizin, in die persische, indische und jüdische Kenntnisse eingeflossen waren, wieder im Westen rezipiert. Diese Rezeption erfolgte zunächst in Süditalien, wo um 1030 in Salerno eine bedeutende medizinische Schule errichtet wurde, an der später der berühmte Constantinus Africanus (um 1020–1087) lehrte, der sein medizinisches Wissen von den auf diesem Gebiet führenden Arabern bezogen hatte.[19] Hippokrates und Galen sind die Gewährsleute der Antike. Unter dem Namen des Hippokrates (um 460 bis um 370 v. Chr., Insel Kos) sind rund 130 Schriften (*Corpus Hippocraticum*) erhalten, die die Grundlage der noch heute verwendeten medizinischen Terminologie (Anamnese, Diagnose, Prognose, Diätetik, Anatomie, Chirurgie usw.) legen (*LexMA* 5,31–33). Galenos (um 130–200 n. Chr., aus Pergamon) verfaßte über 250 Schriften medizinischen, philosophischen und philologischen Inhalts, von denen aber nur ein Drittel erhalten ist (*LexMA* 4,1082–1084). Im Herzen, dem Zentralorgan, siedelt er das Lebenspneuma, im Gehirn, dem Sitz der Seele, das psychische, in der Leber das physische Pneuma an. Hippokratisch ist die wichtige Säftelehre, die die mittelalterliche Charakterologie bestimmt (Sanguiniker, Choleriker, Melancholiker, Phlegmatiker);[20] galenisch das Prinzip, Heißes mit Kaltem und umgekehrt zu behandeln und die Arzneimittel nach ihrer Qualität auszuwählen (»contraria contrariis curantur«). Wenn auch die meisten Schriften auf Latein sind, werden Traktate bedeutender französischer wie ausländischer Ärzte ins Französische übersetzt. Zu nennen sind vor allem chirurgische Handbücher wie der *Guidon de la pratique en chirurgie* (auch: *Guidon en françois*) des um 1290 geborenen Gui de Chauliac, der in Montpellier, der Hochburg der französischen Medizin, aber auch in Bologna studiert hatte und der Leibchirurg dreier Päpste war (*DLF* 585); auch Jean Pitard, Bernard de Gordon und Henri de Mondeville wurden, wohl schon zu Lebzeiten, ins Französische übertragen (*DLF* 151–152; 674–675; 834–835). Mondeville stand vielleicht unter dem Einfluß des italienischen Arztes Lanfranc von Mailand, der, aus der Heimat vertrieben, in Paris lehrte.

Während in literarischen Texten juristische Probleme nur selten eine Rolle spielen, treten immer wieder Ärzte auf (altfranz. *mire, miere, meire, mile, mege, miege, mige, mide* usw., alles Ableitungen von lat. *medicus*. Das Wort *médecin* ist eine gelehrte Bildung des späten 14. Jh.s). Besonders bekannt ist ein *Fabliau* aus der 2. Hälfte des 13. Jh.s, der das Thema vom ›médecin malgré lui‹ behandelt. Die Geschichte vom Bauern als ›Arzt wider Willen‹ geht auf einen altindischen Märchenstoff zurück. *Le vilain mire* (dt. Ed. Gier, S. 51f., 263f.) mißhandelt seine adlige Frau aus Eifersucht, schlägt sie des Morgens prophylaktisch und versöhnt sich des Abends wieder mit ihr. Um sich seiner zu entledigen, gibt sie vor, er sei ein berühmter Arzt. Er wird mit Gewaltanwendung und Stockschlägen an den Königshof gerufen, kann die

Königstochter, die eine Gräte verschluckt hat, heilen und sich anderer Kran-
ker mit der Drohung entledigen, er müsse den Schwächsten von ihnen ver-
brennen und zu Medizin verarbeiten.[21]

Dieser Text ist eine köstliche Mischung aus Bauern- und Ärztesatire, dagegen lehrt uns ein Abschnitt des *Perceval*, daß es am Königshof durchaus
tüchtige Mediziner und Heilkundige gab, die nicht nur in der Theorie geschult
waren: Als Perceval dem Seneschall Keu, der ihn bei der Betrachtung der drei
Blutstropfen im Schnee gestört hat, mit einem Schlag das Schlüsselbein aus-
renkt und ihm zwischen dem Ellenbogen und der Achsel den Knochen des
rechten Armes wie einen trockenen Splitter bricht, läßt König Artus seinen
Getreuen geschwind verarzten:

> Mes li rois ot mout grant pesance
> Del seneschal qui est bleciez,
> Dolanz an est et correciez
> Tant qu'an li dit qu'il ne s'esmait,
> Qu'il garra bien, mes que il ait
> Mire qui se sache antremetre
> De la chenole an son leu metre
> Et d'os brisié feire reprandre.
> Et li rois, qui moult l'avoit tandre
> Et mout l'amoit an son corage,
> Li anvoie un mire mout sage
> Et trois puceles de s'escole,
> Qui li renoent la chenole
> Et si li ont le braz liié
> Et resoudé l'os esmiié.
> (vv. 4330–4344)

> Der König hatte indessen sehr großen Kummer
> um den Seneschall, der verwundet ist,
> er ist darüber bekümmert und aufgebracht,
> bis man ihm sagt, er möge sich nicht beunruhigen,
> da er wohl genesen werde, wenn es nur
> einen Arzt gebe, der es sich zutraute,
> das Schlüsselbein an seinen Platz zu bringen
> und den gebrochenen Knochen wieder zusammenzusetzen.
> Und der König, der ihn sehr gern hatte
> und ihn in seinem Inneren sehr liebte,
> schickt ihm einen sehr heilkundigen Arzt
> und drei junge Mädchen aus seiner Schule,
> welche ihm das Schlüsselbein wieder einrenken,
> und sie haben ihm den Arm verbunden
> und den zertrümmerten Knochen wieder zusammengesetzt.
> (Schöler-Beinhauer, S. 288–291)

Theologie und Dichtung

Da die Theologie das ganze MA über ›Leitwissenschaft‹ ist, sind einige Bemerkungen über das Verhältnis von Theologie und Dichtung unabdingbar. Da der Mensch in der Rangordnung der Schöpfung – relativ – weit unten steht,[22] kann auch menschliches Dichten keinerlei Autonomie beanspruchen. Die materielle Welt ist düster und lügenhaft, sie ist ein Profanbereich, dem kein eigenständiger Erkenntniswert zukommt. Die Bibel ist der einzig wahre Bezugstext, auf den alle Aussagen zurückgeführt werden müssen; die Theologie steht deshalb an der Spitze der Wissenschaften, die Artes haben ihr zu dienen. Hugo von St. Viktor äußert sich dazu markant in *De scripturis et scriptoribus sacris*, cap. 13:

> Septem artes liberales huic sapientiae [i.e. sacrae scripturae] subserviunt. Trivium ad significationem vocum, quadrivium ad rerum significationem respicit.

> Die Sieben Freien Künste sind die Dienerinnen dieser Weisheit [gem. ist die Heilige Schrift]. Der Dreiweg kümmert sich um die Bedeutung der Worte, der Vierweg um die Bedeutung der Dinge.

Höchstes Lob für einen Dichter ist es, wenn er, wie Dante, als Theologe apostrophiert wurde, dies umso mehr, als volkssprachliche Dichter verachtet und als *animae brutae* (unedle Seelen) oder *laicorum pecus bestiale* (das tierische Volk der Laien) gescholten wurden: »clerus vulgaria temnit – die Gelehrten verachten die Dichtung in der Volkssprache« war ein beliebtes Wort. Dante ist, wie eine lateinische Grabschrift lobt, »theologus Dantes, nullius dogmatis expers – der Theolog Dante, dem keine Lehre fremd war« (Curtius, *ELLMA*, S. 221–234). Der Dichter kann die Werke Gottes und der Natur im Kunstwerk nur nachschaffen oder nachzuschaffen versuchen. Da Gottes Schöpfung in der Form, wie sie vorliegt, unendlich, tief und unsagbar ist, kann er nur auf diese Weise zu ihrem Dolmetsch werden. »Deus magnitudine interminabilis, contemplatione incomprehensibilis, sermone inexplicabilis recte intelligitur et laudabiliter predicatur – Gott, der an Größe unendlich, in der Anschauung unbegreiflich, in der Rede unerklärbar ist, wird recht erkannt und im Lob verkündet« (Gilbertus Porretanus, *Comm. in opuscula sacra Boethii*, Prologus). Im System der Artes wird die Dichtkunst bei der Rhetorik untergebracht; dort finden sich auch die wichtigen Brief- und Urkundenlehren (*artes dictaminis*), die nicht nur für lateinisches, sondern auch für volkssprachliches Sachschrifttum und sogar für die volkssprachliche Prosa Musterfunktion reklamieren können.[23] Das wahre Göttliche erstrahlt durch rhetorischen Schmuck nur noch heller; was falsch ist, kann auch nicht durch Figuren gerettet und verbessert werden. Insofern ist ein ausgefeilter Stil durchaus mit der Heilswahrheit zu vereinbaren. Oder wie H. Glunz schreibt:

Die Aufgabe der Poetria nova oder Rhetorica, wie sie genannt wurde, ist es, die tiefe Bedeutung des göttlichen Kunstwerkes hervorzukehren und klärend in verständlichen, wohlgesetzten Worten vorzubringen; oder anders gesagt, die Obskurität der Bibel, die ein so hervorstechendes Kennzeichen der ganzen Schöpfung ist, zur Klarheit zu führen. Dunkel, weil vom höchsten Geiste und übermenschlichen Schöpfer erdacht, war unter allen Kunstwerken allein die Bibel, das Kunstwerk schlechthin. Zum Unterschied davon mußten die Werke aller menschlichen Künstler, da sie erdnahe, menschennahe Ableitungen und Übersetzungen des göttlichen Kunstwerkes sein sollten, ihrem Wesen nach klar und allgemein verständlich sein. Das gerade war das Losungswort der Poetria nova, die Klarheit. Die dunkle und verborgene Allegorie, das versteckte und vom Standpunkt der Masse der Menschen aus undurchschaubare Kunstwerk und Offenbarungsbuch Gottes zu erschließen, es in seiner Schönheit und seinem Reichtum an Wahrheit jedermann zu öffnen, daran sah man nun den Zweck der Dichtung. (S. 225)

Die Dichtung wurde wegen ihres fiktiven Charakters, ihres Mangels an Wahrheit (»propter defectum veritatis«), als minimal wahrheitshaltig eingestuft (»minimum continet veritatis«), wohingegen die Theologie die »wahrste« Wissenschaft ist. Da aber die Theologie mit Übervernünftigem zu tun hat, ist ihr mit der Dichtung die symbolische Methode gemeinsam. Doch die Theologie ist göttlichen, die Poesie menschlichen Ursprungs. Nicht von ungefähr beschwören auch die altfranzösischen Autoren die Wahrheit ihres Schreibens und Dichtens gegen die zu meidende *fausseté* (Mölk, S. 111 u. 113). Im gereimten Prolog der *Histoire de Philippe-Auguste* wird insbesondere auf die Lügenhaftigkeit der Reime abgestellt, weshalb die Taten des Königs selber wie der *Prosa-Lancelot* in Prosa verfaßt seien:

> Mes trop redot a anvaïr
> Ceste oevre; mes, vaille que vaille,
> Ausi com par ci le me taille,
> M'en irai outre par la letre
> Sans riens oster et sans riens metre.
> Issi vos an feré le conte
> Non pars rimé, qui an droit conte,
> Si con li livres Lancelot
> Ou il n'a de rime un seul mot,
> Por mielz dire la verité
> Et por tretier sans fauseté;
> Quar anviz puet estre rimee
> Estoire ou n'ait ajostee
> Mançonge por fere la rime.
> Ne quier fere or plus longue lime
> An rimoier, mes qui anvie
> Ne talant avra de la vie
> Oïr Phelipe le buen roi
> Ne s'esloigne pas loign de moi.
> (Mölk, Nr. 80, vv. 94–112, S. 102–103)

> Aber ich habe ziemliche Sorge,
> dieses Werk in Angriff zu nehmen; doch, wie dem auch sei,
> da ich einmal dazu entschlossen bin,
> will ich jetzt mit dem Schreiben fortfahren,

ohne etwas wegzulassen oder hinzuzufügen.
Deshalb will ich euch die Geschichte
nicht gereimt erzählen, sondern in Prosa (=der ich richtig erzähle)
wie das Buch von Lanzelot,
in dem es kein einziges gereimtes Wort gibt,
um die Wahrheit besser zu verkünden
und sie ohne Irrtum abzuhandeln;
denn eine Geschichte kann schwerlich in Reimen sein,
bei der man keine Lügen hinzugefügt hat,
um den Reim zu bilden.
Ich will aber jetzt kein längeres Feilen
auf das Reimen verwenden, sondern wer Lust
und Laune hat, das Leben
des guten Königs Philipp zu hören,
der soll sich nicht von mir entfernen.

Das Menschenbild und der Mikrokosmos

Der Mensch ist als von Gott geschaffenes Wesen nur ein Teil dieser Schöpfung, die als *Makrokosmos* bezeichnet wird, aber als Krone der Schöpfung ist er eine eigenständige Welt im kleinen, ein *Mikrokosmos* (*LexMA* 6,157–159; *HWBPh* 5,640–649), der dieser großen Welt entspricht (Analogiegedanke). Die vier Elemente Luft, Feuer, Wasser und Erde sind in ihm alle wieder enthalten: die Luft als Atem, Ton und Hörgeräusch; das Feuer als Blutwärme, Augenglanz, Bewegung; das Wasser als Feuchtigkeit von Säften und Blut, insbesondere als Speichel im Mund; die Erde als Fleisch, denn von der Erde kommt der Mensch und zu Erde wird er wieder. Der Mensch wird als Wesen der Mitte verstanden (Brinkmann, S. 59f.), zwischen der sichtbaren Welt der natürlichen Schöpfung und der unsichtbaren geistigen Welt (Gott und die Engel). Hugo von St. Victor definiert in *De sacramentis*: »Et positus est in medio homo, ut intus et foris sensum haberet; intus ad invisibilia, foris ad visibilia – Und der Mensch ist in die Mitte gesetzt, um innen wie außen eine Sinneswahrnehmung zu haben: innen für das Unsichtbare, außen für das Sichtbare.« Im Menschen gipfelt die geschaffene Welt, die hierarchisch aufgebaut ist. Sie führt vom Anorganischen (Steine, Metalle) über das Vegetative (Pflanzen und Bäume) zum Organischen (Tiere), die zwar, wie die Menschen, über Sinne und Bewegung, nicht jedoch über eine Seele verfügen. Diese Stufen ordnen sich nach ihrem Verhältnis zur Bewegung: Die Erde wird nur von außen bewegt; Wasser ist beweglich, aber festzuhalten; Luft ist nur vorübergehend festzuhalten, das Feuer überhaupt nicht. Auch der Bau des Menschen ist hierarchisch. Die natürliche Funktion (*virtus naturalis*), die der Mensch mit den Pflanzen und Tieren teilt, hat ihren Sitz in der Leber; sie regelt die Ernährung des Menschen. Die Erhaltung des Lebens (Ein- und Ausatmen, Verteilung der Lebenswärme) liegt bei der *virtus spiritualis*, deren Zentrum das Herz ist. Im

Gehirn sind die geistigen Funktionen der *virtus animalis* angesiedelt. Hier sind, von vorn nach hinten, die drei Zellen der Wahrnehmung und Vorstellung (*imaginatio*), des Verstandes (*ratio*) und des Gedächtnisses (*memoria*) angelegt. Was die *imaginatio* (Einbildungskraft, Phantasie) mit Hilfe der Sinneswahrnehmungen aufnimmt, wird von der *ratio* (Vernunft) geklärt und dann ins Gedächtnis aufgenommen, von dem durch die Nerven die Bewegung abhängt. Diese Lehre von den drei Zellen tritt auch in der Dichtung auf. Die fünf Sinne sind den Elementen zugeordnet; mit den Sinnen (hinzu treten *imaginatio* bzw. *phantasia*) ist der Mensch der Außenwelt zugewendet, durch den *intellectus* (bzw. die *intelligentia*) stellt er hingegen die Verbindung mit der geistigen Welt (den Engeln und Gott) her. Von den anderen Lebewesen unterscheidet sich der Mensch durch seinen aufrechten Gang, der ihn zum Himmel emporblicken läßt, dazu auch durch die bereits erwähnte harmonische Vereinigung aller vier *humores* (Körpersäfte: gelbe und schwarze Galle, Schleim und Blut) und die besondere Gestaltung von Hand und Mund, die ihm zu sprechen und schreiben gestattet. Der Mensch war ursprünglich ein *animal rationale vitale*, wurde durch den Sündenfall zum *animal rationale mortale* und wird durch Christi Erlösung am Ende ein *animal rationale immortale* sein. Die Seele, die den Menschen auszeichnet, ist ein Abbild Gottes, und der Leib wiederum ist ein Abbild der Seele. Als Abbild der Trinität hat die Seele drei Funktionen, die dem Wesen nach eins sind: Die Fähigkeit zur Erleuchtung (*rationalis*), zu begehren (*concupiscibilis*) und sich zu erregen (*irascibilis*). Mittels der *anima rationalis* ist der Mensch fähig zum Glauben, Lieben und Hoffen. Wie der Leib vier Säfte, hat die Seele als ihre vier Elemente die Kardinaltugenden (vgl. *Les quatre tempéraments humains*).

Über die Einheit von Leib und Seele gibt es zahlreiche literarische Texte, sog. Streitgespräche oder *altercationes* zwischen Leib und Seele, z.B. *Le Débat de l'Ame et du Corps*, (*DLF* 373–374). Beide werfen sich vor, für die Sünde und die Verdammung des Menschen verantwortlich zu sein. Die Kontrahenten dieser Streitgespräche haben also komplementäre Rollen, die zusammengehören und nur zwei Aspekte eines übergeordneten Ganzen sind. Noch im Versagen und der Verlorenheit, wenn die Teufel die Seele packen, leuchtet ein Bild von ihrem durch die göttliche Schöpfung gewollten Adel auf. Während der Makrokosmos den Gesetzen Gottes treu geblieben ist, ist der Mensch ihnen untreu geworden.

Der Makrokosmos

Sprechen wir vom Makrokosmos, so können wir festhalten, daß das mittelalterliche Weltbild bis zum Ende des 13. Jh.s unangefochten bestanden hat; sicherlich auch noch lange darüber hinaus, aber im 14. Jh. entwickelte sich die Vorstellung vom unendlichen Raum, breiteten sich neuzeitliche naturwissenschaftliche Konzepte aus, so daß dieses ganzheitliche System ins Wanken geriet (*LexMA* 6,2111–2117; *EMG* 592–632). Der mittelalterliche Kosmos ist endlich, hat die Gestalt der vollkommenen Kugel, ist damit berechenbar. Diese Kugel hat eine feste äußere Schale, den Himmel, manchmal auch als das gläserne Meer der Apokalypse bezeichnet. Im Zentrum befindet sich die ebenfalls kugelförmige Erde, die nicht nur Mittelpunkt des Planetensystems, sondern einzigartig ist. Zwischen Erde und Fixsternsphäre bewegen sich die sieben konzentrischen Planetensphären. Auf die Erde folgen der Mond, der Merkur, die Venus und als mittlerer, wichtigster Planet die Sonne, die als größter Planet gilt; dann Mars, Jupiter und Saturn. Die sieben Planetenkreise befinden sich in einer achten Kugel, dem Firmament oder Fixsternhimmel, an dem die Fixsterne – bereits im 2. Jh. v. Chr. zählt Hipparch v. Nikaia deren 1026 – festgemacht sind. Das Diesseits und das Jenseits sind durch eine genaue Grenze voneinander geschieden. Jenseits des Firmaments befinden sich die jenseitigen Sphären, die Engelshierarchien und Himmelsorte. Der Kosmos ist ein System von Orten (unterirdisch, irdisch, himmlisch, jenseitig) und eine Hierarchie der Weltinhalte. Die Welt ist nicht nur räumlich, sondern auch zeitlich begrenzt. Als geschaffene Welt hat sie einen Anfang und mit dem Weltgericht ein Ende. Geschichte ist Heilsgeschichte, aber auch Geographie und Kosmologie sind *sub specie aeternitatis* zu verstehen. In der Ikonographie wird diese Welt durch Kreise (Sphairaform) oder Diagramme (Verbindung von Kreis, Quadrat, Rhombus, Rechteck, die ineinander verschachtelt sind) dargestellt.[24]

Für die Reiseliteratur, zumal für Reisen ins Heilige Land und Pilgerfahrten,[25] sind Grundkenntnisse der Geographie oder vielmehr der Kosmographie vonnöten. Mit Strabon aus Amaseia im Staate Pontus (um 63 v. Chr. – 19 n. Chr.), dem Verfasser der *Geographika*, und Claudios Ptolemaios (Mitte 2. Jh. n. Chr.), dem Autor des *Almagest* (arab. für *megále* bzw. *megíste syntaxis*) lag die Summe der griechisch-römischen Geographie vor. Während Strabons Werk, das zukunftsweisende Gedanken wie die Umrundung Afrikas im Süden und die Existenz eines Kontinents zwischen Europa und Asien im Westen (also Amerika) enthielt, wenig beachtet wurde, prägte das Werk des Ptolemaios das geographische Weltbild des folgenden Jahrtausends. Unumstößlich waren seine Beweise für die Kugelgestalt der Erde, doch weil diese Auffassung der Bibel widersprach, wurden Forschungen über die Kugelgestalt und die Weiterentwicklung der ptolemäischen Projektionsmethoden zur kartographischen Darstellung der gekrümmten Erdoberfläche unterbunden.[26] Statt dessen wurden in den Klöstern meist schematisierende Weltkarten (*mappae mundi*) entwickelt, die ohne Berücksichtigung von Lage, Größe und Richtung der topographischen Gegebenheiten die christliche Schöpfungsgeschichte veranschaulichen sollten. Dies kam beispielsweise darin zum Ausdruck, daß Jerusalem gemäß Ezechiel 5,5 ins Zentrum der Welt verlagert wurde. Dennoch hat kaum ein Denker je einen ähnlichen Einfluß ausgeübt wie Ptolemäus. Sein geozentrisches Weltbild genoß bei Heiden, Juden, Christen und Mohammedanern gleichermaßen Ansehen, und man versuchte, es mit den jeweiligen »Weltanschauungen« in Einklang zu bringen, so daß neben den (bibelkonformen) Darstellungen der Erde als flacher, kreisförmiger oder rechteckiger Scheibe, die von allen Seiten von Wasser umgeben ist, durchaus auch kugelförmige Darstellungen vorkommen. Aber auch die Irrtümer des Ptolemäus, insbesondere bei der Berechnung des Erdumfangs und der Verteilung der Kontinente, wurden verewigt.

Die mittelalterliche Kartographie diente mehr der Illustration von Handschriften als der Wissenschaft und der Praxis: Wunderwesen und Ungeheuer bevölkerten die fernen Gestade; die Tradition der fachwissenschaftlichen Kartographie riß ab und wurde durch unrealistische Schätzungen ersetzt. Die mittelalterliche Universalkartographie ging von T- oder Radkarten aus, die alle geostet statt genordet waren, weil im Osten Jerusalem lag. Nach den drei Söhnen Noa[c]hs – Sem, Ham und Japhet – gab es drei Kontinente: Die Semiten bewohnten Asien, den größten Kontinent, die Japhetiten Europa und die Hamiten Afrika. Die Trennung der Kontinente leisteten das Mittelmeer, der Don (Tanais) und der Nil. Diese drei Gewässer bildeten das ›T‹. Jerusalem lag als Nabel der Welt in der Mitte der Ökumene (bewohnter Erdkreis), Rom in der Mitte zwischen Jerusalem und Cádiz, und am anderen Ende, im Osten, befand sich das irdische Paradies. Die Hölle[27] hatte ihren Eingang im Hinnomtal (Wadi al Rababi) in Jerusalem; man erreichte sie aber auch, wenn man an den Rand der Ökumene vorstieß und, nach damaliger Vorstellung, ins Nichts fiel. Dennoch sind Karten wie die Beatuskarte (787), die Ebstorfer (ca. 1235) oder die Hereforder (ca. 1290) Weltkarte auch bedeutende künstlerische und kulturelle Zeugnisse. Im 13. Jh. setzte ein Neuanfang ein, als durch den aufblühenden Orienthandel sog. Portolankarten (zu it. *porto* = Hafen), Orientierungskarten für die Mittelmeerschiffahrt, angefertigt wurden, die praktischen Zwecken dienten und damit wesentlich genauer waren.[28] Alle diese Kenntnisse waren den mittelalterlichen Autoren bestens vertraut. In der *Chanson d'Aspremont* fordert der Sarazene Balan, Bote und Feldherr des afrikanischen Emirs Agolant, Kaiser Karl wie folgt heraus:

> Sire emperere, faites moi escolter.
> Il sont trois tieres que jo sai bien nomer:
> Aise a non l'une et Europe sa per,
> La tierce Alfrique, l'on n'en puet puis trover.
> Icés trois tieres departent par la mer,
> Ki fait les tieres des illes desevrer.
> La mellor a mes sires a garder.
> L'autran i fisent paien un sort jeter.
> Les dos devoient a la tierce acliner.
> (Ed. Brandin, Laisse 15, vv. 242–251)

> Herr Kaiser, verschafft mir Gehör.
> Es gibt drei Erdteile, die ich wohl aufzählen kann.
> Der eine heißt Asien, der zweite Europa,
> der dritte Afrika, weitere kann man nicht finden.

Diese drei Erdteile werden vom Meer getrennt,
welches das Festland von den Inseln unterscheidet.
Den besten Erdteil hat mein Herr in seiner Gewalt.
Im vergangenen Jahr haben die Heiden darum gelost.
Die beiden ersten Erdteile sollen sich dem dritten unterwerfen.

Von zentraler Wichtigkeit sind diese Vorstellungen für die unterschiedlichen Formen der Reiseliteratur. In einem der frühsten anglo-normannischen Texte, die wir besitzen, der *Brendansreise* (vermutlich um 1106) des nicht näher bekannten Benediktinermönchs Benoît (*DLF* 1057–1058), führt der irische Missionar Brendan oder Brandan, Abt von Clonfert (Grafschaft Galway) und Bischof von Kerry (484–578), den Leser auf seiner Abenteuerfahrt ins Westmeer. Er kommt nicht nur zur Hölle, sondern auch zur Pforte des Paradieses (Botheroyd, S. 302 u. 17f.). Geographische Daten finden sich in systematischer Form nur in wenigen volkssprachlichen Werken, doch lassen sich aus vielen Texten Einzelinformationen sammeln, die, zusammengenommen, ein kohärentes Bild der damaligen kosmographischen Vorstellungen liefern. Wenn die *Brendansreise* ein fiktionaler Text ist, der eher die Vorstellungen vom Jenseits beleuchten soll, gibt es mit Marco Polos (1254–1324) *Le Devisement du monde* (auch: *Livre des merveilles* oder *Milione*) einen eher sachbezogenen Reisebericht von Italien nach China ins Reich des Großen Khans bis an den Hof von Peking. Aber auch hier überwiegt der ästhetisch-literarische Aspekt, wie neuere Forschungen herausgefunden haben (*DLF* 985–987), konkurriert ›Topos-‹ mit ›Erfahrungswissen‹,[29] weil das Publikum von einem Reisebericht gewisse (phantastisch-abenteuerliche) Topoi erwartete, die keine Entsprechung in der Realität zu haben brauchten. Marco Polo diktierte den franko-italienischen Text angeblich seinem Mitgefangenen Rustichello da Pisa in genuesischer Gefangenschaft, ansonsten Verfasser arthurischer Romane (*DLF* 1323–1324), was den phantastischen Gehalt dieser Niederschrift erklärt.

Fachschrifttum über Mikro- und Makrokosmos

Es sei noch auf zwei Gesamtdarstellungen in französischer Sprache hingewiesen, in denen man fast alles zusammengestellt findet, was bisher über Mikro- und Makrokosmos gesagt wurde: *L'Image du Monde* entstand um die Mitte des 13. Jh.s in Lothringen und liegt in mehreren Versionen vor, deren bekannteste von Gossuin de Metz verfaßt wurde.[30] *Li Livres dou tresor* stammt von dem Florentiner Brunetto Latini (um 1220–1294), dem Lehrer Dantes (*DLF* 213–215). In Inferno XV tritt er persönlich auf und bittet den Dichter, der ihn als seinen Lehrer grüßt, seines Lebenswerks zu gedenken, »Sieti raccomandato il mio Tesoro, nel qual io vivo ancora – Dir sei mein Thesaurus empfohlen, in dem ich noch weiterlebe.« Brunetto gehörte in der Auseinandersetzung zwischen Kaisertum und Papsttum der papsttreuen Partei der

›Guelfi‹ an, und als diese nach der Schlacht von Montaperto (1260) ins Hintertreffen gerieten, ging er in diplomatischem Auftrag zunächst nach Paris, danach in die Champagne, wo es wegen der internationalen Handels-Messen eine blühende italienische Kolonie gab. Hier schrieb er seine dreiteilige Enzyklopädie in der Landessprache (pikardische Mundart), und nicht auf Latein oder Italienisch. Das ist eine Verbeugung vor Frankreich, dem damaligen Bildungszentrum der Welt, und sollte dem Werk zugleich eine größere Rezeption sichern, als wenn es italienisch geschrieben wäre. Leider ist der *Livres dou tresor* – der Name *Schatzbuch* ist, analog *Summa*, *Speculum* oder *Flores*, eine der vielen Bezeichnungen für Gesamtdarstellungen des Wissens und dürfte vom lat./griech. *thesaurus* abgeleitet sein – weder in Frankreich noch Italien sehr bekannt geworden. Die überlieferten 79 Handschriften enthalten meist nur Auszüge, doch finden sich immerhin zwei Frühdrucke aus Lyon (1491) und Paris (1539). Der moderne Herausgeber F.J. Carmody konnte die Benutzung von ca. 150 Quellenschriften nachweisen (Ed. Berkeley-Los Angeles, 1939–1948; Reprint Genève 1975).

Das Inhaltsverzeichnis belegt die klare Dreiteilung des *Livres dou tresor*: Im ersten Teil wird sozusagen die Erschaffung der Welt nachgezeichnet und um die damals modernen Kenntnisse erweitert; der zweite ist eine Tugendlehre; der dritte eine Rhetorik. Diese Einteilung geht, über einen unbekannten Gewährsmann vermittelt, auf die *Nikomachische Ethik* zurück. Wir finden den Hinweis: »Philosophia in duas partes divisa, dico autem in theoricam et practicam ... Theorica in physiologicam, theologicam, et mathematicam ... Practica in ethicam, yconomicam et politicam – die Philosophie zerfällt in zwei Teile, nämlich Theorie und Praxis ... Die Theorie in Physiologie, Theologie und Mathematik ... Die Praxis in Ethik, Ökonomie und Politik.« Ohne dies hier zu vertiefen, muß verwundern, daß die Erschaffung der Welt mit allen Geschöpfen, offensichtlich unter Einfluß der Genesis, zur Theorie gehört; ansonsten kann man gut beobachten, wie die Artes ineinandergreifen. Jeder Enzyklopädist versucht übrigens, seinem Werk eine eigene Wendung zu geben, so auch Brunetto. Das folgende Textstück bezeugt seinen praktischen Sinn, denn für ihn ist Gott der tüchtigste aller Handwerker (*artifex*):

> En ce fu nature bien porveant quant ele fist l'orbe tout reont, car nule chose puet estre si fermement serree en soi meismes comme cele ki est reonde. Raison porquoi et coment: garde ces carpentiers ki font ces tonniaus et cuves, k'il ne les poroient en autre maniere former ne joindre se par reondece non. Neis une voute, quant l'en le fait en une maison u un pont, covient k'il soit fermé par son reont, non mie par lonc ne par lé en nule autre forme.
> D'autre part il n'est nule autre forme ki puisse tant de chose tenir ne porprendre con cele ki est reonde. Raison coment: il ne sera ja nus si soutils mestres ki de tant de merien seust faire un vaissel lonc u quarré ou d'autre forme ou l'en peust metre tant de vin d'assés comme en un tonel reont. (Ed. Carmody, S. 86–87)

> Und darin war die Natur sehr vorausschauend, als sie die Erde ganz rund erschuf, denn nichts kann so fest in sich zusammengepreßt werden wie das Runde. Warum und wieso ist das so? Betrachte die Zimmerleute [=Küfer], die Fässer und Bütten her-

stellen und sie auf keine andere Weise herstellen und zusammenfügen könnten als
rund. Und selbst ein Gewölbe, wenn man es in einem Haus oder einer Brücke einzieht,
muß rund geschlossen und darf nicht lang oder breit oder in anderer Form sein.
Andererseits gibt es keine andere Form, die so viel enthalten und aufnehmen kann
wie die runde. Das hat folgenden Grund: Niemand wird ein so tüchtiger Zimmer-
meister sein, der mit der gleichen Menge Bauholz ein langes oder viereckiges oder
sonst wie gestaltetes Gefäß machen kann, in das man ebenso viel Wein gießen kann
wie in ein rundes Faß.

Was die Erschaffung der Welt angeht, spricht der Autor nicht von Gott, sondern von der Natur. Es handelt sich um die *natura naturans*, die ›erschaffen-
de Natur‹, im Gegensatz zur *natura naturata*, der ›erschaffenen Natur‹. Die
beiden Termini meinen Gott und die Welt. Diese Terminologie läßt sich auf
Averroës zurückführen.

Wenn der Platz Gottes in diesem Universum fest zu bestimmen war und
meist über den neun kreisförmig angeordneten himmlischen Sphären sein
sollte, dann bereitete das Jenseits der menschlichen Vorstellungskraft Schwierigkeiten.[31] Ziemlich bald kristallisierte sich die Notwendigkeit einer Dreiteilung des Jenseits heraus, da es nur so den göttlichen Willen und die Trinität
widerspiegle. Diese drei Teile sind *Purgatorium* (Fegefeuer), *Hölle* und *Paradies*. Wenn wir Jacques Le Goff (*Die Geburt des Fegefeuers*, Stuttgart 1984)
glauben dürfen, hat erst Dante Alighieri diesen dreigeteilten Raum fest in der
Vorstellung der damaligen Zeitgenossen verankert und dieses Schema genauer ausgestaltet. Er konnte allerdings auf biblische wie volkstümliche Vorstellungen zurückgreifen. An die Stelle bipolarer Alternativität und dichotomi-
scher Schwarz-Weiß-Antinomien, an die Stelle des Ja-Nein, sei ein Ja-Nein-
Aber getreten. Mit der Durchgangsstation des Fegefeuers (*LexMA* 4,328–
331), in der die Sünden abgebüßt werden könnten, sei, so Le Goff, auch ein
Beitrag zur Beförderung der Herausbildung kapitalistischer Mechanismen
und Transaktionen geleistet worden. Die neue Vorstellung vom *dritten Ort* re-
volutionierte das Rechtsdenken und stärkte das Vertrauen in individuelle Ver-
antwortlichkeit. Das klingt zwar einleuchtend, hat aber mit der mittelalterlichen Lebenswirklichkeit nicht viel zu tun. Wir besitzen einige altfranzösische
Texte, die dem Genus der ›Visionsliteratur‹ angehören, z.B. *Le voyage de
Saint-Brendan* (s.o.) und *L'Espurgatoire S. Patrice* (*DLF* 1208–1209). Sie
gehören beide dem 12. Jh. an, die *Brendansreise* dem ersten, das *Patrickspur-
gatorium*, eine recht getreue Übersetzung aus dem Lateinischen, deren Urhe-
berin vielleicht Marie de France ist, dem letzten Viertel. Die Visionsliteratur
hat ihren Ursprung im keltischen Irland. Von da erblickte man das weite
Meer, den unendlichen Ozean, von dem viele Reisende nie mehr zurückkehr-
ten. Und wer zurückkehrte, berichtete Sagenhaftes. Die keltische Mythologie
liebt Jenseitsliteratur (›Anderswelt‹), vielleicht schon eine Vorform des englischen Gespenster-Genres. Die irischen Mönche missionierten Europa, waren
an einem kohärenten Weltbild interessiert und brachten diese Geschichten
mit. Außer Brendan und St. Patrick gibt es noch die *Paulus-* und die *Tundals-*

vision (*DLF* 1483–1487). Während bei Brendan vom Purgatorium nicht die Rede ist, kommt der Begriff bei St. Patrick im Titel vor. Der Owein der Patricksvision ist ein Sünder, der zur Buße seine Jenseitsreise antritt (Botheroyd, S.304–306).

Wenn für die meisten Kosmographen der Eingang der Hölle bei Jerusalem im Hinnomtal liegt (arab. *Gehenna*), liegen die Jenseitsreiche in der irisch-anglonormannischen Visionsliteratur als Inseln im Meer oder, wie im Fall des *Patricks-Purgatoriums*, als Inseln im Lough Derg, dem Roten See, in der Grafschaft Donegal. Der Missionar Irlands und Nationalheilige St. Patrick soll von Gott auf einer langen steilen Treppe ins Erdinnere geführt worden sein, um die Pein der Seelen in Fegefeuer und Hölle und anschließend die Freude der Geläuterten im Paradies mitzuerleben. Dieses muß, weil die Bibel diesbezüglich ganz eindeutig ist, wieder im Osten liegen:

> Altresi est d'enfer li lius
> desuz terre, parfunz e cius,
> si cume chartre tenebruse
> a cels ki mesfunt perilluse.
> En terre a il un parewis,
> vers Oriënt, u Deus l'a mis,
> u les almes sunt amenees,
> quant de peine sunt delivrees.
> (Ed. K. Warnke, Halle 1938, S. 11/13)

> Genau so ist der Ort der Hölle
> unter der Erde, tief und dunkel [=blind],
> wie ein finstrer Karzer,
> der für die Übeltäter gefährlich ist.
> Auf der Erde gibt es ein Paradies
> gegen Osten, wo Gott es angelegt hat
> und wo die Seelen hingeführt werden,
> wenn sie von ihrer Buße befreit sind.

Die Höllenstrafen, die zur Abschreckung für das Publikum berichtet werden, sind nicht körperlich, wirken aber so und müssen, damit ihr moralischer Sinn verstanden werden kann, auch wie körperliche geschildert werden. Die schrecklichen Purgatoriumsstrafen deuten jedenfalls bereits stark auf Dante voraus.

Brendan (Ed. Short/Merrilees) ist historisch bezeugt. Im 6. Jh. ist er Abt von Clonfert und will am Ende seines Lebens Hölle und Paradies sehen (*LCI* 5,442–443). Mit 14 Gefährten bricht er zu einer siebenjährigen Reise auf (zahlensymbolische Unterlegung mit Sieben) und erlebt allerhand Abenteuer, bis die Gruppe nach einem eindrucksvollen Höllenbesuch zu den Pforten des Paradieses gelangt. Wale, Eisberge, Vulkane werden zu Greifen, Drachen, Fabelwesen oder Höllenschlünden. Die christliche Typologie überlagert alles Märchenhafte. Ein Text mit ähnlicher Thematik stammt z.B. von Raoul de Houdenc (ca. 1170–1230) (*Le songe d'enfer*; *DLF* 1235–1238); zu nennen sind auch mehrere *Tournoiements (d'enfer; d'Antechrist)*.

V. LATEIN UND VOLKSSPRACHE – DAS LITERARISCHE PUBLIKUM

Antikes und mittelalterliches Latein, das Griechische

Spricht man von der Rolle des Lateins im MA, muß man sich bewußt sein, daß es ein Latein mit zwei Gesichtern und Funktionen gibt: einmal das ›Latein der Antike‹, des alten Rom,[1] dessen Spuren bereits in vorliterarischer Zeit (ab 240 v. Chr.) nachweisbar sind und das bis zur Spätantike (6. Jh. n. Chr.) als Literatur-, Verwaltungs- und Umgangssprache überdauert hat,[2] bis das Imperium unter dem Ansturm der sog. Barbaren in der Völkerwanderungszeit unterging, und das danach einsetzende ›Mittellatein‹.[3] Dies war dann in ganz Europa etwa tausend Jahre die universelle Sprache der Kirche, des Rechts und der Universitäten (*LexMA* 5,1722–1735). Der Kirchenlehrer Isidor von Sevilla (ca. 570–636) definiert in seinen *Etymologiarum libri* (II,xvi):

> Latine autem loquitur, qui verba rerum vera et naturalia persequitur, nec a sermone atque cultu praesentis temporis discrepat. Huic non sit satis videre quid dicat, nisi id quoque aperte et suaviter dicere; ne id quidem tantum, nisi is quod dicat et facere.

> Lateinisch spricht aber, wer wahre und natürliche Begriffe verwendet und nicht von der Redeweise und der Bildung der Gegenwart abweicht. Ihm genügt es nicht nur, darauf zu achten, was er sagt, sondern freimütig und angenehm zu reden; und auch das genügt ihm nicht, sondern das, was er sagt, das tut er auch.

Das Lateinische gilt demnach als die adäquate Sprache für eine präzise und wahrhaftige Darstellung, da es am ehesten die Identität von *res et verba* (Sachen und Wörter) garantiert. Das Griechische braucht uns im Zusammenhang des MA.s nicht weiter zu interessieren. Es gilt das bekannte »Graeca sunt (graece est), non leguntur«,[4] und was an griechischen Autoren und Stoffen bekannt war (Homers Trojanischer Krieg, Grundzüge Platons), war lateinisch vermittelt, sei es von den Römern selber, sei es über das griechisch sprechende Unteritalien, sei es über die Kontakte, die Venedig mit Konstantinopel unterhielt, sei es über die Araber in Spanien. Natürlich gab es auch Gelehrte, die des Griechischen mächtig waren, doch meist wurden allein griechische Buchstaben als eine Art Geheimschrift verwandt (*LexMA* 4,1708–1711). Es ist übrigens keine Selbstverständlichkeit, daß das Latein, eine tote Sprache, die nicht seine Muttersprache war, von Karl dem Großen zur Verwaltungssprache seines Reichs gemacht wurde. Im angelsächsischen England wurden beispielsweise die Gesetze in der Volkssprache abgefaßt, während die Kapitularien Karls ausschließlich auf Latein formuliert wurden. Maßgeblich muß für den Kaiser die Erwägung gewesen sein, daß das Latein die Sprache der Kirche war.

Das Vulgärlatein

Wenn die antiken heidnischen wie christlichen Schriftsteller, wenn sie Latein schrieben, in ihrer ›Muttersprache‹ schrieben, galt dies nicht für die lateinisch schreibenden Europäer des MA.s. Sie hatten eine eigene Volkssprache als Muttersprache, drückten sich aber häufig noch in der Zweitsprache Latein aus, die man mit einem schönen Bild Wolframs von den Steinen die ›Vatersprache‹ nennt. Der muttersprachliche Charakter des Lateins ist im Verlauf des frühen MA.s verlorengegangen; man unterschied zwischen dem vom Volk gesprochenen Spätlatein und nannte es *sermo vulgaris* (Vulgärlatein, Vulgärsprache, gelegentlich auch Urromanisch, Vorromanisch, Gemeinromanisch)[5] und der lateinischen Hochsprache, an der sich das Vulgärlatein so lange orientierte, bis dies keinen Sinn mehr machte. Das geschah in den einzelnen Teilen des alten lateinisch sprechenden Imperium Romanum mit verschiedener Intensität und Geschwindigkeit, und dadurch natürlich auch zu jeweils anderen Zeitpunkten. Wie dieses Sprechlatein, zumal das galloromanische, ausgesehen hat, wissen wir nur andeutungsweise: Spuren[6] finden sich in der *Itala (Vetus Latina)*[7], der *Appendix Probi*, einem lateinischen Antibarbarus des 3./4. Jh.s (Liste von 227 zu vermeidenden volkstümlichen Wörtern mit den entsprechenden korrekten lateinischen Ausdrücken), Grabinschriften oder der *Peregrinatio Aetheriae vel itinerarium Egeriae in Terram sanctam*[8] (415–418, aquitanisch oder galizisch), der Reisebeschreibung ins Heilige Land der Nonne eines nordwestspanischen oder südfranzösischen Klosters, des ältesten Berichts seiner Art. Diese Zeugnisse lehren, daß man nicht in einem kühnen Sprung von der Epoche Caesars und Ciceros bis ins 12. Jh. zum Französischen gelangen kann, sondern von Formen der späten Kaiserzeit ausgehen muß, die einen stark gewandelten Vokalismus (Quantitätenkollaps, Reduzierung, Schwund) kennen. In der Morphologie treten Nivellierungen, Analogisierungen und Analytisierung (die syntaktischen Beziehungen im Satz werden außerhalb der einzelnen Wörter durch grammatische Hilfswörter ausgedrückt) auf.[9]

Die Qualität des Lateins, das sich von Rom und Italien aus über das ganze Imperium verbreitete, ist somit einer der wichtigsten Faktoren für die Herausbildung der romanischen Sprachen. Diese setzen nicht das klassische Latein (Kulturlatein), sondern das gesprochene Volkslatein voraus. Dieses unterschied sich z.B. in Dalmatien schon früh von dem in Raetien, Gallien oder Spanien. Neben dieser regionalen Gliederung des gesprochenen Lateins gab es eine soziologische. Jede Schicht verfügte über eigene Ausdrucksweisen. Erst aus dem Bedürfnis nach einer reibungslosen Verständigung zwischen Menschen verschiedener Stände und verschiedener Muttersprachen, die auf dem riesigen Territorium des Imperiums als Soldaten, Veteranen, Kaufleute usw. miteinander zu tun hatten, entstand eine mehr oder weniger homogene vulgärlateinische Gemeinsprache. Als aber nach dem Untergang des Imperiums das Vulgärlatein allein überlebte, wurde der Weg frei für die Entstehung der romanischen Sprachen. Hierfür war es nicht bedeutungslos, daß das Latein im Lauf seiner Ausbreitung mit anderen Sprachen in Berührung gekommen war. Wir unterscheiden zwischen vorgefundenen (Substratsprachen) und hinzukommenden Sprachen (Superstratsprachen), von denen für das Französische das Keltische und das Fränkische am wichtigsten sind.[10]

Die Reformen Karls des Großen

In den 800 Jahren von Augustus, dem Höhepunkt der Goldenen Latinität, bis zu Karl dem Großen führte das Latein demnach eine Doppelexistenz als gesprochene Spontansprache und kodifizierte Hochsprache (sog. Diglossie). Während sich die Spontansprache morphologisch weiterentwickelte, hielt die Hochsprache, gestützt auf einen literarischen Kanon (vor allem die Prosa Ciceros), starr an einem älteren Flexionssystem fest und schirmte sich weitgehend gegen den Einfluß der Sub- und Superstratsprachen ab, so daß die Kluft zwischen Hoch- und Spontansprache immer tiefer wurde und die Hochsprache zu guter Letzt von der Mehrheit der Bevölkerung nicht mehr verstanden wurde, weshalb man sie schulmäßig erlernen mußte. Das Reich Karls des Großen wurde zum politischen und zugleich auch kulturellen Zentrum des Abendlandes. In den überall errichteten Schulen und Klöstern wurden wieder verstärkt lateinische Autoren der Antike und Spätantike gelesen. Da die Gelehrten feststellten, daß sich die von der Bevölkerung gesprochene romanische Spontansprache vom klassischen Latein erheblich unterschied, führte Karl der Große auf Veranlassung seiner Hofgelehrten (vor allem Alkuins) eine Reform (*LexMA* 2,187–190) der lateinischen Aussprache durch (sog. karolingische Reform oder karolingische Renaissance), die zwar wieder eine einigermaßen korrekte Aussprache und Grammatik der Hochsprache bewirkte – man vergleiche z.B. Einhards Latein mit dem Gregors v. Tours –, aber andererseits endgültig das Band zwischen lateinischer Spontan- und Hochsprache zerriß und die Kluft zwischen *litterati* und *illitterati* noch weiter vertiefte.

Alkuin schreibt wie folgt an Karl den Großen, und man erkennt, daß das Anknüpfen an die Tradition des christlichen Rom dominiert. Die Vorstellung der *translatio* ist deutlich erkennbar, wenn Aachen ein neues Athen werden soll, aber diese Vorstellung wird christlich überwölbt:

> Wenn viele Eurem Fleiß und Eifer folgen, dann mag in Aachen ein neues Athen im Frankenreiche erstehen, das durch den Dienst am Herrn Jesus Christus alle Weisheit der Akademie übertreffen wird. Jenes Athen glänzte nur durch die Lehren Platons und die sieben freien Künste, das neue Athen aber überbietet, durch die Fülle des heiligen Geistes bereichert, das gesamte Verdienst der weltlichen Weisheit. (zit. nach Buck, S. 60)

Karl der Große selber sendet einen berühmten Brief, *De litteris colendis* betitelt, an den Abt Baugulf von Fulda. Bei der Wiederbelebung (*renovatio*) der antiken Literatur geht es ihm in erster Linie um eine Wiederbelebung der Studien zum Zweck einer allgemeinen Bildungsreform:

> Es sollen die Bistümer und Klöster, die durch Christi Huld in unsere Verwaltung gegeben sind, nicht nur nach der Regel ihr Leben ordnen und durch Bildung ihren Wandel heiligen, sondern auch in Pflege der Bildung denen, die der Herr zum Lernen begabt hat nach der Fähigkeit jedes einzelnen ihren Lehreifer widmen, damit ebenso, wie die Stetigkeit der Regel zu guter Sitte führt, auch die Tätigkeit des Lehrens und Lernens zu gut geordneten Worten führe, und wer Gott durch ein rechtes Leben gefallen möchte, ihm auch durch rechtes Reden zu gefallen denke. [...] Deshalb mahnen wir euch, vernachlässigt nicht Sprache und Schrift, nein, wetteifert vielmehr in demütigem, gottgefälligem Fleiß, daß ihr sie lernt, damit ihr um so leichter und richtiger in den Geheimsinn der göttlichen Bücher eindringen mögt. Wenn in den heiligen Schriften bildliche und figürliche Reden oder andres der Art vorkommt, so zweifelt doch niemand, ein jeder Leser werde die Bedeutung davon um so rascher begreifen, je gründlicher er zuvor durch sprachliche Schulung gebildet ist. Hierzu soll man nun Männer wählen, die sowohl Wunsch und Begabung zum Lernen wie auch den Drang zum Unterrichten haben, und man soll es mit soviel Eifer betreiben, wie es mit Andacht von uns geboten wird. Denn wir wünschen euch, wie es sich für Mannen der Kirche gehört: nach innen fromm, nach außen klug, keusch in gutem Leben und gelehrt in gutem Reden. (zit. nach Buck, S. 60–61)

Dementsprechend schuf Kaiser Karl auch eine einheitliche Schrift und verordnete sie seinem Reich, denn in unterschiedlichen Regionen wurden unterschiedliche Schriftarten verwendet. Die neue Schrift wurde im 8. Jh. in der Abtei Corbie (Picardie) bzw. der Abtei Saint-Martin in Tours entwickelt und heißt ›karolingische Minuskel‹. Das erste Manuskript, in dem sie systematisch angewandt wurde, stammt bereits von 781 (*LexMA* 5,1014–1015).

Das Wechselspiel von Mittellatein und Volkssprache – »Eulaliasequenz«

Das Volk konnte allmählich, und das ist die Kehrseite dieser an und für sich wünschenswerten Sprach-Reform, die in der Kirche in der reformierten und damit den klassischen Normen des Lateins wieder entsprechenden Aussprache gehaltenen Predigten nicht mehr verstehen. Als Ausweg blieb nur, die Volkssprache auch im kirchlichen Bereich zuzulassen, was durch den Beschluß der Synode (Konzil) von Tours (813) gestattet wurde. Dort ist von *rustica lingua Romana* und – für die Germanen – von *lingua Thiotisca* die Rede. Das ursprünglich mündliche Übersetzen von lateinischen Predigten in die Volkssprachen stärkte, da es einen immer größeren Umfang annahm, auch die Tendenz zur Verschriftung der Volkssprachen.[11] Vom ersten Zeugnis, den berühmten *Straßburger Eiden*,[12] war bereits die Rede, der erste literarische Text auf französisch, die *Eulaliasequenz*, dürfte von ca. 880 stammen (*DLF* 1355–1356).

In 14 assonierenden Verspaaren wird das Martyrium der Jungfrau Eulalia gefeiert, die ihren Tod am 10.12.304 während der Diokletianischen Christenverfolgung fand. Die Schönheit ihrer Seele übertrifft ihre körperliche Anmut noch, und es ist ein schönes Sinnbild, wenn ihre Seele am Schluß in Gestalt einer Taube zum Himmel steigt, »In figure de colomb uolat a ciel.« Die Sprache der Sequenz wird von Latinismen, Dialektismen, Regionalismen und Archaismen geprägt, so daß eine genaue Zuordnung schwer ist. Wahrscheinlich stammt der Text aus der Picardie oder der Wallonie. Ihm liegt eine lyrische Sequenz in lateinischer Sprache zugrunde, doch wäre es falsch, in der altfranzösischen Version eine Übersetzung sehen zu wollen. Der Dichter gestaltet etwas durchaus Eigenständiges. Immerhin ist der Parallelismus von lateinischem und altfranzösischem Text, den wir auch beim *Alexius* (DLF 1330–1331) beobachten können, auffällig. Die altfranzösische Literatur macht jedoch schon bald einen Emanzipationsprozeß durch.

Wer sich im MA die lateinische Sprache aneignet und darin dichtet, ist im allgemeinen Kleriker. Sein täglich gehörtes und gelesenes sprachliches Vorbild ist das Latein der *Vulgata* (sie wurde 382 vom Kirchenvater Hieronymus begonnen und ersetzte die *Itala* oder *Vetus Latina*, die noch bis ca. 600 benutzt wurde), der Liturgie und des Breviers, kurz: christliches Latein. So speiste sich das Mittellatein aus anderen Quellen als das antike. Den mittelalterlichen Dichtern und Gelehrten gelang es, die eigene Kultur mit der antiken und christlichen zu verschmelzen, und so sehr man auch immer auf Sprache und Literatur Roms zurückblickte und sie zum Maß nahm, wurde diese Sprache doch umgeformt, so daß man auch neue geistige Wandlungen und Prozesse darin ausdrücken konnte. Deshalb unterschied sie sich erheblich vom antiken Latein. Da es mehrere Jahrhunderte dauerte, bis auch die Volkssprachen literaturfähig waren, wurde das Mittellatein zu einer zweiten ›Muttersprache‹ und war deshalb imstande, sich ein Jahrtausend lang seine Lebenskraft zu erhalten. Das Mittellatein übertraf das antike noch an räumlicher Ausdehnung, denn alle römisch-katholischen Länder (Irland, Schottland, England, Frankreich, Italien, Spanien, Portugal, Deutschland, die nordischen Länder bis Island, Böhmen, Ungarn, Kroatien, Polen, die Baltenstaaten, die Ukraine) benutzten es, und die Fülle der Urkunden, aber auch der literarischen Zeugnisse ist beeindruckend: Man denke an die großen Sammlungen des Abbé Jacques-Paul Migne (*Patrologia Latina*, 217 Bde.), der Priester Guido Maria Dreves und C. Blume (*Analecta Hymnica*, 55 Bde.: 4000 Hymnen, 4500 Sequenzen)[13] oder die vom Freiherrn v. Stein 1819 gegründeten *MGH* (=*Monumenta Germaniae Historica*) mit ihren fünf Hauptabteilungen (*Scriptores, Leges, Diplomata, Epistolae, Antiquitates* unter Einschluß der *Poetae*), und das sind nur die prominentesten Reihen.[14]

Das Mittellatein war eine europäische Universalsprache, und somit wurden zahlreiche Werke unterschiedlicher Gattungszugehörigkeit,[15] seien ihre Verfasser Spanier, Angelsachsen, Italiener, Franzosen oder Deutsche, in dieser Sprache verfaßt.[16] Man darf sich aber vom Gehalt der mittellateinischen Literatur auch keine übertriebenen Vorstellungen machen. Schaut man in eine Literaturgeschichte (von Gröber über Manitius bis Brunhölzl), sieht man sogleich, daß geistlich-belehrende Prosa und religiöse Lyrik dominieren. Viele Texte sind zweckgebunden, und die Kirche oder das Christentum machten die entsprechenden Vorgaben: Heiligenleben, Visionen, Martyrologien, Kloster-, Bistums- und Kirchengeschichten, Bibelnachdichtungen, Mirakel, Exempla und Fabeln dienen alle moralischen Zwecken. Das Drama ist, sieht man von Ausnahmen ab, kaum existent; am originellsten und eigenständigsten sind die Vagantenlieder, Epen wie der *Waltharius*, die Flucht der Königskinder Walter und Hildegunde vom hunnischen Hof, bzw. der Ritterroman *Ruodlieb*, der lebendig und realistisch die Abenteuer eines fahrenden Ritters an fremden Höfen schildert.[17]

Lateinische Schulautoren

Die mittellateinische Literatur steht in der Kontinuität der Antike, entwickelt sich aber gattungsmäßig und stilistisch fort, weil sie christlich geprägt ist. Dies führt zu einem ständigen Konflikt der Dichter und bereitet ihnen ein schlechtes Gewissen: Ohne die antiken Modelle kommen sie nicht aus, aber da es sich meist um heidnische Texte handelt, dürfen sie sie, wenn überhaupt, nur mit Vorsicht lesen. Latein lernte man meist in ›ganzheitlicher‹ Methode durch die Lektüre geeigneter klassischer Autoren, der sog. Schulautoren. Konrad von Hirsau (1. Hälfte des 12. Jh.s) nennt in seinem *Dialogus super auctores* deren einundzwanzig (Curtius, *ELLMA*, S. 59). Die knappe Auswahl umfaßt Heidnisches mit Bevorzugung der Spätantike und Christliches, ohne Beachtung der Chronologie; von Klassikern nur Cicero, Sallust, Horaz, Vergil, deren Wert ausschließlich in ihrer moralischen Wirkung besteht, was durch die Zusammenstellung mit den fünfzehn anderen unterstrichen wird. Die nicht-klassischen Autoren sind der Grammatiker Donatus, die *Disticha Catonis*, Aesop in der nach dem Einleitungsbrief benannten ›Romulus‹-Version, Avian (42 Fabeln in Distichen), Sedulius (metrische *Messiade*), Juvencus (Evangelienharmonie), Arator (Bibelepiker) und andere mehr. Cicero (»Tullius«) wird zwar als »nobilissimus auctor« gerühmt, doch werden von seinen Schriften nur der *Laelius* (*De amicitia*) und der *Cato maior* hervorgehoben, von Horaz nur die *Ars poetica*; von Ovid werden die *Fasti* und *Ex Ponto* geduldet, die Erotika und die *Metamorphosen* abgelehnt. Juvenal und Persius werden gerühmt, weil sie die Laster der Römer gegeißelt hätten.

Konrads *Dialogus* ist aber auch deshalb bedeutsam, weil er eine erste Literaturdidaktik enthält, die damals *accessus ad auctores*[18] hieß. Das Werk ist ein Schüler-Lehrer-Gespräch, in dem der Schüler den Lehrer um Aufklärung bittet:

> In einer summarischen Übersicht möchte ich von dir erklärt haben, was bei jedem einzelnen der Schulautoren, mit denen der jugendliche Geist der Anfänger gewöhnlich vertraut gemacht wird, zu untersuchen ist, nämlich, wer der Verfasser ist, was, wieviel, wann und wie, das heißt, ob in Versen oder in Prosa, er geschrieben hat, von welchem Stoff und welcher Absicht eines jeden Werk ausgegangen ist und auf welchen Zweck der Wortlaut der Schriften selbst gerichtet ist. Ich frage dich auch nach dem Buchumfang, nach dem Unterschied zwischen Titel, Vorwort, Prooemium und Vorrede, zwischen einem Dichter, einem Geschichts- und einem Redenschreiber, zwischen Dichtung und Gedicht, zwischen Ausdeutung, Erklärung, gelehrter Studie und Übertragung, zwischen Allegorie, Tropologie und Anagoge; ferner möchte ich wissen, was unter einem Buch zu verstehen ist, was unter Prosa, Rhythmus, Fabel, unter Redefiguren, die auch Schemata genannt werden, und unter dem, was etwa sonst noch bei kirchlichen oder heidnischen Schriftstellern zu untersuchen ist. Eine kurze Klärung all dieser Fragen scheint mir einer Einführung in das Verständnis der großen wie der kleinen Autoren gleichzukommen. (zit. nach Buck, S. 82)

Unbekannt ist der Ursprung des folgenden Merkverses, der das gleiche im Sinne hat und mit dem noch die Gymnasiasten des vergangenen Jahrhunderts angeleitet wurden, ihre Schulaufsätze zu gestalten: »QUIS, QUID, UBI, QUIBUS AUXILIIS, CUR, QUOMODO, QUANDO – Wer, was, wo, wodurch, warum, wie, wann?« Dieser Merkvers ist ein Hexameter mit sieben Merkwörtern, und die vollkommene Siebenzahl könnte auf die *septem artes* verweisen.

Wir besitzen in dem satirischen Sittenspiegel des aus der Champagne stammenden Guiot de Provins (Anfang 13. Jh.), *La Bible Guiot* (DLF 649–650), einen interessanten Katalog klassischer Autoren, die damals gelesen wurden und der viel weiter reicht als Konrad von Hirsau. Auf seinen Reisen durch Frankreich kam Guiot nach Arles, wo es an der spätromanischen Kathedrale St. Trophime auch eine Kathedralschule gab. Bevor er die Autoren nennt, definiert Guiot, was ein ›Philosoph‹ ist und setzt, von keinem Modernismus geplagt, die Antike als ein Muster der Sittenstrenge gegen seine eigene Zeit:

> Les portes covient a ovrir
> dou siecle et de l'estre dou monde
> en ceste bible, qui qu'en gronde.
> Des dis as nobles clers paiens
> qui furent ains les crestïens
> vorrai ceste bible florir.
> Sil se gardoient de mantir,
> sil vivoient selonc raison;
> hardi furent comme lion
> de bien dire, et de droit mostrer,
> et des mavais vices blasmer;
> s'il ëussent creance et loi
> en nulle gent n'ot tant de foi.
> Les escritures molt les loent;
> ›philosophes‹ les apelloient.
> Li grijois en latin resonne,
> qui non de philosophe sonne,
> ›amans de bien et de droiture‹.
> Ensi l'aferme l'escriture,

›philosophes‹ nomeiz estoit
sil qui amoit raison et droit,
et qui menoit honeste vie
et de nul tort n'avoit envie;
li nons fut molt biaus et cortois,
por coi l'appelloient grijois
les amaors de sapience,
qu'en aus ot plus de pacience
et de raison qu'en nulle gent.
A Arle oï conteir molt gent
lor vie, en l'englise Saint Trophe.
Molt furent nei li philosophe –
teius estoit lor generals nons –
Therences en fut et Platons,
et Seneques et Haristotes;
Viergiles en refut et Ostes,
Cleoo li viez, et Socratés,
et Lucans, et Diogenés;
Precïens et Aristopus
en furent, et Cleobolus,
s'en fu Boeces et Estaces;
et Tulles li granz et Oraces,
et Cliges et Pitagoras
en furent. Se n'est mie gas
de lor subtilitei serchier.
(Ed. Orr, S. 11–12, vv. 42–85)

Die Tore muß ich öffnen
des Jahrhunderts und der Beschaffenheit der Welt
in dieser ›Bibel‹, wer auch darüber murrt.
Mit den Aussprüchen der edlen heidnischen Gelehrten,
die den Christen vorangingen,
möchte ich diese ›Bibel‹ ausschmücken.
Sie hüteten sich zu lügen,
sie lebten gemäß der Vernunft;
sie waren kühn wie Löwen,
wenn es darum ging, Gutes zu sagen und das Recht unter Beweis zu stellen
oder üble Laster zu tadeln;
wenn sie schon den Glauben und Gottes Gebot gehabt hätten,
hätte es bei keinem Volk so viel Gottestreue gegeben.
Die Schriften loben sie sehr;
sie nannten sie ›Philosophen‹.
Das griechische Wort lautet auch lateinisch so,
wenn man den Namen ›Philosoph‹ ausspricht, [und bedeutet:]
›Freund des Guten und Richtigen‹.
So bestätigt es die Schrift:
›Philosoph‹ wurde genannt,
wer Vernunft und Recht liebte,
ein ehrbares Leben führte
und wen es nicht nach Unrecht gelüstete;
dieser Name war sehr schön und höfisch,
mit dem die Griechen
die Liebhaber der Weisheit benannten,

denn sie besaßen mehr Geduld
und Vernunft als irgendein anderes Volk.
In Arles hörte ich, wie in der Kirche Saint Trophime (=Christoph)
das Leben dieser Philosophen (ihr Leben) sehr schön erzählt wurde.
Viele Philosophen wurden geboren –
So lautete ihre allgemeine Bezeichnung (oder: ihr hochherziger Name) –
Terenz und Platon waren darunter,
auch Seneca und Aristoteles;
Vergil gehörte dazu und Ovid (Ostes),
Der alte Kleon (gemeint wohl Cato) und Sokrates,
Lucan und Diogenes;
Priscian und Aristipp
waren darunter, und Kleobulos,
Boethius und Statius;
und der große Tullius (Cicero) wie auch Horaz
und Cligès (Clichon, einer der Lehrer Alexanders?) und Pythagoras
gehörten dazu. Und es ist keineswegs unvernünftig,
nach ihrem Tiefsinn zu suchen.

Mit den ›Schriften‹ (v. 55), in denen dieser Philosophen- oder besser Schrift-
stellerkatalog überliefert ist, ist vermutlich der *Policraticus* des Johannes von
Salisbury (ca. 1115–1180) gemeint (*DLF* 848–850). Dieser vielseitige Philosoph, Historiker und Kirchenmann hatte darin die Kirche als Organ des sozialen und politischen Pluralismus und, Anhänger des Märtyrers Thomas Becket,
als Bollwerk gegen die Königsmacht beschrieben. Seine Liste ist außerordentlich reichhaltig, und einige Namen wie die der Philosophen Aristipp und
Kleobulos überraschen.

Mißverstandene Antike?

Man hat vielfach angenommen, der mittelalterliche Unterrichtsbetrieb habe
wegen dieser einseitig moralischen Lektüre die antiken Autoren nicht mehr
richtig verstanden und sie sogar mißverstanden. Curtius überschreibt den ersten Exkurs seines berühmten Mittelalterbuches mit »Mißverstandene Antike
im MA« (*ELLMA*, S. 407–409), und er nennt als Beispiel die Reiterstatue des
Marc Aurel auf dem römischen Capitol, die man zunächst in eine Statue des
ersten christlichen Kaisers Konstantin umdeutete, aus dem die Römer später
einen populären Römer, den ›braven Marcus‹, machten, der angeblich einen
feindlichen Zwergenkönig fing und die Stadt vor der Einnahme bewahrte.
Diese Umdeutung ist aber nicht so sehr ein ›Mißverständnis‹ als eine hermeneutische Anverwandlung der Antike. Das dogmatische Christentum war alles andere als tolerant. Heidnische Zeugnisse – gemeint sind Heiligtümer,
Tempel und Bilder – wurden im allgemeinen zerstört, bestenfalls überbaut,
man denke nur an die berühmte Fällung der Donareiche durch den ›Apostel
der Deutschen‹, Bonifaz (Wynfrith), bei Hofgeismar im Hessischen. Heiligtü-

mer verschwanden unter einer Kapelle oder Kirche, und das war der sicherste
Weg, sie auszulöschen; heidnische Feste wie Ostern und Weihnachten wurden
christlich vereinnahmt und umfunktioniert. Den kategorischen Imperativ für
ein derartiges Vorgehen lieferte die Bibel:

> Ihr sollt alle Kultstätten zerstören, an denen die Völker, deren Besitz ihr übernehmt,
> ihren Göttern gedient haben: auf den hohen Bergen, auf den Hügeln und unter je-
> dem üppigen Baum. Ihr sollt ihre Altäre niederreißen und ihre Steinmale zerschla-
> gen. Ihre Kultpfähle sollt ihr im Feuer verbrennen und die Bilder ihrer Götter um-
> hauen. Ihre Namen sollt ihr an jeder solchen Stätte tilgen. (5. Mos 12,2–3)

Mit der römischen Kultur verfuhr man wegen der Vorbildhaftigkeit ihrer
Sprache nicht ganz so radikal, aber man funktionierte auch sie um, und das
gilt auch für literarische Texte.[19] Hier konnte man sich auf das hermeneutische Verfahren der Allegorese stützen (s. Kap. VII), das die alten Griechen
nach Platons Homerkritik bereits für Homer, der als unphilosophisch galt,
entwickelt hatten und das von den hellenisierten Griechen auf das AT übertragen worden war, um es mit dem NT kompatibel zu machen (Lehre vom
vier- bzw. mehrfachen Schriftsinn). Jetzt wird die Allegorisierung oder Mora-
lisierung zur Grundlage der Textinterpretation schlechthin, die den wörtlichen Sinn, der durchaus erotisch, obszön oder blasphemisch sein kann, durch
einen ›moralischen‹ überbaut, der theologisch nicht mehr anstößig ist. Man
ging sogar so weit, einzelne antike Autoren nachträglich zu christianisieren.

Schon im 4. Jh. ist ein apokrypher Briefwechsel zwischen Seneca, dem
Verfasser der *Epistulae morales*, und dem Apostel Paulus verbreitet. Aus Ovid
macht die mittelalterliche Legende einen Christen. Dante erklärt Statius ebenfalls zum Christen. Vor allem aber verknüpfte sich mit dem Namen Vergils eine Fülle von Mären und Fabeln (*LCI* 4,415–416). Er galt als Magier, aber daneben wurde bereits von Laktanz (um 300, Verfasser der *Divinae institutiones*, einer ersten Gesamtdarstellung des christlichen Glaubens) die IV. Ekloge,
die eigentlich Kaiser Augustus verherrlicht, als christlich-messianische Weis-
sagung gedeutet.[20] Dies bot sich an, weil darin von einem von einer Jungfrau
geborenen Knaben und einem goldenen Zeitalter die Rede ist, was sich aber
in Wirklichkeit auf Kaiser Augustus bezieht:

> Ultima Cumaei venit iam carminis aetas,
> magnus ab integro saeclorum nascitur ordo.
> iam redit et Virgo, redeunt Saturnia regna,
> iam nova progenies caelo demittitur alto.
> tu modo nascenti puero, quo ferrea primum
> desinet ac toto surget gens aurea mundo,
> casta fave Lucina: tuus iam regnat Apollo.
> (vv. 4–10)

> Jetzt schon tritt das letzte Zeitalter der cumäischen Weissagung ein,
> und ein großes Weltjahr beginnt wieder von vorn.
> Schon kehrt die Jungfrau zurück, die Herrschaft Saturns kehrt wieder,
> und eine neue Nachkommenschaft wird vom hohen Himmel herabgeschickt.

> Du, keusche Lucina, sei dem Knaben, der geboren wird, wohlgesonnen,
> durch den zuerst das eiserne Geschlecht aufhört und ein goldenes auf der ganzen
>   Welt erstehen wird:
> dein Apoll herrscht schon.

Und noch im 15. Jh. sang man in Vergils Geburtsstadt Mantua im Rahmen einer St. Pauls-Messe eine besondere Hymne, die berichtet, der Apostel Paulus habe am Grabe Vergils aus Schmerz fromme Tränen darüber vergossen, daß er den größten aller Dichter zu dessen Lebzeiten nicht kennengelernt habe.

Ein bekanntes altfranzösisches Beispiel soll das beschriebene Umdeutungsverfahren illustrieren; es ist der *Ovide moralisé* in 70.000 Versen (alle bekannten Metamorphosen werden übersetzt), der allerdings erst vom Anfang des 14. Jh.s (vor 1328) stammt. Er faßt aber zwei für uns wichtige Tendenzen auch für die vorangegangenen Jahrhunderte treffend zusammen, die Beliebtheit Ovids und die Beliebtheit moralisch-didaktischen Dichtens:

Aucun sont, qui ceste fable oient,	Es gibt Leute, die diese Geschichte hören,
Qui la condampnent et renoient	die sie verdammen und verleugnen
Et dient que c'est desverie,	und sagen, es sei eine Torheit,
A dire et droite bogrerie,	eine so offenkundige Ketzerei zu erzählen.
Et qu'en ne doit cest livre lire	Man dürfe dieses Buch
Por la mençongniable matire	wegen seines lügenhaften Inhalts,
Dont il parle et qui sans doutance	von dem es berichtet und der zweifellos
Est contraire a droite creance.	in Widerspruch zum rechten Glauben steht,
	nicht lesen.
Voirs est qui Ovide prendroit	Wenn jemand allerdings Ovid wörtlich nähme
A la letre et n'i entendroit	und in ihm keinen anderen Sinn,
Autre sen, autre entendement	kein anderes Verständnis erkennen wollte,
Que tel com l'auctors grossement	als der Autor in groben Zügen
I met en racontant la fable,	bei der Erzählung des Stoffs darein legt,
Tout seroit chose mençongnable,	dann wäre das alles lügenhaft,
Poi profitable et trop obscure,	wenig nützlich und allzu dunkel,
Non pas ci, mes tant comme il dure;	und zwar nicht nur jetzt, sondern so lange
	es existiert;
Et qui la fable ensi creroit	wenn aber jemand den Stoff
Estre voire, il meserreroit	für wahr hielte, irrte er sich gewaltig,
Et seroit bogrerie aperte.	und es wäre offenkundige Ketzerei.
Mes sous la fable gist couverte	Denn unter dem Stoff liegt
La sentence plus profitable,	der nützlichere Sinn verborgen,
Dont qui la tient a pure fable	und wer ihn für reine Erfindung hält,
Ne li chaille quel qu'ele soit.	der kümmert sich nicht um seine Beschaffenheit.
Et qui pense qu'en fable oit	Und wer glaubt, es gebe in dem Stoff
Autre sens, autre entendement,	einen weiteren Sinn, ein anderes Verständnis,
Ne doit trop embreveusement	der darf den Stoff nicht vorschnell
Blasmer la fable ne reprendre	tadeln noch kritisieren,
Por ce s'il ne la puet entendre	weil er ihn nicht verstehen kann
Ou bon sens qu'ele puet avoir.	gemäß dem wahren Sinn, den er haben kann.
Bon sens et acordable a voir	Einen guten und erkennbaren Sinn
Puet l'en en ceste fable metre,	kann man in den Stoff hineinlegen,
Qui bien set exposer la letre.	wenn man den wörtlichen Sinn gut zu
	erklären weiß.

Ensi est la sainte Escripture	Genauso ist die Heilige Schrift
En pluisors leus trouble et obscure	an mehreren Stellen unklar und dunkel
Et samble fable purement	und scheint eine reine Erfindung,
Qui n'i met autre entendement	wenn man nicht einen anderen Sinn hineinlegt,
Qu'en la letre ne samble avoir;	als sie wortwörtlich zu haben scheint;
Et qui creroit por nonsavoir	und wer aus Unwissen annehmen wollte,
Qu'il n'i eüst autre sentence,	daß es darin keinen weiteren Sinn gäbe,
Il se decevroit sans doutence,	der irrte sich zweifellos
Si mestroit s'ame a dampnement.	und überantwortete seine Seele der Verdammnis.

(Henry, *Chrestomathie*, S. 219–220)

Dieser Textauszug spricht für sich: Unter Bezug auf die Heilige Schrift wird das mehrsinnige Interpretationsverfahren für Ovid vorgeschlagen. Man darf den Autor nicht wörtlich nehmen, er ist ein Heide, und ginge man so vor, wäre es Ketzerei, aber unter der Oberfläche verbirgt sich ein nützlicher moralischer Sinn, von dem auch der Christ profitieren kann (*DLF* 1094–1095).

Wenn die volkssprachliche französische Literatur im 11. Jh. mit geistlichen Verserzählungen (*Alexius*, um 1050) einsetzt, wenn dann schon bald als neue Gattung das nationale Heldenepos (um 1100) hinzutritt (*Chanson de Roland*), wenn noch einmal 50 Jahre später der höfische Versroman hinzukommt, der antike (nach Vergil, Statius, Diktys, Dares – die beiden letzteren haben die Trojasagen überliefert) wie auch keltische Stoffe behandelt, so zeigen alle diese Gattungen Vertrautheit mit klassischen Autoren und ihren rhetorischen Mitteln:

> Die reiche Entfaltung der französischen Dichtung im 11., 12. und 13. Jahrhundert steht also in engem Bezug zur lateinischen Prosa und Poetik der Zeit, die in Frankreich und dem französischen England blühte. Die lateinische Bildung und Dichtung geht voraus, die französische folgt. Das Latein hat dem Französischen die Zunge gelöst. Weil Frankreich der Träger des studium war; weil die artes, Grammatik und Rhetorik an der Spitze, dort ihr Hauptquartier hatten – deshalb sproß dort zuerst der Flor der volkssprachlichen Poesie. (Curtius, *ELLMA*, S. 387ff.)

Antikisierende altfranzösische Literatur

Wenn wir Edmond Faral[21] glauben dürfen, dann waren die Dichter in der Volkssprache meist studierte Leute, die auf den Kathedralschulen des 12. Jh.s die *auctores* kennengelernt hatte. Sie waren so zahlreich, daß es nicht genug kirchliche Stellen für alle ausstudierten Kleriker gab. Es entstand ein Überangebot an Intellektuellen, das von den Feudalhöfen Frankreichs und Englands aufgesogen wurde. Hier sorgten die arbeitslosen Kleriker für Unterhaltung. Sie vermittelten ihren Hörern die Geschichten von Troja, Theben und Rom, aber auch die Werke des Ovid. Und sie gestalteten sie mit allen Schmuckformen der Rhetorik. Als Zeugnis für diesen Bildungseifer mag der Prolog des *Roman de Thèbes* (Mitte 12. Jh.), der Geschichte von Ödipus bzw. dem Bruderzwist zwischen Eteokles und Polyneikes, dienen:

Qui sages est nel deit celer,	Wer weise ist, soll das nicht verbergen,
Ainz por ço deit son sen monstrer,	sondern soll deshalb seinen Verstand zeigen,
Que, quant serra del siecle alez,	damit er, wenn er die Welt verlassen hat,
En seit pues toz jorz remembrez.	stets in der Erinnerung bleibt.
Se danz Homers et danz Platon	Wenn Herr Homer und Herr Platon
Et Vergiles et Ciceron	und Vergil und Cicero
Lor sapience celissant,	ihre Weisheit verborgen hätten,
Ja ne fust d'eus parlé avant.	dann würde weiterhin nicht mehr von ihnen gesprochen.
Por ço ne vueil mon sen taisir,	Deshalb will ich mein Wissen nicht verschweigen
Ma sapience retenir;	noch meine Weisheit zurückhalten;
Ainz me delet a aconter	es freut mich vielmehr, eine erinnerungswürdige
Chose digne de remembrer.	Geschichte zu erzählen.
Or s'en voisent de tot mestier,	Alle Personen jeglichen Standes mögen verschwinden,
Se ne sont clerc o chevalier,	soweit sie nicht Clerici oder Ritter sind,
Car aussi pueent escouter	denn sie können nur zuhören
Come li asnes al harper.	wie der Esel beim Harfenspiel.
Ne parlerai de peletiers,	Ich spreche nämlich nicht von Kürschnern,
Ne de vilains, ne de berchiers;	Bauern oder Schäfern,
Mais de dous freres vos dirai,	sondern von zwei Brüdern will ich zu euch sprechen
Et lor geste raconterai.	und ihr Schicksal erzählen.
(Mölk, Nr. 25, vv. 1–20, S. 23)	

Letztlich gibt es aber nur fünf wichtige antikisierende Werke (*ESM* 247–289), zwei Epen (Albéric [de Besançon, de Briançon, de Pisançon ?], *Alexandre*; Alexandre de Paris, *Alexandre*) und drei Romane (*Thèbes*, *Troie* und *Enéas*); der *Caesar-Roman* ist insofern ein Sonderfall (Bossuat, Nr. 1088–1094), weil es sich um eine Teilübersetzung aus Lucans *Pharsalia* handelt. Epigonenhaft sind der *Parthenopeus de Blois*, *Ipomédon*, *Protesilas*, *Eracle* und *Cléomadès*. Wenn man sie liest, stellt man die gleiche ›Überbauung‹ fest, von der wir bereits im religiösen Bereich gesprochen haben. Die antiken Städte ähneln mittelalterlichen Schlössern, Griechen und Trojaner ergötzen sich wie die Ritter an Turnieren, und Waffen und Kleidung sind natürlich mittelalterlich. Im *Thebenroman* wird aus dem Seher Amphiaraüs ein Erzbischof (vv. 2055f.); Ismène (Ysmaine) nimmt nach dem Tod ihres Freundes Athes den Schleier und tritt in ein Kloster ein (v. 6197). Prozessen geht ein Gottesurteil voraus (vv. 7897ff.). Im Bereich der Liebesauffassung herrscht in allen antikisierenden Romanen eine mittelalterliche Minnekonzeption vor (s. Kap. VI), handele es sich um Dido und Aeneas, Aeneas und Lavinia oder Achilles und Polyxena. Alltags- und Gefühlswelt der Antike sind ins MA transponiert. Wir kennen dieses Phänomen auch aus der bildenden Kunst, wo alles, was die biblische Geschichte angeht, in die Landschaft und den Alltag des MA.s versetzt wird. Dies ist wiederum kein Unverständnis, sondern aktualisierende Absicht. Einerseits dient die Antike als Alibi, um Probleme, die den mittelalterlichen gegenwärtigen Menschen bewegen, behandeln zu können, z.B. den Selbstmord Didos oder gewisse erotische Praktiken im *Alexander-Epos*; andererseits spiegelt sich hier ein Kontinuitätsdenken wider.

Dennoch wird man sagen müssen, daß dem ganzen MA das Bewußtsein des historischen Abstands von der Antike fehlte. Und insofern ist es nicht unproblematisch, wenn man das Verhältnis des 12. Jh.s zur Antike (so Charles Haskins) als prä-humanistische ›Renaissance‹ bezeichnet.[22] Das MA bezieht die Antike ganz naiv in die Gegenwart mit ein und erfüllt sie mit seinen Vorstellungen und Begriffen. Infolge dieser Ungeschichtlichkeit sieht man die Antike nie als eine in sich geschlossene kulturelle Einheit, sondern entnimmt ihr, je nach Bedarf, einzelne Elemente, die dann in das in seinen Grundzügen feststehende eigene Weltbild eingebaut werden. Eine wirkliche Spannung zwischen Antike und Christentum tritt dabei nicht auf. Wie W. Liebeschütz sagt, schöpft man aus dem Studium der Antike mannigfaltige Anregungen, doch handelt es sich nie »um den Willen zur Ablösung von der als leer und drückend empfundenen Gegenwart mit Hilfe einer in idealer Kraft und Reinheit gesehenen Epoche der fernen Vergangenheit. [...] Das 12. Jh. behandelt die Antike wie ein Schatzhaus von Gedanken und Formen, aus dem es die Stücke entnimmt, die unmittelbar in das Denken oder Handeln seiner Gegenwart zu passen scheinen.«[23] Aus der Beschäftigung mit der Antike entsteht, anders als im Renaissancehumanismus, keine neue Lebensform.

Udo Schöning hat eine Lanze für eine vorurteilslose Erforschung der antikisierenden Romane gebrochen und darauf hingewiesen, daß die bisherigen Interpretationen allzusehr im Banne einer (falschen) Originalitätsästhetik stünden. Sie gingen von der Wiederholbarkeit desselben Kunstwerks aus, was als ›Nachleben‹ bezeichnet werde. Von dieser verengten Optik geht die neuere Forschung ab und betreibt Quellenvergleiche in dreifacher Richtung: Es werden die Quelle, das Imitat oder Vergleichsobjekt und der Standort des Vergleichenden bestimmt. Dabei kann es nicht um ›richtig‹ oder ›falsch‹ gehen. Insbesondere Scholien und Glossen in den lateinischen Handschriften, die den antikisierenden Werken zugrunde liegen, belegen, daß sich die mittelalterlichen Bearbeiter intensiv mit den antiken Stoffen auseinandergesetzt haben. Ihre Transformationen sind zeitgebunden, denn sie setzen die Stoffe in eine andere Sprache, eine andere Welt, eine andere Mentalität um. Stoffe, Themen oder Motive von allgemeinem Interesse werden von verschiedenen Künstlern stets wieder aufgegriffen und neu interpretiert.

Die Überlieferungsgeschichte der ›großen Drei‹ (*Troja-, Theben-, Äneasroman*) weist diese wegen ihrer vielen Varianten als ›Leseliteratur‹, als Texte in Bewegung, aus. Die Hypothese, daß alle drei am Hof der Plantagenêt unter Heinrich II. als raffiniertem Kulturpolitiker entstanden, der damit seine Dynastie und seine Herkunft legitimieren wollte, ist nicht mehr haltbar. Insbesondere der *Roman de Thèbes* dürfte an einem südwestfranzösischen Adelssitz entstanden sein. Alle drei Romane basieren auf lateinischen Quellen, von der die jeweiligen Autoren eine metrische Übertragung oder Paraphrase in der Volkssprache anfertigten. Der *Roman de Thèbes* deutet das Geschehen wesentlich dämonologisch und gibt der Geschichte einen typologischen Sinn; der *Roman d'Eneas* ist allegorisch angelegt, wie auch der Basistext, die *Aeneis*, vielschichtig verstanden wurde; allein der *Roman de Troyes* ist eine historische Erzählung, die nachvollziehbar machen will, wie und warum Troja unterging. Laut Schöning wird die Antike als abgeschlossene Vergangenheit betrachtet »und als Welt inszeniert, die sich von der Gegenwart unterscheidet. Die Geschichte ist insofern einmalig und weder ›verkleidete‹ Gegenwart noch zeitlose Utopie, und unabhängig davon, wie sie erzählt ist, gibt sie ein tatsächliches Geschehen wieder« (S. 342). Wenn das stimmt, dann hätten die mittelalterlichen Mäzene und ihre Gönner durchaus ein differenziertes historisches Bewußtsein gehabt, was bisher immer wieder bestritten wurde.

Zum Abschluß dieser Überlegungen noch einige statistische Angaben, die Birger Munk Olsen entnommen sind.[24] Soweit sich aus lateinischen Klassikerhandschriften und Bibliothekseinträgen ermitteln läßt, spielen Frankreich und England und in Frankreich wiederum der Norden und Westen bei der mittelalterlichen wie hochmittelalterlichen Überlieferung der lateinischen Handschriften eine herausragende Rolle. Wichtige Zentren der Überlieferung sind Corbie, Reims, Saint-Amand, Limoges, Fleury-sur-Loire, der Mont-Saint-Michel, vor allem aber Tours, wo schon im 9. und 10. Jh. Dares und Diktys, Statius und Vergil abgeschrieben wurden. Von 130 verzeichneten Statius-Handschriften stammen 67 mit höchster Wahrscheinlichkeit aus Frankreich oder England; von 294 Vergil-Handschriften kommen mit ziemlicher Sicherheit 115 aus diesem Raum; von den 46 erhaltenen Dares-Handschriften sind 19 aus Frankreich, 4 aus England, von den 12 Diktys-Handschriften stammen sechs aus Frankreich. Der zeitliche Schwerpunkt des Kopierens liegt im 11. und 12. Jh. Vergil wurde am häufigsten, kontinuierlichsten und intensivsten rezipiert. Die Überlieferungsgeschichte belegt, daß alle vier Autoren als Autoritäten galten. Dennoch wurden sie immer wieder mit Termini wie *fabula, commentum, poeticum figmentum, mendacium* (Märchen, Erfindung, dichterisches Hirngespinst, Lüge) kritisiert. Damit meinten christliche Autoren die heidnische Mythologie. Zu einem Verbot kam es jedoch nicht, weil diese Autoren entweder christlich gedeutet werden konnten oder ihnen doch viel Wahres, Schönes und Gutes zugestanden wurde. Die Allegorese machte die moralisierende Umdeutung möglich.

Hier seien noch kurz die Topoi resümiert, die die Einverleibung heidnischer Texte in die christliche Literatur ermöglichen:[25] Die Exodusstellen von den kostbaren Gefäßen und Gewändern, die die Israeliten aus Ägypten mitnahmen (2. Mos 3,21 f.; 11,2; 12,35 f.), wurden seit Origenes zur Verteidigung der Rezeption antiker Autoren herangezogen. Das bereits in der antiken Literatur bezeugte und von den Kirchenvätern aufgegriffene Bienengleichnis,[26] das Bild vom Geldwechsler, der die echten (das Gute) von den falschen (dem Bösen) Geldmünzen unterscheidet (*GBL* 3,1672–1673), oder die bildhaft übertragene Vorschrift im *Deuteronomium* (5. Mos 21,10–14), man dürfe eine Kriegsgefangene erst zur Frau nehmen, nachdem ihre Haare und

Nägel gestutzt wurden, werden immer wieder zur Umschreibung des Rezeptionsvorganges eingesetzt.[27]

Die altfranzösischen Dialekte – der Sieg des Franzischen

Angesichts der anfänglichen Zerrissenheit der Krondomäne, der Schwäche der Monarchie sowie der Selbständigkeit der Fürstentümer war es im 11. und 12. Jh. noch völlig offen, welchem der altfranzösischen Dialekte der Vorrang als Vorbild und Mustertyp einer künftigen überdialektalen Normsprache zukommen würde.[28] Das Problem ist aus anderen europäischen Ländern bekannt, z.B. Italien und Deutschland. Schon früh haben Sprachforscher verstanden, daß vor allem zwei Faktoren den Aufstieg eines Dialekts zur Hochsprache begünstigen können: ein einflußreiches Hofzentrum und/oder das Beispiel ›guter‹ Autoren. In den genannten Ländern Italien und Deutschland sind es die Beispiele der guten Autoren, hier der ›drei Florentiner Kronen‹ Dante, Petrarca und Boccaccio im Trecento, dort die Übersetzung der Bibel durch Martin Luther, ein Sonderfall eines guten Autors. In Frankreich kommt zunächst die erste Variante zum Tragen (Lough, S. 7f.).

So erklärt sich der Sieg des Franzischen: Guernes de Pont-Sainte-Maxence, Verfasser des Lebens von Thomas Becket (*Vie de saint Thomas*), des ältesten uns bekannten Textes franzischer Herkunft (um 1173), schreibt stolz: »Mis langages est buens, car en France fui nez – Meine Sprache ist gut, denn ich bin in der Ile-de-France geboren.« Zehn Jahre später beklagt sich der pikardische Trouvère (Minnesänger) Conon de Béthune[29] während eines Aufenthalts am Pariser Hof bei Alix de Champagne und ihrem Sohn, dem jungen König Philippe II Auguste, über den Spott der Höflinge an seinem unzulänglichen Franzisch/Französisch:

Mon langage ont blasmé li François
Et mes chansons, oiant les Champenois,
Et la contesse encor, dont plus me poise.
La roine n'a pas fait que cortoise
Qui me reprist, ele et ses fiz li rois;
Encore ne soit ma parole françoise,
Si la puet on bien entendre en françois,
Ne cil ne sont bien apris ne cortois
Qui m'ont repris, se j'ai dit mot d'Artois,
Car ne je fui par noriz à Pontoise.
(III,5–14)

Die Franzosen (=die Leute aus der Ile-de-France) haben meine Sprache (=Aussprache) und meine Gedichte in Gegenwart der Leute aus der Champagne und,
was mich noch mehr ärgert, der Gräfin getadelt.
Die Königin hat nicht höflich gehandelt,

als sie mich tadelte, sie und ihr Sohn, der König;
Wenngleich meine Aussprache nicht französisch / franzisch ist,
kann man sie auf französisch gut verstehen,
und jene sind weder gebildet noch höflich,
wenn sie mich getadelt haben, falls ich Wörter aus dem Artois gesagt habe,
Denn ich bin nicht in Pontoise aufgewachsen.

Zu Beginn des 13. Jh.s entschuldigt sich ein anonymer Übersetzer des *Boethi-us*[30] wegen seiner Sprache; er habe das Licht der Welt in der Nähe von Meung-sur-Loire (bei Orléans, also nur eine Stunde von Paris entfernt) erblickt und beherrsche die »elegante Sprache von Paris« nicht:

Si m'excuse de mon langage	Und ich entschuldige mich für meine
Rude, malostru et sauvage;	rohe, ungehobelte und verwilderte Sprache;
Car nés ne sui pas de Paris,	denn ich bin nicht von Paris gebürtig
Ni, si cointes com fut Paris;	und auch nicht so elegant, wie Páris war,
Mais me raporte et me compere	sondern ich richte mich
Au parler que m'aprist ma mere	nach der Mundart, die mich meine Mutter,
A Meun quand je l'alaitoye,	als ich an ihren Brüsten sog, in Meung lehrte;
Dont mes parlers ne s'en desvoye,	davon weicht meine Mundart nicht ab,
Ne n'ay nul parler plus habile	und ich habe auch keine geeignetere Mundart
Que celui qui keurt à no ville.	als jene, die in unserer Stadt geläufig ist.

Gautier d'Arras, ein Nordfranzose aus dem französischen Flandern und Zeitgenosse Chrétiens, dichtete u.a. für den Grafen Thibaut V. von Blois und seine Gemahlin, die Tochter König Ludwigs VII., in einem dem Franzischen angenäherten Dialekt (*DLF* 487–489). Die vermutlich aus der Champagne stammenden Bertrand de Bar-sur-Aube (*DLF* 170) und Chrétien de Troyes sowie andere höfische Dichter verzichteten auf allzu deutliche Dialektismen und näherten sich dem franzischen Typ an. Seit etwa 1200 galt das Franzische als *die* schriftsprachliche Norm (Koiné), und seit 1250 ist sein sprachlicher Vorrang unumstritten.

Wie kommt es, daß ein Dialekt, der bis dahin keine bedeutenden Dichtungen und keine sprachschöpferischen Genies aufwies, der zudem an einem amusischen Hof gesprochen wurde, an dem Kunst und Literatur kaum gepflegt und gefördert wurden, zur hegemonialen Sprache Frankreichs aufsteigt? Philipp II. August (1180–1223) hatte die Spielleute (*jongleurs*) noch verjagt; die ›Ludwige‹ VII., VIII. und IX. waren spartanisch, solid, bigott und langweilig, und Dichter und Jongleurs klopften vergebens bei ihnen an.

Zunächst einmal war die Lage der Ile-de-France, des Pariser Beckens, mit den gut begehbaren Zugängen der Beauce und Loire im Süden, des Vexin im Nordwesten, der Marne, Seine und Oise äußerst günstig; es war sozusagen das Herz Frankreichs, für ein Zentrum wie geeignet, und daran hat sich bis heute nichts geändert (*LexMA* 6,1705–1721). Entscheidender aber war das zuvor beschriebene Prestige der kapetingischen Könige, deren Vorrang um 1250 unbestritten ist. Chlodwigs Bekehrungstat kam ihrem Charisma zugute. Ihr Bündnis mit der Kirche zahlte sich langsam aus. Sie hatten beispielsweise das ursprünglich fränkische Wahlrecht, das die Kapetinger 987 auf den Thron gebracht hatte, 1137 in ein festes Erbrecht verwandelt. Das Krönungsrecht wurde zwischen 1054 und 1089 dem Erzbischof von Reims zugesprochen, dessen Kathedralkirche seit 1129 ständiger Krönungsort war. 1131 erfolgte erstmals die Gleichsetzung des bei der Königsweihe verwendeten Öls mit dem Himmelsöl des hl. Remigius; 1223 erkannte das Krönungszeremoniell diese Legende an. Damit behauptete der König von Frankreich eine Sonderstellung, zumal er mit diesem Öl (Chrisma) an Kopf, Brust, Armgelenken, zwischen und auf den Schultern gesalbt wurde. Dies war sonst nur bei der Priesterweihe üblich. Als einziger europäischer Monarch hielt er kein Szepter, sondern eine *main de justice*. Die französischen Könige galten als ›Wunderheiler‹ (*thaumaturge*); sie ›heilten‹ am Krönungstag (seit Philipp I.) die Skrofeln, eine damals verbreitete Form von Haut- und Leistendrüsentuberkulose.[31] Die karolingische Tradition als wichtiges Element des französischen Königsgedankens haftete besonders an Saint-Denis, wo die königlichen Insignien häufig als Weihegaben deponiert und seit 1260 der Krönungsornat verwahrt wurde. Die Oriflamme, die seit der Schlacht bei Bouvines (1214) regelmäßig mitgeführt wurde, war bereits erwähnt worden.

Man identifizierte bereits früh den hl. Dionysius (Saint-Denis),[32] den Schutzheiligen aller Franzosen, mit dem Paulus-Schüler Dionysius Areopagita, dem angeblichen Verfasser einer in Wirklichkeit aus dem 5. Jh. stammenden Schrift, die neuplatonische und christliche Lehrgehalte verband und nachhaltigen Einfluß auf die mittelalterliche Mystik ausüben sollte (*LexMA* 3,1076–1087). Der Dominikaner Thomas von Irland (Ibernicus), der gegen Ende des 13. Jh.s in Paris lehrte, behauptete, der Heilige sei von Griechenland nach Paris gekommen, um diese Stadt nach dem Vorbild Athens zu einer Mutter der Studien zu machen. Dies ist ein weiterer Beleg für den Gedanken der *translatio studii*. Der intensiv gepflegte und weit verbreitete Karlskult erinnert an das großfränkische Reich und ist politisches Programm. Seit 1082 war der König offizieller Schutzherr der Abtei von Saint-Denis. Die Klöster der Cluniazenser und Zisterzienser waren ›Filialen‹ der Monarchie. Im Falle der Gefahr eilten die Könige nach Saint-Denis »ad beatum Dionysium specialem patronum et singularem post Deum regni protectorem – dem besonderen und einzigartigen Schutzherrn des Königsreichs nach Gott«, nahmen die Oriflamme und richteten an ganz Frankreich (*tota Francia*) die Aufforderung, ihnen zu folgen. Dies ist erstmals von Ludwig VI. im Kampf gegen den deutschen Kaiser Heinrich V. belegt. Dadurch war die Monarchie für das Volk mit religiöser Würde ausgestattet (*LCI* 6,61–67).

Die enge Verquickung von Religion und Monarchie zeigt sich ebenfalls in den *chansons de geste*, wo die Sprache der Ile-de-France als Sprache des hl. Dionysius bezeichnet wird.[33] In *Gormont et Isembart* (vv. 374–377) betet Kaiser Ludwig zum hl. Dionysius um Hilfe in der Schlacht:

Ber saint Denise, or m'an aidiez!	Heiliger Dionysius, mein Herrscher, helft mir jetzt!
Je tenc de vus quite mun fiev;	Ich habe von Euch mein Lehen erhalten;
de nul autre n'en conois ren,	von niemandem anders erkenne ich irgendetwas an,
fors sul Deu, le veir del ciel.	außer von Gott, dem wahren [Herrn] des Himmels.
(Ed. Bayot, S. 26)	

In der *Karlsreise* hält Karl der Große in der Abtei von Saint-Denis hof. Ludwig der Heilige führte das Französische in die königliche Kanzlei ein (an der Wende vom 12. zum 13. Jh. findet man die ersten französisch verfaßten Privaturkunden), und seine Nachfolger schufen ein Heer von Beamten, die, auch wenn sie nicht in Paris studiert hatten, das Französische pflegten und in die Provinzen trugen, wo die Bürger erstmals mit einer modernen Verwaltung konfrontiert wurden. Im 13. Jh. erhöhte das Prestige der Pariser Universität die Attraktivität des Französischen. Damit war das Ende der ›Dialektliteratur‹ besiegelt, die ungefähr zweieinhalb Jahrhunderte blühte und danach immer schneller an Bedeutung verlor.[34]

Die Literatur der altfranzösischen Dialekte

In der Blütezeit der Dialekte finden wir im Nordwesten das *Normannische* und *Anglonormannische*,[35] die im 12. Jh. ihren Höhepunkt haben. Die normannische Literatur hat häufig einen gelehrt-didaktischen Zug: Heiligenleben, Chroniken, Tierbücher, juristische Abhandlungen dominieren. Es ist eine eher aristokratische und klerikale, wenig volkstümliche Literatur. Der normannische Dialektraum umfaßt die heutigen Departements Seine-Maritime, Calvados, Eure, Orne, Manche und die Iles anglo-normandes. Das wichtigste literarische Dokument ist das *Alexiuslied* (um 1050). Für das Anglonormannische, das lange die Sprache des englischen Hofes war, besitzen wir die Oxforder Handschrift der *Chanson de Roland*, die historischen Dichtungen des Klerikers Robert Wace (*Roman de Brut*, *Roman de Rou*), die ersten Zeugnisse der *matière de Bretagne* und des Artusstoffes, den *Tristan* von Béroul und auch die *Lais* der Marie de France. Das sind bedeutende Werke, die mit zum Wichtigsten und Schönsten der altfranzösischen Literatur zählen. Das Normannische/Anglonormannische erkennt man übrigens daran, daß ca, ga wie im Pikardischen und Westwallonischen nicht palatalisiert wurden; é › éi, aber nicht ói wird; l vor Konsonant verstummt (*gentis* = edel); der a- und e-Nasal unterschieden werden.

Das *Pikardische*,[36] die späteste Schriftmundart, war nicht nur eine stark genormte und kodifizierte Kanzleisprache, in der viele Urkunden überliefert sind, sondern im 13. und 14. Jh. der wichtigste Konkurrent des Französischen mit dem Anspruch einer überregionalen Normsprache. Seine Bedeutung basiert auf dem Wohlstand der Städte, der im Unternehmergeist seiner Bewohner seinen Ursprung hat. Die Leinen- und Tuchproduktion Flanderns hatte

Weltrang, und so entwickelte sich auch eine Kultur mit dem nötigen Publikum, das den Dichtern Ruhm und Einkommen sicherte. Die Städte emanzipierten sich frühzeitig von der Zentralgewalt und ließen einen freiheitlichen Geist entstehen. Gautier d'Arras schreibt seine Romane *Eracle* (1164; byzantinischer Märchenroman um den Knaben Eraclius, der durch einen Blick den Wert von Edelsteinen und Reitpferden bestimmen kann) und *Ille et Galeron* (um 1167; Geschichte eines Mannes zwischen zwei Frauen; der einäugige Ille, der in der Schlacht ein Auge verliert, glaubt, er sei nicht mehr schön genug für seine Frau und flieht nach Rom, wo er eine andere kennenlernt; Kaiser Friedrich I. Barbarossa und seiner in Rom gekrönten Frau Beatrix gewidmet) in Pikardisch, das sich allerdings dem Französischen schon annähert. Auch die Gedichte von Conon de Béthune, die Mirakelspiele von Jean Bodel und Adam le Bossu sowie die hübsche Chantefable (Prosimetrum) *Aucassin et Nicolette* sind pikardisch. Im letztgenannten Text werden, formal originell, die Schwierigkeiten eines gemischten Liebespaares – Aucassin ist ein französischer Ritter, Nicolette eine sarazenische Sklavin – geschildert, die Mühe haben zusammenzukommen. Das Werk ist eine Parodie auf den höfischen Roman, weil die Initiative von der Frau und nicht vom Manne ausgeht. Das Pikardische ähnelt in seiner Entwicklung dem älteren Normannischen und dem Wallonischen. Am ehesten fällt an seiner Morphologie auf, daß die Infinitive auf -ēre sich zu -ir (*keïr* statt *cheoir*), *seïr* (statt *seoir*) usw. entwicklen, sich die Endung -c(h) als Verbalmorphem der 1. Pers. Sing. Ind. Präs. verallgemeinert (*fach* statt *faz*, *tach* statt *tais*, *sench* statt *sens* usw.), die Possessivpronomina *men, ten, sen* (statt *mon, ton son*), *me, te, se* (statt *ma, ta, sa*), *no, vo* (statt *nostre, vostre*), die Personalpronomina im Obliquus *mi, ti, si* (statt *moi, toi, soi*) lauten, der feminine Artikel *le, li* (*le vile, li chose*) ist usw.

Das *Champagnische*, das im Westen an das (zunächst in dieser Betrachtung noch ausgeklammerte) *Lothringische* anschließt, hat seine Zentren in Reims im Norden und Troyes im Süden. Weltberühmt sind seine Messen oder Märkte (*les foires de Champagne*), zu denen Kaufleute aus ganz Europa kamen. Dies trug zum Prestige dieses Dialekts bei. Bereits früh erfaßten aber franzische Normen das Champagnische – dynastische Verflechtungen sorgten für Annäherungen –, so daß es diesen Dialekt ›rein‹ nur in Urkunden gibt. Auffällig ist das Zusammenfallen von a und e, auch in den Nasalen und Diphthongen. Immerhin schrieb Chrétien de Troyes champagnisch, champagnisch sind auch *Renaut de Montauban* (*Les quatre fils Aymon*, eine Empörergeste, deren Stoff aus den Ardennen stammt), Bertran de Bar-sur-Aube (*Girart de Vienne* und *Aymeri de Narbonne*, zwei *chansons de geste*), Rutebeuf (Jongleur, Villonvorläufer des 13. Jh.s), Villehardouin, Joinville, beides Historiographen: von Villehardouin stammt die *Conquête de Constantinople*, von Joinville die Biographie Ludwigs IX. (*Des saintes parolles et bons faits de Saint Louis*). Bei Chrétien läßt sich die Franzisierung der Sprache besonders gut beobachten. Während in den frühen Werken die champagnische Grundstruktur noch gut erkennbar ist,[37] bemüht er sich in späteren Werken immer mehr, Dialektismen zu vermeiden und ausschließlich franzisch zu schreiben. Allerdings ist dabei zu bedenken, daß die Schreiber den einzelnen Manuskripten ihren persönlichen sprachlichen Stempel aufdrückten, so daß man nicht weiß, wie Chrétien wirklich gesprochen oder geschrieben hat.

Das *Wallonische* (um Namur, Brüssel und Lüttich) stand in engem Kontakt mit flämisch-germanischen Dialekten. Dies bewirkte die späte Palatalisierung des u und den Erhalt des germ. w als gu. Vor p, t, k bleibt s länger als im Franzischen erhalten, der Indikativ Imperfekt der 1. Konjugation -abam › -eve, -eves, -evet usw. *Gormont et Isembart* gehört als *chanson de geste* in die Wallonie, zwei Jahrhunderte später finden wir Richard de Fournivals *Bestiaire d'amour*.

Das *Lothringische* weist viele Affinitäten zum Wallonischen auf und zersplitterte sich wegen der Unwegsamkeit des Terrains früh in zahllose Einzeldialekte. Hier ist der Zyklus der *Geste des Lorrains (Loherains)* beheimatet, aber auch die Lyrik eines Colin Muset. Die *Geste des Loherains* war, wie 40 Handschriften bezeugen, »eine der bedeutendsten und eigenartigsten Schöpfungen der altfranzösischen Nationalepik« (Ph. A. Becker). Sie beschreibt die durch mehrere Generationen ausgetragene Sippenfehde zwischen Lothringern und Bordelesen, die einen vertreten durch Garin, seine Brüder und Nachkommen, die anderen durch Fromont und seine Anhänger. Es handelt sich um ein kolossales Tableau einer Feudalfehde, bei der es um Macht und Liebe geht. Weitere Werke sind *Gerbert de Metz*, *Hervis de Metz*, *Anseïs de Metz* und *Yon*.

Das Herzogtum Burgund im Südosten, dessen Dialekt, das *Burgundische*, nur schwer einzuordnen ist, hat immerhin die *Vie de Saint Léger* hervorgebracht. Die burgundische Mundart hängt mit dem Champagnischen einerseits und mit dem Bourbonnais und Nivernais andererseits zusammen, neigt also eher nach dem Westen und Nordwesten als nach dem Osten und Nordosten. Auch einige frankoprovenzalische Sprachwellen sind nachweisbar.

Das *Poitevinische* und *Angevinische* sind ebenfalls literaturarm, aber der wichtige antikisierende *Roman de Troie* des Mönchs Benoît de Sainte-Maure gehört dorthin.

Die Autoren selber haben leider nur wenige Hinweise hinterlassen, die schon auf ein Sprachbewußtsein deuten. Man wird allerdings sagen können, daß sie sich als Franzosen fühlten, auch wenn sie einem lokalen Feudalherrn dienten und ihm ihr Werk widmeten. Insbesondere der Bezug auf Saint-Denis, den man recht häufig findet, stiftet eine einheitliche ›Ideologie‹, desgleichen das Bildungsideal der *clergie*, die sich mit der *chevalerie* paart. Auch sieht man den Handschriften, in denen die altfranzösische Literatur überliefert ist, nicht immer den Ursprung des Autors an, da sie vielfach an anderen Höfen abgeschrieben und dem dort üblichen Sprachstand angepaßt wurden (s. Kap. VIII).[38]

Das literarische Publikum

Zum literarischem Publikum des MA.s gehören drei unterschiedlichen Personengruppen: die *Dichter* selber, ihre *Gönner* und ihre *Zuhörer*. Lesen und Schreiben waren im frühen Mittelalter fast ausschließlich eine Sache von Mönchen und Priestern, die sozusagen das Herrschaftswissen verwalteten. Die übrige Gesellschaft war (von 600 bis 1100) mehr oder weniger analphabetisch. »Es gibt nur noch gelehrte und zeremonielle Literatur, in einer Sprache, die nur sehr wenige besonders ausgebildete Personen verstehen und die eine eigentlich literarische Entwicklung und Neuschöpfung kaum zuläßt« (Auerbach, S. 197). Für unterhaltsame weltliche Werke hatte man weder Zeit noch Sinn. Auerbach modifiziert Curtius' These (*ELLMA*), es habe von der Spätantike bis zum Ende des MA.s kontinuierlich eine gleichermaßen kompetente Bildungsschicht existiert. Damit ›Literatur‹ entstehen konnte, mußte sich erst eine höfische Kultur herausbilden. Die politische und wirtschaftliche Konsolidierung, die das Aufkommen der Literatur begünstigte, setzte an der Wende vom 12. zum 13. Jh. ein. Der Wiederaufbau der Kultur ging insgesamt nur langsam vonstatten, Klöster und einige höfische Kulturzentren machten den Anfang. Die fürstlichen Gönner und ihr Hofstaat waren zu allererst einmal das Publikum, für das die Dichter schrieben. Aber die *trouvères* und *jongleurs* lebten unstet, zogen von einem Platz zum anderen, so daß auch ein ländliches Publikum auf diesen Wanderungen angesprochen wurde. Etwa 40 % aller *chansons de geste* beginnen mit der stereotypen Formel »Oiez/oëz, seignor«, was aber nicht unbedingt eine soziale Hierarchie im Sinn von ›Herren‹ gleich ›Adligen‹ meint.[39] In den Prosatexten sind auffälligerweise viele leicht verständliche Details umständlich erklärt, weil eben nicht nur ein geschultes aristokratisches Publikum zuhörte. Die höfische Liebeslyrik hingegen war nur für ein elitäres Publikum gedacht, und auch die Ritterromane wandten sich zu allererst einmal an die feudale Kaste.

Neuere Untersuchungen haben zu dem Ergebnis geführt, daß mehr Werke, als man gemeinhin glaubt, die Lektüre als zentrale oder gar einzige Form der Rezeption intendieren, nicht mehr das An- oder Zuhören.[40] Bereits im 12. Jh. wurden in den Städten oder bei großen Klöstern und Kathedralen erste Elementarschulen (*petites écoles*) eingerichtet, deren Träger die Kirche war. Sie standen selbst den Kindern einfacher Leute offen. Dort lernte man mit Hilfe des Psalters (Gebetbuch: Rosenkranz, d.h. Vaterunser und Ave Maria) zumindest rudimentäres Lesen lateinischer Texte und sicherlich auch, seinen Namen zu schreiben. Daran schloß sich häufig als weiterführender Unterricht das Studium der *septem artes* an, wobei das Trivium mit der Grammatik Vorrang besaß. Die Universitäten von Paris, Orléans, Montpellier und Toulouse entstanden im 13. Jh. aus Kathedralschulen, und da der erwachende Zentralstaat nicht nur Priester, sondern auch Juristen, Verwaltungsbeamte und Ärzte brauchte, stieg der Umfang der alphabetisierten Bevölkerung stetig an. Wer lesen und schreiben konnte, wurde im Unterschied zum *laic* als *clerc* (Schüler; Gebildeter) bezeichnet, was nichts mit einem kirchlichen Amt zu tun hat.

Jongleurs und Trouvères

Für den mündlichen Vortrag gab es eigene Berufsgruppen (*jongleurs/jogleors; trouvères*). Literatur war zunächst eine Art ›Jahrmarktsartikel‹, der von Berufssängern gegen Bezahlung an Orten und bei Gelegenheiten, wo viele Menschen zusammenkamen, vorgetragen wurde, z.B. bei Märkten und Kirchenfesten, aber auch bei Hoftagen und anderen Versammlungen. Ihre ästhetischen und ideologischen Ausformungen hatten sich nach den Intentionen dieses Publikums zu richten und waren keineswegs zweckfrei[41]. Da das Lesepublikum überschaubar war, brauchte man auch nicht viele Handschriften. Die *trouvères* oder Dichter (zu lat. *contropare* = Tropen dichten, finden, erfinden) waren die Produzenten der Literatur, und sie dünkten sich den *jongleurs* (zu *ioculator*, von *iocus* = Spaß), den Reproduzenten ihrer Werke, wie auch den *menestrels*, den gelegentlich an einem Hof fest angestellten *jongleurs*, weit überlegen. Sie nannten diese Gruppe häufig ›vilains jogleors‹, und in vielen Vorworten finden sich Polemiken der *trouvères* gegen die *jongleurs*, was für eine ausgemachte Konkurrenz spricht. In der Praxis vermischten sich die Tätigkeiten jedoch, denn es gab *trouvères*, die ihre Werke selber vortrugen, wie auch *jogleors*, die gelegentlich selber dichteten. Von den *jogleors* wurden nämlich gesanglich-instrumentale und akrobatisch-tänzerische Darbietungen und Einlagen erwartet, wie viele Handschriften-Miniaturen belegen. Sie waren sozusagen Allzweck- und Alleinunterhalter. Raoul de Houdenc (*DLF* 1235–1238), ein ›fahrender Sänger‹ an der Schwelle vom 12. zum 13. Jh., schreibt in seinem *Roman des Eles* (vv. 55–56; 67), er sei, je nach Aufgabenstellung, *conteor* (Erzähler), *hiraut* (Herold oder Wappendichter), *jougleor* bzw. *menestreus* (Spielmann):

> Tout autressi, c'en est la fins,
> set l'en bien par les menestreus,
> qui aus places et aus osteus
> voient les honors et les hontes,
> de qoi l'en uet dire biaus contes
> et des quels non.
> (Ed. Majorano, vv. 67–71, S. 75).

> Und so komme ich zu dem Schluß, daß man in gleicher Weise
> von den Spielleuten erfahren kann,
> die auf Plätzen und in Häusern
> ehrenvolles und unehrenhaftes Verhalten beobachten,
> über wen man gute Geschichten erzählen kann
> und über wen nicht.

Der *Flamenca*-Roman enthält zahlreiche Hinweise auf die Vortragskunst. Er wurde vermutlich um 1240/50 in der Rouergue (Dpt. Aveyron, zwischen Tarn, Lot, Lozère, also in der Provence) geschrieben und erzählt die Geschichte eines üblichen *ménage à trois*: Archimbaut, Herr von Borbon, heiratet die schöne Flamenca, Tochter des Gui de Nemur. Aus Eifersucht sperrt er sie in einen Turm, zu dem der sie liebende Ritter Guilhem de Nivers einen Gang gräbt. Das weitere kann man sich leicht denken. Zu Beginn des Romans wird die aufwendige Hochzeit am Johannestag (24. Juni) geschildert, und dieser Schilderung können wir manch wichtiges Detail zur Publikumsstruktur und den literarischen Interessen entnehmen:

Quant an manjat, autra ves lavon,
mais, tot atressi con s'estavon,
remanon tut e prendon vi
car vezat era en aisi.
Pois(sas) levet hom las toallas;
bels conseillers ab granz ventaillas
aportet hom davan cascu,
ques anc us non falli ad u;
aqui.s poc, qui.s vol, acoutrar.
Apres si levon li juglar;
cascus se volc faire auzir.
Adonc auziras retenir

cordas de manta tempradura.
Qui saup novella violadura,
ni canzo ni descort ni lais,
a plus que poc avan si trais.
L'uns viola.(l) lais del Cabrefoil,
e l'autre cel de Tintagoil;
L'us cantet cels dels Fins Amanz,

e l'autre cel que fes Tristans.
L'us menet arpa, l'autre viula;
l'us flaütella, l'autre siula;
l'us mena giga, l'autre rota;
l'us diz los motz e l'autre.ls nota;
l'us estiva, l'autre flestella;

l'us musa, l'autre caramella;
l'us mandura e l'autr'acorda
lo sauteri ab manicorda;
l'us fai lo juec dels bavastelz,
l'autre jugava de coutelz;
l'us vai per sol e l'autre tomba;

l'autre balet ab sa retomba;
l'us passet sercle, l'autre sail;

neguns a son mestier non fail.
(Ed. Huchet, vv. 583–616, S. 54–57)

Nach dem Essen wäscht man sich ein zweites Mal,
aber so, wie sie saßen, blieben
sie an ihren Plätzen und tranken Wein,
denn das waren sie so gewohnt.
Dann nahm man die Tischtücher ab;
vor jeden legte man schöne Kissen
und aufklappbare Spiegel,
so daß niemand daran Mangel litt:
so konnte sich, wer wollte, zurechtmachen.
Sodann erhoben sich die Spielleute;
jeder wollte sich Gehör verschaffen.
Da hättet ihr Saiteninstrumente mancher
     Beschaffenheit
erklingen hören.
Wer eine neue Melodie auf der Vielle kannte
oder ein Liebeslied, einen Descort oder ein Lai,
drängte sich möglichst weit nach vorne.
Der eine sang zur Vielle das Geißblatt-Lai,
der andere das Lai von Tintagel;
ein dritter sang das Lai der vollkommenen
     Liebenden
und wieder einer das, das Tristan komponierte.
Man spielte Harfe, Vielle,
Flöte, Pfeife,
Giggue [=Geige] oder Rote [=Saiteninstrument];
der eine sagte den Text, der andere die Melodie,
wieder einer spielte Dudelsack, ein anderer
     Hirtenflöte;
der eine Schalmei, der andere Karamelle
oder Mandoline, dazu stimmt ein anderer das
Psalterion mit der Manicorde;
einer führt Marionetten vor,
ein anderer Messerwerfen,
einer kriecht auf dem Boden, ein anderer macht
     Purzelbäume,
einer tanzt mit einem Glas in der Hand;
einer springt durch den Reif, ein anderer in die
     Höhe,
und keiner versagt in seinem Beruf.

Dieser Auszug enthält sozusagen das gesamte Programm der *jongleurs*. Eine derartige Massierung von Darbietungen findet man nur an einem Hof und aus Anlaß eines bedeutenden Festes wie der Hochzeit des Fürstenpaars. Über die Reaktionen und auch die Zusammensetzung ländlicher oder städtischer Zuhörer/Zuschauer derartiger Darbietungen wissen wir leider nichts.

Zusammenhängende Texte über Bildung, Selbstverständnis, Entlohnung, soziale Stellung usw. der Dichter im MA haben wir nicht.[42] Da sie meist materiell von einem Mäzen abhängig waren, entschädigten sie sich dadurch, daß sie sich zu Sachwaltern des Nachruhms erhoben. Ihr daraus resultierendes Selbstbewußtsein hat wenig mit Bescheidenheit zu tun; diese wird allenfalls als Topos beschworen. Auch die Aussagen der älteren Germanistik, die Dichter verschwiegen aus Demut ihren Namen und befolgten damit Vorschriften des Salvian, Sulpicius Severus u.a., gelten nur für den religiös-moralischen Sektor. Autoren wie Chrétien, Wace, Benoît de Sainte-Maure, Adenet le Roi, Marie de France usw. litten nicht an Bescheidenheit und brachten dies deutlich zum Ausdruck.[43] Waces *Roman de Rou* (entstanden 1160–75; insgesamt 11.480 Verse) behandelt nicht nur die Abstammung und die Geschichte der normannischen Herzöge von Aeneas bis zur Gegenwart (hier wird Rollo/Rou vorgestellt und die Geschichte Englands bis zur Schlacht von Tinchebrai 1106 weitergeführt), sondern verherrlicht insbesondere das anglonormannische Königshaus unter Heinrich II., das in die Krise geraten ist. Der hier mitgeteilte Abschnitt enthält mehrere wichtige Clichés: Ohne Schriftsteller gibt es keinen Nachruhm, früher wurden diese mehr geehrt und von ihren Gönnern beschenkt, Selbstwertgefühl und Stolz auf die eigene Leistung sind angemessen:

Bien entend e cunuis e sai	Ich verstehe wohl und weiß,
que tuit murrunt e clerc e lai,	daß Kleriker wie Laien sterben müssen
e que mult ad curte duree	und daß nach ihrem Tod ihr Ruhm
anprés la mort lur renumee,	nur von kurzer Dauer ist;
si par clerc nen est mis en livre;	wenn ihn nicht ein Schriftkundiger (clerc) in Buchform bringt,
ne poet par el durer ne vivre.	kann er nicht dauern oder überleben.
Mult soleient estre onuré	Die Verfasser der Chansons de geste
E mult preisié e mult amé	wie auch von Geschichten
Cil ki les gestes escriveient.	wurden geehrt,
E ki les estoires faiseient.	hoch gelobt und sehr geliebt.
Suvent aveient des baruns	Oft bekamen sie von den Herren
E des nobles dames beaus duns,	wie den Edelfrauen schöne Geschenke,
Pur mettre lur nuns en estoire,	weil sie deren Namen in Geschichten erwähnten,
Que tuz tens mais fust de eus memoire.	So daß man sich immer an sie erinnerte.
Mais or puis ieo lunges penser,	Aber jetzt kann ich lange nachdenken,
Livres escrire e translater,	Bücher schreiben oder übersetzen,
Faire rumanz e serventeis,	Romane oder Streitgedichte (Sirventese) verfassen,
Tart truverai, tant seit curteis,	nur sehr spät werde ich jemanden finden, und sei er noch so höfisch,

Ki tant me duinst ne mette en mein,	der mir so viel gibt oder schenkt (in die Hand legt),
Dunt ieo aie un meis un escrivein,	daß ich auch nur einen Monat einen Schreiber bezahlen könnte,
Ne ki nule autre honur me face	oder der mir eine andere Ehre außer dem folgenden (Lob) erweist:
Fors tant: mult dit bien Maistre Wace;	Meister Wace erzählt sehr gut;
Vus devriez tuz tens escrire,	Ihr solltet immer nur schreiben,
i tant savez bel e bien dire.	die Ihr so schön und gut erzählen könnt.

(Mölk, Nr. 78, S. 98; Lough, S. 12)

Der *Roman de Troie* (30.108 paarweise gereimte Achtsilber) des Benoît de Sainte-Maure (um 1165) war ein großer literarischer Erfolg, denn er vermittelt wichtiges griechisches Sagengut (Argonauten, Trojanischer Krieg, Irrfahrten des Odysseus usw.). Hier finden wir einige wichtige andere Topoi wie Neuartigkeit des Themas, Dichter als Schreiber, Übertragung handwerklicher Metaphern auf den Schreibprozeß, Beschränkung auf den Literalsinn ohne moralische Ausschmückung, also eine Art ›historisches Grundbekenntnis‹, Quellentreue, Namensnennung:

Ceste estoire n'est pas usee,	Diese Geschichte ist noch nicht abgenutzt
N'en guaires lieus nen est trovee:	und man findet sie nirgends:
Ja retraite ne fust ancore,	Sie wurde noch nie erzählt,
Mais Beneeiz de Sainte More	doch Benoît de Sainte-Maure
L'a contrové e fait et dit	hat sie erfunden und erzählt
E o sa main les moz escrit,	und die Worte eigenhändig aufgeschrieben.
Ensi tailliez, ensi curez	So ist sie zugeschnitten und gestutzt,
Ensi asis, ensi posez,	aufgebaut und angeordnet,
Que plus ne meins n'i a mestier.	daß nicht mehr und nicht weniger nötig ist.
Ci vueil l'estoire comencier:	Hier will ich die Geschichte beginnen:
Le latin sivrai e la letre,	Ich folge dem lateinischen Text buchstabengetreu,
Nule autre rien n'i voudrai metre,	nichts will ich hinzufügen,
S'ensi non com jol truis escrit.	außer was ich geschrieben vorgefunden habe.
Ne di mie qu'aucun bon dit	Und ich sage, daß ich kein Witzwort hinzufüge,
N'i mete, se faire le sai,	obwohl ich das könnte,
Mais la matire en ensivrai.	sondern nur dem Stoff folge.

(Mölk, Nr. 26, vv. 129–144, S. 27)

Deutlich wird, daß in der ›dispensatio gloriae‹ (Zumessung des Ruhms) der Ursprung jeglichen Mäzenatentums liegt: Die Gönner zahlen mindestens genauso für die Verewigung ihres Namens wie für die gelungene Unterhaltung.

Die Nennung des Autornamens

Während die Autoren der höfischen Literatur sich nennen und zumindest namentlich bekannt sind, müssen die Epen (*chanson de geste* oder *légende épique*) als anonym gelten. Zwar nennt sich in v. 4002 der *Chanson de Roland* der ominöse Turoldus – »ci falt la geste que Turoldus declinet«, was H.W. Klein mit »hier schließt das Lied, das Turoldus gedichtet« übersetzt, aber es ist alles andere als klar, ob Turoldus wirklich der Dichter ist, denn *declinet* könnte auch *abschreiben* oder *beenden* heißen, und das ist sogar wahrscheinlich. Die Frage der Autorschaft der Großgattung *chanson de geste* mit ihren drei Hauptzyklen und zahllosen Verzweigungen ist eng mit ihrer Entstehung und den damit zusammenhängenden Ursprungstheorien verbunden. Dies hat die Forschung seit Beginn des 19. Jh.s, als sich die Romanistik als autonome Disziplin herausbildete, intensiv beschäftigt, um nicht zu sagen belastet. Curtius resümiert im Jahr 1944: »Die altfranzösische Epenforschung ist dahin gekommen, daß sich manche Forscher nur noch über ›Epentheorien‹ äußern, ohne aus den Texten selbst Neues erarbeitet zu haben. Aber eine einzige einwandfreie (›positive‹) Erkenntnis über einen einzigen Text ist wichtiger als das Theoretisieren über Methoden« (zit. nach Krauß, S. 5).

Heute hat sich der Nebel gelichtet, und die beiden scharf voneinander geschiedenen Thesen, die *Epenentstehungs-* bzw. die *Epenschöpfungstheorie*, auch als These der (Neo-)Traditionalisten und Individualisten bezeichnet, sind klar erkennbar. Die erste verbindet sich mit dem Namen von Gaston Paris (1839–1903), dem Ahnherrn der französischen Romanistik, der diese in Deutschland kennengelernt und nach Frankreich übertragen hatte. Etwa seit dem 10. Jh., so Paris, begann man Kurzlieder, die sich auf dasselbe historische Ereignis bezogen, zu sammeln, mit Überleitungen zu versehen, zu verknüpfen und argumentativ einer Zentralidee unterzuordnen. »Diese sinnstiftende Zusammenfassung ist indessen nicht das Werk eines bewußt komponierenden einzelnen Künstlers, sondern vollzieht sich anonym im Volk« (Krauß, S. 2). Dem setzte Joseph Bédier (1864–1938) seine *Pilgerstraßentheorie* entgegen: Die Heldenepen entstanden, weil Mönche ein vitales Interesse daran hatten, die Santiago-Pilger auf ihr Kloster und seine Schätze aufmerksam zu machen und mit Jongleurs zusammenarbeiteten. Diese mehrten den Ruhm des Klosters, wo die Reliquien eines Helden aufbewahrt wurden, indem sie seine *geste* oder Legende besangen. Diese Legenden sind jedoch nicht ein Erzeugnis der anonymen Kollektivpoesie, wie noch das 19. Jh. in seiner Fixierung auf den ›Volksgeist‹ glaubte, sondern das Werk eigenständiger Autoren des 12. Jh.s. Heute werden beide Thesen, und das ist das Verdienst des Sorbonne-Mediävisten Pierre Le Gentil, harmonisiert. So verbindet sich die Stofftradition mit dem Respekt vor der schöpferischen Leistung des Individuums, das sozial und kulturell in seine Epoche eingebunden wird (Krauß, S. 7). Immerhin ist auffällig, daß nach Bédiers Untersuchungen in 29 Kirchen an Pilgerstraßen ingesamt 36 wirkliche oder fiktive Gräber bzw. Reliquienschreine von Personen existieren (existiert haben), die Helden von *chansons de geste* waren. Ohne die kulturstiftende Leistung der Klöster und Abteien, so kann man mit Sicherheit annehmen, hätte es die Gattung der *chanson de geste* nicht gegeben.

Das Mäzenatentum

Seit der zweiten Hälfte des 12. Jh.s lassen es sich Könige, Adlige und Bürger angelegen sein, Dichter und Sänger zu unterstützen (z.B. Chrétien de Troyes, Gautier d'Arras, Adenet le Roi u.a.). Wenn auch einige wie die Villon-Vorläufer Colin Muset und Rutebeuf in elenden materiellen Verhältnissen lebten, gab es offensichtlich andere, die ein sicheres Auskommen hatten und sozial angesehen waren. Bei den Vaganten wissen wir übrigens nicht, ob sie ihre Armut nicht stilisierten, weil es zum Phänotyp des Dichters gehörte, ein mittelloser melancholischer Außenseiter zu sein. Dieses *poète-maudit*-Motiv erlaubte es übrigens, die Gesellschaft ungeschminkt zu kritisieren (Villon, Ed. Hausmann, S. 15f.).

Die ›Gönnerforschung‹ war lange ein Stiefkind der Literaturwissenschaft, die sich eher auf Person und Werk von Autoren als auf die Mäzene und das Publikum konzentrierte. Da wir von den Gönnern selber keinerlei Hinweise auf ihr Tun besitzen, sind wir ganz auf die Angaben der Dichter verwiesen. Die Entstehungsbedingungen der altfranzösischen Literatur sind dabei besser erforscht als die der deutschen;[44] auch das Mäzenatentum von Heinrichs II. Frau, der berühmten Eleonore von Aquitanien, ist untersucht,[45] desgleichen haben wir Studien über die Mäzene der Troubadourlyrik (*LexMA* 6,430–433). Die Adelsgesellschaft, für die und in deren Auftrag die höfischen Dichter ihre Werke verfaßten, war weitgehend analphabetisch. Zwar gab es fast in jeder Familie auch gebildete Mitglieder, meist jüngere Söhne, die für die geistliche Laufbahn bestimmt waren, doch lebten diese nicht mehr am Hof, und so ist der ›gebildete Laie‹ relativ selten. Im allgemeinen gilt, daß Frauen mehr Kenntnisse hatten als Männer. Während die lateinische Literatur immer an das Medium der Schriftlichkeit gebunden blieb, zeigte die volkssprachliche Literatur an den weltlichen Höfen eigentümliche Mischungen von Mündlichkeit und Schriftlichkeit, die sich nur schwer in Einzelheiten erhellen lassen. Offenkundig konnte auf herumziehende lesekundige Sänger nicht verzichtet werden, die die Texte vortrugen. Ohne eine Verschriftung der höfischen Literatur wäre jedoch die Rezeption der darin vermittelten Adelskultur an die deutschen Fürstenhöfe, die ein bekanntes Faktum ist, nicht möglich gewesen.

Die Mäzene leisteten ihre Unterstützung in Naturalien wie Unterkunft, Kleidung, Reittier und freier Kost, nur gelegentlich schenkten sie auch Geldmünzen. Guernes de Pont-Sainte-Maxence, der Verfasser der *Vie de Saint Thomas Becket*, gibt uns entsprechende Hinweise (Ed. Walberg, S. 192). Allerdings wird er von Beckets Schwester, der Äbtissin von Barking, fürstlich für seine hagiographisierende Auftragsarbeit entlohnt: »M'at doné palefrei e dras; n'i faillent nis li esperunt ... Or, argent, robes en mes sas, chevals, autre possessiun – Sie hat mir ein Pferd und Tuch geschenkt; nicht einmal die Sporen fehlten ... Dazu Gold, Silber, passende Kleider, Pferde und andere Besitztümer.« Doch dürfte es unterschiedliche Grade von Mäzenatentum und Abhängigkeit gegeben haben. John F. Benton unterscheidet (Bumke, S. 168–231) Autoren, die häufig am Hof waren, solche, die für den Hof schrieben, Autoren, die über den Hof schrieben, und solche, die in brieflichem Kontakt mit einem Herrscher standen. Das Interesse der Herrinnen und Herren bestand nicht nur darin, unterhalten zu werden, sondern ihr Name sollte im Herrscherlob am Anfang genannt und somit der Nachwelt überliefert werden, und bei historisch-chronikalischen Werken sollte ein Bezug zur Familie des Geehrten erkennbar sein.

Den diversen Widmungsversen kann man mehrere Namen von Fürsten, mehr noch von Fürstinnen, entnehmen, die einzelne Dichter unterstützten.[46] Eine solche Widmung enthält beispielsweise der Schluß des *Cléomadès* (vv. 18.688–98), den Adenet le Roi dem Grafen Robert d'Artois zueignet (Bräuer, S. 401–402). Herzog Heinrich III. von Brabant hatte Adenet zum *menestrel* ausbilden lassen, »Menestreus au bon duc Henri fui, cil m'aleva et norri Et me fist mon mestier aprendre – Ich war Sänger beim guten Herzog Heinrich, der mich erzog und ernährte und mich meinen Beruf lernen ließ« (*DLF* 18):

A noble conte preu et sage	Dem edlen, tapferen und weisen
d'Artois, qui a mis son usage	Grafen von Artois, der seit jeher
en Dieu honnorer et servir,	Gott ehrt und ihm dient,
envoi mon livre por oÿr	schicke ich mein Buch, damit er hört,
comment il est fais et dités.	wie es gemacht und ausgearbeitet ist.
Or veuille Dieus que il soit tes	Gott gebe, daß es derart ist,
que li quens le reçoive en gré	daß der Graf es wohlwollend aufnimmt
et li doinst par sa grant bonté	und ihm aufgrund seiner großen Güte
honnour d'armes et d'amour joie.	die Ehre seiner Waffen und die Freude seiner Liebe gewährt.
Si m'aït Dieus, je le vorroie.	So wahr mir Gott helfe, das wünsche ich mir.
ainsi soit il que je l'ai dit!	So sei es, wie ich es gesagt habe!
Amen, amen, et explicit.	Amen, Amen, und Schluß.
(Lough, S. 17)	

Die wichtigsten Mäzene sind Marie de Champagne (1145–1198), ihre Schwester Aelis (Alix) von Blois (1151 – n. 1195), ihr Stiefvater Heinrich II. Plantagenêt (1133–1189), König von England, ihre Mutter, Eleonore von Aquitanien (1122–1204), dessen zweite Frau, weiterhin die Grafen Philippe d'Alsace († 1191) von Flandern oder Robert II d'Artois (1250–1302). Die Bedeutung der Gönner und ihre genaue Identifikation ergibt sich beispielsweise aus Leben und Schaffen Chrétiens: Er widmet »ma dame de Chanpaigne«, vermutlich Marie de Champagne, den *Lancelot*.

Des que ma dame de Chanpaingne	Da meine Herrin von Champagne
Viaut que romanz a feire anpraingne,	wünscht, daß ich beginne, einen Roman zu schreiben,
Je l'anprandrai mout volantiers,	will ich das gerne tun
Come cil qui est suens antiers	als jemand, der ihr ganz ergeben ist
De quanqu'il puet el monde feire,	in bezug auf alles, was er im Leben tun kann,
Sanz rien de losange avant treire.	ohne daß er dabei Schmeicheleien vorbringt.
(Mölk, Nr. 31, vv. 1–6, S. 34)	

An ihrem Hof in Troyes hätte der Dichter Philippe d'Alsace kurz nach 1181 kennenlernen können. Ihr Ehemann Henri le Libéral (1127–1181) war soeben verstorben, und der Graf von Flandern hielt – vergebens – um die Hand der verwitweten Gräfin an. Ihm widmet Chrétien den *Perceval*, denn »li cuens Phelipes de Flandres ... miauz vaut ne fist Alixandres – denn der Graf Philipp von Flandern ... ist tüchtiger als Alexander der Große.« Nach den Aussagen verschiedener Autoren war sie eine der großen Gönnerinnen ihrer Zeit. Außer Chrétiens *Lancelot* (Ed. Roques, S. IV–V) sind auch Ev[e]rats *Genesis* oder ein Lied des Lyrikers Gace Brulé unmittelbar auf ihr Geheiß gedichtet worden;[47] Gautier d'Arras wurde bei der Arbeit am *Eracle* von der Gräfin gefördert,[48] und das *Eructavit* ist speziell für sie verfaßt worden.[49] Zweimal, nach dem Tod ihres Mannes und ihres Sohnes, der 1197 in Akkon verstarb, wurde sie Regentin, so daß ihre Persönlichkeit den Hof von Troyes stark prägte. Über ihre Erziehung wissen wir nicht viel, doch konnte sie wohl französisch lesen, denn der Dichter Ev[e]rat schreibt in der ihr gewidmeten *Genesis-Übersetzung* (Ed. Grimm, S. 29, vv. 22–24): »Quant la contesse de Champaigne/ Ki bien lo sout entendre et lire/ Lo peut en som armaire eslire – Denn die Gräfin von Champagne, die es [=das Buch] gut verstehen und lesen kann, kann es aus ihrer Bibliothek auswählen.«

Alle genannten Dichter wurden sicherlich angemessen von ihr entlohnt, aber nichts weist darauf hin, daß sie sich längere Zeit an ihrem Hof aufhielten. Ob Andreas Capellanus ihr Kaplan war, wie einige Forscher immer noch annehmen, ist nicht beweisbar. Anders als ihr Ehemann hatte sie einen für damalige Verhältnisse modernen Geschmack. Gace Brulé war einer der ersten volkssprachlichen Lyriker Nordfrankreichs; Chrétien schuf den Artusroman und war ebenfalls ein Neuerer; Gautier d'Arras gehört zu den Pionieren der höfischen Literatur, und die Übersetzung biblischer Texte ins Französische war im 12. Jh. ein weiterführender Gedanke. Die ältere Forschung nahm an, Marie habe den *amour courtois* in Nordfrankreich heimisch machen wollen. Man schloß das aus dem *Lancelot*, in dem ja der gleichnamige Ritter mit der Frau seines Lehnsherrn Ehebruch begeht.[50] Andreas Capellanus legt ihr in seinem *Tractatus de amore* Aussprüche in den Mund, nach denen sie den Ehebruch anpreist und Hohepriesterin eines neuen Liebeskults werden will. Es sind jedoch zu viele Zweifel im Hinblick auf Entstehung und Absicht dieser Werke angebracht, um sichere Aussagen zu machen, auch wurde Marie von keinem Gegner der neuen Minnedoktrin je genannt. In vielen Briefen, Chroniken, Preisgedichten und frommen Widmungen gibt es nirgends einen Hinweis darauf, daß Marie unorthodoxe Auffassungen vertreten hätte. Benton ist daher der Meinung, Chrétien und Andreas seien ›ironische Moralisten‹, die mit ihren Darstellungen nicht etwa Herolde der neuen, noch zu erörternden Auffassungen sein wollten, sondern diese eher ironisierten. Tausende von Pilgern, Händlern und fahrenden Rittern hätten mehr für die Vermittlung der südfranzösischen Kultur im Norden getan als die Aktivitäten der Gräfin.

Nicht minder interessant als der champagnische war der englische Hof Heinrichs II., der in den 35 Jahren seiner Regierungszeit (1154–1189) zu einem bedeutenden literarisch-kulturellen Zentrum von Rang wurde.[51] Schon der Hof seines Großvaters Heinrichs I. (1100–1135) war ein kultureller Mittelpunkt gewesen, der an Bedeutung die bis dahin führende Klosterkultur weit übertraf. Dies drückte sich im Patronat einzelner Personen aus den Hofkreisen aus, der Ausstrahlung des Hofs in die Provinz und der sich bildenden Gelehrtenkreise in Oxford und Canterbury. In England kreuzten sich die anglonormannische mit der angelsächsischen und der irisch-keltischen Kultur, und Kulturmischung ist meist produktiv.

Außer zahlreichen lateinisch und französisch geschriebenen Geschichtswerken entstehen theologische, naturwissenschaftliche, medizinische und sogar ökonomische Arbeiten. Zu diesem bereits produktiven Klima kam durch die Ehe Heinrichs II. mit Eleonore von Aquitanien (1152), der geschiedenen Frau Ludwigs VII. von Frankreich, ein wesentliches neues Element: Sie war die Enkelin des ersten Trobadors, Wilhelms IX. von Poitiers, der die trobadoreske Minnelyrik eingeleitet hatte. Eleonore machte am englischen Hof auch diese literarische ›Mode‹ heimisch. So finden wir Verfasser von Lyrik, höfischen Versromanen und Lais am Hof in London, einer Stadt, die Thomas d'Angleterre (*DLF* 1429–1430), der in französischer Sprache in England einen *Tristan* schrieb, als »Lundres est mult riche cité/ Meliur n'ad en christienté – London ist eine sehr reiche Stadt,/ eine bessere gibt es in der ganzen Christenheit nicht« (v. 1381f.) rühmt. Und der königliche Hof erhält eine versteckte Huldigung: Das Wappen Heinrichs II. und Tristans Schild sind identisch. Die in England lebende Marie de France, die erste uns namentlich bekannte Dichterin, widmet ihre Lais Heinrich II., dem »nobles reis ... pruz e curteis/ E en ki quoer tuz biens racine – dem edlen, tapferen und höfischen König,/ in dessen Herzen alles Gute wurzelt« (Ed. Rychner, S. 2). Dieser König steht im Ruf, der gebildetste Mann Europas zu sein. Nahezu ein Drittel der französischen Autoren der Zeit sind mit dem englischen Hof verbunden. Da der Hof umherzog, mal in Westminster, Winchester, Woodstock, Rouen, Avranches, Le Mans, Chinon oder Poitiers tagte, kamen auch die außerhalb Englands Wohnenden mit ihm in persönliche Berührung.

Selbst Fürsten und Adlige scheuten sich bald nicht mehr, als Künstler hervorzutreten. Zu nennen sind Renaut de Beaujeu (Bâgé), seigneur de Saint-Trivier (1165–1230), der Châtelain de Coucy (Guy de Thourotte, um 1190–1202), Heinrich II. von Brabant, Conon de Béthune († 1219/20), Gace Brulé (ca. 1159 – nach 1212/13), Thibaut de Champagne (1201–1253), später König v. Navarra, König René d'Anjou (1409–1480) und andere mehr.

VI. GATTUNGEN UND STOFFE DER ALTFRANZÖSISCHEN LITERATUR

Epochen und Gattungen im Überblick

Man kann die mittelalterliche französische Literatur zur besseren Übersichtlichkeit in vier Zeitabschnitte einteilen. Diese Gliederung spiegelt nicht nur eine chronologische Abfolge, sondern entspricht auch inhaltlichen und formalen Kriterien:[1]

- 9. – 11. Jh.
- Ende 11. – Mitte 12. Jh.
- Mitte 12. – Anfang 13. Jh.
- Mitte 13. – 15. Jh.

Beginnen wir mit dem ersten Abschnitt (9. – 11. Jh.): Frankreich hat die früheste volkssprachliche Literatur der Romania überhaupt. Die karolingische Renaissance beförderte eine kräftige Entwicklung der mittellateinischen Literatur, die zum Wegbereiter der Vulgärliteratur werden konnte. Die Spannung zwischen Germanischem und Romanischem wirkte befruchtend und anspornend. In der ersten Phase zeigt die Literatur stoffliche und thematische Einheitlichkeit. Vers- und Strophenbindung herrschen vor (Zehnsilber, assonantische Laisse). Ihr Themenrepertoire entstammt ausschließlich dem christlich-kirchlichen Glaubensgut, die Gattungen sind Predigt (*Jonasfragment*), Sequenz (*Eulalia*), Bibelnachdichtung (*Passio*) in Hymnenform, hier der Leidensgeschichte Christi, und Heiligenvita (*Vie de Saint Léger*, dt. ›Leodegar‹; *Vie de Saint-Alexis*). Die Personen sind biblische Gestalten, Märtyrer und Heilige.[2] Der sprachliche Zustand dieser Texte ist noch unsicher, Dialektismen, Latinismen, Okzitanismen mischen sich, zumal häufig lateinische Vorlagen adaptiert werden. Die Autoren tasten sich in einen noch nicht gefügten Bereich vor, doch gelingt es ihnen bisweilen schon, Pathos, Ergriffenheit und Schauder sprachlich umzusetzen. Allein der Verfasser des *Alexiusliedes* verdient es, ein wirklicher Dichter genannt zu werden (Curtius); seinem Werk war deshalb auch großer Erfolg beschieden, und E. Köhler spricht sogar von einem »hagiographischen Bestseller« (*Mittelalter* I, S. 19). Ungewiß ist, wie viele Werke überhaupt erhalten und welche verlorengegangen sind, denn auch die volkssprachlichen Texte verraten eine sprachlich-rhetorische Entwicklung und entsprechende Schulung der Autoren, was auf Vorbilder schließen läßt. Auch das Verhältnis von Mündlichkeit und Schriftlichkeit bzw. von volkstümlichen und gelehrten Quellen ist nicht genau erkennbar.

Die zweite Epoche (Ende 11. – Mitte 12. Jh.) steht ganz im Zeichen der epischen Dichtung (*chanson de geste*), deren drei Zyklen als Karls-, Wilhelms- und Empörergeste bezeichnet werden. Sie bilden in ihrer Gesamtheit die *matière de France*, den Stoffkreis der französischen Nationalgeschichte. Zyklenbildung verweist auf Tradition, Abhängigkeit und inneren Zusammenhalt, und dies wird bereits in den Einleitungen zu den einzelnen Werken zum Ausdruck gebracht. Hier liegt der Beginn poetologischer Reflexionen, die sich später einmal in eigenständigen Poetiken niederschlagen werden (Hausmann, S. 5f.). Ihren Höhepunkt erreicht diese Epoche mit dem *Rolandslied*, in dem die Idee der Universalität des Christentums und der Universalmonarchie mit dem Kaiser an der Spitze, weiterhin das Ethos der Kreuzzüge, das kriegerische Menschenideal der vorhöfischen Feudalgesellschaft sowie erste Formen des Nationalbewußtseins synthetisiert werden (Köhler, in: *KLL* 1,153–162, hier S. 152). Von diesem Epos aus führt die Entwicklung in die Breite (s. Kap. II): Die Autoren bleiben noch anonym. Sie kennen kein Bewußtsein der Urheberschaft, sondern fühlen sich als Vermittler des Werks, betrachten dieses ebenfalls als Vermittler vorhandener Kulturstoffe:

> Die frühe *chanson de geste* war Volksdichtung in dem Sinne, daß ihr Publikum das Volk in seiner Gesamtheit war und daß ihr Dichter ganz in diesem Geist dachte und gestaltete. Der Dichter der *chanson de geste* schrieb aus einer Bewußtseinshaltung heraus, für die Außen und Innen noch gleichermaßen fraglos eine Sinn- und Organisationseinheit bildeten, die ihn selbst und den Inhalt seiner Aussage soweit und so selbstverständlich einschloß, daß die Frage der Nennung des Autornamens gar nicht gestellt wurde. Wo die Sinnesimmanenz des Daseins unangetasteter Allgemeinbesitz ist, bedarf die Dichtung weder einer Beteuerung ihrer Wahrheit, die außer Frage steht, noch vermag sich der Dichter als ein Anderer seinem Publikum vorstellen.[3]

Die *chanson de geste* hat stets einen historischen Kern, der oft mehrere Jahrzehnte, gar Jahrhunderte zurückreichen kann; sie ideologisiert diesen vor dem Hintergrund der Ausbildung des Feudalsystems, wobei die widerstreitenden Kräfte das Königtum und die mächtigen Barone sind. Kampf, Freundschaft und Verrat sind die dominierenden Themen. Erster Einfluß antiker Epen macht sich bemerkbar. Geistliche Inhalte sind zwar noch da, treten aber in ihrer Kraft zurück. Vor allem fehlt ihnen der weltentsagende Zug. Die Religiosität zeigt sich gegenüber der der vorangehenden Epoche verändert: das Märtyrertum ist jetzt mit kirchen- und nationalpolitischen Interessen verbunden. Einige Epen enthalten stark komisch-parodistische Züge (*Karlsreise*); die Empörergeste, die ein revoltierendes Individuum ins Zentrum stellt, bereitet den höfischen Ritterroman vor. Innerhalb des Gesamtbereichs der Romania erwächst Nordfrankreich Konkurrenz in der provenzalischen Trobador-Dichtung. Spanien steht an seinen literarischen Anfängen.

Der dritte Abschnitt (Mitte 12. – Anfang 13. Jh.) bedeutet die eigentliche Blütezeit der altfranzösischen Literatur. Im Mittelpunkt finden wir den höfischen Roman mit seinem herausragendsten Vertreter Chrétien de Troyes, aber auch die Minnelyrik der Trouvères, die Kurzdichtungen der *Lais* und *Fa-*

bliaux sowie die Anfänge des Theaters. Zum erstenmal treten ausgeprägte Dichterpersönlichkeiten hervor, die sich stolz zu ihrer Kunst und Urheberschaft bekennen, darunter eine Frau, Marie de France. Die gesellschaftliche Grundlage dieser innovativen Literatur- und Lebensauffassung sind die Höfe; sie sind gekennzeichnet vom Ritterwesen und einer neuen Frauenverehrung. An die Stelle mundartlicher Vielfalt tritt die einheitliche Sprache der Champagne und der Ile-de-France. Damit treffen wir erstmals auf das Phänomen sprachlicher Konzentrierung, das sich bezeichnenderweise an einem Höhepunkt der Literatur durchsetzt, wie wir dies später auch im Zeitalter der Klassik feststellen können. Die Stoffe entstammen mehrheitlich der Phantasiewelt der bretonisch-keltischen Sagen und Märchen, sind aber stark durchsetzt mit Elementen antiker Dichtungen und Mythen. Subtile seelische Vorgänge werden beschrieben. Diese Verfeinerung erklärt sich aus der Einwirkung Ovids und der Einstrahlung der provenzalischen Trobadorlyrik.[4]

Im vierten Abschnitt (Mitte 13. – 15.Jh.) kann ein starkes Anwachsen der altfranzösischen Literatur konstatiert werden, das mit einem Nachlassen der dichterischen Qualität einhergeht. Die Literatur ist überwiegend von lehrhaftem, prosaischen Charakter. Die höfische Welt wird vom Bürgertum der Städte als der neuen tragenden Schicht abgelöst. Es ist die Zeit des Aufstiegs der Universitäten, an denen die sprachlichen und literarischen Studien immer mehr von der scholastischen Philosophie und Theologie zurückgedrängt werden; auch die erwachenden Naturwissenschaften regen sich. Im literarischen Bereich konzentriert sich das Interesse mehr auf die Theorie als auf die schöpferische Produktion. Die früheren Themen werden weitergeführt, jedoch vergröbert. Die Allegorese nimmt überhand. Ein Musterbeispiel solcher Reimallegorie ist der *Roman de la Rose* (I: 1230 – 49; II: 1275 – 80). Neu ist die große Zahl von Bühnendichtungen, meist geistlicher Natur (Mirakelspiele). Daneben blühen die Farcen, ursprünglich ›Stopfstücke‹ (daher der Name, von lat. *farcire* = stopfen) oder Intermezzi für geistliche Spiele, die sich dann selber aus diesem Zusammenhang herauslösen und verselbständigen. In der Lyrik zeigt sich eine Wendung zur zwar kraftvollen, aber doch rohen satirisch-realistischen Scherzdichtung, an deren Ende im 15. Jh. François Villon stehen wird.

Es sei aber noch einmal daran erinnert, daß für den Bildungsbegriff des MA.s die nationalsprachliche Literatur rangmäßig niedriger bewertet wurde als die lateinische. Latein galt dem MA als die absolute, auf Autoritäten gründende Sprache, die unwandelbare *grammatica*, die die höchste Autorität für sich reklamieren konnte. Im folgenden sollen einige Themen, Motive und Stoffkomplexe beschrieben werden, die allen oder doch mehreren der vorgestellten Epochen und Gattungen gemeinsam sind:

> Die Ablesbarkeit geistes- und literaturgeschichtlicher Epochen ist wohl das sinnfälligste Ergebnis stoffgeschichtlicher Untersuchungen. Die romanhaft-fabulöse Verwässerung klassischer Handlungen im Verlauf der Spätantike ist ebenso nachweisbar wie die Assimilation an die höfischen Vorstellungen des Mittelalters, das gleichzeitig in der Dietrich-, Karls- und Artusepik riesige zyklische Gebilde um bestimmte

zentrale Idealgestalten entwickelte, während es bei der Behandlung biblischer Stoffe an deren theologische Sinngebung oder präfigurative Funktion gebunden blieb. (Frenzel, *Stoffe*, S. VII)

Die höfische Liebeskonzeption

Neben einzelnen Stoffkreisen, Gattungen und epochalen Systematisierungen sind zunächst die Grundlagen der höfischen Liebeskonzeption (*LexMA* 5,1963–1968) von zentraler Bedeutung, da sie den Hintergrund der meisten Werke der altfranzösischen Literatur der Blütezeit bilden.[5] Pollmanns These lautet verkürzt, daß die älteren Kulturen (Griechenland und Rom) »eine ausgemachte Scheu vor dem Phänomen der Liebe« gehabt hätten, es allenfalls als *terminus technicus* für die Fortpflanzung benutzten und eigentlich nur von Freundschaft und ehelicher Liebe gesprochen hätten. Diese Verklemmung sei durch das Christentum noch verstärkt worden, und erst im MA sei durch die Begegnung mit dem Orient eine Lockerung eingetreten. Pollmann macht zu Recht auf die Unvereinbarkeit von Ehe und Liebe bei den Provenzalen aufmerksam, was einen juristisch-soziologischen Hintergrund hat, und unterstreicht, daß in die höfische Liebeskonzeption Nordfrankreichs mehrere divergierende Konventionen eingeflossen seien, die miteinander verschmolzen sind:

> In der höfischen Liebe treffen sich also drei Elemente, wenn wir von einzelnen Motiven absehen wollen, drei Elemente von ungleicher Bedeutung, eines, das von außen den Anstoß geben mußte [...] das orientalisch-arabische, eines, das die Struktur der höfischen Liebe beherrscht, das christlich-neuplatonische, vermittelt durch die Mystik und Augustinus und drittens eines, das der höfischen Liebe ihre ideologische Sinngebung verlieh, das soziale Phänomen höfischer Kultur. (S. 245)

In Südfrankreich, wo die Provenzalen als erste nach Antike und Spätantike europäische Liebeslyrik dichteten, begegnete ihnen, vermittelt durch Spanien und die Kreuzzüge, die in der arabischen Literatur anzutreffende rückhaltlose Bejahung profaner Liebe, wie sie das Abendland nie gekannt hatte, verbunden mit ekstatischen Elementen. Dies könnte erklären, daß bei den Provenzalen, was völlig überraschend und neuartig ist, der Liebe ein absoluter Wert beigemessen wurde. Selbst die Ekstase wird bejaht, und die Zeitgenossen empfanden dies als das Spezifische und Ungewohnte, das häufig kritisiert wurde. Die Trobadors, durch orientalische Vorbilder ermutigt, blieben nicht dabei stehen, sondern griffen das augustinisch-neuplatonische Konzept des *amor-bonum* auf. Gleichzeitig orientierten sie sich an Strukturen der christlichen Mystik, die den Menschen erheben und Gott näherbringen will. Die Liebe wurde als ein Element angesehen, das Freude schenkt und zum Guten hinführt und die Partner moralisch erhöht und verschönt. Die Vereinigung kann jedoch nie vollkommen erreicht werden, so daß die Liebenden sich mit einer Teilfreude zufrieden geben müssen. Es bleibt immer etwas in der Schwebe. So

wie man Gott nur nahekommt, ihn nie erreicht, ihn anbeten, grüßen und ver-
ehren kann, kann auch die Geliebte nie besessen werden. Ein Gruß, ein Blick,
vielleicht noch ein Kuß ist das Höchste, was sie gewährt. Die physische Ver-
geblichkeit wird durch moralische Vervollkommnung ersetzt. Diese Liebe ist
aber auch systemstabilisierend für die aristokratische Welt, denn sie bindet die
sich an diesem Prozeß beteiligenden Adligen an die höfischen Zentren.

Die provenzalische Lyrik

Verglichen mit den anderen romanischen Literaturen erreicht die provenzalische Lyrik sehr früh eine kaum erklärliche Meisterschaft.[6] Zwei Jahrhunderte lang blühte im südlichen Frankreich eine Minnelyrik von höchster Vollendung, von der rund 2600 Gedichte oder Lieder (ca. 1100–1300) erhalten
sind. Ein erheblicher Teil ist jedoch außerhalb Südfrankreichs entstanden und
erstmals vorgetragen worden, weil die Trobadors ihre Reisen häufig bis nach
Italien, Spanien und Nordfrankreich ausdehnten und sich zeitweilig an den
Höfen Portugals, Deutschlands und sogar Ungarns aufhielten. Der deutsche
Minnesang, der italienische *dolce stil novo* und die nordfranzösische Liebesdichtung (nicht nur die Lyrik, sondern auch Romane und Lais) sind ohne den
südlichen Einfluß nicht denkbar. Die provenzalische Literatur beginnt
zunächst wie die anderen romanischen Literaturen mit Werken didaktischen
und erbaulichen Charakters (*Boëcis*, Übersetzung der Kapitel 13–17 des Jo-
hannesevangeliums, Gebet an die Jungfrau Maria, Weihnachtslied). Noch
deutet nichts auf die kommende Blütezeit, und die Lyrik, deren erster uns bekannter Vertreter Graf Wilhelm (Guilhem) IX. von Poitiers und Aquitanien
(1071–1126) ist (*DLF* 592–595), entsteht sozusagen aus dem Nichts (Tagliavini, S. 383–387).

   Dies mutet wie ein Wunder an und hat zu manchen Spekulationen über
den Ursprung dieser Lyrik geführt; erwähnt wurde bereits die ›Araberhypo-
these‹, nicht minder wichtig ist die ›Katharerhypothese‹, die auf den Schweizer Kulturphilosophen Denis de Rougemont zurückgeht.[7] Er erblickt einen
Zusammenhang zwischen der sexualitätsfeindlichen Ausrichtung des Katha-
rertums und der spirituellen, nicht auf körperlichen Vollzug konzentrierten
Liebesauffassung der Trobadors. Wichtig für die Genese der provenzalischen
Lyrik sind aber auch Ovid und die römischen Elegiker (Catull, Properz, Ti-
bull), die mittellateinische Marienlyrik, die arabisch-andalusischen Hardjas,
insbesondere in mozarabischem Spanisch (*LWR* 151–152), die oft die Klage
der von ihrem Geliebten verlassenen Frau beinhalten, doch kein Einfluß ist
unmittelbar beweisbar oder reicht für sich alleine zur Erklärung aus. Bereits
die ersten Gedichte Wilhelms IX. sind von unglaublicher Stilsicherheit, so daß
es Vorformen gegeben haben muß.[8] Neuplatonische Vorstellungen wirken insofern nach, als die Frau ein ›Kalokagathon‹ (zu gr. καλός = schön + ἀγαθός =

gut), eine Mischung aus äußerlicher Schönheit und charakterlicher Güte, ist. Ihr schöner Anblick ist ein Anreiz und dringt durch die Augen in Herz und Sinne des Mannes ein, der sich hinfort bemüht, sich zu veredeln und ihrer Schönheit und Güte würdig zu erweisen. Der Dichter sieht sich einem doppelten Paradox gegenüber: Aufgrund ihrer überirdischen Schönheit ist ihr Anblick eigentlich unbeschreibbar (lat. *ineffabilis* = unsagbar), aber als Künstler muß er sich dennoch immer wieder dieser Aufgabe stellen. Er bedient sich unterschiedlicher Metaphernfelder (Krieg, Natur, Naturkunde, Handwerk, Seefahrt, Religion usw.), um zumindest ansatzweise ihr Wesen, die Kraft Amors und seine eigene Pein zum Ausdruck zu bringen.

Die provenzalischen Dichter nannten sich Trobadors, die nordfranzösischen Trouvères (*LWR* 297–301; *DLF* 334–342, 1456–1458). Das Wort ist aus dem Verbum *trobar* gebildet, das seinerseits auf ein spätlateinisches *contropare* bzw. dessen verkürzte Form *tropare* zurückgeht. *Contropare* heißt ›bildlich reden, in Tropen, in kunstsprachlichen Figuren reden‹. Da das Wie der Dichtung meist wichtiger ist als das Was, wird auf die formal-rhetorische Ausarbeitung großer Wert gelegt. Die sorgfältige Dichtweise, die vielfach mit Handwerksmetaphern (*capuzar* = zurechtschneiden; *dolar* = glätten; *limar* = ausfeilen usw.) verdeutlicht wird, heißt *trobar ric*; wird die dichterische Aussage absichtlich verdunkelt, spricht man von *trobar clus* (*cobert, escur* = dunkel, hermetisch), gegenüber dem verständlichen Dichten (*trobar leu* = leichtes Dichten).[9] Die Trobadordichtung ist aristokratisch-höfisch, weil nur ein adliger Mensch der hohen Minne (*fin'amor*), die als ›Dienst‹ verstanden wird, fähig ist. Ihre Schlüsselbegriffe, die wegen der dichten Konnotationen nur schwer zu übersetzen sind, lauten *cortesia* (Höfischkeit), *mezura* (Maße, auch Würde, Selbstkontrolle, inneres Gleichgewicht), *joy* (Freude, auch Ekstase, Veredelung) und *jovens* (Jugend, auch Charakterstärke, Treue, Uneigennützigkeit). Sie richtet sich immer auf eine fremde Frau, die Frau eines anderen, eine ›Domna‹ oder ›Herrin‹, der gehuldigt wird. Anstand und Würde gebieten es, die Liebe zu verheimlichen (*celar*),[10] die Dame mit Decknamen (*senhal*) zu bezeichnen, um sie und sich vor den Neidern und Verleumdern (*gilos, lausengiers*) zu schützen. Ziel der Liebe ist keinesfalls (sexuelle) Erfüllung, die das Ende der Anspannung wäre, sondern ein dauernder Zustand der Erwartung. Die Liebenden sind meist getrennt, die Geliebte weiß häufig nicht einmal, daß sie der Gegenstand liebender Verehrung ist, weshalb diese Art der Bindung als Fernliebe (*amor de lonh*) klassifiziert wird. Der Sinnlichkeit wird in jedem Fall Zwang auferlegt, denn Ziel der Minne ist Verfeinerung. »Cortesia non es als mas mesura – Höfischkeit ist nichts anderes als Maße«, verkündet der Trobador Folquet de Marselha (1160–1231).[11]

Die Trobadors entwickeln ein System von Subgenera für die verschiedenen Formen des Lebensvollzugs wie Kanzone (*canso*), Streit- oder Schmähgedicht (*partimen* oder *joc partit, sirventes*), Klage- (*planh*), Tage- (*alba*)[12] Frühlingslied (*reverdie*), Schäfergedicht (*pastorela*), Tanz- (*estampida*), Kreuzlied usw.;[13] dazu präzise metrische Vorschriften sowie eine ausgefeilte

Terminologie der Minnekasuistik, auf der die Späteren aufbauen können. Die wichtigsten Dichter sind Cercamon, Marcabru, Jaufre Rudel, Bernart de Ventadorn, Arnaut Daniel, Peire Vidal, Sordello, Guiraut Riquier – insgesamt kennen wir 450 Namen, darunter 20 Frauen (*trobairiz*)[14], 25 Italiener und 15 Katalanen.

E. Köhler und seine Schule haben eine überwiegend soziologische Deutung dieser Sachverhalte versucht. In einem grundlegenden Aufsatz[15] beschreibt Köhler das gewaltige Anwachsen des Kleinadels im 10. und 11. Jh. Es handele sich um kleine Lehnsmänner, die danach strebten, in den etablierten Hochadel aufgenommen zu werden. Ihre Sprecher seien die Trobadors. Ihre Liebesdichtung spiegele somit ein gesellschaftliches Ordnungsprinzip, das für alle verbindlich sei und soziale Harmonie garantiere. »Wir verstehen jetzt, was den Hochadel bewog, die Minnekonzeption des niederen Rittertums zu übernehmen und zu fördern. Sie schuf eine einheitliche Denkform, welche den ›cavalier‹ an die ›domna‹ fesselte und die Spannung zwischen Kleinadel und Hochadel in einem gemeinsamen Standesideal überbrückte, ohne die Distanz aufzuheben.« Und weiter: »Dem Kleinadel ist es gelungen, seine sozialen Ansprüche in eine Ideologie umzumünzen, die zum Ideal des ganzen Adelsstandes werden konnte. [...] Sein in der höfischen Liebe beschlossenes Menschenbild verleiht dem ganzen Stand eine neue Sinngebung und eine sittlich-ästhetische Legitimation seines Führungsanspruchs« (S. 24–26). Dieses Erklärungsmodell, das auf einer Strukturhomologie zwischen sozialen Ansprüchen und dem dichterischen Ausdruck von Gefühlen beruht, ist allzu monokausal; außerdem wird der Einfluß der Literatur auf das Leben überschätzt. Und warum sollte sich in einer Zeit streitbarer Libellistik (Manitius III, 21–68) nicht einer der niederen Barone gefunden haben, der einmal explizit seine sozialen Aspirationen artikuliert? Konnte dies wirklich nur verhüllt im Konzept der unerreichbaren Fernliebe geschehen?[16]

Wesen und Wirkung der ritterlichen Liebe – Andreas Capellanus

Die Amordoktrin kann aus den Werken der provenzalischen Trobadors herausgelesen werden, aber es gibt in lateinischer Sprache und damit im MA allgemein zugänglich einen einflußreichen Traktat mit dem Titel *De amore et de amoris remedio* (um 1186/96 ?), dessen Verfasser in einer Handschrift des 13. Jh.s (?) als »Andreas capelanus regis francie«, in späteren Handschriften (14. Jh.) als »magister Andreas francorum aulae regie capellanus« bezeichnet wird (*DLF* 59–62). Am französischen Hof kommt in der fraglichen Zeit kein Kaplan mit Namen Andreas vor, doch hat der italienische Altmeister Pio Rajna vor hundert Jahren auf einen Andreas Capellanus am Hof der zuvor erwähnten Gräfin Marie de Champagne hingewiesen.[17] Dieser war Geistlicher, was den Bruch zwischen den Büchern 1/2 und 3 erklären könnte. Am Ende des 2. Buchs werden ›Liebesfälle‹ in Analogie zu juristischen Fällen vorgetragen und von berühmten Frauen wie Gräfin Marie, Gräfin Eleonore von Flandern, Ermingarde von Narbonne und anderen entschieden. Daraus schloß man einerseits, daß Andreas Capellanus tatsächlich der Kaplan der Gräfin der Champagne war, und, eine These, die inzwischen wieder aufgegeben wurde, daß es wirkliche ›Liebesgerichtshöfe‹ gegeben habe, an denen einschlägige Fragen der Amordoktrin diskutiert und entschieden wurden.[18] Der Traktat ist bereits früh ins Deutsche übersetzt worden, doch gibt es auch eine moderne deutsche Übersetzung aus dem Jahr 1924.[19] Auf ihm bauen zahlreiche *arts d'aimer* auf, die zudem noch durch die diversen Ovidiana, aber auch den von Pierre de Blois (um 1130/35–1211/1212) vermittelten ciceronischen Freundschaftskult in christlich-mystischem Gewand beeinflußt werden.[20]

Nach scholastischem Modell zerfällt der Traktat des Kaplans in drei Bücher, die Wesen und Wirkung der ritterlich-höfischen Liebe abhandeln. In Buch I wird die Entstehung der Liebe besprochen, weiterhin erörtert, wer liebesfähig ist, welche Wirkungen Amor hat, wie man Liebe gewinnt; es folgen Modelle galanter Liebeskonversation, wobei die Gesprächspartner ständisch in Bürger, Adel und Hochadel geschieden werden. Es schließt sich die Debatte an, ob auch Geistliche lieben dürfen, die darauf hinausläuft, daß nur den Nonnen die Liebe verboten ist. Zuvor war gesagt worden, daß Männer über 60, Frauen ab 50, Knaben unter 18 und Mädchen unter 12 sowie Blinde nicht lieben können; Blinde deshalb nicht, weil die Liebe über Blickkontakte ausgelöst wird. Buch II handelt von der Bewahrung und Steigerung der Liebe und davon, wie man ihr Nachlassen vermeidet. Danach folgen die bereits angesprochenen Liebesurteile, Streitfälle zwischen Liebenden, die von einer Autorität entschieden werden müssen. Buch I und II bilden eine Einheit. Am Ende von Buch II hören wir beispielsweise von einem bretonischen Ritter, der im Dienst seiner Dame unter Gefahren an den Hof des Königs Artus zieht und von dort mit 31 Liebesregeln zurückkehrt, die, didaktisch komprimiert, das gesamte Inventar der Liebesvorschriften enthalten. Dann tritt insofern ein Bruch ein, als in Buch III die Liebe aus theologischer Sicht verdammt wird; war sie in den beiden ersten Büchern der Urgrund alles Guten, wird sie jetzt zur Quelle des Bösen. Vielleicht hängt das damit zusammen, daß Andreas Capellanus wie die Südfranzosen Liebe und Ehe für unvereinbar erklären will. Im Gegensatz zu Ovids *Ars amatoria*, die unterhalten soll, will der Kaplan belehren: Die Gesetze der Liebe sind erlernbar, soweit sie veredelt, ist sie wichtig für das ritterliche Tugendsystem (*KLL* 6, 2363f.).

Die Deutung des Traktats ist bei den Gelehrten umstritten. Drei Positionen werden vertreten:[21] Es handele sich um ein ernsthaftes Werk; der Autor beabsichtige eine kritische Behandlung der feudalen Liebespraxis; er intendiere eine humorvoll-ironische Verurteilung der *concupiscentia*, die mit höfischer Liebe wenig zu tun habe. Pollmann (S. 337) nimmt den Traktat als Darstellung ritterlich-höfischer Liebesdoktrin ernst. Er unterstreicht die Bedeutung des *fin'amor* (lat. *amor verus*) und sagt, ein Liebender könne eher auf Reichtum und Ehren, ohne die der Ritter nicht leben könne, verzichten, als daß er von der Liebe lasse. Lancelot sei ein solcher Prototyp, der ganz dem südfranzösischen Ideal entspreche (Hofer, S. 134f.). Sein Credo laute:

»Or li diroiz	»So richtet ihr aus,
qu'il n'est riens nule qui me griet	daß mir keine Tat beschwerlich ist,
a feire, des que il li siet;	wenn sie ihr genehm ist;
que quan que li plest m'atalante.«	denn ich will gerne alles tun, was ihr gefällt.«
(Ed. Roques, vv. 5890–5893, S. 179)	

Andreas Capellanus schwebe dagegen das Ideal des *sapiens amator*, des besonnen Liebenden, vor, der Maß halte und die Übersicht bewahre und sich nicht ganz von der Liebe beherrschen lasse, also stets den Gesetzen des *bon sens* unterworfen sei.[22] Pollmann zufolge sind Liebende, die dem Liebeswahn und der Leidenschaft völlig erliegen und sich dadurch aus der höfischen Gesellschaft begeben, pathologische Fälle, die Andreas und Chrétien geißeln wollen. Beide wären somit Begründer einer frühen moralistischen Tradition, die, dem Juvenalschen Dictum »ridendo castigare mores – durch Lächerlichmachen Fehlverhalten tadeln« gemäß, Normverstöße dem Gelächter preisgibt und damit bessert:

> In der Tat glaubt Chrétien de Troyes – und dies ist ein Grundzug nordfranzösisch-höfischen Denkens – nicht an eine idealistische Konzeption der Liebe, wie sie die Trobadors im ›fin'amor‹ entwickelt hatten. Der Norden ist zu realistisch und zu sehr in christlicher und antiker Tradition verwurzelt, um eine solche dichterische Fiktion aufrecht erhalten zu können. [...] Für Chrétien de Troyes ist eine unerfüllte Liebe Qual, wenn auch eine süße Qual, nicht aber eine Freude [sc. joie]. Während der Trobador behauptet, durch seine Liebe grundsätzlich und immer zu ›valor‹ zu kommen, was eine ideologische Fiktion ist, sieht Chrétien de Troyes und mit ihm der ganze nordfranzösische Roman in der unerfüllten Liebe eine seelische Gleichgewichtsstörung. Diese kann den Ritter in seinem Wert heben, aber nur, wenn sie in ein dialektisches Zusammenspiel mit höfischen und ritterlichen Werten tritt (so im *Erec*). (Pollmann, S. 308–309)

Dieses Resümee ist in sich stimmig, aber es gibt in dieser Frage so viele Meinungen wie Köpfe, was ein einheitliches Urteil erschwert.

Als Muster leidenschaftlicher Liebe muß neben Romanhelden wie Tristan und Lancelot auch noch das berühmteste Liebespaar des MA.s, Abaelard und Heloise, in Erinnerung gerufen werden. Ihr Schicksal war durch die *Historia Calamitatum* (*Geschichte meiner Heimsuchungen*), den autobiographischen Bericht des Petrus Abaelard (1079–1142), sowie eine Gruppe von sieben sich anschließenden Briefen des Philosoph-Theologen mit Heloise (um 1100–1164) allgemein bekannt und bewegte die Gemüter.[23] Beide oft zusammen edierten Zeugnisse markieren nicht nur den Beginn der modernen Autobiographie, sondern sollen die Zeitgenossen lehren, wie Leidenschaft durch Selbstdisziplin und Gottvertrauen überwunden und die freigesetzte Energie höheren Zwecken dienlich gemacht werden kann. Heloise ist die Schwächere von beiden, was dem letztlich misogynen Bild des MA.s entspricht. Abaelard überzeugt sie langfristig mit seinen Argumenten, so daß sie sich in ihr Geschick fügt und Erfüllung ihrer Sehnsucht in der gemeinsamen Aufgabe findet. Aber selbst heute klingt es noch gewagt, wenn eine Frau für den Geliebten Ehefrau, Geliebte, Konkubine und Freudenmädchen zugleich sein will, so daß Zweifel an ihrem Sinneswandel angebracht sind (Brief I, S. 110).

Heloise (Heloissa) studierte unter Obhut ihres Onkels, des Kanonikers Fulbert, in Paris die Artes *(LexMA 4, 2126–2127)*. Schon bald wurde sie Schülerin Abaelards *(LexMA 1, 7–10)* und erwartete ein Kind von ihm. Abaelard versprach Fulbert, als der Knabe Astrolabius geboren war, Heloise zu heiraten, hielt jedoch die Ehe geheim, um seine Karriere nicht zu gefährden. Fulbert fühlte sich getäuscht und gekränkt, ließ Abaelard auflauern und entmannen. Heloise trat (vor 1131) aus Liebe zu Abaelard, nicht aus Überzeugung in das von dem Geliebten bei Nogent-sur-Seine gegründete Kloster Le Paraclet ein, dem sie als Priorin und später als Äbtissin bis zum Tode vorstand. Die *Historia calamitatum* in Form eines Briefs an einen Freund (nach 1132)[24] fiel Heloise – angeblich zufällig – in die Hände und veranlaßte sie ihrerseits zum Schreiben eines Antwortbriefs; weitere Briefe folgten. Heloise stellt ihre Leidenschaft über die Gottesliebe und schreibt, daß sie nie erlöschen könne. Als Abaelard ihr widerspricht und versucht, ihr die ›Fleischeslust‹ auszureden, lenkt sie ein; die letzten Briefe handeln dann nur noch vom gemeinsamen Aufbau von Kloster Paraclet. An der Authentizität des Briefwechsels werden heute trotz einiger Inkonsistenzen und allzu großer Ähnlichkeit im Briefstil beider Korrespondenten kaum noch Zweifel angemeldet.[25]

Die höfische Liebe entstand zwar zunächst im Süden, wanderte aber, *mutatis mutandis*, schon bald nach Norden.[26] Jean Frappier hat darauf hingewiesen, daß in der *Historia Regum Britanniae* des Geoffroy of Monmouth (um 1135) bereits das Miteinander von Liebe und Rittertum erkennbar wird,[27] und so ist es kein Wunder, daß sich eine entsprechende Verbindung auch in der volkssprachlichen Version von Waces *Brut* (vv. 10.493–10.516) findet (Ed. Arnold/Pelan, S. 91). Auch Marie de France setzt diese Liebestheorien in ihren *Lais* (insbesondere *Equitan, Chaitivel, Guigemar*) um, doch tut sich die Forschung schwer, in ihren Werken eine einheitliche Konzeption zu finden. Es sieht fast so aus, als ob die Autorin ihren Lesern mehrere divergierende Vorstellungen anbieten wolle, wobei der *fin'amor* stärker zum Tragen kommt als bei Chrétien.

Die nordfranzösischen Trouvères

Die nordfranzösischen Trouvères *(DLF 1458–1463)*, d.h. die Nachahmer der provenzalischen Trobadors, von denen einige ebenfalls in der Champagne wirkten, können und wollen sich natürlich nicht aus den südfranzösischen

Konzeptionen lösen, z.B. Gace Brulé (um 1160/65- n. 1213), Thibaut IV. de Champagne (1201–1253), Guy de Thourotte, Châtelain de Coucy (Couci) (Ende 12./ Anfang 13. Jh.), Conon de Béthune (um 1150–1219/20), Richard de Fournival (1201–1250/50).[28] Sie haben aus dem Süden nicht nur die Minnekonzeption, sondern auch die wichtigsten lyrischen Formen und Subgenera übernommen. Das zentralste und berühmteste Subgenus ist die Kanzone (*chanson*). Sie besteht aus fünf bis sechs Strophen, auf die als Abschluß eine Kurzstrophe (*envoi* = Geleit) folgt. Der Aufbau der Strophe folgt dem Schema: Aufgesang (zwei Stollen oder ›pieds‹) und Abgesang, der frei gestaltet ist. Die Kanzone ist ausschließlich für die Themen der hohen Minne und den Lobpreis der Dame bestimmt.[29] Wichtig ist das *jeu-parti*, später auch *parture* (nach aprov. *joc partit* oder *partimen*) genannt. In diesem ›verteilten Spiel‹, von dem über 200 altfranzösische Texte erhalten sind, behandeln zwei Dichter, von Strophe zu Strophe abwechselnd, kasuistisch ein Liebesdilemma. Die Literaturkritik pflegt die lyrischen Genera in ›genres subjectifs‹ und ›objectifs‹ einzuteilen. Die erste Gruppe meint Lieder, in denen der Dichter in der Ich-Form seine Gefühle und seine innere Gestimmtheit zum Ausdruck bringt; die zweite Gruppe stellt szenische Vorgänge dar, die halb epischen, halb erzählerischen Charakter haben. Während die *chansons* die typische Form des ›genre subjectif‹ ist, ist die *pastourelle* die Vertreterin der zweiten Gruppe: Ein Ritter trifft in Wald oder Feld eine Hirtin, um deren Gunst er in mehr oder minder deutlicher Form wirbt. Auch die *alba* (*Tagelied*), die den Abschied eines Paars nach gemeinsam verbrachter Nacht in der Morgendämmerung thematisiert, das *Kreuzlied*, das den Abschiedsschmerz des Kreuzfahrers und der zurückgelassenen Herrin besingt, gehören eher zum zweiten Genus. Die uns namentlich bekannten Dichter stammen fast ausschließlich aus dem höfischen Bereich. Daneben bestand aber auch eine anonyme volkstümliche Jongleurlyrik, die jedoch nur ›überfremdet‹, d.h. aus adeliger oder klerikaler Perspektive, weitergegeben wurde. Man hat im Zusammenhang dieses Interferenzprozesses im 13. Jh. von einem ›Populismus‹ der höheren Stände gesprochen; immerhin sind etwa 2500 Lieder dieser Art bekannt.

Chrétien de Troyes und seine Liebeskonzeption

Der Autor, welcher die höfische Liebeskonzeption am reinsten und ausführlichsten literarisch umgesetzt hat, ist Chrétien de Troyes, insbesondere in seinem Roman *Cligés*. Was im *Erec* noch verhalten dargestellt wird, wird im *Cligés* vertieft und systematisiert. Im Vordergrund steht die Frage, wie die Liebe entsteht und wie sie auf Frau und Mann wirkt. Der *Cligés* kann als geschlossener Exkurs über die Psychologie der Liebe gelesen werden (Hofer, S. 116f.). In präziser Selbstanalyse geben sich die beiden Paare Soredamors und Alexandre bzw. Fenice und Cligés Rechenschaft über ihre ihnen bisher unbekannten Regungen, ehe sie sich sicher sind, daß es sich um Liebe handelt. Alle Feinheiten, die die Provenzalen ersonnen haben, werden kasuistisch durchgespielt; allerdings sind oder werden, anders als in der provenzalischen Lyrik, die Liebenden am Ende des ihnen gewidmeten Handlungsstrangs Ehepaare.[30]

Die Liebe entsteht durch die Schönheit bzw. diese prädestiniert zur Liebe. Die Augen als Spiegel des Herzens und ›Einfallstor‹ zur Seele nehmen das Bild des Anderen auf; optische Prozesse und visuelle Metaphernfelder sind sehr wichtig. Das Herz urteilt, ob das Bild gut oder schlecht ist (v. 732). Die Verbundenheit der beiden Liebenden wird durch die Metapher des Herztausches verdeutlicht. So sagt Cligés, er habe sein Herz bei Fenice gelassen; sein Körper sei wie ein Baum ohne Holz, der nur noch aus Rinde bestehe (vv. 5180–5185; 5204–5205). Die Liebe ist eine Verletzung durch den Pfeil Amors (vv. 460–462, 692–694, 792–796), ein ovidianisches Bild, das im *Erec* noch fehlt. Minne ist eine Krankheit, die leiden macht (v. 579). Ihre äußeren (nonverbalen) Kennzeichen sind Seufzer, Zittern, Erbleichen und schließlich Ohnmacht (vv. 544–545; 4354–4359): *descolorer, anpalir, sospirer, tressaillir, changier, estrangier* sind die einschlägigen Termini.[31] Die Sinne verwirren sich, Angstzustände treten auf, die Weinen, Klagen, Ohnmacht, Schlaflosigkeit und Unruhe erzeugen (vv. 878–884; 621; 876–877). Etwas preziös wird Amor als Verräter beschimpft, denn Liebe ist ein *dulce malum*, ein süßes Leiden, von dem die Liebenden dann letztlich doch nicht geheilt werden wollen (vv. 3092–3094). Alle diese Symptome werden von Amor gesteuert, dessen Angriffen auch die sprödesten Frauen und die stärksten Männer nicht widerstehen können (vv. 933–936). Er ist der *mestre*, dessen Lehren und Vorschriften zu befolgen sind (vv. 687ff.).[32] In der folgenden Textprobe begegnet die spröde Soredamors erstmals der Liebe (vv. 435–465):

En la nef ou li rois passa	Das Schiff, mit dem der König reiste,
Vaslet ne pucele n'antra	betraten außer Alexander
Fors Alixandre seulemant;	kein Knappe noch Edelfräulein;
Et la reïne voiremant	allerdings führte die Königin
I amena Soredamors	Soredamors dort hinein,
Qui desdaigneuse estoit d'amors:	die die Liebe verschmähte:
Onques n'avoit oï parler	Noch nie hatte man von einem Mann sprechen hören,
D'ome qu'ele deignast amer,	den sie hätte lieben wollen,
Tant eüst biauté, ne proesce,	wie groß auch seine Schönheit, Tapferkeit,
Ne seignorie, ne hautesce.	Herrschaftlichkeit und Mut waren.
Et ne por quant la dameisele	Und dennoch war das Fräulein
Estoit tant avenanz et bele	so überaus schön und anziehend,
Que bien deüst d'amors aprandre	daß es durchaus die Liebe hätte kennenlernen sollen,
Se li pleüst a ce antandre;	wenn sie sich dafür interessiert hätte.
Mes onques n'i volt metre antante.	Aber sie wollte nie etwas davon wissen.
Or la fera Amors dolante,	Nun wird Amor ihr Schmerz zufügen,
Et molt se cuide bien vangier	denn er gedenkt sich sehr zu rächen
Del grant orguel et del dangier	für den großen Stolz und den Widerstand,
Qu'ele li a toz jorz mené.	die sie ihm gegenüber immer an den Tag gelegt hat.

Bien a Amors droit assené:
El cuer l'a de son dart ferue.
Sovant palist, sovant tressue,
Et maugré suen amer l'estuet.
A grant poinne tenir se puet
Que vers Alixandre n'esgart;
Molt li estuet qu'ele se gart
De mon seignor Gauvain son frere.
Chieremant achate et conpere
Son grant orguel et son desdaing.
Amors li a chaufé un baing
Qui molt l'eschaufe et molt li nuist.
Or li est boen, et or li nuist,
Or le vialt, et or le refuse;
Ses ialz de traïson encuse,
Et dit: »Oel, vos m'avez traïe;
Par vos m'a mes cuers anhaïe,
Qui me soloit estre de foi.
Or me grieve ce que je voi.«
(Ed. Micha, vv. 435–465, S. 14–15)

Amor hat sie genau getroffen:
Mit seinem Pfeil hat er ihr Herz verletzt.
Oft erbleicht sie, oft ist sie schweißgebadet,
und gegen ihren Willen muß sie lieben.
Nur mit Mühe kann sie sich zurückhalten,
Alexander nicht anzuschauen;
sie muß sich sehr
vor Herrn Gawein, ihrem Bruder, hüten.
Teuer bezahlt sie jetzt
ihren großen Stolz und ihre Verachtung.
Amor hat ihr ein heißes Bad bereitet,
das sie sehr erhitzt und heftig quält.
Mal tut er ihr gut, mal schadet er ihr,
jetzt will sie ihn, dann weist sie ihn zurück;
sie klagt ihre Augen des Verrats an
und spricht: »Augen, ihr habt mich verraten;
durch euch hat mein Herz Haß zu mir gefaßt,
das mir treu ergeben war.
Jetzt beschwert mich, was ich sehe.«

Natürlich ist der *Cligés* nicht der einzige Roman, der von dieser Liebeskonzeption getragen wird. Auch in den anderen Werken Chrétiens findet sich diese Amor-Doktrin, die sich zudem im *Tristanroman*, einigen *Lais* der Marie de France, *Amadas et Ydoine, Guillaume de Palerne, Amis et Amilun, Blancandin, Cristal et Clarie, Floris et Liriopé, Sone de Nansay, Richard le Beau, Cléomadès, Méliacin, Florence de Rome, La Belle Hélène de Constantinople* und anderen, nachweisen läßt.[33] Auch hier ist A. Micha zufolge die Ehe vielfach wichtiger als der *fin'amor* der provenzalischen Lyriktradition:

> Un trait commun à tous les romans en vers du XIIIe siècle est qu'ils ont subi, de façon plus ou moins évidente, l'influence de Chrétien de Troyes. Le maître champenois, admiré par ses contemporains et goûté par la génération qui l'a suivi, a éveillé la vocation de romanciers qui vont d'une imitation assez servile à une originalité plus ou moins marquée. (*GRLMA* IV,1, S. 377)

Die ›trois matières‹ der altfranzösischen Literatur

Die drei Stoffkreise der altfranzösischen Literatur wurden von Jean Bodels *Saisnes (Sachsenlied)* bereits für die Zeitgenossen kanonisiert: »N'en sont que trois materes a nul home entendant: De France et de Bretaigne et de Romme la grand« (Mölk, S. 6–7). Es sind dies die

- *matière de France*, die französische Nationalgeschichte in den chansons de geste,
- die *matière de Bretagne*, der keltisch-bretonische Sagenkreis in den höfischen Ritterromanen und Lais,
- und die matière de Rome, ein Name, der stellvertretend für alle antiken Stoffe im antikisierenden Roman steht.

Diese Einteilung berührt einseitig nur die Prosa; daneben gibt es noch andere Gattungen, vorzugsweise Lyrik, Drama und Satire, die mit diesen drei Kategorien nicht beschrieben werden können. Ihre Verfasser haben aber nur selten theoretische Überlegungen angestellt, weil Gedichtsammlungen und Theaterstücke im allgemeinen keinen Prolog oder kein Vorwort haben, so daß im MA keine Zuordnung oder Unterteilung erfolgte.

Der okzitanische *Flamenca*-Roman stellt aus Anlaß einer Hochzeitsfeier in vv. 621–705 ein äußerst detailliertes Programm der damals berühmten Literatur vor, das zwar über die drei ›klassischen‹ Themenkreise hinausreicht, aber doch ihre Gültigkeit unterstreicht. Zunächst werden antike (vv. 620–49), dann biblische (vv. 650–56), bretonische (vv. 660–91) sowie nationalfranzösische (vv. 692–700) Stoffe behandelt; die Überquerung der Adria durch Caesar (vv. 657–59) und der Fall Luzifers (vv. 698–99) sowie der Sturz des Dädalus am Ende bilden interessante Zusätze:[34]

> Wer Geschichten über Könige oder Grafen hören wollte, konnte auf seine Kosten kommen, jeder spitzte die Ohren. Denn einer erzählte über Priamos, der andere über Pyramos. Einer erzählte über die schöne Helena, die von Paris, nachdem er ihr seine Liebe erklärt hatte, entführt wurde; ein anderer über Odysseus, Hektor, Achilles; über Äneas und Dido, wie letztere unglücklich und um ihren Freund trauernd zurückblieb, und über Lavine, wie sie den am Pfeil angebundenen Brief aus einem höhergelegenen Winkel durch die Schildwache herabschießen ließ. Ein anderer erzählte über Polyneikes, über Tideus und über Eteokles. Ein anderer erzählte über Apollonius, wie er über Tyrus und Sidon regierte, ein anderer über König Alexander, ein anderer über Hero und Leander, einer über Kadmos, der, aus der Heimat geflohen, Theben gründete, ein anderer über Jason und über den Drachen, der nicht schlief, und wieder ein anderer schilderte die Kraft des Herkules. Wieder einer erzählte, wie sich Phyllis aus Liebe zu Demophonius das Leben nahm. Einer erzählte, wie der schöne Narkissos im Brunnen ertrank, in dem er sich spiegelte, andere erzählten über Pluton, wie Orpheus seine schöne Frau entführte, und über den Philister Goliath, wie ihn David durch dreimaligen Steinwurf tötete. Einer erzählte über Samson, dessen Haare, während er schlief, von Delila abgeschoren wurden, der andere über Judas Makkabäus, wie er für seinen Gott kämpfte. Ein anderer erzählte, wie Julius Cäsar ganz allein das Meer überquerte, ohne die Hilfe des Herrn zu erflehen und, glaubt mir, ohne Angst zu haben! Einer erzählte von der Tafelrunde, wo niemand hinkam, ohne daß der König ihm nach bestem Wissen Bescheid gab, und wo Tapferkeit immer galt; der andere erzählte über Gawein und über den Löwen, der den Ritter [Iwein] begleitete, der Lunete befreite. Einer erzählte über die bretonische Jungfrau, die Lanzelot gefangenhielt, als er ihr seine Liebe versagt hatte, ein anderer über Parzival, wie er zu Pferd an den Hof kam. Der eine erzählte über Erec und Enite, der andere über Ugonet de Perida; der eine über Gurvenal, der durch Tristan viel auszustehen hatte, der andere über Fenice, die von ihrer Amme für tot ausgegeben wurde. Einer erzählte über den Bel Inconnu, ein anderer über den roten Schild, den der Herold vor der kleinen Tür fand, ein anderer über Guiflet und wieder ein anderer über Kalogrenant. Einer erzählte, wie Délié ein Jahr lang den Truchsessen gefangenhielt, und ein anderer erzählte über Mordret. Einer berichtete, wie der Graf Divet von den Vandres ins Exil geschickt und vom Fischerkönig aufgenommen wurde, und ein anderer sprach vom Stern des Merlin. Der eine sagte, wie die Assassinen unter dem Einfluß von dem Alten vom Berge handelten, der andere, wie Karl der Große Deutschland in seiner Macht hielt, bis er es verteilte. Einer er-

zählte die ganze Geschichte von Chlodwig und Pippin, der andere, wie Luzifer wegen seines Hochmuts aus dem Himmel vertrieben wurde. Der eine erzählte über den jungen Mann von Nanteuil, der andere über Olivier von Verdun, der eine trug die Dichtung des Marcabru vor, der andere erzählte, wie gut Daidalos fliegen konnte, und, was Ikaros betraf, wie der durch seinen Leichtsinn ertrank. Jeder bot seine ganze Kunst auf. Durch das Gefiedel der Spielleute und durch das Stimmengewirr der Vortragenden herrschte ein großer Trubel im Saal.

Von der *matière de France* bzw. der *matière de Rome* war bereits ausführlich gesprochen worden. Es sei noch einmal daran erinnert, daß im *Doon de Maience* der französische Stoff seinerseits in drei Zyklen eingeteilt wird, die im Deutschen Karls-, Wilhelms- und Empörergeste heißen, die die Franzosen aber nach dieser Textstelle mit den Namen der Helden bezeichnen: *le cycle du Roi, le cycle de Garin de Monglane et le cycle de Doon de Mayence* (Mölk, Nr. 16, S. 14). Die Beliebtheit und die Bedeutung dieser historisch fundierten *chansons de geste* kann mit dem Erstarken der Monarchie, dem Erwachen eines Nationalgefühls sowie der Kreuzzugsbegeisterung erklärt werden. Die Abtei Saint-Denis läßt sich die Pflege der französischen Vergangenheit besonders angedeihen. So schreibt der Anonymus der *Enfances Guillaume*:

> Uns gentis moines, ki a Saint Denise ier,
> Quant il oït de Guillaume parleir,
> Avis li fut k'i fut antroblieis,
> Si nos an ait les vers renoveleis,
> Qui ot el role plus des cent ans esteis.
> Je li ai tant et promis et donnei
> Qu'il m'ait les vers ansaigniés et moustreis.
> Ki or les veut oïr et escouteir,
> Vers moi se traie ci lait la noise esteir.
> (Mölk, Nr. 17, vv. 16–24, S. 15)

> Ein edler Mönch aus Saint Denis war der Meinung,
> als er von Wilhelm sprechen hörte,
> daß man ihn völlig vergessen würde,
> wenn niemand die Verse erneuerte,
> die schon mehr als hundert Jahre in einer Papierrolle gestanden hatten.
> Ich habe ihm so viel versprochen und auch gegeben,
> daß er mir diese Verse übermittelt und gezeigt hat.
> Wer sie jetzt hören will,
> der soll zu mir kommen und alles Lärmen lassen.

Auch über die antiken Stoffe der *matière de Rome* wurde bereits das Wichtigste gesagt (Badel, S. 111f.): Das MA orientierte sich kulturell und sprachlich ganz an der lateinischen Antike, da ihm, wie schon der Antike, der Begriff des originellen Schöpfertums fremd war (s. Kap. V). Das Bild der Zwerge auf den Schultern der Riesen[35] oder das Bienengleichnis machen die Abhängigkeit deutlich. Besonders Vergil und Ovid wurden in der Dichtung imitiert, Macrobius findet gar eine Analogie zwischen dem Schaffen Vergils und dem der ›Mutter Natur‹, ja, zwischen dem Bau des Kosmos und der *Aeneis* (Curtius,

ELLMA, S. 400–404). Da verwundert es nicht, daß man das karolingische Zeitalter die *aetas vergiliana*, das 12. Jh. hingegen die *aetas ovidiana*[36] nannte. Als Neuentdeckung kann die griechische Epik gelten, die lateinisch vermittelt werden mußte, da niemand Griechisch konnte: Die beiden homerischen Epen *Ilias* und *Odyssee* wurden durch lateinische Übersetzungen zweier Autoren, deren griechische Originale nicht mehr erhalten sind, bekannt: Dares Phrygicus (1. Jh. n. Chr.) erzählt – angeblich als Augenzeuge, in Wirklichkeit handelt es sich um die Erfindung eines Schwindlers – die trojanischen Ereignisse aus der Sicht eines Trojaners (Übers. 5./6. Jh.; *LexMA* 3,571–572). Dictys Cretensis (*LexMA* 3,982), der apokryphe Verfasser eines griechischen ›Tagebuchs‹ des Trojanischen Krieges (*Ephemerides belli Troiani*), wurde von L. Septimius vermutlich im 4. Jh. übersetzt. Dares ist erstmals in der Fortsetzung der sog. Fredegar-Chronik faßbar und wird dann für den Westen zum wichtigsten Gewährsmann für viele Trojadichtungen. Der folgende Beleg bezeugt das Interesse am Trojanischen Krieg, den man als eine frühe Form der Kreuzzüge ansah. In der Kopenhagener Sammelhandschrift 487 schreibt ein gewisser Jean de Flixecourt, wie er 1262 im berühmten Benediktinerkloster Corbie bei Amiens, seit karolingischer Zeit einem Zentrum der Gelehrsamkeit, den Dares fand und übersetzte:

> Pour che que li roumans de Troies rimés contient molt de coses que on ne treuve mie ens u latin, car chis qui le fist ne peust mie autrement belement avoir trouvee se rime, je, Jehans de Fliccicourt, translatai sans rime l'estoire des Troiens et de Troies du latin en roumans mot à mot ensi comme je le trouvai en un des livres du livraire Monseigneur Saint Pierre de Corbie, en l'an de l'incarnation Jhesu Crist .m.cc. et .lxij. el mois d'avril, a le requeste dant Pierron de Besons, aumosnier de Saint Pierre de Corbie, si que chil qui veulent oïr lé batailles de Troies et ne pueent mie avoir le rommant qui est rimés, on pour chou que il est trop grans ou pour chou que il en est peu, si porroit avoir chestui legierement, car il est petis et porroit bien savoir par chestui la verité de l'estoire. (Robert de Clari, éd. Lauer, S. III–IV)

> Weil der Trojaroman in Versen viele Details enthält, die in der lateinischen Fassung nicht enthalten sind, was daran liegt, daß sein Verfasser anders seine Reime nicht gefunden hätte, habe ich, Jean de Flixecourt, die Geschichte der Trojaner und Trojanerinnen Wort für Wort aus dem Latein in die Volkssprache übertragen, so wie ich sie in einem der Bücher der Bücherei der Abtei von Sankt Peter in Corbie fand, und zwar im Jahr der Fleischwerdung Christi 1262 im Monat April auf Ersuchen von Herrn Pierron de Besons, Kaplan in Sankt Peter, damit diejenigen, die die Schlachten um Troja hören wollen und den Roman in Versen nicht bekommen können oder die, denen er zu groß oder auch zu klein ist, diese Version hier ohne Mühe erhalten können, denn sie ist kurz, und dadurch kann man genau die Wahrheit der Geschichte erfahren.

Die übrigen antikisierenden Romane (neben Troja) – *Theben, Alexander, Aeneas, Caesar (Faits des Romains), Apollonius von Tyrus* – sind, bis auf den letzten (Prosaversion), der Fragment geblieben ist, sehr umfangreich. Sie waren jedoch äußerst beliebt und wurden auch im deutschen Sprachraum nachgeahmt, übersetzt und bearbeitet. Für Theben gab es mit der *Thebais* des Publius Papinius Statius (ca. 45–96 n.Chr.) eine wichtige Vorlage; Quintus C. Rufus überliefert (50 n. Chr.) den Alexanderstoff (*Historiae Alexandri Magni Macedonis*), dessen Urfassung verloren ist; möglicherweise waren auch spätantike hellenistische Romane nach dem Muster des Achilleus Tatios (*Leukippe und Kleitophon*) bzw. des Heliodor (*Äthiopische Geschichten um Theagenes und Charikleia*) in Auszügen bekannt, denen wir die bunten Abenteuerreisen getrennter Liebespaare verdanken, die vor allem im Barock bei Tasso, Cervantes und Calderón nachklingen (*GRLMA* IV,1, S. 145–182).

Der ›keltisch-bretonische‹ Stoff – die Artusepik

Im Zentrum der *matière de Bretagne* steht die sog. Artusepik,[37] das Herzstück der großen Verserzählungen und der sie weiterführenden Prosabearbeitungen des hohen und späten Mittelalters, aber auch mehrerer *Lais* der Marie de France oder anonymer *Lais*. Die *matière de Bretagne* erschöpft sich allerdings keineswegs in den Sagen um Artus und die zwölf Ritter der Tafelrunde, die dieser Epik den Namen geliehen haben, sondern umfaßt ein ganzes Bündel anderer keltischer und weniger nicht-keltischer Stoffe, man denke nur an die Tristansage und den Gral.[38]

Bei keinem Gelehrten, der sich mit der Artusepik befaßt, gibt es einen Zweifel, daß es sich dabei um einen der vielgestaltigsten, farbigsten und ausbaufähigsten Stoffe der abendländischen Literatur handelt (*DLF* 99–101; Frenzel, *Stoffe*, 62–67). Ansonsten wird über fast alles gestritten: Alter, Ursprung, Authentizität, Vermittlung usw. Grund für diese Unsicherheit ist der mangelhafte Kenntnisstand der altkeltischen Literatur und Sprache. Keltische Stämme hatten zur Zeit Alexanders des Großen Britannien, den größten Teil Frankreichs und Spaniens, Norditalien, die Schweiz, Süddeutschland und das Donautal bis hinunter zum Schwarzen Meer bewohnt. Aber innerhalb kurzer Zeit, wahrscheinlich unter germanischem und römischem Druck, verschwand das Keltische und überlebte nur in Randlagen. Um die Mitte des 1. Jh.s wurde Gallien romanisiert, 500 Jahre später drohte die Sprache ganz auszusterben (Bodmer, S. 221f.).

Das Keltische zerfällt in zwei große Gruppen, das Gälische oder Goidelische und das Britische. Zum Gälischen gehören das Irische, Schottisch-Gälische im westlichen Hochland und das Manx (Isle of Man); der britische Zweig umfaßt das Walisische oder Kymrische, das Bretonische und das Kornische, das heute ausgestorben ist. Bretonisch ist kein autochthoner Überrest des von den Galliern auf französischem Boden gesprochenen Keltisch, sondern Inselkeltisch, das von walisischen und kornischen Flüchtlingen im 5. und 6. Jh. in die bereits romanisierte Bretagne gebracht wurde. Die Verschriftung des Altirischen und Altkymrischen erfolgte erst vom 14. bis zum 16. Jh., und so kann man nur schwer feststellen, wie alt eine keltische Sage wirklich ist.

Dies gilt insbesondere für das *Mabinogion*, elf Prosaerzälungen in kymrischer Sprache, die aus dem 14. Jh. (1325 *Weißes Buch von Rhydderch*; 1375–1425 *Rotes Buch von Hergest*) überliefert sind. Das Wort *mabinogi* (Plural: *mabinogion*) heißt ›Erzählungen einer Jugend‹ und schildert die sagenhafte Jugend mythischer keltischer Helden (*LexMA* 6,54; Botheroyd, S. 205–206). Die französischen Entsprechungen wären die beliebten *enfances*, die von zahlreichen Helden erhalten sind. Angeblich reichen diese Sagen in die keltische Vorzeit zurück, zumindest auf Vorfassungen aus dem 11. Jh. Die Sage von *Kulhwch et Olwen* kennt bereits einen König Artus (Botheroyd, S. 187 u. 263); *Der Traum Rhonabwys* ist ebenfalls eine Artus-Erzählung, und in drei anderen Sagen sollen schon die wichtigsten Stoffe Chrétiens (*Yvain*, *Perceval*, *Érec*) anklingen. Artus erscheint hier als Weltherrscher inmitten einer Schar magisch begabter Krieger, die gemeinsam übermenschliche Aufgaben lösen (Botheroyd, S. 25–26). Die unbestreitbare Nähe Chrétiens zur keltischen Mythologie und Sagenwelt hat dazu geführt, daß der Amerikaner Roger Sherman Loomis[39] für jede Szene in den Romanen Chrétiens eine keltische Quelle namhaft macht. Dem steht ein älteres Buch des Engländers C.B. Lewis entgegen,[40] der nur antike Stoffe für Chrétien heranziehen wollte. Brogsitter kommt zu dem vermittelnden Urteil:

> Man kommt wohl der Wahrheit am nächsten, wenn man annimmt, daß Chrétien den Hintergrund seiner Geschichten und manche Fabel keltischer Überlieferung entlehnt hat, daß er aber darüber hinaus reiches Material aus der ganzen ihm bekannten literarischen Welt eingearbeitet hat, soweit es für ihn brauchbar war; vor allem aber gilt, daß er innerhalb der künstlerischen Umbildung das Ganze doch erst neu geschaffen hat. Er ist es gewesen, der dank seiner dichterischen Genialität die Artusdichtung in ihrer charakteristischen Eigenart erst begründet hat und der auch für die Nachfolger das allein bestimmende Vorbild abgab. (S. 47)

Auffällig ist, daß König Artus oder Arthur eine Art Gegenmodell zu Karl dem Großen darstellt. Politische Gründe könnten dafür maßgeblich sein, daß er um das Jahr 1130 in England so berühmt wurde. Im Jahr 1066 hatte Herzog Wilhelm von der Normandie (1027 ? –1087) durch seinen Sieg bei Hastings den englischen Thron ursurpiert und war auf Edward the Confessor gefolgt. Die völlig romanisierten Normannen eroberten das angelsächsische England, wo sie die französische Sprache heimisch machten. Wilhelms Sohn Heinrich I. (1100–1135), ein bedeutender Verwalter, stand ab 1111 mit Frankreich im Krieg und gewann die Lehnshoheit über Maine und Bretagne. Ihm lag alles daran, die bodenständigen angelsächsischen Elemente mit den eingewanderten normannisch-französischen zu verschmelzen, ein englisches Volk zu schmieden und seine Herrschaft durch eine lange Abstammungslinie, die mit der Deszendenz der Deutschen und der Franzosen konkurrieren konnte, zu legitimieren. Als 1154 durch die Ehe Heinrichs II. mit Eleonore von Aquitanien aus dem anglonormannischen das angevinische Königreich England wurde, galt dieser Legitimationswunsch auch weiterhin. Die Franzosen waren insofern im Vorteil, als der entrückte Übervater des Reiches, Karl der Große, bereits in zahlrei-

chen *chansons de geste* besungen worden war. Den Engländern fehlte ein solcher König, und um dem abzuhelfen, besann sich Geoffroy of Monmouth,
zunächst Geistlicher, später Bischof, auf jenen ominösen Artus, der um 800
erstmals von Nennius aus Wales (*Historia Britonum*) als britannischer Heerführer (*dux bellorum*) erwähnt worden war (*DLF* 1058–1059). Geoffroys
1139 vollendetes Werk trägt den Titel *Historia Regum Britanniae* und berichtet die Geschichte Großbritanniens von ihren sagenhaften Anfängen bis zum
Ende des 7. Jh.s. Natürlich stammen ihm zufolge auch die Briten von den Trojanern ab, denn Brutus, der Urenkel des Aeneas, ist der Stifter der britischen
Monarchie, die letztlich noch seinen Namen trägt (Brutus › Britannia, Briti).

Wohl noch zu Lebzeiten Geoffroys (1155) machte sich der anglonormannische Kleriker Robert Wace (um 1100 Insel Jersey – 1174 Caen?) daran,
dieses Werk unter dem Titel *Roman de Brut* ins Anglonormannische zu übersetzen. Von den über 15.000 Versen sind etwa die Hälfte den drei Königen
Aurèle und Uther, einem Brüderpaar, und vor allem Uthers Sohn Arthur gewidmet (Ed. Lange/Langosch). Artus (*LexMA* 1,1074–1089) ist der Sohn des Königs Uther oder Uther Pendragon (Uterpendragon) und der Ingerne (Ygerne),
die zunächst die Gattin des Gorlois von Cornwall ist. Der eifersüchtige Ehemann merkt die Absichten des Rivalen und sperrt seine Frau in Tintagel (die
Ruinen eines Schlosses aus dem 12. Jh. kann man noch in Cornwall besich-
tigen) ein, während er selber in einem anderen Schloß belagert wird. Der Zau-
berer und Prophet Merlin (*DLF* 1008–1010; Botheroyd, S. 227–228; 370),
dessen Gestalt Geoffroy einführt, ist der Sohn einer bretonischen Prinzessin
und Klosterfrau und eines Inkubus, eines gefallenen Engels (*L'Enserrement
Merlin; Estoire de Merlin; Prophéties de Merlin*). Folglich zeigt er einmal gute,
einmal böse Seiten. Er leiht Uther Pendragon die Gestalt von Ingernes Mann
Gorlois, so daß sie sich ihm hingibt. Hier ist die Anleihe an die Amphitryon-
Sage ganz deutlich. Gorlois findet den Tod in der Schlacht, so daß Uther Ygerne
heiraten kann, wodurch Artus ehelich geboren wird.

Er wird schon mit 15 Jahren selber König, zeichnet sich durch besondere
Intelligenz und Kraft aus, was nicht zuletzt auf Merlins Erziehung zurückgeht.
Er heiratet die Prinzessin Guanhamara oder Gwenhwyfar (Guinievre, Guine-
vere), die aus einer vornehmen römischen Familie stammt, aber auch Züge der
keltischen Muttergöttin trägt (Botheroyd, S. 149–150). Nach der Unterwerfung Britanniens und der Nachbarinseln Irland, Gotland und Orkaden
herrscht zwölf Jahre lang Frieden. Danach folgen neue Kriegszüge nach Nor-
wegen, wo Artus seinen Schwager Lot, den Vater Walwans, einsetzt. Von dort
zieht er nach Gallien, besiegt den Statthalter des römischen Kaisers und erobert
zusammen mit seinen Heerführern Aquitanien und die Gascogne. In Paris belohnt Artus seine Getreuen. Beduer, der Mundschenk, erhält die Normandie,
der Seneschall Kai oder Keu Anjou. Nach der Rückkehr läßt er sich feierlich in
Caerlon krönen. Das Fest wird auf dem Höhepunkt durch die Ankunft von
zwölf römischen Legaten unterbrochen, die Artus Tribut abfordern. Seine und
seiner Barone Antwort ist eine Kriegserklärung. Er überträgt seinem Neffen

Mordred (Medraw) und der Königin die Regentschaft, landet auf dem Festland, wo es bei Langres zur Entscheidungsschlacht kommt, in der die Römer unter ihrem Feldherrn Lucius Hiberius vernichtend geschlagen werden.

Artus trifft die letzten Vorbereitungen zum Marsch auf Rom, als er erfahren muß, daß sich sein Neffe der Krone mitsamt der Königin bemächtigt hat. Er setzt sofort nach England über, wo ihm Mordred mit 80.000 Getreuen entgegentritt. Es kommt zur Schlacht von Camlan. Gawain fällt, Artus erschlägt Mordred im Zweikampf, wird aber selber tödlich verwundet. Er wird auf die Insel Avalon entrückt, von wo er, von der Fee Morgane, seiner Halbschwester, geheilt, eines fernen Tages wiederkehren soll (Botheroyd, S. 239–240; 26–27). Dies erinnert an die deutsche Kaisersage vom Kyffhäuser, die berichtet, daß auch Barbarossa einst zurükkehren wird. Wace hat viele Einzelheiten, besonders märchenhafter Art, hinzugefügt; er hat für die zuvor erwähnten zwölf Friedensjahre die Tafelrunde erfunden, die durch die Abenteuertaten der zwölf Ritter gefüllt werden. Modell der *table ronde* ist Jesus mit seinen Jüngern, wie besonders die Abendmahlszene überliefert. Und so sollen auch die Tafelritter stets Gutes tun, z.B. gefangene und verzauberte Jungfrauen befreien und andere Heldentaten begehen. Dazu Wace:

Por les nobles barons qu'il ot,	Für seine edlen Ritter,
Don chascuns miaudre estre cuidot,	von denen jeder glaubte, besonders tapfer zu sein
Chascuns se tenoit au meillor,	und sich jeder für den Besten hielt
Ne nus ne savoit le peior,	und keiner wußte, wer schlechter war,
Fist Artus la Reonde Table,	schuf Artus die Tafelrunde,
Dont Breton dient mainte fable.	von der die Bretonen so manche Geschichte erzählen.
Iluec seoient li vasal,	Dort saßen die Knappen
Tuit chevelmant et tuit igal;	alle ritterlich und gleichgestellt;
A la table igalmant seoient,	gleichrangig saßen sie zu Tisch
Et igalmant servi estoient;	und gleichrangig wurden sie bedient.
Nus d'aus ne se pooit vanter	Keiner von ihnen konnte sich rühmen,
Qu'il seïst plus haut de son per;	daß er höher saß als ein anderer Pair.
Tuit estoient asis mayen	Alle saßen sie in der Mitte
Ne n'i avoit nul de forien.	Und keiner saß außerhalb.
(Ed. Arnold/Pelan, vv. 9747–9760, S. 74)	(vgl. auch *König Artus*, S. 95)

Ähnlich wie Karl tritt auch Artus im Lauf der Zeit und der Ausweitung des Stoffes hinter den Rittern seiner Runde zurück. Das mag damit zusammenhängen, daß er als königliche Idealgestalt eher statisch gezeichnet ist. Er besitzt bereits ein Reich, eine schöne Königin und Geld und Gut, was die anderen sich noch erst erobern müssen. So werden einzelne Ritter wie Erec, Ivain, Perceval und Lancelot zu Handlungsträgern, er zur Hintergrundfigur. Allein Keu, der ewige Neinsager, bleibt sozusagen als Korrektiv im Abseits, und auch Gawain erhält keinen eigenen Roman.

Perceval und der Gral

Einen ›Sonderfall‹ unter den Artusrittern bildet die Gestalt des Gralssuchers Parzival (s. Kap. III), der zuerst bei Chrétien in dessen unvollendetem gleichnamigen Roman erscheint (1180/90) und vielleicht auf den Peredur der gleichnamigen *Mabinogion*-Erzählung zurückgeht (Botheroyd, S. 267–268; 45–46; 148–149). Perceval, eine Halbwaise, wird von der Mutter in der tiefen Einsamkeit des Waldes erzogen, um ihn vor dem ritterlichen Schicksal des Todes in der Schlacht zu bewahren. Aber die Mutter muß ihn ziehen lassen, als er zufällig Rittern begegnet und wie sie werden will. Er gelangt an den Artushof und zeigt im tapferen Kampf mit dem Roten Ritter, seinem Verwandten Ither, daß er selber ein großer Ritter werden wird, auch wenn er hier noch völlig ›unorthodox‹ kämpft. Gornemant de Goort unterweist ihn in den Formen höfischen Lebens und warnt ihn vor neugierig taktlosen Fragen. Diese im Prinzip richtige und gutgemeinte Warnung hindert Parzival daran, auf der Gralsburg, auf der er den siechen Fischerkönig sieht, dem der Gral mit dem Blut des Erlösers und die blutige heilige Lanze gezeigt werden, nach den Ursachen dieses feierlichen Aufzuges zu fragen und ihren Sinn zu verstehen. So versäumt er es, den König durch seine Frage zu erlösen und selber der Herr des Grals zu werden. Er wird daher, nachdem er in die Artusrunde aufgenommen ist, von der Gralsbotin verflucht. Deshalb schwört er, nirgends länger als eine Nacht zu rasten, bis er den Gral wiedergefunden hat. Sein Freund Gauwain zieht ebenfalls aus, um die Lanze zu gewinnen.

Perceval durchstreift jahrelang vergebens die Welt, bis er an einem Karfreitag einen Einsiedler trifft, der ihn über seine Herkunft und die Geheimnisse des Grals aufklärt. Hier bricht der unvollendete Roman Chrétiens ab. Das geheimnisvolle Wort Gral ist nicht ganz geklärt und geht wohl auf griech. *krater* = Schüssel bzw. lat. *gradale* = das Schritt für Schritt Vorangetragene zurück und soll das Gefäß bezeichnen, in dem Joseph von Arimathäa angeblich das Blut des Gekreuzigten auffing (*EnzMär* 6,86–91). So wird der Gral zum Abendmahlskelch.[41] Der Urheber dieses Gralssage ist Robert de Boron, dessen *Roman de l'Estoire dou graal* (1170/80) nur bruchstückhaft bzw. in der Prosafassung des Pseudo-Robert de Boron überliefert ist (*DLF* 1280–1282; Ed. Cerquiglini). Aber erst Chrétien leistet die Verbindung von Artushof, Gralsgeschehen und Perceval-Stoff, dessen Anfang an ein sog. Dummlings- oder Dümmlingsmärchen (*EnzMär* 3,937–946) gemahnt. In Borons Romanfragment verhindern Merlin und Artus, daß der Gral entweiht und das Christentum gestürzt wird, und diese Furcht könnte Chrétien inspiriert haben, Perceval diese Rettungsaufgabe zuzuweisen. In jedem Fall ist der Gralsstoff auch ein Echo der Kreuzzüge: Die Ritter kämpften im fernen Orient für den Glauben, sie vollzogen eine Imitatio Christi, brachten Reliquien mit nach Hause und reflektierten immer wieder die ideologisch-religiöse Basis ihres Tuns. Der Grals-Stoff ist das Ergebnis eines religiös-philosophischen Synkretismus und hat jüdischchristliche, keltisch-französische und orientalische Elemente miteinander verschmolzen (Brogsitter, S. 63–76). Entsprechend konträr sind auch die Deutungen des Romans, die inzwischen bei komplizierten psychoanalytischen Mustern angelangt sind (Ed. Olef-Krafft, S. 653–681).

Tristan

Als dritter umfassender keltischer Themenkreis nach Artusrunde und Gralssage bleibt noch die Tristansage (*DLF* 1444–1448; Botheroyd, S. 334–335; 216–217; 172–173). Sie wird in einer verlorenen *Estoire* aus der Mitte des 12. Jh. faßbar, die vielleicht jener von Chrétien im *Érec*-Prolog genannte Ur-Tristan ist. Genetisch ist dieser Stoff äußerst komplex; das Verhältnis zum Artusstoff variiert von Version zu Version. Bereits die *Estoire* enthielt, wie wir der um 1180 entstandenen Bearbeitung durch Eilhart von Oberg entnehmen können, drei Handlungsblöcke (*DLF* 400–401):

1. das Morholt-Abenteuer: Der junge Tristan tötet den Riesen Morholt, der seinen Oheim Marke mit einer Zinsforderung bedroht. Er wird jedoch verwundet und siecht wegen einer vergifteten Lanzenspitze, die sich nicht entfernen läßt, dahin. Unerkannt wird er in Irland von Morholts zauberkundiger Nichte Iseut la Blonde geheilt.

Der 2. Teil, der Hauptteil, ist die Ehebruchsgeschichte: Tristan zieht für Marke, dem eine Schwalbe das Haar einer blonden Frau zugetragen hat, auf Brautschau. Er gelangt abermals nach Irland, erkennt in Isolde die Besitzerin des Goldhaares und wirbt um sie für seinen Onkel. Sie haßt ihn, weil sie in ihm den Mörder ihres Onkels erkennt. Tristan besiegt ein schreckliches Ungeheuer und kann Iseut etwas gewogener stimmen. Auf der Fahrt nach Cornwall trinken beide versehentlich den Liebestrank, den Isoldes Mutter für Marke und Isolde bestimmt hatte. Die Liebe der beiden und der Betrug an Marke steigert sich stufenweise bis zur Verurteilung Iseuts zum Feuertode, der in eine Auslieferung an die Leprösen umgewandelt wird. Tristan befreit sie und flieht mit ihr in den Wald, wo sie zwar entbehrungsreich leben, aber ihre Liebe genießen können.

Der 3. Teil ist die Isolde-Weißhand-Episode. Isolde wird Marke zurückerstattet, Tristan wird verbannt und heiratet in Frankreich Isolde Weißhand, da die Wirkung des Liebestranks nachläßt. Er kann Iseut la Blonde jedoch nicht ganz vergessen und kehrt wiederholt verkleidet nach Cornwall zurück, um sich mit ihr zu treffen. Als Tristan abermals an einer vergifteten Wunde daniederliegt, kommt Isolde auf seinen Ruf, um ihn zu heilen; aber Isolde Weißhands Lüge, die Tristan statt des weißen hoffnungsverheißenden Segels ein schwarzes ankündigt, läßt ihn vor Isoldes Ankunft sterben. Isolde stirbt ebenfalls, über seine Leiche hingestreckt (Brogsitter, S. 97–116; Lacroix / Walter, S. 7f.).

Die Forschung hat für diesen Sagenkomplex mehrere Quellen identifiziert, die motivlich kontaminiert wurden:[42] für Tristan-Morholt die Perseus-Andromeda-Sage; für Tristans Ausfahrt die altirische Gattung der *immrama* (Umherrudereien) (Botheroyd, S. 169); die Dreiecksgeschichten, der sog. *triangle érotique*, gehört zum Urbestand aller Romane; die Flucht des Liebespaares geht angeblich auf die irische Gattung der *aitheda* (Entweichungen) zurück. Hinzu kommen Schwankmotive, die es bereits in der altindischen und arabischen Erzählliteratur gibt, und natürlich der ritterliche Kosmos, wie er in Frankreich am Ende des 12. Jh.s präsent ist. Einer anderen These zufolge stammt ein Großteil der Motive aus der persischen Erzählung *Wîs w Râmîn* (Sassanidenzeit, ca. 1042/55). Am überzeugendsten ist nach wie vor als Erklärungsmodell das der ›Motivkontamination‹, das dem dichterischen Genie der einzelnen Bearbeiter (Thomas von Bretagne, 1160/65; Béroul oder Berol, ca. 1190; *Folie Tristan* d'Oxford; *Folie Tristan* de Berne; Marie de France, *Lai du Chèvrefeuille*; *Donnel des amanz*; die verschiedenen germanischen Varianten) ihren Anteil beläßt (Ed. Lacroix/Walter; Ed. Bonath, Einleitung, S. 9–48).

Dies sind die drei wichtigsten Sagen, zu denen aber noch zahlreiche Einzelepisoden und -motive (Zauberquellen, verwunschenen Wälder und Schlösser, Fabelwesen wie Riesen, Zwerge, Feen, sprechende Tiere usw.) hinzukommen, die uns im *Yvain*, den *Lais* oder den Werken der späteren Artus-Epik begegnen (Botheroyd, S. 273–274; 370–373). Sie können hier nicht ausführlich behandelt werden. Wie bekannt und vor allem beliebt der Artusstoff war, geht aus einer Erzählung des Caesarius von Heisterbach (um 1180–1240; *Dialogus miraculorum; Libri miraculorum*) hervor. Er war als Novizenmeister im Zisterzienserkloster Heisterbach bei Bonn für die Zucht der jungen Mönche verantwortlich. Als einige von ihnen bei der geistlichen Unterweisung durch Abt Gevard eingeschlafen seien, habe er das Geschnarche mit den folgenden Worten unterbrochen: »Es war einmal ein König, der hieß Artus ...«, worauf alle hellwach geworden seien und die Ohren gespitzt hätten (Brogsitter, S. 2).

Chrétiens Werke, die für Autoren wie Lesepublikum gleichermaßen verbindliche Normen setzten, haben in Frankreich wie den Nachbarländern schon bald ein lebhaftes Echo gefunden und wurden intensiv nachgeahmt. Die Geschichte der Artusdichtung erstreckt sich von Wace, Chrétien de Troyes und Marie de France bis hin zu Froissart über mehr als 200 Jahre (Schmolke-Hasselmann). In Deutschland werden Hartmann von Aue den *Erec* (1170/80) und den *Iwein* (um 1200) und Wolfram von Eschenbach den *Parzival* (ca. 1205–12) in der Nachfolge Chrétiens dichten. Von Übersetzung zu sprechen, verbietet sich angesichts des dichterischen Genies der ›Epigonen‹. Auch eine mittelenglische Artus-Dichtung ist zu erwähnen (*ESM* 247–423).

Die »Lais« der Marie de France

In den Kontext der *matière de Bretagne* gehört zu guter Letzt auch Marie de France (Köhler, *Mittelalter II*, S. 44–71; *DLF* 991–993), die erste uns bekannte Autorin der altfranzösischen Literatur, über deren Biographie wir jedoch nichts Genaues wissen und die in der zweiten Hälfte des 12. Jh.s wirkte. Drei Werke können ihr zugeschrieben werden: 12 *Lais*, sodann Fabeln im äsopischen Stil (*Ysopets* oder *Isopets*), die mit mittelalterlichen Stoffen angereichert und den christlichen Morallehren angepaßt wurden, und die Verslegende *Espurgatoire seint Patriz*, eine Jenseitsvision, die von der durch das Fegefeuer bewirkten Läuterung des Sünders Owein berichtet. Im Epilog zu den Fabeln nennt sie sich mit Namen und sagt:

> Al finement de cest escrit
> qu'en romanz ai traitié e dit,
> Me numerai pur remembrance:
> Marie ai nun, si sui de France.
> (Mölk, Nr. 58, vv. 1–4, S. 71)

> Am Ende dieser Schrift,
> die ich auf Französisch verfaßt habe,
> Will ich mich nennen, damit man sich an mich erinnert:
> Maria heiße ich, und ich bin aus Frankreich
> (Gumbrecht, S. 273–275)

Diese Nennung kann bedeuten, daß die Autorin *aus* Frankreich stammt oder einer Herrscherfamilien *von* Frankreich angehört. Darauf hat die Forschung allerlei Hypothesen gestützt, die alle nur gemeinsam haben, nicht wirklich beweisbar zu sein. Marie kommt demnach aus Frankreich, vermutlich der Ile-de-France, hat aber am englischen Hof Heinrichs II. (1113–1189) gelebt und gewirkt.

Die uns hier interessierenden Lais (*Guigemar, Equitan, Fresne, Bisclavret, Lanval, Deus Amanz, Yonec, Laüstic, Milun, Chaitivel, Chievrefoil, Eliduc*) wurden um 1160 verfaßt (Ed. Rychner). Es handelt sich um erzählende Lais in Achtsilbern, die nie mehr als 1000 Verse umfassen und die man als ›Problemmärchen‹ (*EnzMär* 4,73–96, bes. 87–90) oder auch als ›Versnovellen‹ bezeichnet hat. *Lai* heißt ursprünglich ›Vogelgesang‹, dann Lied, und stammt aus dem Keltischen (verwandt mit lat. *laus* und dt. *Leich*).[43] Die Lais sollen ursprünglich von Spielleuten vorgetragen worden sein (*DLF* 906–911). Die Hauptpersonen versuchen, ihre Liebe – meist steht eine Frau zwischen zwei Männern – zu leben und Erfüllung zu finden, was jedoch selten gelingt. Märchenelemente des bretonischen Sagenkreises verbinden sich mit Abenteuergeschichten. Wir finden das Werwolf-Motiv, die sprechende Hirschkuh, den Ritter in Habichtsgestalt, Wiederbelebung eines Toten durch eine Pflanze usw.; zur Artus-Epik gehört nur *Lanval* (Lange/Langosch, S. 285–297), die Geschichte vom Königssohn, der sich vor Königin Genièvre mit seiner Ge-

liebten, einer schönen Fee, brüstet, und damit die ihm auferlegte Schweige-
pflicht bricht. Der *Geißblattlai* (*Chievrefoil*) behandelt eine sonst nicht überlieferte Episode des Tristanstoffs. Der von einem Geißblatt umschlungene Ha-
selnußzweig wird nicht nur zum Symbol der Liebenden Tristan und Isolde,
sondern auch zu ihrer Metamorphose.

Marie de France ist nicht die einzige Verfasserin von Lais, aber sicherlich die prominenteste, doch denke man an Robert Bicket (*Lai du cor*)[44] oder
anonymen Lais wie *Graelent*, *Désiré* und *Guingamor*. Der *Lai du cor* ist vermutlich der älteste überlieferte Lai: Ein Bote bringt ein von einer Fee ge-
machtes Trinkhorn an den Artushof, aus dem weder ungetreue Ehefrauen
noch eifersüchtige Ehemänner trinken können. Nur Caradoc (Garadue) besteht, von seiner Frau unterstützt, diese schwere Probe.

VII. MITTELALTERLICHE HERMENEUTIK

Die Bedeutung der mittelalterlichen ›Hermeneutik‹

Der Begriff ›Hermeneutik‹ (von gr. ἑρμενεύειν = aussagen, auslegen, erklären, übersetzen) meint ein Doppeltes: 1. die Kunst der Auslegung oder Interpretation und 2. die Theorie der Auslegung (Schweikle, S. 197–198). Nur um Hermeneutik im zweiten Sinn geht es hier eigentlich, doch kann sie Auswirkungen auf die spätere Interpretation haben, ein Aspekt, der hier nicht ausgeblendet werden soll. Allerdings müssen wir uns auf einige Aspekte (Wesen und Funktion der Dichtung, rhetorische Tradition, allegorische Auslegungen profaner Texte usw.) dieser vielschichtigen Fragestellung beschränken.

E. Köhler hat gezeigt (*Der altfranz. höf. Roman*, S. 17–38), wie sich im 12. Jh. langsam die neue Aufgabe vom Dichter und der Dichtung (in der Volkssprache) klärt und präzisiert (*HWBRh* 2,633–736, bes. col. 636f.): Der Dichter wird zum Verkünder eines für wenige bestimmten Wissens, an dem sich Würde und Wert eines neuen Menschenbildes messen. Erst jetzt hat er, der eine fiktiv vermittelte Wahrheit verkündet, die nicht unmittelbar auf der Hand liegt und auch nicht mehr die Wahrheit aller ist, wirklich Grund, Besonderheit und Wahrheitsgehalt seines Werkes zu betonen und mittels der Berufung auf die Autorität der Quellen oder der Gönner, die ihm den Stoff zuweisen, dessen Authentizität zu garantieren. Das ist mehrheitlich der Inhalt der diversen Prologe und Epiloge, denen wir mangels volkssprachlicher Poetiken das meiste einschlägige Material zur Dichtungstheorie entnehmen können (vgl. Mölk; Grosse). Diese Texte bilden sozusagen die Nahtstelle zwischen empirischem und fiktionalem Erzählbereich.[1] Dabei ist die altfranzösische Literatur verglichen mit den anderen romanischen Sprachen besonders explizit und reichhaltig.

Die hier angedeuteten Selbstaussagen schlagen sich in zahlreichen Topoi (Gemeinplätze, Klischees) nieder, z.B. der Pflicht zur Wissensvermittlung, der Versicherung der historischen Wahrheit bei Ablehnung der weltlichen Dichtung als Lüge, der Distanzierung von Vorgängern und Rivalen, dem Dichten als Finden und Ordnen usw. Mit den entsprechenden altfranzösischen Termini ausgedrückt lautet dies etwa so: Einem *conte d'aventure* oder einem *livre* entnimmt der Dichter (er ist gebildeter *clerc*, nicht vortragender *jogleors*) den Stoff und fügt ihn kraft seines *sens* zu einer den *sens* des Stoffes enthüllenden *conjointure*, *estoire* beziehungsweise zu einem *romanz* zusammen. Der *conte/livre* ist noch nicht die *matiere* selber; diese bezeichnet den bereits ausgewählten und vorstrukturierten Stoff, den der sinnbegabte Dichter dann kunstvoll, unter Anwendung aller technisch-rhetorischen Regeln, bearbeitet (*bien dire*). Erst ein solches Kunstwerk kann das eingeweihte Publikum belehren (*bien aprandre*). Diese ›Summe‹ von Gedanken findet sich mehr oder minder kohärent in den vielen Prologen, aber diese bilden noch kein System (Faral).[2]

Will man systematischere Vorstellungen kennenlernen, muß man sich mit den aus der Antike ans MA vermittelten Techniken vertraut machen, vor allem mit der Allegorese im weitesten Sinn, die zur wichtigsten christlichen Verstehenslehre ausgebaut wird. Die zahlreichen Behandlungen biblischer Stoffe und religiöser Themen, aber auch Werke in der Volkssprache wurden bereits im Hinblick auf eine allegorische Deutung verfaßt (R.R. Grimm). H.R. Jauß hat zahlreiche einschlägige Texte untersucht.[3] Er betont den Kontinuitätsbruch zwischen antiker und christlich-mittelalterlicher Allegorie, da die allegorische Dichtung in romanischer Volkssprache weder in Deszendenz von klassischen Vorbildern noch als Folge der sog. Renaissance des 12. Jh.s, sondern aus einer fortschreitenden Verweltlichung und Literarisierung der Bibelexegese entstehe. Über die Interpretation biblisch-homiletischer Texte hinaus (neben Bibelepik und Heiligenviten wären die sog. moralischen *Dits* mit ihren Themen wie den vier Töchtern Gottes, Weg und Pforte, Paradiesesgarten, den Feinden des Menschen, dem Baum der Tugend usw. zu nennen)[4] geht es aber auch ganz allgemein um die zentrale Frage, ob fiktive Texte nach mittelalterlichem Selbstverständnis allegorisch-typologisch zu lesen sind; daß sie so gelesen werden können, ist unbestritten.

Es ist selbstverständlich und eigentlich überflüssig zu erwähnen, daß die Bibel mit ihren beiden Testamenten als göttlich geoffenbarter Text auch für Poetik und Hermeneutik des MA.s die höchste Autorität darstellt.[5] Sie war selber Gegenstand der Hermeneutik, da sie ›ausgelegt‹ werden mußte, und sie lieferte gleichzeitig die hermeneutischen Anweisungen zu dieser Auslegung. Die Bibel des griechischsprachigen Urchristentums war die *Septuaginta*, so benannt nach angeblich 70 oder 72 jüdischen Schriftgelehrten, die zwischen dem 3. und 1. Jh. v. Chr. das AT ins Griechische übersetzten; das NT war ohnehin griechisch. Als Rom die universale Weltmacht wurde, verdrängte das Latein das Griechische, und die gesamte Bibel wurde ins Lateinische übertragen. Erste Versuche, die sog. *Vetus* oder *Prävulgata*, wurden 383 n. Chr. durch die vom Kirchenvater Hieronymus im päpstlichen Auftrag erstellte lateinische Version der *Vulgata* ersetzt, die fast 1600 Jahre der maßgebliche Bibeltext war, an dem sich auch das volkssprachliche MA orientierte.[6]

Die Geschichte der Hermeneutik beginnt bereits in der griechischen Antike (*HWBPh* 3,1061–1073), die neben streng grammatischen, den Wortlaut erfassenden Methoden, auch die den Wortlaut umdeutende, eine einen Hintersinn ausdrückende ›Allegorese‹ entwickelte. Diese wurde in der Patristik zur Lehre vom *mehrfachen Schriftsinn* ausgebaut, einer Technik, die für das gesamte MA grundlegend werden sollte. Erst in der Reformation wurde durch Luthers Schriftprinzip – »Die Schrift legt sich selbst aus« – der Literalsinn ins

Zentrum des Verstehens gerückt. Das volkssprachliche Denken hat im MA keine eigenständige Hermeneutik entwickelt, sondern die traditionelle Deutungskunst der Bibelhermeneutik und der antiken Rhetorik mitsamt ihrer Terminologie übernommen.

Laut Walter Haug wollten Autoren wie Chrétien de Troyes, Hartmann von Aue, Gottfried von Straßburg, Wolfram von Eschenbach, Marie de France usw. trotz dieser Abhängigkeit vom Latein und den dadurch bedingten Klischees durchaus die Autonomie ihrer Erzähltexte betonen. Haug geht es zunächst noch nicht um Allegorese, sondern er zeigt, hierbei gegen Curtius polemisierend, daß das Vorkommen antiker Topoi im Werk mittelalterlicher Autoren noch nicht deren Eigenständigkeit schmälern müsse. Der Dichter kann demnach bekannte Klischees verwenden, ohne selber epigonal-klischeehaft zu schreiben. Haug stützt sich dabei auf Gedanken von Helmut Beumann,[7] der die zahlreichen Topoi im Prolog zu Einhards *Karls-Vita* nicht als Traditionskonstanten ausmacht, sondern als variable Größen, die in ihrer Auswahl und Verknüpfung den jeweiligen Grad schriftstellerischer Originalität belegen.

Allegorese und Lehre vom vierfachen Schriftsinn

Ehe man entscheiden kann, ob ein Autor für sein Werk eine allegorische Deutung intendiert oder ablehnt, muß man wissen, worauf diese zielt und ihre Möglichkeiten kennen.[8] Auch ist zu bedenken, daß das Postulat von *prodesse et delectare* (Nutzen und Gefallen), schon damals, nicht erst ab der Aristoteles- und Horaz-Rezeption der Renaissance, gilt, was eine Belehrung des mittelalterlichen Lesers im Sinne einer moralischen Nutzanwendung nahelegt. So heißt es zu Beginn des *Ovide moralisé* (DLF 1093–1094):

Tout est pour nostre enseignement	Alles in den Büchern Geschriebene
Quanqu'il a es livres escript,	dient zu unserer Belehrung,
Soient bon ou mal li escript.	seien die Bücher nun gut oder schlecht.
Qui bien i vaudroit prendre esgart,	Recht betrachtet
Li maulz y est que l'en s'en gart,	ist das Böse dafür da, daß man sich davor hütet,
Li biens pour ce que l'en le face.	und das Gute, daß man es tut.
(Ed. De Boer, I, vv. 2–7, S. 61)	

Die Allegorese ist eine der wenigen Möglichkeiten, in menschlicher Sprache Aussagen über das Göttliche zu machen. Sie ist ein Phänomen zugleich von ›Poiesis‹ und ›Exegese‹, denn sie kann anwendungs- oder deutungsbezogen untersucht werden. In literarischen Texten erfährt sie konkrete Ausformungen und schlägt sich in einzelnen Darstellungsweisen nieder, wobei besonders auf literarische Handlungsmodelle wie die ›Suche‹ (*quête*), den Kampf und die Erstürmung einer Burg (Psychomachie: Kampf der Seele mit dem Leib; Minneburg), eine Jagd oder Gerichtsverhandlung (z.B. *Belial: Processus Luciferi contra Jesum*),[9] das Schachspiel (›Schachzabelbücher‹, zu lat. *tabula* = Schachbrett). Bossuats *Manuel* bietet genügend Titel, die als *Bataille, Combat, Débat, Échecs, Château d'amour; Chemin* usw. angelegt sind. Eng mit der Allegorese verbunden sind *Allegorien* und *Personifikationen*, sodann die *Figuraldeutung* oder *Typologie*. Auch die *Symbolik* gehört in diesen Kontext, wobei insbesondere auf *Zahlen-* und *Buchstaben-, Tier-, Pflanzen-* und *Steinsymbolik* unter Einschluß der *Etymologie* eingegangen werden soll. Desgleichen haben Himmelsrichtungen, Körperseiten,[10] Gesten, Gebärden[11] usw. Symbolform. Spielformen wie Akrostichen, Figurengedichte usw. müssen ebenfalls erwähnt werden (Liede, passim). Mittelbar gehört die *Lehre von den drei Stilen (genera dicendi)*[12] in diesen Kontext, denn die Stilhöhe entscheidet über die Zahl der Sinnschichten, oder, anders ausgedrückt, je höher der Stil, desto wahrscheinlicher ist die Abfassung nach dem Prinzip der mehrfachen Sinne. Neben diesen mehr inhaltlich-interpretatorischen Komponenten ist auch auf die sprachliche Gestaltung einzugehen, die die volkssprachlichen Autoren sehr bewußt vornahmen. Die altfranzösischen Termini *matière, chançon, conte, essemple, estoire, fable, geste, aventure, livre, conjointure et sens* sind zu nennen, wobei über den ›Sinn‹ bereits gesprochen wurde.

Der Stoff oder Gegenstand (*matière*) muß unter Beachtung grammatisch-rhetorischer Regeln gefügt und gestaltet werden, was wieder auf die verschiedenen Stilebenen zurückverweist. Zu sprechen ist auch von feststehenden Bildern oder Topoi (*HWBRh* 2,10–30), die das Verhältnis der mittelalterlichen Autoren zu den antiken Quellen und Vorbildern beschreiben und erklären: die Zwerge auf den Schultern der Riesen, das Bienengleichnis u.a.

Die Allegorese meint ein hermeneutisches Verfahren, das hinter dem Wortsinn (*sensus litteralis*) eines Textes (oder der Darstellung eines Bildes, dem Bau eines Gebäudes usw.) eine nicht unmittelbar evidente theologische oder moralphilosophische Bedeutung (*sensus spiritualis*) aufzeigt. Die heutige Geringschätzung der Allegorie oder besser das Unverständnis ihr gegenüber steht, jedenfalls in Deutschland, immer noch im Banne von Goethes *Maximen und Reflexionen*:

> Es ist ein großer Unterschied, ob der Dichter zum Allgemeinen das Besondere sucht oder im Besonderen das Allgemeine schaut. Aus jener Art entsteht Allegorie, wo das Besondere nur als Beispiel, als Exempel des Allgemeinen gilt; die letztere aber ist eigentlich die Natur der Poesie, sie spricht ein Besonderes aus, ohne ans Allgemeine zu denken oder darauf hinzuweisen. Wer nun dieses Besondere lebendig erfaßt, erhält zugleich das Allgemeine mit, ohne es gewahr zu werden, oder erst spät. (Hamburger Ausg. 12, Nr. 751, S. 471)

Laut Goethe, hier Anwalt in eigener Sache, ist die Dichtung symbolisch und nicht allegorisch. Die Allegorie wird dem kühlen Verstand, das Symbol dem lebendigen Gefühl usw. zugewiesen. Für das MA wird man mit diesen Vorurteilen wenig anfangen können.

Das Verfahren der Mehrdeutigkeit leitet sich von der Allegorie ab (zu gr. ἄλλο + ἀγορεύειν = etwas anderes sagen), einer Veranschaulichung einer

Abstraktion durch ein konkretes Bild, etwa der Gerechtigkeit oder Justitia durch eine blinde Frau (Personifikation). Als solche wird sie in der Schulrhetorik unter den Tropen abgehandelt. Man verwendet für die Allegorie auch die Begriffe *inversio, permutatio per similitudinem*. Cicero *De orat.* 3 definiert: »Aliud dicitur et aliud intelligendum est – eins wird gesagt, aber ein anderes ist gemeint.«[13] Noch deutlicher ist Quintilian (*Institutio oratoria* VIII, 6,44): »ἀλληγορία , quam inversionem interpretantur, aut aliud verbis aliud sensu ostendit, aut etiam interim contrarium. prius fit genus plerumque continuatis translationibus ... – Die Allegorie, die man auch als Umkehrung deutet, sagt mit Worten etwas anderes als mit dem Sinn, bisweilen sogar das Gegenteil. Die erste Art entsteht durch dauernde Übertragungen.« Und da es kein Sagen ohne Meinen gibt, sagt die Allegorie sehr wohl, was sie meint, sie sagt es nur indirekt. Die Allegorie ist eine Form eines indirekten Sprechakts, einer indirekten Kommunikation. Dieser indirekte Sprechakt setzt, damit er verstanden wird, ein stabiles und von Autor und Leser geteiltes stillschweigendes Wissen voraus. Der Verfasser muß davon ausgehen können, daß seine Anweisungen verstanden werden. Die weite Verbreitung allegorischer Werke im MA und Spät-MA verweist auf die Existenz eines in seinen kulturellen Standards homogenen Publikums, das allegorische Literatur schätzte und verstand. Eine Allegorie liegt also nur dann vor, wenn der Autor eine zweite Bedeutung intendiert und zugleich will, daß der Leser erkennt, daß die erzählte Geschichte noch eine zweite, vom Autor beabsichtigte Bedeutung hat. Die Allegorie ist somit eine narrative Sequenz, eine Geschichte mit kohärentem, kontinuierlichem Zusammenhang.[14]

Die älteste bekannte Allegorese ist die Homer-Allegorese, die von der Stoa zur Rechtfertigung des Epenschreibers Homer gegenüber der Philosophie, die ihm Lügenhaftigkeit vorwarf, entwickelt wurde (*RAC* 16,116–147, bes. col. 126f.). In der Spätantike wurde dieses Verfahren von dem hellenistisch gebildeten Juden Philon v. Alexandrien (1. Hälfte des 1. Jh.s n. Chr.) auf die Deutung des AT.s übertragen, insbesondere des zunächst wegen seiner Erotik als anstößig empfundenen Hohelied Salomons.[15] Philon deutete die Geliebte als Israel, den Bräutigam als Jahwe. Von da aus gelangte die Allegorese in die spätantike Vergil-Deutung (4. Ekloge), und durch das Bemühen der christlichen Apologetik in die christliche Exegese, die sie zur Lehre vom mehrfachen Schriftsinn ausbaute. Der gelehrte französische Jesuit und spätere (1983) Kardinal Henri de Lubac hat ein dreibändiges Werk hinterlassen, das alles Wissenswerte zum Thema enthält und mit dem bekannten Merkvers anhebt:

> Littera gesta docet, quid credas allegoria,
> Moralis quid agas, quo tendas [in anderen Versionen: quid speres] anagogia.

> Der Buchstabe berichtet von Taten, die Allegorie, was du glauben sollst, der moralische [Sinn], wie du handeln sollst, der anagogische [Sinn], wohin du streben sollst. (Dt. Übers. *ESM* 206)

Wer diesen Vers erfunden hat, steht nicht fest; der erste, der ihn zitiert, ist um 1260 der Dominikaner Augustinus de Dacia (Dänemark) in seinem *Rotulus pugillaris* (›Faustrolle‹), einem stark didaktisierten theologischen Handbuch zum Gebrauch der *simplices*, der ›schlichten Gemüter‹. Lubac zitiert andere ähnlich lautende Merkverse.

Die vier Sinne oder Sinnschichten heißen demnach *literal* oder *wörtlich*, *allegorisch*, *moralisch* und *anagogisch*. Die letzten drei Sinne sind *übertragene* Sinne. So kann man die Stadt Jerusalem nach dem vierfachen Sinn wie folgt deuten: 1. als die historische oder geographische Stadt; 2. als die Kirche Christi; 3. als menschliche Seele, 4. als die himmlische Stadt Gottes, das himmlische Jerusalem. Lubac nennt den wörtlichen Sinn »le fondement de l'histoire«, den allegorischen »le sens de la Foi«, den moralischen »la mystique« und den anagogischen »l'eschatologie«. Aber alle vier Sinnebenen gehören zusammen und können, jedenfalls in der theologischen Hermeneutik, nicht voneinander getrennt werden.

Die Bedeutung der Zeichen

Die Bemühungen des MA.s um den Schriftsinn gehen von der Zeichenlehre aus, wie sie Augustinus in *De doctrina christiana* dargelegt hat (*KNLL 1*, 868–869). Die Lautsprache wird von ihm als eines der Zeichensysteme verstanden, die dem Menschen zur Verfügung stehen; sie kann durch Übersetzung in die optischen Zeichen der Schrift der Vergänglichkeit entzogen und jederzeit wieder abrufbar werden, wenn man liest und schreibt; kunstvolle Schrift ist noch einmal ein besonderer Zeichenwert, was die mittelalterliche Schriftkultur befruchtete. Dieses Zeichensystem der menschlichen Lautsprache (*voces*) wird durch das Zeichensystem ergänzt, das Gott der geschaffenen Welt für den Menschen verliehen hat (*res*). Man nennt es die ›zweite Sprache‹. Ihr Zeichenwert, der mit Hilfe der Lautsprache bekannt gemacht wird, ist in der Regel nur durch Aussagen der Heiligen Schrift erkennbar. Den Zeichenwert der *res* kann man nur begreifen, wenn man weiß, wie das MA die Ordnung der Welt (Makrokosmos), die Stellung des Menschen (Mikrokosmos) in der Welt und seine leibseelische Einheit aufgefaßt hat (s. Kap. IV); die Zeichenwerte der *res* beruhen auf ihren *proprietates* (Eigenschaften). So wurde ein Inventar der *res* angelegt, das im MA Kommentare zur Genesis, Realenzyklopädien, Wörterbücher und Bibeldichtungen bereitstellten. Die Welt ist dem Menschen zu seinem natürlichen und übernatürlichen Heil von Gott überlassen.

Dementsprechend gibt es auch zwei Zeichenreihen, denen die *res* der geschaffenen Welt zugrunde liegen. Ein Beispiel: Der Zeichenwert der Zahlen beruht entweder auf den mathematischen Verhältnissen und ist dann der natürlichen Erkenntnis des Menschen zugänglich, oder er ist aus der Heiligen

Schrift abgeleitet und kann folglich durch eine Schriftexegese gewonnen werden, die den Willen des Schöpfers zu verstehen sucht. Der natürliche Zeichenwert hängt vom Stand des Wissens ab; Neues kann Altes ablösen. Der durchweg biblisch-christologische religiöse Zeichenwert ist unveränderlich. Da es sich um Zeichen für ganze Komplexe handelt, die so in der Lautsprache der *voces* nicht bestehen und deshalb z.T. in längeren Syntagmen bekannt gemacht werden müssen (z.B. das Zeichen des Phönix), sind diese Zeichenwerte semiotisch bedeutsam. Zu diesen Bereichen der sog. zweiten Sprache gehören Zahlen, Edelsteine, Tiere, Bäume und Pflanzen, Gebäude, Landschaften, Jahres- und Tageszeiten, Himmelsrichtungen usw. Dies alles ist für die Literaturgeschichte des MA.s aufschlußreich, denn diese Zeichen können in der Literatur auftreten und zusätzliche Sinnebenen erschließen (Brinkmann, S. 21–48, 74–85 u.ö.).

Die vier Sinnschichten

Littera ist die *prima significatio* des Autors, die *prima expositio* des Interpreten und der *primus intellectus* des Lesers. *Littera* ist wahrscheinlich im vorerwähnten Vers metrisch bedingt und wird meist durch *historia* ersetzt. Im Deutschen sprechen wir vom ›wörtlichen Sinn‹. Isidor definiert in den *Etymologiae* (I,xli,1) einem Schlüsseltext der mittelalterlichen Hermeneutik:

> Dicta autem Graece historia ἀπὸ τοῦ ἱστορεῖν, id est, a videre vel cognoscere. Apud veteres enim nemo conscribebat historiam, nisi is qui interfuisset [...]. Melius enim oculis quae fiunt deprehendimus, quam quae auditione colligimus. (Ed. Lindsay I, s.p.)

> Die Geschichte heißt nämlich auf Griechisch so apo tou historein, d.h. nach dem Sehen und Erkennen. Bei den Alten schrieb nämlich niemand Geschichte, wenn er nicht Augenzeuge war [...]. Wir begreifen nämlich als Zuschauer besser, was geschieht, als das, was wir vom Hörensagen sammeln.

Nur ein Augenzeuge soll demnach Geschichte schreiben, was ihre Authentizität garantiert; man soll nicht vom Hörensagen berichten, es sei denn, es handele sich um biblische Texte, die durch ihren Offenbarungscharakter *eo ipso* glaubwürdig sind.

Der allegorische Sinn ist am wichtigsten und hat allen ›übertragenen‹ Bedeutungen ihren Namen verliehen. Im NT kommt er nur einmal vor (Gal 4, 24: »Diese Worte haben tiefere Bedeutung«), weshalb der Apostel Paulus als erster allegorischer Lehrmeister galt. Er begründet Knechtschaft und Freiheit vor dem Gesetz aus der Abstammung von Hagar (AT) oder Sara (NT), und diese Dinge »sunt per allegoriam dicta.« Die Kirchenväter fordern auf Paulus' Spuren den allegorischen Sinn noch viel nachdrücklicher ein, z.B. Augustinus: »Factum audivimus: mysterium requiramus – Die Tatsache haben wir gehört; jetzt fordern wir das Geheimnis;« Ambrosius: »Altior sensus provocat nos, docuit enim nos Apostolus sanctus in simplicitate historiae secretum quaerere veritatis – Ein höherer Sinn fordert uns heraus, denn der heilige Apostel hat uns gelehrt, in der Einfachheit des Geschehenen/der Geschichte das Geheimnis der Wahrheit zu suchen« (alle lat. Zit. nach Brinkmann).

Der Gegenstand der Allegorie ist zunächst Christus, dann die Kirche, häufig aber beide. Augustinus: »Totum ad Christum revocemus, si volumus iter rectae intelligentiae tenere – Laßt uns alles auf Christus zurückführen, wenn wir den Weg der wahren Erkenntnis einhalten wollen.« Dies liegt nahe, da die Kirche der mystische Leib Christi ist. Die Allegorie bezieht etwas Späteres auf etwas Früheres, sie interpretiert die Dinge, »quae sub umbra legis historialiter accidisse leguntur – die im Schatten des Gesetzes geschehen sein sollen«, im Lichte derer, die »spiritualiter eveniunt in populo Dei tempore gratiae – sich geistlich im Gottesvolk zur Zeit der Gnade ereignen.« Damit unterscheidet sich die christliche Allegorie fundamental von der älteren heidnischen, die den christlichen Bezug nicht hat (»le Fait du Christ«; Lubac).

Der Übergang von der allegorischen zur tropologischen (moralischen) Deutung ist weniger aufwendig und kompliziert als der vom wörtlichen zum allegorischen Sinn. Wenn die Allegorie die *cognitio veritatis*, die Erkenntnis der Wahrheit, leistet, fällt der Tropologie die *forma virtutis*, die Steigerung der Sitten, zu (»tropologia mores variis modis aedificat – die Tropologie erbaut die Sitten auf verschiedene Weisen«; Abaelard). Die *moralis explanatio* oder *expositio* ist aber keinesfalls weniger wichtig oder wertvoll als die allegorische. Der hier gemeinte moralische Sinn ist nicht der *apertis verbis* durch den Wortlaut ohnehin nahegelegte, nicht eine *simplex moralitas*, sondern er muß erst hermeneutisch erschlossen werden. Es bleibt noch der anagogische Sinn. Die gr. ἀναγωγή (Reise, Überquererung) führt zum lat. Kunstwort *anagogia*, das so viel wie ›Aufstieg‹ (*sursumductio*) meint. Es handelt sich um einen *sensus de superioribus*, der den Blick von den *visibilia* zu den *invisibilia*, von den sichtbaren zu den unsichtbaren Dingen, erhebt, »par enim quaedam terrenae civitatis imago caelestis civitatis effecta est – ein bestimmtes Bild des Erdenstaates gleicht dem Bild des Gottesstaates.« Alle vier Sinne bilden eine Einheit, doch nicht jedes Ereignis läßt sich gleich gut nach allen vier Sinnen deuten. Dazu als Beispiel die Auslegung des Kampfes zwischen David und Goliath nach dem vierfachen Schriftsinn:

> Historice intentum, (hoc) intelligitur de occisione Goliath proprio suo ense per puerum David. Allegorice, significat Christum vincentem daemonem eadem cruce, quam illi paravit. Tropologice, denotat bellum justorum contra daemonem de carne tentantem, qua compressa atque coercitata, caput ejus abscinditur, cum primi illius insultus vincti inanesque redduntur. Et anagogice importatur victoria Christi in die judicii, quando novissime inimica mors destruetur. (Johannes Maria de Turre, zit. nach Lubac I,2,644)

> Wörtlich gemeint versteht man darunter die Abschlachtung Goliaths mit seinem eigenen Schwert durch den Knaben David. Allegorisch meint dies Christus, der den

Dämon mit dem gleichen Kreuz besiegt, das jener ihm bereitet hat. Tropologisch bezeichnet es den Krieg der Gerechten gegen den Dämon, der das Fleisch in Versuchung führt; ist es bezwungen und besiegt, wird sein Haupt abgeschlagen, wenn seine früheren Beleidigungen ausgeschaltet und wirkungslos gemacht worden sind. Und anagogisch bedeutet es den Sieg Christi am Tag des Gerichts, wenn aufs Neue der feindliche Tod besiegt wird.

Figura

Der zweite Leitbegriff, der allerdings der Allegorese untergeordnet ist, heißt *figura* (Figur). Erich Auerbach hat in einem Aufsatz[16] die Vorgeschichte und Bedeutung dieses Terminus herausgearbeitet. Das lat. *figura* (zum Stamm *fingere, figulus, fictor, effigies* = bilden, Töpfer, Bildner, Bild) ist eine Übersetzung für das im NT auftretende griech. Wort τύπος. Die antike rhetorische Tradition kannte, vor allem im Griechischen, mehrere unterschiedliche Gestaltbegriffe (μορφή, εἶδος, σχῆμα, τύπος, πλάσις). Bei den Kirchenvätern wird *figura* zur Realprophetie. Als erster benutzt Tertullian (*adversus Marcionem* 3,16) das Wort als Vorausdeutung für ein später eintretendes Heilsgeschehen. Er nennt Hosea, den Sohn Nuns, der von Moses Josua genannt wird (4. Mos 13,16), und sieht in ihm, was durch die Namensgleichheit gestützt wird, einen Vorläufer Christi. So wie Josua, und nicht Moses, das Volk Israel ins gelobte Land Palästina führt, so führt Jesu Gnade, und nicht das jüdische Gesetz, das zweite Volk in das gelobte Land der ewigen Seligkeit.

Meist handelt es sich bei den *figurae* um Personen oder Ereignisse des AT.s, die als Zeichen für ein Erlösungswerk des NT.s gedeutet werden. Der Durchzug der Israeliten durch das Rote Meer und ihre Rettung vor den Ägyptern gilt als historische Tatsache; als solche antizipiert sie die neutestamentliche Taufe, durch die der Christ gerettet und vor dem Teufel bewahrt wird. *Figura* ist etwas Wirkliches, Geschichtliches, das etwas anderes, ebenfalls Wirkliches und Geschichtliches, darstellt und ankündigt. Das Wechselverhältnis der beiden Ereignisse wird durch Übereinstimmung oder Ähnlichkeit erkennbar. Die Kirchenväter übernehmen das Verfahren und können es mit zahlreichen Paulusstellen belegen. Daß die Figuraldeutung in der Mission eine bedeutende Rolle gespielt hat, leuchtet ein. Die Figuraldeutung stellt einen Zusammenhang zwischen zwei Geschehnissen oder Personen her, in dem eines von ihnen nicht nur sich selbst, sondern auch das andere bedeutet, das andere hingegen das eine einschließt oder erfüllt. Beide Pole der Figur sind zeitlich getrennt, liegen aber, als wirkliche Vorgänge oder Gestalten, innerhalb der Zeit. Die Typologie oder figurale Deutung gehört zu den allegorischen Darstellungsformen im weitesten Sinn, ist jedoch von den meisten anderen sonst bekannten allegorischen Formen und Verfahrensweisen durch die beiderseitige Innergeschichtlichkeit sowohl des bedeutenden wie des bedeuteten Dinges klar geschieden. Die Figuraldeutung ist bei den meisten europäischen Völkern noch bis ins 18. Jh. wirksam gewesen, auch wenn man später im Banne der Aufklärung nicht mehr genau verstand, wie es sich damit verhielt oder philosophische Vorbehalte dagegen anmeldete.

Tiersymbolik in der altfranzösischen Literatur

Neben den makrostrukturellen Techniken der Allegorie und Typik (Figuraldeutung) gibt es eine mikrostrukturelle Symbolik, die insbesondere als Tier- und Zahlensymbolik auftritt. Die Abgrenzung der Begriffe *Allegorie* und *Symbol* ist nicht ganz leicht, wie bereits das zuvor mitgeteilte Goethe-Zitat belegt: *Symbol* (gr. σύμβολον = Kennzeichen, zu συμβάλλειν = zusammenwerfen, zusammenfügen, vergleichen) wird für ein bildhaftes Zeichen verwendet, das über sich hinaus auf höhere geistige Zusammenhänge verweist, für die Veranschaulichung eines Begriffs, als sinnliches Zeugnis für Ideenhaftes. Anders als die Allegorie hat das Symbol eine »ganzheitliche, mehrdimensionale ambiguose Bedeutung« (Schweikle, S. 450f.). ›Frau Justitia‹ sei eine Allegorie, die Waage in ihrer Hand könne als Symbol der Gerechtigkeit aufgefaßt werden. Das Symbol sei nicht willkürlich, sondern stehe in einem »naturhaften Evidenzverhältnis zum Gemeinten«; es wende sich weniger an den Intellekt als an Sinn und Gefühl. Im genannten Fall würden mit der Waage die Argumente »abgewogen«, um beiden Parteien gerecht zu werden. Es handele sich hier um ein Dingsymbol, nicht anders als die Augenbinde der Justitia. Man muß zu den Handbuchdefinitionen als wichtiges Element hinzufügen, daß Symbole kontextualisiert werden müssen: Die Waage wird eben erst in der Hand einer blinden Frau zur Waage der Justitia.

Tiere können als *natürliche Symbole* bezeichnet werden (*EnzMär* 2,214–226; *LexMA* 1,2072–2080). Als anthropomorphe Wesen stehen sie für menschliche Eigenschaften, die allerdings auch nicht immer evident sind, jedoch im Lauf der Jahrhunderte eine bestimmte Bedeutungstradition entwickelt haben. Zunächst sind auch symbolische Tiere ›kontextualisiert‹, indem sie eine Person begleiten und dann von dieser Eigenschaften übernehmen (Eule der Minerva: Weisheit) oder Eigenschaften auf sie übertragen (Iweins Löwe: Stärke und Gerechtigkeit im Kampf gegen das Böse). Eine andere Form der Kontextualisierung ist die Tierenzyklopädie (*Bestiarium, Bestiarien*),[17] die katalogmäßig Tieren moralische Bedeutungen zuweist, bzw. der *Fuchsroman*,[18] dessen diverse Branchen Kontrafakturen der höfischen Epik darstellen. Allegorische Bedeutung haben die Tiere darin nicht mehr; sie sind zu Parodien menschlicher Verhaltensmuster gewandelt.

Ganz allgemein gilt, daß ein Phänomen in unterschiedlichen kulturellen Epochen durchaus auch unterschiedliche Bedeutungen haben kann. So ist die Eule in der Antike Symbol der Weisheit, im christlichen MA jedoch der

Abkehr vom Christentum. Selbst in einem einzigen Kulturkreis kann ein Symbol doppelt gedeutet werden: Der Löwe ist mal göttlich, mal satanisch-dämonisch, was mit bestimmten Bibelzitaten (Ps 22,22: »de ore leonis libera nos«) zusammenhängt.[19] So kennt die mittelalterliche Hermeneutik eine positive Interpretation *in bonam partem* und eine negative *in malam partem*, die jeweils aus dem Sinnzusammenhang erschlossen werden müssen. Erinnert sei aber noch einmal an das Goethesche Dictum, daß Dichtung überhaupt symbolisch sei, weil das Symbol das Allgemeine im Besonderen und das Besondere im Allgemeinen offenbare; in diesem Sinne sei Kunst symbolische Transformation der Welt.

Die Bestiarien (lat. *bestia* = wildes Tier) oder *Tierbücher* (*EnzMär* 2,214–226) vermitteln weniger zoologische als phantastische und allegorische Kenntnisse über ausgewählte Tiere. Ausgangspunkt ist ein griech.-lat. Werk mit dem Namen *Physiologus* (3. Jh. n. Chr.), das schon bald ins Altfranzösische übersetzt oder nachgedichtet wurde, und zwar in unterschiedlicher Gestalt. Um 1125 legt Philippe de Thaon *Le bestiaire* (*DLF* 1149) vor; zu nennen sind weiterhin der *Bestiaire* von Gervaise (*DLF* 519), *Le Bestiaire divin* von Guillaume le Clerc (*DLF* 628) und, aus der Mitte des 13. Jh.s, der parodistische *Bestiaire d'amour* von Richard de Fournival (*DLF* 1266–1268), der statt der christlichen Heilsgeschichte eine Deutung nach der Minnedoktrin vollzieht. Auf die diversen Ausformungen des *Roman de Renart* wird noch einmal verwiesen (*KLL* 19,8262–8265). Im *Physiologus* werden neben den Tieren auch zwei Bäume (Peridexion, Maulbeerfeigenbaum) und sechs Steine (Feuerstein, Magnetstein, starker Diamantstein; Achat, Perle, indischer Stein) behandelt. Das Werk ist damit, ansatzweise, ein *Lapidarium* oder *Lithanial* (zu lat. *lapis*, griech. λίθος = Stein)[20] bzw. *Gemmarium* (lat. *gemma* = Edelstein) und ein Stück weit sogar ein *Herbarium* (lat. *herba* = Pflanze, Kraut), eine Gattung, die sich nicht sehr entwickelt hat. Dennoch werden viele Blumen häufig symbolisch verwendet, z.B. Lilie und Rose, die wegen des markanten Weiß/Rot-Gegensatzes multipel deutbar sind (Unschuld/Tod/Schnee/Eis/Kälte versus Liebe/Leben/Feuer/Hitze usw.);[21] aber auch Myrthe und Mandragora (Alraune) kommen häufig vor (Brinkmann, S. 116 ff.). Die mittelalterlichen lateinischen Bezugstexte stammen vor allem von Odo von Orléans (*Macer floridus de viribus herbarum*; Macer ist ein Freund Vergils, von dem wir keine Schriften besitzen und dem die Grundlage des vorliegenden Werks apokryph zugeschrieben wird) bzw. von Walahfrid (*De cultura hortorum*, ein interessantes Gedicht vom Gartenbau). Die Steinbücher gehen als Übersetzung und Adaptation meist auf den *Liber Lapidum* des Marbod von Rennes (ca. 1035–1123) (*DLF* 982–983) zurück. Dieser kann wiederum auf zwei Bibelpassagen (2. Mos 28,15–20: Aarons Priesterschild [Rationale]; Offenbarung 21,19–20: Das himmlische Jerusalem) zurückgreifen.

Zeichenwert haben auch die heiligen Gebäude, die in der Schrift beschrieben werden: die Arche Noa[c]hs (1. Mos 6,13–16), das Tabernakel des

Moses (2. Mos 26,1–37 u. 27,1–21), der Tempel Salomons, die Vision Eze-
chiels vom neuen Gottesreich (Hes 40,1–42) und das Neue Jerusalem der
Apokalypse. Dies liegt auch deshalb nahe, weil die Vorstellung vom Bauen
das MA beherrschte. Der menschliche Körper wie die Kirche selber wurden
per Analogie mit Baumetaphern beschrieben. Diese finden sich übrigens auch
in der Literaturtheorie und Sprachlehre, z.B. Begriffe wie ›Fundament, Kon-
struktion, Satzbau, Gefüge, Struktur, Bausteine‹ usw.

Bestiarien sind ›handlungsreicher‹ als Lapidarien, die sich auch nicht
gut zu Illustrationen eignen. Beide Gattungen sind fremdbestimmte Texte, die
im Banne eines Originals stehen. Es gibt noch Vogelbücher, *Volucrarien* oder
Aviarien genannt (lat. *volucer* = fliegend; *avis* = Vogel), die jedoch selten sind
(vgl. *Beasts and Birds*). Phoenix, Pelikan und Taube sind wegen ihrer theologischen Konnotation die am häufigsten erwähnten Vögel.

Der ursprünglich griechische Text des *Physiologus* dürfte um 200 n.
Chr. geschrieben worden sein, sehr wahrscheinlich in Alexandria. Sein Verfasser ist anonym. Als Quellen benutzte er Aristoteles (*De animalium historia*), Plinius d.Ä. (*Naturalis historia*), Plutarch, Solin, Aelian u.a. Nachweisbar sind vier griechische Textredaktionen, die bereits im 5. Jh. ins Lateinische
übertragen und auf diese Weise im Abendland rezipiert wurden. Die frühsten
Texte waren rein naturkundliche Kompilationen (48 ›Kurzgeschichten‹) von
wirklichen und phantastischen Tieren (Schlange, Pelikan, Phönix, Einhorn,
Sirene) mit beziehungsreichen Bibelstellen; die lateinische Version enthält bereits die durch die Bibel sanktionierte, auf Mensch, Kirche, Christus und den
Teufel zu beziehende moralisch-typologische Auslegung. Bei aller Verschie-
denheit läßt sich die folgende Grundstruktur erkennen: Zuerst wird ein Bi-
belzitat geboten, dann folgt eine kurze Beschreibung des Objekts (Tier, Pflanze, Stein) oder auch nur signifikanter Einzelzüge aus dessen Gestalt oder Wirkung, eingeleitet mit der Formel »Der Physiologus hat gesagt«. Daran schließt
sich die allegorische Auslegung im Hinblick auf das Menschenleben, als Mah-
nung zum Guten oder Warnung vor dem Bösen. Den Abschluß bildet die Ste-
reotype: »Wohl gesprochen also hat der Physiologus«. Im Lauf der Zeit, vor
allem im 12. Jh., als das Werk zum ›Volksbuch‹ wurde, kamen 19 weitere Geschichten hinzu, darunter die vom Hasen, dem Walroß und dem Satyr. Jetzt
erfolgten Übersetzungen in alle damaligen Kultursprachen. Der *Physiologus*
wirkte auch in die bildende Kunst hinein (Zeichnung, Malerei, Plastik, Her-
aldik), jedoch weniger, als man lange annahm, und seine Symbolsprache spiegelt sich in den Kapitellen und Tympana der romanischen und gothischen Kirchen und Kathedralen, den Illustrationen und Illuminationen der Manuskripte, aber natürlich auch in zahlreichen literarischen Werken (Seel, S. 83–102).
Der spätantike und mittelalterliche Leser hätte bei manchen naturkundlichen
Details, die er aus eigener Anschauung oder Erfahrung besser kannte, stutzen
müssen, aber wie hätte er es wagen können, gegen die Autoritäten aufzutre-
ten? Immerhin ist die Auswahl der Tiere insofern überraschend, als die wichtigsten Haustiere, die den Mitteleuropäern vertraut waren (Hund, Katze,

Pferd, Esel, Schaf, Kuh usw.), fehlen und die Leser vielleicht deshalb keinen Vergleich mit der Lebenswirklichkeit anstellten.

Die Liste der erwähnten Tiere ist aufschlußreich: Löwe, Panther, Einhorn, Hydrus (der am Nil lebende Hydrus ist ein Feind des Krokodils. Wenn er dieses am Flußufer mit offenem Maul schlafen sieht, schlüpft er ihm ins Maul, zerbeißt seine Eingeweide und tritt lebendig aus dem Bauch des Untiers hervor), Sirenen und Onocentauren, Hyäne, Wildesel und Äffin, Elefant, Autula (sie hat sägeförmige Hörner, womit sie auch Bäume absägt. Wenn sie am Fluß trinkt, verfängt sie sich beim Spielen mit den Hörnern im Gestrüpp; ihr Geschrei macht den Jäger aufmerksam, der sie tötet), Serra (wenn das Meerwesen Serra ein Schiff sieht, breitet es Federn und Schwanz als Segel aus und folgt ihm, bis es ermüdet), Viper/Schlange, Eidechse, Hirsch, Steingeiß oder Gemse (*dorcon, capra*), Fuchs, Biber, Ameise, Igel, Adler, Pelikan, Nachtrabe, Fulica (Bläßhuhn ?), Rebhuhn, Strauß, Wiedehopf, Caladrius (wenn der völlig weiße Caladrius einen Kranken ansieht, so wendet er sich ab, wenn dieser sterben muß; hat er Aussicht auf Genesung, setzt er sich auf sein Gesicht, zieht die Krankheit in sich hinein und fliegt damit zur Sonne), Phoenix.[22] Diese Auswahl kann den mittelmeerischen Ursprung des Werks nicht verleugnen. Waren Affe, Wildesel, Fuchs und Igel in ihren Eigenschaften zunächst dem Teufel gleichgesetzt, werden dieselben Eigenschaften später Exempel der Wirksamkeit des Teufels im Menschen, noch später Beispiele schlechten Verhaltens des oder der Menschen.

Ein kurzes Beispiel soll das Gesagte illustrieren, und zwar die Darstellung des Igels aus Philippe de Thaons *Bestiarius*. Der Text folgt ziemlich getreu dem des *Physiologus* (Kap. 14) und schildert, wie der Igel in der Zeit der Traubenlese in den Weinberg steigt, Trauben pflückt, sie auf seine Stacheln spießt und dann seinen Jungen bringt. Das ist, vom naturkundlichen Standpunkt aus betrachtet, alles pure Phantasie. Es folgt die Erklärung, die *expressis verbis* als Allegorie eingestuft wird. Der Igel ist Symbol Satans:

PAR LA VIGNE entendum	Unter dem Weinberg verstehen wir
Ume par grant raisun,	zu Recht den Menschen,
E par la grape entent	und unter der Traube
Anme veraiement,	wahrlich die Seele,
E par le heriçun	und unter dem Igel
Le diable entendum;	den Teufel
Par le raisin entent	und unter der Weinbeere
Bunté d'anme ensement.	die Güte der Seele.
Saciez que vif malfé	Wisset, daß lebendiger Unglaube
A ume tolt bunté	dem Menschen die Güte raubt
E joie en l'altre vie;	und damit die Freude im jenseitigen Leben.
Ço est l'allegorie.	Das ist die Allegorie
E ço dit Bestiaire,	und das sagt der Bestiarius,
Un livre de gramaire.	ein lateinisches Werk.
(Ed. Walberg, vv. 1761–1774, S. 65)	

Auf einige weitere Anwendungsmodelle sei noch hingewiesen. Wie K.-J. Stein-
meyer herausgearbeitet hat,[23] träumt Kaiser Karl in der *Chanson der Roland*
fünf wichtige Träume, die neben ihrem manifesten auch, um es modern zu sagen, einen latenten typologischen Sinn haben. Ab dem zweiten Traum treten
mehrheitlich bedrohliche Tiere auf (Eber, Leopard, Bären, Schlangen, Vipern,
Drachen, Greifen, Löwen), die den Kaiser angreifen und sogar beißen. Allein
ein Windhund verteidigt ihn:

> Aprés iceste altre avisiun sunjat:
> Qu'il ert en France a sa capele ad Ais;
> El destre braz li morst uns vers si mals.
> Devers Ardene vit venir uns leuparz,
> Sun cors demenie mult fierement asalt.
> D'enz de [la] sale uns veltres avalat,
> Que vint a Carles le[s] galops et les salz,
> La destre oreille al premer ver trenchat,
> Ireement se cumbat al le[u]part,
> Diënt Franceis que grant bataille i ad,
> [Mais] il ne sevent li quels d'els la veintrat.
> Carles se dort, mie ne s'esveillat. AOI.
> (vv. 725–736, »Zweiter Traum«)

> Nach diesem träumte er einen anderen Traum:
> Er war in Frankreich in seiner Kapelle zu Aachen.
> In den rechten Arm biß ihn ein grimmiger Eber.
> Von Spanien her sah er einen Leoparden nahen.
> Seinen eigenen Leib fällt er wild an.
> Aus dem Saal sprang da ein Windhund hernieder,
> der mit großen Sprüngen auf Karl galoppierte.
> Er riß dem erstgenannten Eber das rechte Ohr ab
> und kämpft wütend mit dem Leoparden.
> Die Franken sagen, daß eine große Schlacht vor sich geht,
> doch wissen sie nicht, welcher von ihnen siegen wird.
> Karl liegt im Schlaf und erwachte nicht.
> (Klein, S. 48–49)

Diese Tiere stehen – dies mag mit der Traumsituation zusammenhängen, die
ein eigenes allegorisches Verfahren sein kann – zwar nicht alle in den uns bekannten Bestiarien, aber ihre bedrohlichen Eigenschaften weisen sie, auf der
Ebene des Literalsinns, als die heidnischen Gegner Kaiser Karls und seiner Getreuen aus: Es sind dies Marsilie, sodann der Emir von Babylon Baligant bzw.
der Kalif im fernen Bagdad oder der Verräter Ganelon, weiterhin auch alle
Afrikaner, Hunnen, Ungarn und Sarazenen. Allegorisch-tropologisch handelt
es sich um Sünder, Heuchler, Heiden und Ketzer, Diener des Teufels und Feinde der Christenheit, die den Antichristen und Satan postfigurieren. Allein der
Windhund (*veltres*) ist ein Symbol der Treue und steht für Roland. Dante wird
später im I. Gesang des *Inferno* eine ähnliche Tierkonstellation ersinnen. Im
Rolandslied geschieht dies nicht willkürlich, zumal die Träume an den Wendepunkten des epischen Geschehens stehen und auf die kommenden Ereignis-

se aufmerksam machen sollen. Auf den Handlungsverlauf selbst haben sie allerdings keinen Einfluß, denn Karl der Große läßt sich von ihnen nicht beeinflussen, aber sie fordern vom Leser eine verstärkte hermeneutische Anstrengung, zumal ihre Fünfzahl es erlaubt, jeweils zu überprüfen, ob er richtig gedeutet hat.

In Chrétiens *Yvain* taucht (ab v. 3342) in einer Waldlichtung ein Löwe auf, in dessen Schwanz sich eine Schlange verbissen hat. Yvain tötet sie und befreit den Löwen, und hinfort wird der Löwe sein treuer Begleiter und Helfer:

Mes sire Yvains pansis chemine	Herr Yvain ritt in Gedanken seines Weges
Par une parfonde gaudine,	durch einen tiefen Wald dahin,
Tant qu'il oï anmi le gaut	bis er mitten im Gehölz
Un cri mout dolereus et haut,	einen sehr jammervollen und lauten Schrei vernahm,
Si s'adreça lors vers le cri	und da hielt er auf die Stelle zu,
Cele part, ou il l'ot oï.	wo der Schrei erklungen war.
Et quant il parvint cele part,	Und als er dorthin kam,
Vit un lion an un essart	erblickte er einen Löwen auf einer Rodung
Et un serpant, qui le tenoit	und eine Schlange, die sich
Par la coe et si li ardoit	in den Schwanz des Löwen verbissen hatte
Trestoz les rains de flame ardant.	und ihm die Flanken ganz mit heißer Flamme versengte.
N'ala pas longues regardant	Herr Yvain sah diesem Wunder
Mes sire Yvains cele mervoille.	nicht lange untätig zu.
A lui meïsme se consoille,	Er geht mit sich zu Rate,
Au quel des deus il eidera.	welchem von beiden er beistehen soll.
Lors dit, qu'au lion secorra;	Da sagt er sich, daß er dem Löwen zu Hilfe kommen wird,
Qu'a venimeus et a felon	denn alles, was giftig und voller Tücke ist,
Ne doit an feire se mal non.	soll man bekämpfen, wo man kann.
Et li serpanz est venimeus,	Und die Schlange ist giftig,
Si li saut par la boche feus,	und Feuer schlägt aus ihrem Schlund,
Tant cest de felenie plains.	so voll Bosheit ist sie.
Por ce panse mes sire Yvains,	Darum denkt Herr Yvain,
Qu'il l'ocirra premieremant.	daß er sie zuerst töten wird.
(vv. 3341–3363)	(Nolting-Hauff, S. 170–173)

Der Löwe ist Repräsentant von Gerechtigkeit und Frömmigkeit und folgt hinfort Yvain wie ein Hund, der deshalb sogar den Namen ›Chevalier au lion – Löwenritter‹ annimmt. Wir haben es mit einer Motivkontamination zu tun, die die ältere Quellenforschung zusammengestellt hat:[24] Vorlagen sind das *Mabinogion*, die deutsche Volkssage, ein gewisser Prieur de Vigeois (1184) mit dem Roman *Golfier de Las Tours*, Androclus nach Aulus Gellius, *Noctes Atticae* V,14,10, Aelian, *De Natura Animalium* VII,48 usw. (*HWDA* 5,1432–1436). Allen diesen Versionen ist das Motiv vom ›dankbaren Tier‹ gemeinsam, und von da aus läßt sich durchaus eine Brücke zu den Bestiarien schlagen, die die ältere Quellenforschung nicht sehen wollte.

Kommen wir zu einem letzten aufschlußreichen Anwendungsbeispiel: *Le Romans de la Dame à la Lycorne et du biau chevalier au Lyon (DLF*

365–366), ein Liebesroman aus dem ersten Drittel des 14. Jh.s, verbindet geschickt Elemente aus Tierallegorese und Artusepik. Die beiden Protagonisten reiten auf Fabeltieren über einen reißenden Strom: Der Löwenritter auf einem Löwen, die Dame auf einem Einhorn. Der Dichter will damit andeuten, daß die Reittiere die Tugenden von Ritter und Dame auch bildlich verkörpern: der Löwe die Tapferkeit, das Einhorn die Sittenreinheit und Keuschheit. So können sie die ihnen entgegentretenden Hindernisse überwinden. Der *Physiologus* (Kap. 22) berichtet, daß sich das legendäre Einhorn, für dessen Konzeption ein Nashorn und ein Narwal Pate gestanden haben dürften, nur von einer wirklichen Jungfrau fangen läßt. Ist es gefangen, beugt es sich vor der Jungfrau und birgt ganz zahm seinen Kopf in ihrem Schoß, wo es doch ansonsten unverwundbar ist (*LCI* 1,590–593). Im übertragenen Sinn bedeutet dies die Menschwerdung Christi durch die Jungfrau Maria. Ähnlich sind vermutlich die sechs wunderschönen Wandteppiche (›La Dame à la licorne‹) im ›Musée de Cluny‹ in Paris zu deuten, die durch diesen Roman wie auch durch den *Bestiarius* angeregt sind.

Steine in der altfranzösischen Literatur

Als erstes ›Steinbeispiel‹ soll der Zauberschild des Schurken Abisme aus dem *Rolandslied* (vv. 1500 ff.) dienen, der mit vier unterschiedlichen Edelsteinen besetzt ist und vom Teufel höchst persönlich überbracht wurde. Das verwundert nicht, denn Abisme ist nicht nur so schwarz wie geschmolzenes Pech und liebt Verrat und Mord mehr als alles Gold von Galizien, nein, er ist Atheist, glaubt nicht an Gott und den Sohn der heiligen Maria, und noch nie hat ihn ein Mensch scherzen oder lachen sehen. Der Erzbischof Turpin nimmt sich seiner höchst persönlich an, und es gelingt ihm, seinen Zauberschild in Stücke zu schlagen:

Vait le ferir en l'escut a miracle;	Er trifft ihn auf den Zauberschild:
Pierres i ad ametistes, (et) topazes,	Steine sind darauf, Amethyste, Topase,
Esterminals et carbuncles ki ardent;	Edelsteine und glühende Karfunkel.
En Val Metas li dunat uns diables,	Nach Val-Metas hatte ihn ein Teufel gebracht,
Si li tramist li amiralz Galaf[r]es.	und der Emir Galafres hatte ihn dem Abisme übergeben.
(Laisse 114, vv. 1499–1503)	(Ed. Klein, S. 88–89)

Ein anderes Beispiel liefert die *Brendansreise* Benedeits, wo die Mauer um das Paradies, bis zu dem die Reisenden vorstoßen, edelsteinbesetzt ist; als Modell dient die Johannesapokalypse:[25]

Mais les gemmes funt granz lüurs	Aber die Edelsteine, mit denen die Mauer besetzt war,
Dum puplantez esteit li murs.	leuchten sehr hell:
As gutes d'or grisolites	Es gab zahlreiche Chrysolithe

Mult i aveit d'isselites;
Li murs flammet, tut abrase,
De topaze, grisopase,
De jargunce, calcedoine,
D'esmaragde e sardoine;
Jaspes od les amestites
Forment luisent par les listes;
Li jacinctes clers i est il
Od le cristal e od le beril;
L'un a l'altre dunet clartét:
Chis asist fud mult enartét.
Lüur grande s'entreportent
Des colurs chi si resortent.
(Ed. Short/Merrilees, vv. 1669–1884)

mit Goldtropfen darin;
die Mauer lodert und strahlt
von Topasen, Chrysopasen,
Hyazinthen, Kalzedonen,
Smaragden, Sardonen,
Jaspisen, Amethysten,
die mit hellem Glanz leuchten.
Es gibt auch leuchtende Hyazinthe
mit Kristall und Berill,
die einander ihren Glanz zurückstrahlen.
Wer sie faßte, war ein großer Künstler.
Sie reflektieren wechselseitig ihre Farben,
die widerstrahlen.

Die Edelsteine verbinden sich zugleich mit Farbwerten, die ihrerseits symbolische Bedeutung haben. Der *esterminals* des *Rolandsliedes* ist übrigens ein unbekannter Stein. Ihre Kraft *in bonam partem* können die Steine in diesem Epos aber nicht entfalten, da der Teufel sie einem Heiden gesandt hat. So kann Turpin mit seinen Streichen auch den Schild zermalmen; wäre sein Träger ein christlicher Ritter, würden ihm die Edelsteine sicherlich Schutz bieten.

Auffällig ist auch der Saal im Königspalast von Konstantinopel, in dem Kaiser Hugo Karl den Großen (*Karlsreise*) unterbringt. Dort leuchtet in einer Säule ein Karfunkel:

> Le rei tint par la main, en sa chambre menat,
> Voltice, peinte a flors, a pieres de cristal.
> Une escarboncle i luist et cler reflambeiat,
> Confite en une estache del tens rei Golias.
> Doze liz i at bons de cuivre et de metal,
> Oreilliers de velos et linçoels de cendal.
> (Ed. Koschwitz, vv. 421–426, S. 25)

> Er nahm den König bei der Hand und führte ihn in sein Zimmer.
> Das hatte eine Gewölbedecke, die war mit Blumen bemalt und mit
>   Edelsteinen [besetzt].
> Ein Karfunkel leuchtete dort und verbreitete hellen Schein,
> er war gefaßt in eine Säule aus der Zeit des Königs Goliat.
> Dort standen zwölf gute Betten aus Kupfer und Metall,
> mit samtenen Kopfkissen und taftenen Bettlaken.

Der echte Karfunkel leuchtet rot und spielt in mittelalterlichen Sagen und Märchen eine große Rolle. Seit frühen Zeiten hatten Indienfahrer die abenteuerlichsten Geschichten von Glanz und Größe der Karfunkelsteine in den Palästen indischer Fürsten berichtet. So sollten der König von Pegu, der von Siam und der Kaiser der Tataren Karfunkel besitzen, die noch die finstersten Räume sonnengleich erhellten. Der Stein besitze aber auch alle Tugenden, immunisiere gegen Gift und Dunst. Zudem galt er als Kristall der Wissenden, der seinen Besitzer mit Wissen und Glück belohne. Die Zauberkugel der Magier ist eine Ableitung dieses Steins (*HWDA* 4,1004–1006). Im vorliegenden Fall soll er den fabulösen Reichtum Hugos symbolisieren.

Zahlensymbolik

Auch für die Zahlensymbolik[26] ist der Ausgangspunkt die Bibel, was nicht ausschließt, daß auch klassische Quellen beigezogen werden können, denn die zahlenmäßige Anordnung von Syntagmen jeglicher Art (insbesondere Paarbildung und Dreigliederung) ist tief, man möchte fast sagen genetisch, im Menschen verankert. Kaum ein Bibelspruch wurde im MA so oft angeführt und anspielend verwendet wie *Weisheit Salomonis (Sapientia)* 11,21 (20): »omnia in mensura et numero et pondere disposuisti – Du aber hast alles nach Maß, Zahl und Gewicht geordnet.« Curtius verweist auf die *Praedicatio Goliae* und einen daraus abgeleiteten Merkvers:

Creatori serviunt omnia subjecta,
Sub mensura, numero, pondere perfecta.
Ad invisibilia, per haec intellecta,
Sursum trahit hominem ratio directa.
(*ELLMA*, S. 494)

Dem Schöpfer dienen alle Subjekte,
die nach Maß, Zahl und Gewicht angelegt sind.
Wenn man dies erkennt, zieht die gelenkte Vernunft
den Menschen hoch zum Unsichtbaren.

Das apokryphe *Weisheitsbuch* ist vermutlich im 1. Jh. v. Chr. in Alexandria entstanden, und vieles spricht dafür, daß sich der Verfasser von Vers 11,21 einer ursprünglich griechischen Formel bedient, die bereits vorher bei Sophokles, Gorgias, Platon, den römischen Juristen u.a. auftaucht. Inzwischen konnte nachgewiesen werden, daß der mittelalterliche Ordo-Gedanke allein aus diesem Bibelwort entwickelt wurde. Hiermit war die Zahl als formbildender Faktor des göttlichen Schöpfungswerks geheiligt, hatte metaphysische Dignität gewonnen. Denn wenn Gott die Welt arithmetisch disponiert hatte, mußte sich auch der Schriftsteller davon leiten lassen (Bibel, Einheitsübers., S. 738f.).

Das MA konnte sich bezüglich seiner Zahlentheorien auf Augustin berufen, dessen zahlenrelevante Äußerungen allerdings nirgends systematisch zusammengestellt sind, sondern sich nur verstreut über viele Werke (*De ordine; De musica; De libero arbitrio; De vera religione* usw.) finden. Zahlen haben bei ihm ontologische, erkenntnistheoretisch-ethische, ästhetische und anagogische Bedeutung. Von dem angeführten *Sapientia*-Zitat ausgehend, war Augustin der Meinung, daß allem Geschaffenen Zahlen zukommen. Nur kraft der Zahl hat die Schöpfung überhaupt ihr Sein; entzieht man den Geschöpfen die Zahl, zerfallen sie in nichts. Alles beruht auf Zahlen, die körperliche Gestalt ebenso wie die Bewegung des Tanzes, der Gesang der Nachtigall nicht minder als das Kriechen des Wurmes. Somit werden Zahlen aber auch zur Voraussetzung jeglicher Erkenntnis (Brinkmann, S. 86–92). Nur durch die Zahlenform ist es möglich, die Dinge zu erfassen. In ihrer *numerositas* ist nämlich auch ihre Schönheit begründet;[27] nur was zahlenmäßig geformt ist, hat angemessene Gestalt und kann ergötzen. Gott ist ein Künstler, der höchste *artifex* (Handwerker), der durch seine Weisheit die Schöpfung mit dem Ziel der Ordnung und der Schönheit zusammengewoben hat. Wenn die Betrachtung der Zahlen notwendig zu Gott hinführt, kommt ihnen ohne jeden Zweifel anagogische Funktion zu. Alle kraft Zahlengesetz geschaffenen und bestehenden Dinge tragen nach Augustin die »manifesta vestigia primorum numerorum – die offenkundigen Spuren der ersten Zahlen (=des Schöpfers)«, in sich. Was die Zahlen im einzelnen bedeuten, sucht man am besten in der Bibel.

Eins wird verwendet, um den Gedanken der Einheit und Einmaligkeit Gottes zu formulieren. Das Menschengeschlecht geht auf einen, auf Adam, zurück. Die Sünde fand durch einen Menschen Eingang in die Welt; die Gnade wird durch einen Menschen, Jesus Christus, geschenkt, dessen Opfertod ein für allemal gilt. Er ist der Erstgeborne von den Toten. Eins bezeichnet die Einheit zwischen Christus und dem Vater.

Zwei kann sowohl für Einheit wie auch für Trennung stehen. Mann und Frau bilden die elementare Familieneinheit; auch Tiere paaren sich und betreten die Arche zu zweit. Mose nahm am Sinai zwei Steintafeln in Empfang, Tiere wurden paarweise geopfert.

Bei *Drei* liegt es nahe, den Zahlbegriff mit der Trinität zu verbinden. Darüber hinaus ist die Drei mit machtvollen Taten Gottes verquickt. Am dritten Tag wird häufig etwas vollendet oder vervollkommnet. Jona verläßt den Bauch des Walfischs am dritten Tag, wie Jesus Christus am dritten Tage wieder von den Toten aufersteht. Auf Golgatha standen drei Kreuze, Paulus betont drei christliche Tugenden (Glaube, Liebe, Hoffnung).

Vier ist eines der Symbole der Vollkommenheit. Der Göttliche Name Jahwe (JHVH) ist im hebräischen ein Tetragramm; aus dem Garten Eden fließen vier Flüsse, die irdische Herrschaft im Traum Daniels ist in vier Reiche geteilt; vier ist die Zahl der Evangelien.

Fünf und *Zehn* kommen wegen des in Palästina bereits verwendeten Dezimalsystems häufig vor: Zehn Gebote, zehn Patriarchen, zehn Jungfrauen, von denen fünf klug und fünf töricht waren, bei der Speisung der 5000 hat der Junge fünf Brotlaibe. Der Pentateuch sind die fünf Bücher Mose; fünf ist die Zahl der Sinne, an denen Christus gemartet wird; und er trägt fünf Wunden davon usw.

Sechs, nach dem Schöpfungsbericht schuf Gott Mann und Frau am sechsten Tag, und so waren dem Menschen sechs Tage für die Arbeit erlaubt. Ein Sklave mußte sechs Jahre dienen, ehe er freigelassen wurde.

Sieben ist wieder Zahl der Vollkommenheit, da Gott am siebten Tag ruhte. So wird der Sabbat der Feiertag. Der Leuchter am Heiligtum hat sieben Arme, sieben Priester mit sieben Posaunen umrunden Jericho siebenmal; sieben Jahre sind fett und sieben mager (Belege GBL 3,1704 –1706).

Wir beenden hier unseren Überblick, zumal die Zahlen über *Zwölf* im allgemeinen wenig ergiebig sind und ab *Acht* (Anzahl der Menschen in Noahs

Arche, Tag der Beschneidung, damit Zahl des Neuanfangs) Zahlen aus kleineren Summanden zusammengesetzt werden können. Hohe Zahlen haben meist weder einen präzisen mathematischen noch einen allegorischen Sinn, sondern dienen dazu, große Mengen zu bezeichnen.

Dieser Sachverhalt der Zahlendeutung war dem mittelalterlichen Menschen durchaus geläufig, und er konnte aufgrund des biblischen Kontextes die Zahlen mit Gott, den Menschen, mit Ruhe und Bewegung usw. in Verbindung bringen. Aber das wäre nicht genug gewesen, weshalb eine eigene ›Arithmologie‹, eine spezialwissenschaftliche Zahlenexegese mit festen Regeln entwickelt wurde.[28] Diese beruhen im großen und ganzen auf diversen Kombinationen. So kommt es auf die Stellung der Zahl in einer Zahlenreihe, ihre Art der Teilbarkeit, ihre Beziehung zu einer anderen, ihre geometrischen Eigenschaften, ihre Stellung im Dezimalsystem, die in ihr enthaltenen Multiplikationsfaktoren, ihre additive Zusammensetzung, ihre Übereinstimmung mit einer Sache, ihre Unbestimmbarkeit usw. an.

Zwei kann in diesem Sinne als Abfall von Gott gedeutet werden, weil sie als erste Zahl der Dekade über die Eins, die *unitas* des Schöpfers, hinausgeht. Gerade Zahlen lassen sich in zwei aufteilen, ungerade Zahlen nicht; 10 bedeutet Länge und damit *rectitudinem fidei*, 100 Breite und damit *amplitudinem charitatis*, 1000 Höhe und damit *altitudinem spei*; die 12 ist *signum universitatis*, weil sie durch Multiplikation der Faktoren 3 und 4 entsteht, die *Drei* aber alles Geistige, die *Vier* alles Körperliche umfaßt; die 6 ist vollkommen, weil sie aus der Summe ihrer Divisoren 1 + 2 + 3 bzw. ihrer Multiplikation 1 x 2 x 3 besteht usw.

Doch damit nicht genug: Zu den Deutungsmöglichkeiten einer Zahl gehört auch ihre gematrische Exegese (zu *gematria*, einer Verstümmelung von griech. *geometria*). Im Hebräischen und Griechischen wurden die Zahlen mit Buchstaben ausgedrückt, so daß man Wörter zahlenmäßig umschreiben kann. Der Gottesname θEOΣ ist die Summe von 9 + 5 + 70 + 200; der gematrische Wert des Gottesnamen ist 284. Insbesondere die *nomina sacra* (Deus, Maria, Christus usw.) wurden so ausgerechnet, was zu weiteren Überlegungen führte: Die Zahlenfolge 2/ 8/ 4 für den Gottesnamen ist harmonisch-symmetrisch und entsteht durch Doppelung; die Quersumme ist 14 oder 2 x 7 (Schöpfungszahl) usw. Dies darf uns nicht als Spiel vorkommen, sondern ist wiederum biblisch belegbar.

Wenn in altfranzösischen Texten Zahlen begegnen (*ELLMA*, S. 491f.), muß man stets nach ihrer (meist mikrostrukturellen) Funktion fragen. Makrostrukturelle Zahlenkompositionen, wie sie vor allem Dantes *Divina Commedia* (Dreizahl) und Boccacios *Decamerone* (7 + 3 = 10) bieten, sind im Altfranzösischen eher selten. Auffällige Zahlbezüge weist das *Alexiuslied* auf, sie finden sich aber auch im *Rolandslied*. Das *Alexiuslied* beruht zunächst auf einer Kombination der Zahl 5. Wir haben 125 Strophen à 5 Zeilen (diese fünfzeilige Strophe ist laut Curtius eine »bemerkenswerte formalkünstlerische Initiative« des Dichters); die Verszeile ist der Zehnsilber mit einem Halbvers, was die Zeile in 2 x 5 Silben teilt. Dies ergibt Fünferpotenzen, insgesamt 125 Strophen x 5 Zeilen x 2 x 5 Silben (5^5 x 2 = 6250). Das Gedicht ist sorgfältig gebaut, denn Exordium und Conclusio umfassen zwei Laissen oder 10 Verse. Die architektonischen Proportionen kann man auch am Einschnitt nach Strophe 110 sehen, als der Papst von der Düsternis der Weltentsagung zur Freude überleitet. Die endgültig Hinwendung von Alexius zu Gott wird in Verszeile 50 ausgesprochen; dazu kommen noch Proportionen der Geschehniseinteilung: einige bestehen aus 5 Strophen, andere aus 23 (Quersumme 5). Wichtig sind auch die sog. Repetitionsformeln, Vorgänge, die in bestimmter Häufigkeit auftreten, so daß sich diese Zahleneinheiten ergeben, hier jeweils fünfmal. So wird in Edessa fünfmal von Alexius seine Habe weggegeben, oder der spätere Heilige wird fünfmal nicht von den Dienern erkannt. Dies ist jedoch nicht virtuoser Schmuck, sondern hat funktionalen Wert (Curtius, *Die Interpretation*, S. 113f.).

Wenn sich somit alles auf die Fünf konzentriert (fünf Wunden Christi als das Heil der Welt), ist eine zweite Zahl nicht minder wichtig, was man jedoch nicht sofort erkennt: es ist die 17. Siebzehn Jahre verbringt Alexius als Bettler in Edessa (v. 161: »Dis e se(a)t anz, n'en fut nient a dire,/ Penat sun cors el Damne Deu servise – Siebzehn Jahre – es fehlte nichts daran – marterte er seinen Leib im Dienste Gottes des Herrn«) und noch einmal siebzehn Jahre im Hause seiner Eltern (v. 271: »Ilo[e]c converset eisi dis e set anz ... – Dort verweilt er so siebzehn Jahre«; v. 276 »Trente quatre anz ad si sun cors penet – Vierundreißig Jahre hat er so seinen Körper gemartert«) und seiner Frau, wo er unerkannt unter der Treppe lebt. Die Summe dieses Asketenlebens beträgt 34 Jahre. Wir nehmen hier wohl besser 33 an, das Lebensalter Christi, dem ein besonderer Stellenwert eigen ist, denn das ist gemeint. Dieses Alter wurde aus Lk 3,23 errechnet, wo es von Christus heißt, daß sein Wirken mit etwa 30 Jahren beginnt, weiterhin aus Mk 2,23 und 6,39, daß vor seinem Tod drei Passafeste vorübergehen. Es ist aber in etwa auch die Lebensmitte, die sich aus Ps 90,10 (»Unser Leben währet 70 Jahre«) errechnet. 33 ist nun zunächst einmal eine Repetition der Trinitätszahl Drei, die jedem bekannt war. Augustins Schrift *Contra Faustum manichaeum* hat 33 Bücher, Cassiodors *Institutiones* 33 Kapitel, Dantes Brief an Cangrande 33 Abschnitte, Villon nennt den Namen Christi in Strophe 3 und 33 seines *Testament* (Ed. Hausmann, S. 68 u. 88). So wird auch diese wichtige Zahl (17/33) zum Strukturelement, das dem Heiligenleben insgesamt seinen Rahmen verleiht.

Im *Rolandslied* wird man nicht ohne weiteres eine gleichermaßen stringente und durchgehende allegorisch zu deutende Zahlenkomposition finden, aber Zahlen kommen auch an herausgehobener Stelle vor. Gleich in v. 2 heißt es, daß Karl sieben volle Jahre in Spanien gewesen ist (»Set anz tuz pleins ad estéd an Espaigne«) und das Land bis an das Meer erobert hat. Da er gegen die Heiden gekämpft hat, kommt dies einer göttlichen Neuschöpfung gleich. Zwölf Berater – dies ist die Zahl der Apostel – beraten ihn (Laisse 12), von denen einer, Ganelon, wie Judas ein Verräter ist. Fünf ihn warnende Träume hat Karl, vier allegorische und einen, in dem ihm der Erzengel Gabriel den Kreuzzugsbefehl erteilt. Drei wilde Tiere bedrohen ihn im Traum, und dreimal bläst Roland am Ende ins Horn, dreimal wird auch sein Tod geschildert (Laisse 132–134). Allerdings haben hier die Zahlen nicht minder stilistischen als anagogischen Wert. Sie sind zudem Repetitionsfiguren, die immer an Höhe- und Wendepunkten zu verzeichnen sind, wo Ereignisse von großer Tragweite auftreten, die starken sprachlichen Druck erzeugen.

Das MA ist eine Epoche intensiver hermeneutischer Beschäftigung, wie wir uns dies heute kaum noch vorstellen können, wo andere Medien in den Vordergrund treten. Mehrere mittelalterliche Kommentare beginnen mit dem Begriff des Buchs (*liber*), und in einer (falschen) Etymologie dekretieren sie, daß die Beschäftigung mit dem Buch den Menschen frei macht. So sagt Konrad von Hirsau: »dictus autem liber est a liberando, quia qui vacat lectioni sepe solvit mentem a curis et vinculis mundi – das Buch heißt so, weil es frei macht, weil der, der sich der Lektüre hingibt, oft seinen Geist von den Sorgen und Banden der Welt löst«, oder wir lesen in einem anonymen Accessus zu Prudentius: »liber dicitur a liberando, quia nos liberat ab errore – das Buch heißt so, weil es uns vom Irrtum befreit« (Zit. nach Brinkmann, S. 3). Hier ist zu allererst die Beschäftigung mit dem Buch der Bücher gemeint, gemäß der paulinischen Auffassung, daß die Beschäftigung mit dem Wort Gottes den Christen frei macht. Aber auch Schreiben und Lesen in der Volkssprache, selbst als diese sich aus dem Bann der Allegorese befreit hat, haben von dieser Konzentration auf das Buch profitiert und eine intellektuelle Kultur begründet, die immer weiter wuchs und mindestens bis zur Mitte dieses Jahrhunderts überdauert hat.

Die Etymologien

Wichtig sind in diesem Kontext auch die *Etymologien*, deren Untersuchung heute durch die historische Sprachwissenschaft ein solides wissenschaftliches Fundament hat.[29] Der moderne Zeitgenosse hat, soweit er kein Linguist ist, den Sinn der Etymologie verloren. Aber für das MA läßt sich daran gut das mehrschichtige Sinnverfahren des *integumentum/involucrum*, das sich über den *sensus litteralis* schiebt, erkennen. Während sich die Etymologie auf Wörter und Namen bezieht, können bereits einzelne Buchstaben mehrsinnig gedeutet werden. Huon Le Roi de Cambrai (*DLF 706–707*) verfaßt *Li abecés par ekivoche et li significations des lettres*, wo die einzelnen Buchstaben mit biblischen Ereignissen in Verbindung gebracht werden. Der Text ist nur 446 Zeilen lang, und ein kurzes Beispiel (Buchstabe P) mag genügen:

En itel point li P se pere:	An diesem Punkt bildet P ein Paar:
Paradis senefie et pere	Es bedeutet Paradies und Gottvater

Et la pume dont vint la painne.   und den Apfel, von dem der Schmerz herrührt.
Courtoisement li P se painne.   Und das P empfindet auf edle Weise Schmerz.
                                       (Ed. Långfors, vv. 219–222, S. 8)

Der mittelalterliche Mensch denkt einheitlich oder ganzheitlich. Da Gott die
Welt geschaffen hat, ist er hinter allem sichtbar. Aber er denkt auch poly-
morph, nur daß die Vielfalt der Erscheinungen wieder auf einen Urgrund
zurückgeführt wird. Etymologien werden bereits bei Cicero entschlüsselt
(Brinkmann, S. 39 ff.), doch der wichtigste Text stammt von Isidor von Sevilla (Hispalensis; ca. 570–636) (*DLF* 714–616), dessen *Etymologiae* ein wirk-
sames Nachschlagewerk sind. In 20 Büchern werden die *artes* (1–3), Medizin
(4), Recht und Chronologie (5), Religion und Kirche (6–8), Sprachliches
(9–10), Mensch und Tiere (11–12), die Elemente (13), die Erde (14), Gebäude, Ländereien, Steine, Metalle, Landbau (15–17), Kriegswesen und Spiele
(19), Speise und Trank sowie Hausgeräte (20) behandelt. Die Etymologie als
sprachliches Phänomen ist nur der Ausgangspunkt (I, xxix, 1–5):

> Etymologia est origo vocabulorum, cum vis verbi vel nominis per interpretationem
> colligitur. Hanc Aristoteles σύμβολον, Cicero adnotationem nominavit, quia nomi-
> na et verba rerum nota facit exemplo posito [...]. Sunt autem etymologiae nominum
> aut ex causa datae, ut ›reges‹ a [regendo et] recte agendo, aut ex origine, ut ›homo‹,
> quia sit ex humo, aut ex contrariis ut a lavando ›lutum‹, dum lutum non sit mun-
> dum, et ›lucus‹, quia umbra opacus parum luceat. Quaedam etiam facta sunt ex no-
> minum derivatione, ut a prudentia ›prudens‹; quaedam etiam ex vocibus, ut a gar-
> rulitate ›garrulus‹; quaedam ex Graeca etymologia orta et declinata sunt in Latinum,
> ut ›silva‹, ›domus‹. Alia quoque ex nominibus locorum, urbium [vel] fluminum tra-
> xerunt vocabula. Multa etiam ex diversarum gentium sermone vocantur. Vnde et
> origo eorum vix cernitur. Sunt enim pleraque barbara nomina et incognita Latinis et
> Graecis. (Ed. Lindsay I, s.p.)

> Die Etymologie ist der Ursprung der Wörter, indem die Bedeutung eines Wortes oder
> Namens durch Interpretation zusammengestellt wird. Aristoteles nannte sie Symbol,
> Cicero Adnotatio (Anmerkung), weil sie die Namen und Bezeichnungen für die Din-
> ge durch Angabe eines Beispiels bekannt macht [...]. Die Etymologien der Wörter
> (nomina) ergeben sich aus der Ursache, z.B. heißen die Regierenden (Könige) so, weil
> sie regieren und richtig handeln; oder sie ergeben sich aus dem Ursprung, z.B. heißt
> der Mensch (homo) so, weil er aus Erde (humus) ist; oder sie heißen so nach ihrem
> Gegensatz, z.B. heißt der Schlamm (lutum) so nach dem Waschen (lat. lavare, davon
> lautus = sauber), weil der Schlamm nicht sauber ist, und der Hain (lucus), weil er
> durch Schatten dunkel ist und nur wenig Licht (lux) durchläßt. Gewisse Etymologi-
> en werden nach der Ableitung der Wörter (nomina) gebildet wie prudens (klug) von
> prudentia (Klugheit); andere nach dem Klang, wie geschwätzig nach der Schwatz-
> haftigkeit; andere stammen von der griechischen Etymologie und sind nur lateinisch
> abgeleitet wie silva (Wald), domus (Haus). Andere erhielten ihre Bezeichnung nach
> Orts-, Städte- und Flußnamen. Viele lauten so aufgrund der Sprache anderer Völker.
> Deshalb wird ihr Ursprung kaum erkannt. Es handelt sich nämlich meist um barba-
> rische Wörter, die den Lateinern und Griechen unbekannt waren.

Man hat Isidor stets Unrecht getan und ihn, wie so viele spätantike und mittelalterliche Autoren, an der Elle moderner Erkenntnis gemessen. Hier macht
Curtius eine rühmliche Ausnahme (*ELLMA*, S. 486–490), der sich allerdings

nur mit Etymologien von Eigennamen beschäftigt. Vom mittelalterlichen Standpunkt aus betrachtet ist Isidor durchaus wissenschaftlich, zudem ein Systematiker. Zunächst referiert er den Kenntnisstand der Antike, läßt für Griechenland Aristoteles, für Rom Cicero sprechen; dann kommt er zu seinen eigenen Ausführungen und nennt verschiedene Verfahren zur Ermittlung von Etymologien wie Ableitungen von einer anderen Wortart, sog. Volksetymologien, Onomatopoeia, die den akustischen Vorgang nachahmen usw.[30] Es geht um die Einheit von *res* (Sachen) und *verba* (Wörter), an die die altfranzösischen Autoren fest glaubten. Ihre Etymologien finden sich aber besonders häufig in Werken, die ohnehin moralisch gedeutet werden, also Bestiarien und Jenseitsreisen. Doch spricht das nicht gegen die Reichweite des Verfahrens: Im 9. Buch des *Prosa-Alexanderromans* mit dem Untertitel ›Les Proprietez des bestes qui ont magnitude force et pouvoir en leurs brutalitez – Von den Eigenschaften der Tiere, die Größe, Kraft und Gewalt in ihrem wilden Wesen haben‹, einem eingeschobenen Bestiarius, heißt es z.B. von den Satyrn:

> Quant ces bestes monstrueuzes (les Satires) que Alixandre trouva au desert veullent aller à la femelle, et la femelle s'en fuyt; ils la lassent tant qu'elle demeure hors d'alayne, quasi comme morte. Par ce, sont ils appelez satires, qui vient de satur, parce qu'ilz ne se peuvent saouller de luxure. (zit. nach Guiette)

> Wenn diese Monsterwesen, die Alexander in der Wüste fand, zu einem Weibchen gehen wollen, flieht dieses. Sie ermüden es dann so sehr durch ihre Verfolgung, daß es außer Atem gerät, wie tot. Deshalb heißen sie Satyrn, was vom lat. satur/satt kommt, weil sie sich nicht an der Wollust sättigen können.

In der vielgelesenen *Pèlerinage de l'âme* von Guillaume de Digulleville (*DLF* 614–617) heißt es über die Lerchen (*alouettes*), daß sie ihren Namen vom Gotteslob (*louer*) haben. Und der bereits zitierte Philippe de Thaon gibt in seinem *Bestiaire* eine berühmte Erklärung für den Namen des Bibers (*castor*):

CASTOR de beste est nuns	Castor heißt das Tier,
Que nus bievre apeluns;	welches wir Biber nennen.
Chastre sei de sun gré,	Es kastriert sich freiwillig,
Pur ço est si numé.	und deshalb heißt es so.
Bon sunt si genitaire,	Seine Geschlechtsteile sind wertvoll,
Si cum dit Bestiaire,	wie uns der Bestiarius sagt,
A metre en medicine;	um Medizin daraus zu machen.
Oëz cum castor fine.	Hört, wie der Biber endet.
Quant om le vait chaçant	Wenn ihn jemand jagt
E de prendre aprochant,	und ihn fangen will,
Trenche sa genitaire,	beißt (=schneidet) er sich sein Geschlechtsteil ab,
Quant el ne set que faire,	wenn er nicht mehr aus noch ein
	(=nicht anderes mehr) weiß,
Gete la li devant,	wirft sie ihm hin
Puis si s'en vait fuiant ...	und macht sich fliehend davon.
(vv. 1135–1148; Ed. Walberg, S. 42–43)	

Wir mögen darüber heute lächeln, aber nennt nicht Chrétien seinen Perceval absichtlich so, weil er das Tal durchquert (Perce-val), was immer das heißen mag? Und wie steht es mit Dantes Beatrice, Petrarcas Laura, und noch Du Bellays Olive und Ronsards Hélène oder Cassandre? Doch das sind Namensetymologien, wo sich das Verfahren am längsten erhalten hat.

Allegorie und volkssprachliche profane Texte

Die Methode des vierfachen Schriftsinnes wurde von Theologen zunächst nur für die Interpretation theologischer Texte entwickelt. Bei der starken Theologisierung aller Lebensbereiche konnte es nicht ausbleiben, daß auch profane Texte allegorisiert wurden. An erster Stelle sind allegorische Gedichte in lateinischer Sprache zu nennen, die eine Zwischenstellung zwischen Theologie und Welt einnahmen. Es sei erinnert an Prudentius (348 – ca. 405), *Psychomachia*, Martianus Capella (5. Jh. n. Chr.), *De nuptiis Mercurii et Philologiae*, Alanus ab Insulis (de Lille; um 1120–1202), *Anticlaudianus sive De officiis viri boni et perfecti*, Bernhardus Silvestris (12. Jh.), *De mundi universitate* u.a. Ihrem Charakter nach handelt es sich um Lehrgedichte, allegorische Enzyklopädien, die die göttliche Schöpfung feiern und ihr einen Heilsplan unterlegen. Diese lateinischen Werke waren für ein Fachpublikum gedacht; aber es gab schon bald vulgärsprachliche Nachahmungen oder besser Verschnitte, man denke nur an den bereits erwähnten Guiot de Provins, Verfasser der *Bible Guiot*. Wirkmächtiger sind jedoch Kommentare zu einzelnen Bibelpassagen, die besonders am Hof der Marie de Champagne um 1180 vorgetragen wurden, zur Zeit also, als Chrétien vermutlich dort tätig war (R.R. Grimm). Marc René Jung[31] hat die wichtigsten derartigen Texte ausgewertet. Er verweist vor allem auf Adam de Perseigne *(DLF* 13 –14), der zur gleichen Zeit, als Chrétien den *Cligés* schreibt, eine Paraphrase und Kommentierung des Psalms 44 (»Eructavit cor meum verbum bonum – Mein Herz fließt über von froher Kunde«) vorlegt. Die Allegorese war, wie dieses Beispiel belegt, auch bei Nicht-Theologen bekannt und wurde von ihnen angewandt. Dieses Verfahren sollte aber vor allem die eigentlich verbotene Lektüre heidnischer Autoren sanktionierten (*RAC* 16,1113 –1149; Seznec, S. 108f. u.ö.), die christlich umgedeutet wurden, insbesondere des beliebten Ovid. Der bereits erwähnte *Ovide moralisé* ist nichts anderes als ein *Ovide allegorisé*.

Besonders interessant ist noch ein anderer Text, der *Thiaudelet* (Ed. A. Parducci, in: *Romania* 44, 1915/17, S. 37–54). Es handelt sich um die altfranzösische Version der *Ecloga Theoduli*, eines mittellateinischen Streitgedichts aus dem 9. Jh., durch einen gewissen Jacques Bochet. Wer dieser Theodolus ist, wissen wir immer noch nicht. Die *Ecloga* war eine sehr beliebte Schullektüre. In Form von Rede und Gegenrede entfaltet sich zwischen der Hirtin Alithia (Wahrheit) und dem Hirten Pseustis (Lügner) ein Streitgespräch, eine *altercatio*. Als Schiedsrichter fungiert Phronesis (Einsicht). Pseustis vertritt das Heidentum und beginnt mit einem Lob des Goldenen Zeitalters; Alithia, die Vertreterin des Christentums, antwortet mit dem Hinweis auf den Garten Eden usw. Als Quellen dienten dem Autor Ovid (*Metamorphosen*), Vergil, Martianus Capella u.a. 176 Handschriften sowie 96 Drucke zeugen für die Beliebtheit des Werkchens. Zu Beginn der altfranzösischen Version heißt es:

> Chilz Theodolus, qui soubtieux
> Estudia en divers lieux,
> Tout premiers en poeterie,
> Qui fut faitte par grant maistrie
> De grans philosophez payens,
> Qui avoient sobtieus engiens,
> Ung livre entre les aultrez prist
> Par le quel grans biens nous aprist,
> Qui est dit *Ovide le grand*.
> Chilz Ovide fu moult sachant,
> De nature sceut le puissanche
> Et d'amours toutte l'ordonnanche.
> Et pour ce diversez naturez
> Mist et diversez aventurez
> En exemplez couvertement
> Par tres soubtil entendement
> Par les samblanches qu'il prendoit
> Des exemplez qu'il amenoit
> Peuissent advenir au sens
> Qui estoit couvers par dedens [...]
> Car ce qui y apert au plain
> Est aucun [fais] tout en certain,
> Sans falasse et sans fiction
> Et sans nulle deception.
> Et combien qu'elle soit certaine
> En ses fais, s'est elle si plaine
> De grant sens, c'on y puelt puisier
> Que nulz ne le puelt espuisier.
> (Ed. Parducci, vv. 25–44; 51–58, S. 39)

> Dieser Theodolus, der scharfsinnig
> an verschiedenen Orten studierte,
> nahm zu allererst in der Dichtkunst,
> die mit großer Meisterschaft
> von bedeutenden heidnischen Philosophen verfaßt wurde,
> welche einen scharfsinnigen Verstand hatten,
> unter anderen ein Buch,
> durch das er uns viel Nützliches beibrachte
> und das der *Große Ovid* heißt.
> Dieser Ovid war sehr gelehrt,
> er kannte die Macht der Natur
> und das gesamte Ordnungsgefüge Amors.
> Und deshalb brachte er verdeckt unterschiedliche Naturen
> und verschiedene Abenteuerfälle

> in Beispielform
> durch seinen sehr scharfsinnigen Verstand.
> Durch die Analogien der Beispiele,
> die er anführte,
> könnten sie (die Leser) zum Sinn vorstoßen,
> der darin verborgen liegt. [...]
> Denn was sich darin klar offenbart,
> ist eine unumstößliche Tatsache
> ohne Fehler und Erfindung
> und ohne jegliche Täuschung.
> Und wie sicher sie auch ist
> in ihren Einzelheiten, ist sie so voller
> hohem Sinngehalt, den man daraus schöpfen kann,
> daß niemand ihn auszuschöpfen vermag.

Die *poeterie* hat die *philosophes*, die heidnischen Autoren, zu Verfassern, deren Scharfsinn oder Subtilität bei allen Vorbehalten dreimal im ersten kurzen Textabschnitt gelobt wird. Sie erzählen *exemples*, die, wörtlich genommen, falsch und lügenhaft sind, aber einen *sens couvers* enthalten, den es zu entdecken gilt. Die Bibel ist hingegen wörtlich wahr und obendrein hat sie noch einen zu erschließenden *grand sens*.

An dieser Stelle muß erneut der *Roman de la Rose* erwähnt werden, den Guillaume de Lorris um 1230 verfaßt und unvollendet gelassen hat und den etwa vierzig Jahre später Jean Chopinel (Clopinel, Jean de Meun[g]) fortsetzte und beendete. Es ist das bedeutendste Werk der französischen Literatur des 13. Jh.s mit einer außerordentlichen Verbreitung, die 300 Handschriften vom 13. bis 16. Jh. und insgesamt 38 Frühdrucke von 1480 bis 1538 bezeugen. Der *Rosenroman* ist als Traumallegorie angelegt, zugleich aber auch eine Minne-Enzyklopädie. Im Traum betritt der Erzähler einen Maiengarten, in dem Amor herrscht. Er wird von fünf Pfeilen getroffen, die die Bedingungen der edlen Liebe allegorisieren. Die Personifikationen *Bel Acueil* und *Franchise* wollen ihn dabei unterstützen, die Rose des Gartens zu brechen, *Danger*, *Jalousie* und *Male Bouche* verwehren es ihm. Diese Hinweise müssen zum Verständnis genügen.

Bereits im 13. Jh. setzte eine hermeneutische ›Querelle‹ über das rechte Verständnis des Romans ein; die einen verteidigten die Würde der Frau gegen das Werk, warfen den Autoren Misogynie und Unmoral vor; die Parteigänger des *Roman de la Rose* stellten ihn mit der Bibel auf eine Stufe. Noch um 1500 legt der Rhétoriqueur Jean Molinet (1435–1507), der selber für Philipp von Kleve eine Prosaversion des Romans verfaßte, einen allegorischen Kommentar vor. Der Tradition des vierfachen Schriftsinns entsprechend unterscheidet er auch im *Rosenroman* den *sens littéral* vom *sens moral* bzw. *mystique*. Die *Rose mystique* meint im übertragenen Sinn die Gottesliebe, nicht die profane Liebe zu einer Frau, und darum geht es Molinet. »Il y a double exposicion dessus le texte dudit liure«, doch sei es nicht leicht, den Honig aus dem harten Stein zu pressen, und deshalb plane er, »de tourner et conuertir ... le vicieux au vertueux, le corporel en spirituel, la mondanité en divinité – was lasterhaft und körperlich ist in Geistiges, was weltlich in Göttliches umzukehren und zu verwandeln.« Die Verfasser dieses Textes ›a double entente‹, Guillaume de Lorris und Jean de Meung, werden mit Moses bzw. mit dem Evangelisten Johannes auf eine Stufe gestellt, sie werden somit zu *figurae* der Heilsoffenbarung erhoben:

> Ce guillaume de loris qui par maniere de songe a encommencé ce liure est figuré a moyse recepteur des commandemens de la loy et escripteur de lancien testament. Et par ce Jehan que nostre seigneur a couuert et reuestu de ses esles est figuré sainct Jehan leuangeliste, Qui entre les aultres a compilé une grant part du nouueau testament. Et ces deux parties ensemble conionctes parmy les labeurs de leurs coadiuteurs font la saincte bible, Laquelle bien entendue et mise a execution donne lauantaige le scueil, le recueil et le bel acueil de la rose pardurable. (Ed. Ott I,11)

> Dieser Guillaume de Lorris, der dieses Buch mit einer Art Traum begonnen hat, ist eine Figura Mosis, der die Gesetzestafeln empfing und das AT (Pentateuch) schrieb. Und dieser Jean de Meung, den unser Herr mit seinen Flügeln bedeckt und bekleidet hat [=er war Geistlicher], ist Figura des Evangelisten Johannes, der zusammen mit den anderen einen großen Teil des NT geschrieben hat. Und [gleichermaßen] bilden diese beiden durch die Mühen ihrer Gehilfen miteinander verbundenen Teile eine Heilige Schrift, die, wohl verstanden und benutzt, die Summe, Sammlung und Aufnahme der ewigen Rose gewährt.

Die allegorische Deutung fiktionaler Texte

Konnten die bisher genannten volkssprachlichen Texte im weitesten Sinne der Moralphilosophie und der Theologie zugeschlagen und somit ohne Mühe mehrsinnig gedeutet werden, ist und war die Frage, ob nicht auch weltliche Dichtungen mehrere ›Sinne‹ kennen, wesentlich kontroverser. Es geht hier um eine Gesamtdeutung von Texten, nicht um einzelne Episoden wie etwa die Träume Karls im *Rolandslied*, den begleitenden Löwen im *Yvain*, der, verknüpft mit den Termini *justice* und *pitié*, die Richter- und Erlöserrolle Yvains signalisiert, oder den Schandkarren im *Lancelot*, den der ›chevalier de la charrette‹ besteigen muß, um Genièvre und ihr Volk befreien zu können.

Dieses schwierige Deutungsproblem hat seit langer Zeit schon Germanisten und Romanisten bewegt. Haug (S. 91–106) faßt die Diskussion anhand einer Interpretation von Chrétiens *Érec et Énide* zusammen. Er betont, daß es sich bei diesem Artusroman um den ersten vulgärsprachlichen Roman des MA.s handele, den man wirklich als fiktiv bezeichnen dürfe. Wenn der Held des Epos (*chansons de geste*) in eine Lebenstotalität mit festen Ordnungen und Werten eingebunden sei, sei diese Bindung für den Romanhelden fragwürdig, sei der Sinn des Werkes offen. Érec ist für Haug ein Ritter der arthurischen Tafelrunde, der auszieht, um einen Schimpf zu rächen, der der Königin in seiner Gegenwart angetan ist. Der Roman zerfällt in zwei Teile, deren erster, die Wiederherstellung der Ehre der Königin und die Gewinnung

Enides, in eine, deren zweiter, Vernachlässigung der Ritterpflichten aus Liebe
zu Enide und Wiederherstellung der ritterlichen Ehre Erecs, in zwei parallel
gebaute Abenteuer-Triaden unterteilbar ist. Das Abenteuer (*aventure*) ist, wie
der Leser dem *Érec*-Prolog entnehmen kann zunächst das, was dem Ritter ›begegnet‹. Es wird ganz generell zur Bezeichnung für die ritterlichen Bewäh-
rungsproben in Kämpfen mit anderen Rittern, Riesen und Fabelwesen (Drachen, Feen, Zwergen, Zauberern, Unholden usw.), deren Bestehen Wert-
erhöhung und Ruhm bedeutet (s. Kap. III). Der Held reitet auf Abenteuer aus,
weil er seinen Mut erproben will oder weil ihn Schwache und Verfolgte um
Hilfe bitten. Bevorzugte Orte der *aventure* sind der Wald, der Wundergarten,
der Zauberbrunnen, das Zauberschloß. Seit den Untersuchungen von Julius
Schwietering[32] hat man die *aventure* immer wieder typologisch gedeutet.[33]
Für den Fall einer figuralen Romandeutung kann es sich natürlich nur um
›Postfigurationen‹ handeln, so daß die Abenteuer Erecs und anderer Ritter
mutatis mutandis zur Imitatio Christi werden. Semiotisch bedeutet dies, daß
die Vorgänge zugleich *sind oder stattfinden* und etwas anderes *bedeuten*.
Haug hat die ernste Möglichkeit einer typologisch-figuralen Deutung des arthurischen Romans aber nicht nur bestritten, sondern aufgrund einer Verab-
solutierung der dichterischen Autonomie für unmöglich erklärt:

> ... wenn die christliche Exegese die antike Dichtung und Mythologie figural inter-
> pretiert, dann setzt sie voraus, daß in ihnen, sei es bewußt oder über die Dichter hin-
> weg, christliche Wahrheit in verschlüsselter Form offenbart worden ist. Die Wahr-
> heit des fiktiven Romans im 12./13. Jahrhundert dagegen ist die des literarischen Ex-
> periments. Was sich in diesem Zusammenhang typologisch gibt, kann nur mehr ein
> Spiel sein, indem sich das neue poetische Bewußtsein reflektiert. (S. 220)

Das ist sehr modern gedacht. Gerade die wenig zuvor von Haug unter Rückgriff auf Hugo Rahner[34] angeführten Beispiele – Christus nicht nur als wahrer David, Gedeon, Salomon, sondern auch als wahrer Orpheus und summus
Jupiter – machen die Spannbreite figuralen Denkens deutlich. Und es ändert
nichts an Haugs Position, wenn er eine allegorische Deutung dann doch wieder teilweise für möglich hält. Gerade die strukturellen Homologien des Dop-
pelungsprinzips sprechen für eine typologisch-allegorische Intention der Autoren der bretonischen Ritterromane und sind mehr als thematische Analogie.[35] Warum soll nicht Erecs Abenteuerfahrt neben dem, was sie *ist*, auch eine spirituelle Dimension haben, die den Sieg über das Böse, den Sieg über sich
selber, die Annäherung an Gott *bedeutet*?

Haug kommt zu seiner Ablehnung aufgrund einer allzu modern-eigen-
willigen Interpretation des umstrittenden *Érec*-Prologs, insbesondere des Be-
griffspaars *conte/conjointure*:

Por ce dist Crestïens de Troies	Deshalb sagt Chrétien de Troyes,
que reisons est que totevoies	es sei richtig, daß jeder
doit chascuns panser et antandre	daran denke und darauf achte,
a bien dire et a bien aprandre;	gut zu reden und gut darzustellen;
et tret d'un conte d'avanture	so holt er aus einer Abenteuergeschichte

une molt bele conjointure	einen sehr schön geordneten Zusammenhang heraus,
par qu'an puet prover et savoir	wodurch zu beweisen und zu erkennen ist,
que cil ne fet mie savoir	daß der nicht klug handelt,
qui s'escïence n'abandone	der sein Wissen nicht weitergibt,
tant con Dex la grasce l'an done ...	solange Gott es ihm in seiner Gnade gewährt.
(Ed. Roques, vv. 9–18, S. 1)	(Haug, S. 101)

Wenn ein Autor den wahren Wert einer Sache erkannt hat, dann geht es darum, dies dem vollen Sinn nach zum Ausdruck zu bringen. Entscheidend ist das Verspaar 13/14. Wer seine ganze Erkenntnisfähigkeit einsetzt, macht aus einer Aventure-Geschichte eine *conjointure*. Dieses ›hapax legomenon‹ (alleiniger Beleg) ist kein eingeführter poetologischer Terminus technicus, sondern meint eine überraschende Ausgestaltung. Haug glaubt, der Übergang von der Mündlichkeit zur Schriftlichkeit sei der entscheidende Schritt. Er fügt hinzu, *conjointure* sei eine Metapher, die sich an die *integumentum*-Lehre (›Sinnverhüllung‹) der Schule von Chartres anlehne, die davon ausgehe, daß moralische oder philosophische Wahrheiten in literarische Formen eingekleidet und auf diese Weise anschaulich vermittelt werden könnten:

> Chrétien verwendet vielmehr die exegetische Metaphorik der Sinnenthüllung, um damit zwar für sein Werk eine Wahrheit zu beanspruchen, die nicht mit dem wörtlichen Sinn identisch ist, zugleich macht er jedoch deutlich, daß es sich gerade nicht um die Wahrheit einer zweiten, allegorischen Ebene handelt. So steht denn *conjointure* einerseits in Opposition zu *conte*, und zwar insofern, als sie aus diesem herausgeholt werden muß. Doch insofern der *conte* seinen Stoff verderbt, zerstückelt darbietet, ist *conjointure* ihm gegenüber das sinnvoll geordnete Ganze, und es ist diese strukturierte Ganzheit, die die Wahrheit trägt und vermittelt. Der Sinn ist damit nicht einfach eine verborgene Bedeutung, die aufgedeckt werden müßte, der Sinn realisiert sich vielmehr im Akt der poetischen Gestaltung. (Haug, S. 104)

Diese Aussage scheint nicht zwingend, denn die Entdeckung der Fiktionalität, die mit der Wende zur *matière de Bretagne* erfolgt, ist zwar innovativ, aber, wenn Haug meint, »diese neue Fiktionalität kommt ... über das freie Spiel mit dem Unwahrscheinlichen zu sich selbst«, argumentiert er abermals zu modern. Zwar wird die Erfahrung einer Wahrheit im arthurischen Roman fiktionalisiert, aber diese Wahrheit muß keineswegs nur eine sein und auf sich selbst verweisen. Dies gilt um so mehr, als dem Begriffspaar *conte/conjointure* in *Lancelot* und *Cligés* die Doppeltermini *matiere und san* an die Seite rücken, die etwas Ähnliches meinen. Für Haug ist *san* ein Unbestimmtes zwischen göttlicher Sinnvermittlung und technischer Begabung, aber naheliegend ist es hier wieder, an die mehrfache Sinndeutung der Allegorese zu denken.

Einen anderen Aspekt beleuchtet die Frage, ob auch fiktionale Texte figural gedeutet werden können. Im strengen Sinn der *figura*, die nach dem Zweischritt *figura/implementum* (Bild/Erfüllung) funktioniert, ist dies natürlich nicht möglich, da die *figurae* real (im biblischen Sinne) sein müssen. Eine erfundene Gestalt kann allenfalls ein *implementum* zweiter Ordnung sein. Rainer Warning hat – gegen die germanistischen Kollegen – dafür plädiert,[36] die Figuraldeutung auch als textkonstitutives Verfahren anzuerkennen. Ausgehend von strukturalistischen Textanalysemodellen (vor allem dem Aktantenschema von A.J. Greimas bzw. dem Segmentierungsschema von V. Propp) sieht Warning im arthurischen Abenteuerroman den Helden stets einem Dreischritt von *Konfrontation, Domination und Attribution* ausgesetzt. Greimas geht davon aus, daß sich jede Erzählung in Form einer als autonom und universal konzipierten narrativen Grammatik darstellen läßt, die die hierarchisch gestaffelte Artikulation der semantischen Substanz des betreffenden Textes deduktiv abzuleiten erlaubt. Der Held zieht aus, trifft auf einen Widerstand, kämpft, siegt, nimmt sich die Beute. Der höfische Roman sei aber mehr als nur eine Aneinanderreihung von Abenteuern. Der Ritter, der Abenteuer sucht und am Schluß an den Arthushof zurückkehrt, ist ein anderer als der, der ausgezogen war. Viele Abenteuer sind sogar gedoppelt, und zwar in Form verkappter Reprisen, steigernder Reprisen. Eine frühere Handlungsweise wird überdacht und wiederholt. Es bietet sich laut Warning an, »das Verfahren der steigernden Reprise zu beziehen auf das der christlichen Bibelexegese entstammende Schema von Präfiguration und Erfüllung, von *figura* und *implementum*« (S. 37). Warning faßt zusammen:

> Der Schritt von der so beschriebenen Figuralexegese zu den hier in Frage stehenden Romanstrukturen scheint ein großer und ein kleiner zugleich. Groß insofern, als es sich dort um verschiedene historische Kontexte handelt, die miteinander in Beziehung gesetzt werden, hier hingegen um Phasen einer persönlichen, wenngleich exemplarischen Identitätsfindung. Klein aber ist der Schritt unter strukturalem Aspekt, handelt es sich doch hier wie dort darum, daß vordergründig diskontinuierliche Ereignisse über analoge Merkmale auf die geheime, von einer ›dritten Instanz‹ garantierten Kontinuität eines Heilswegs verweisen. [...] Die Geschichten freilich, die dabei herauskamen, tragen die Spuren ihrer inkompatiblen Komponenten. Sie sind heterogen, ermangeln konstanter Weisen des Übergangs, entbehren der Identität. Wir mögen mit der gebrochenen Identität dieser Geschichten unsere hermeneutischen Schwierigkeiten haben. Das zwölfte Jahrhundert selbst hatte sie nicht. Es konnte Märchen und Mythen moralisieren und die Moral mythisieren, ohne mit sich selbst in Widerspruch zu geraten. (Warning, S. 37 u. 44)

Warnings Ausführungen sind überzeugend, zumal sie gegenüber den organizistischen Deutungen der Germanisten (Wapnewski, Haug u.a.), die von homogenen Romanen mit organisch-sinnvoller Durchgestaltung ausgehen und ein geschlossenes Ideenkonzept unterstellen, den Vorteil der hermeneutischen Offenheit haben. Daß das *figura/implementum*-Schema wirksam ist, wird übrigens von niemandem bestritten. Es könnte sich aber im literatursoziologischen Sinn nur um eine Strukturhomologie handeln. Und um dies auszuschließen, wäre es gut, wenn man über unstreitig figural zu lesende Episoden wie beispielsweise die berühmte *joie-de-la-cort*-Passage am Ende von Chrétiens *Érec* hinaus (vv. 5417f., ed. Gier, S. 408f.), auch noch theoretische Belege fände, die eine figurale Romandeutung stützten. Hier läßt sich allenfalls anführen, daß der Held sich stets in Gottes Auftrag geborgen weiß, sich bei seinen Taten als Werkzeug Gottes fühlt, z.B. Yvain:

Or me doint Des eür et grace,	Gott gebe mir nun Glück und Gnade,
Que je par sa buene avanture	damit ich durch seine günstige Fügung
Puisse desresnier sa droiture!	ihren Rechtsanspruch verfechten kann!
(vv. 5104–5106)	(Nolting-Hauff, S. 253)

Gegen die Allegorisierung profaner Literatur spricht allenfalls die Stellung der Dichtkunst. Da sie der Theologie untergeordnet ist und nur Gott das Epitheton des Schöpfers zusteht, nimmt der Dichter hinter Gott und der Natur den niedrigsten Rang ein. Die Geheimnisse des Glaubens dürfen zwar prinzipiell nicht in der Dichtung profaniert werden, aber da es sich um eine ›mehrdeutige‹ Textorganisation handelt, hat ein Dichter große Gestaltungsfreiheit. So kann es kaum einem Zweifel unterliegen, daß die diversen Gralsbearbeitungen figural gelesen werden müssen.

Dies gilt insbesondere für Robert de Boron († ca. 1212), der um 1180 *Le Roman de l'estoire del Graal* in Versen vorlegt (Ed. Schöler-Beinhauer). Seine drei Teile stehen in joachimitischer Tradition im Zeichen des Vaters, des Sohnes und des Geistes. Ihre jeweiligen Helden sind Joseph von Arimathäa, Merlin und Perceval. Leider sind nur 4081 Verse erhalten: der Joseph von Arimathäa und der Anfang des Merlin. Es gibt jedoch Prosaumsetzungen (Ed. Cerquiglini), die man auf ca. 1220 datiert (*DLF* 1280–1281). Joseph von Arimathäa, ein jüdischer Dienstmann von Pontius Pilatus, gelangt in den Besitz des Abendmahlskelches, füllt ihn nach der Kreuzesabnahme mit dem Blut des Erlösers und bestattet dessen Leichnam unter einer steinernen Grabplatte. Um einen Zeugen der leiblichen Auferstehung Christi zu beseitigen, kerkert man ihn in einem unterirdischen Verlies ein. Dort erscheint ihm Jesus und bestellt ihn zum Gralshüter, dessen Kraft ihn vierzig Jahre in seinem Kellerkerker überleben läßt. Er wird durch den Sohn des Kaisers Vespasian befreit, den das Schweißtuch der Veronica vom Aussatz geheilt und der sich darum zum Christentum bekehrt hat. Joseph verläßt mit seiner ersten Gemeinde das Land. Gemeinsam mit seiner Schwester und seinem Schwager Bron (Hebron) errichtet er als irdischer Stellvertreter Christi in Analogie zum Heiligen Abendmahl eine Gralstafel, deren zentrale Requisiten der Gralskelch selbst und ein von Bron gefangener Fisch sind. Bron hat zwölf Söhne, und einer, Alain, erhält den Auftrag, die anderen Brüder nach Westen zu führen und dort das Evangelium zu verkünden. Dies ist übrigens wieder eine wichtige *translatio*. Bron empfängt als Nachfolger Josephs den Gral und begründet die Dynastie der Fischerkönige, der Perceval, Alains Sohn, angehört. Die Tafelrunde Arthurs geht auf das Abendmahl zurück; Merlins Geburt gleicht der des Erlösers.

Es macht keine Mühe, in Joseph von Arimathäa (Mt 27,57; Mk 15,43; Lk 23,50f., Joh. 19,38) eine *figura* von Artus und, über den fiktiven Bron, auch von Perceval zu sehen. Das Abendmahl selber ist Figur der Artusrunde, Christus, der Widersacher des Teufels, Figur Merlins, der die Tafelrunde initiiert und später gegen den Teufel, der ihn zum Antichristen machen will, revoltiert.

Haug erkennt genau die programmatische Anbindung der Gralserzählung an die christliche Heilsgeschichte und deutet sie als Historisierung der fiktionalen arthurischen Welt. Dem entspreche auch die Prosa als authentischere Form der Wahrheit. Das fiktionale Strukturschema werde durch ein universalhistorisches Dreiphasenmodell ersetzt. So weit wird man Haug zwar zustimmen, aber die Historisierung oder Rehistorisierung durch Rekurs auf Bibel und Heilsgeschichte tilgt die letzten, zuvor immer aufgerichteten Hemmnisse für eine figurale Deutung, die im Falle des Gralsstoffes auf der Hand liegt.

Hermeneutische Konsequenzen: Dichtung und Wahrheit

Fassen zusammen: Es gibt makrostrukturelle und ministrukturelle figurale Deutungen; umstritten ist die Frage, ob fiktionale Texte auf der makrostrukturellen Ebene, d.h. insgesamt, figural gedeutet werden können. Der mehrfach zitierte Germanist W. Haug vertritt die These, daß dies wegen der Fiktionalität nicht möglich sei, sondern daß ein historischer Kern benötigt werde. Das Verfahren der Realprophetie von Vorausdeutung und Erfüllung setze reale, d.h. historische Figuren voraus. So entbehrt es nicht der Logik, wenn Rupprecht Rohr (*Matière, Sens, Conjointure*) der *Chanson de Roland* insgesamt eine anagogisch-typologische Deutung unterlegt: Da der historische Kaiser Karl in der spanischen Grenzmark gegen die Heiden gefochten hat, ist dieser Kampf ›Postfiguration‹ der Leiden Christi beim Nahen des Antichrist, ist der Hinterhalt Rolands, in den ihn Ganelon lockt, der Verrat des Judas mit der Gefangennahme Christi, ist das, was folgt, die Übergangszeit des Antichristen und ist der abschließende Gerichtstag in Aachen, wo die Verräter ausgestoßen und bestraft werden, Figur des Jüngsten Gerichts. Es wurde gezeigt, daß eine analoge Deutung auch für den höfischen Aventure-Roman einen Sinn ergibt. Irgendwann muß sich aber, und da ist Haug Recht zu geben, die Fiktionalität von der Allegorese lösen. Doch dies ist kaum schon beim *Erec* und den arthurischen Romanen in seinem Gefolge der Fall. Die zahlreichen ›Authentifizierungsklauseln‹ in Prologen und Vorworten sprechen eine andere Sprache. Mölk (*Franz. Literarästhetik*, S. 115) weist 24mal Wahrheitsbeteuerungen (= 20 % der analysierten Vorworte) nach. Neben der Berufung auf die schriftlichen Dokumente der Kleriker und die mündlichen Aussagen von adligen Gewährsleuten besteht als dritte Authentifizierungsstrategie der Verweis auf die noch gegenwärtigen Spuren der Vergangenheit wie Reliquien und Gräber der verblichenen Epenhelden (Grosse, S. 40f.). Man könnte einwenden daß die Wahrheitspostulate für die aus historischem Grund erwachsenen Gattungen der *chansons de geste* und der *romans d'antiquité* konventionell sind, aber man findet das Wahrheitspostulat auch im arthurischen Roman, z.B. dem *Cligés*:

Ceste estoire trovons escrite,	Diese Geschichte, die ich euch erzählen
Que conter vos vuel et retreire,	und berichten will, finden wir
An un des livres de l'aumeire	in einem Buch der Bibliothek
Mon seignor saint Pere a Biauvez.	der Kathedrale St. Pierre zu Beauvais
	niedergeschrieben.
De la fut li contes estrez,	Ihm wurde die Erzählung entnommen,
Don cest romanz fist Crestiiens.	aus der Chrétien diesen Roman gemacht hat.
Li livres est mout anciiens,	Das Buch ist sehr alt
Qui tesmoingne l'estoire a voire;	und bezeugt daher die Wahrheit der Geschichte;
Por ce fet ele miauz a croire.	deswegen ist es auch glaubwürdiger.
(Mölk, vv. 18–26, Nr. 30, S. 33)	

Erich Köhler kommentiert die Frage des Wahrheitspostulats und das Verhältnis von Geschichte (*facta*) und Dichtung (*ficta*) wie folgt:

> *Estoire* ist nicht mehr die Quelle der Dichtung, sondern diese Dichtung selbst, die somit den Wahrheitsgehalt verliehen bekommt, den vorher die geschriebene Quelle verbürgte. Da gerade der Artusdichter dem Vorwurf der schönen Lüge begegnen muß, überträgt sich bei dem in Rede stehenden Gegensatz *historia-fabula* der weniger historisch als moralisch bestimmte Charakter von *fabula* auf *historia* und entkleidet letztere weitgehend des streng historischen Bezugs. *Estoire* meint nicht mehr so sehr ›geschichtliche Wahrheit‹ als ›wahre Geschichte‹, die das dichterische Vermögen als wirkliche und sittliche Wahrheit einem noch nicht gedeuteten Stoff entnimmt. Der *Erec*-Prolog besagt, daß die vom Dichter erst geschaffene *estoire* den Wahrheitsanspruch voll erfüllt, der ihr Ruhm bis zum Ende der Christenheit sichert. Und diese *estoire*, diese Wahrheit, beruht in der *mout bele conjointure*, die Chrétien aus dem *conte d'aventure* um Erec ›gezogen‹ hat. (*Ideal und Wirklichkeit*, S. 26)

Dieses Kämpfen um die Wahrheit, das den Roman bis weit ins 19. Jh. hinein begleitet, als noch viele Autoren den Terminus vermeiden und die Gattung verleugnen, hat nur dann Sinn, wenn die Wahrheit höherwertig ist oder sein soll als die Fiktion. Warum sollte sie es überhaupt sein, wenn nicht ein moralisch-theologischer Anspruch, konkret eine mindest doppelte Lektüre-Möglichkeit, damit verbunden ist?

Unsere Rekapitulation ist nötig, um die Weiterentwicklung der allegorischen Dichtung zu verstehen. Zwei Werken kommt hier für die Autonomisierung der Fiktion eine zentrale Bedeutung zu, Richart de Fournivals *Bestiaire d'amour* und dem *Roman de Renart*. Als erstes französisches Tierbuch verzichtet der *Bestiaire d'amour* auf die Legitimation durch eine lateinische Quelle. Zwar enthält er auch eine Duplizität von Tierbeschreibung und allegorischer Deutung, doch statt des Bezugs auf die christliche Heilsgeschichte bestimmt die subjektive Liebeserfahrung des interpretierenden Ichs den Horizont der Auslegung. Bibelbezüge unterbleiben; das Werk ist in Prosa abgefaßt. Wenn in den herkömmlichen Bestiarien der Leser letztlich zum Seelenheil geführt werden soll, will Richart nur seine eigenen Liebesqualen durch Schreiben lindern. In einem höchst aufschlußreichen Vorwort insistiert er auf einer doppelten Textgestalt, dem Wechselspiel von ›Wort und Bild‹. Die Illustration des Textes entlastet den Autor von der Mühe des Beschreibens, und diese doppelte Gestalt betont die Autonomie des *Bestiare d'amour*:

Car je vous envoie en cest escrit et painture et parole, pour che ke, quant je ne serai presens, ke cis escris par sa painture et par sa parole me rende a vostre memoire comme present. Et je vous monstrerai comment cis escris a painture et parolle. Car il est bien apert k'il a parole, par che ke toute escripture si est faite pour parole monstrer et pour che ke on le lise; et quant on le list, si revient elle a nature de parole. Et d'autre part, k'il ait painture si est en apert par chu ke lettre n'est mie, s'on ne le paint. Et meesmement cis escris est de tel sentence k'il painture desire. Car il est de nature de bestes et d'oisaus ke miex sont connissables paintes ke dites. (Ed. Segre, S. 6)

Denn ich schicke euch in diesem Schreiben Bild und Rede, damit mich dieses Schreiben während meiner Abwesenheit durch sein Bild und durch seine Rede eurem Gedächtnis gleichsam vergegenwärtigt. Ich werde euch zeigen, inwiefern dieses Schreiben Bild und Rede enthält. Denn es liegt auf der Hand, daß es Rede enthält, weil jede Schrift geschaffen ist, um Rede zu äußern und vorgelesen zu werden; und wenn man die Schrift vorliest, dann findet sie zu ihrer Bestimmung als Rede zurück. Und daß es das Bild enthält, ist auf der anderen Seite dadurch offensichtlich, daß der Buchstabe nicht existiert, wenn man ihn nicht abbildet. Und vor allem verlangt der Sinn dieses Schreibens nach dem Bild. Denn es handelt von der Eigenart von Tieren und Vögeln, welche auf der Abbildung besser als in der Beschreibung erkennbar sind. (Grosse, S. 80)

Einen weiteren Schritt auf dem Weg der Autonomisierung fiktionaler Texte bildet der *Roman de Renart* mit seinen vielen Branchen, die Geschichte vom Fuchs, der mordet, vergewaltigt, stiehlt, lügt und betrügt und allen anderen Tieren ein Schnippchen schlägt. Als ihm endlich der Prozeß gemacht wird, zieht er sich unter dem Vorwand, auf einen Kreuzzug zu gehen und dadurch seine Sünden erlassen zu bekommen, noch im letzten Augenblick aus der Schlinge. An diesem Tierepos haben drei Schriftstellergenerationen (1174–1250) gearbeitet und insgesamt 27 Teile oder Branches hinterlassen. Ausgangspunkt ist ein lateinisches Tierepos *Iysengrimus* (1152) des flämischen Magisters Nivardus, das wesentliche Elemente und zahlreiche Episoden des Fuchsstoffes enthält, und in dem auch die meisten Tiere mit ihren germanischen Namen vorkommen. Bevor näher darauf eingegangen wird, ist noch von einer Vorform zu sprechen.

Es handelt sich um Tierfabeln, sog. *Isopets* (DLF 716–718), die ihren Namen nach Äsop, dem Ahnherrn aller Fabeln, tragen. Der Ausgangstext ist jedoch nur noch in den seltensten Fällen zu erkennen. Die bekanntesten *Isopets* stammen von Marie de France, der Verfasserin der *Lais*. Die *Isopets* habem am Schluß meist eine gereimte *moralité* oder Nutzanwendung. Zwar wird zunächst auch eine Tierfabel erzählt, in der sich Tiere typisch wie Menschen verhalten, aber ihr offenkundiger Sinn wird dem Leser noch einmal überdeutlich erklärt. Bei diesen *moralités* handelt es sich aber keinesfalls um ›übertragene‹ Sinnschichten, sondern alltägliche moralische Nutzanwendungen. Als Beispiel möge die bekannte Geschichte vom Kranich und vom Wolf dienen: Der Wolf hat einen Knochen verschluckt und fürchtet, daran zu ersticken. Der Kranich steckt seinen langen Hals in seinen Schlund und befreit ihn von der Plage. Als er seinen Lohn einfordert, verhöhnt ihn der Wolf, indem er ihm sagt, der Lohn bestehe darin, nicht gefressen zu werden. Es folgt die *moralité*:

Bien faire a mauvés riens ne vaut:	Einem Bösewicht Gutes zu tun, ist unsinnig:
Tost l'oublie et ne li en chaut.	Er vergißt es schon bald, und es kümmert ihn nicht.
Qui douceur baille a ennemi,	Wenn jemand einem Feind Angenehmes zukommen läßt,
Si le tendra li pour venin.	so wird dieser das doch für Gift halten.
Le mauvais prent tout en despit,	Der Böse faßt alles falsch auf,
Pour ce n'avra l'autre respit;	und deswegen hat der andere doch keine Ruhe;
Don que face n'a en memoire,	an ein gemachtes Geschenk erinnert er sich nicht,
Ne quiert que vanité et gloire.	er sucht nur Eitelkeit und Ruhm.
(Rychner, *Chrestomathie*, S. 162)	

Der *Roman de Renart* braucht in seiner offenkundigen Ausführlichkeit derartige *moralités* nicht; sie springen ohnehin ins Auge. Er entstand zunächst aus einem Überdruß an der höfischen Dichtung, war reine Unterhaltungsliteratur, deren Komik vorzugsweise aus der Parodie der aristokratischen Hierarchie erwuchs. Die Tiere spielen die Rollen des Königs und seines Hofstaats, aber immer wieder kommt das Tierische zum Vorschein. Renard wird zum Rebellen, der sich über die Normen der höfischen Gesellschaft bedenkenlos hinwegsetzt. Er tut das aber nicht als Inkorporation des Bösen, sondern als ein Anti-Held, dem die Sympathie des Publikums gilt. Er antizipiert damit den Witz und die Schlagfertigkeit zahlreicher Novellengestalten Boccaccios. Er ersetzt Körperstärke durch List, ist ein wahrer Proteus, der auch noch in der schwierigsten Situation durch geschickte Verstellung einen Ausweg findet. Man mag zwar in einzelnen Branchen in ihm eine Inkorporation, einen Typus, des Bösen sehen, aber das macht nicht seine ganze Persönlichkeit aus. Er ist ein ›Tier‹ mit Widerspruch, und damit eigentlich ein Mensch mit Widerspruch. Wenn die Dichtung aber in dieser Zeit noch mit scharfen Oppositionen arbeitet, nur Gut oder Böse kennt, ist Reineke Fuchs der Realität ein gutes Stück näher gekommen, aber damit auch dem Anti-Idealismus, den die ältere Literatur noch nicht kannte. Sein Verhalten ist sicherlich unmoralisch, und deshalb muß er ein Tier sein, aber das Menschliche wird hinter dieser Tiergestalt doch immer noch sichtbar. Der *Roman de Renart* bietet daher wirklich in großen Teilen eine autonome Fiktion, die keinen moralisch-typologischen Schriftsinn mehr erfüllt oder erfüllen muß. Ihr Wahrheitsgehalt liegt in der präzisen Zeichnung der damaligen Welt, sei sie bäuerlich oder höfisch. Der Alltag mit seiner arbeitsweltlichen Routine, aber auch seinen Abweichungen im Guten und Bösen, was von Krieg über Prozeß zu Festlichkeiten reicht, ist meisterhaft eingefangen (*KLL* 19,8262–8265).

Mittelalterliche Komik: das Lachen

Aus dem bis hierher Referierten leuchtet der grundsätzliche Ernst dieser hermeneutischen Theorien und Überlegungen hervor, der beim Lesen und Deuten des Überlieferten wie Gegenwärtigen und natürlich auch beim eigenen

Schreiben stets am Werk ist. Man muß sich angesichts dieses Sachverhalts fragen, ob denn der mittelalterliche Mensch immer nur ernst war, kein Lachen und keine Lebensfreude kannte. Diese Frage hat man sich früher nie gestellt, erst Michail Bachtin (und nach ihm Umberto Eco) hat den Blick auf Komik und Lachen im MA gelenkt (Bachtin, S. 111–118). Nach einem Satz von Nicolai Hartmann ist das Komische »der schwerste der ästhetischen Problembereiche« (Schweikle, S. 243), und das gilt besonders für die mittelalterliche Literatur. Da Gott bei seiner Schöpfung nicht gelacht hat, ist Komik auch kein prioritär behandelter Prozeß. Gottes Lachen (Ps 2,4; 37,13; 59,9) ist rein metaphorisch zu verstehen, denn es meint sein überlegenes Verhalten gegen die vermeintliche Sicherheit der Frevler, Spötter und Epikuräer, die ihn nicht suchen (*GBL* 2,859). Hier steht das MA ganz in biblischer Tradition und Ablehnung der Antike, die dem Lachen positiv gesonnen war. Ein *Traité du ris, contenant son essence, ses causes et ses mervelheus effeis, curieusement recherchés, raisonnés et observés* par M. Laur. Joubert (Paris 1579) faßt gut die antiken Wurzeln zusammen und unterscheidet ein dreifaches Lachen: das Heillachen nach Hippokrates, der Lachen für gesundheitsfördernd erklärt (allerdings in apokryphen Texten), das philosophische Lachen nach Aristoteles, der Lachen, das allein dem Menschen möglich ist, für göttlichen Ursprungs erklärt (»Unter allen Lebewesen ist das Lachen allein dem Menschen eigen«) und das befreiende Lachen über Hölle und Tod nach Lukian von Samosate. Nach Bachtin (S. 111) besteht einer der wesentlichen Unterschiede zwischen Renaissance und Mittelalter darin, daß die Renaissance das Lachen im antiken Sinne aufwertete und eigene Lach- und Komiktheorien entwickelte.

Im MA wurde auch gelacht, aber das Lachen war sozusagen ›inoffiziell‹. »Es war ausgeschlossen vom religiösen Kult, dem feudalstaatlichen Zeremoniell, der gesellschaftlichen Etikette und allen wichtigen Bereichen der Ideologie. Den Umgangston des offiziellen Mittelalters bestimmte eine *eisige, versteinerte Seriosität*« (Bachtin, S. 123). Bereits patristische Autoren wie Tertullian, Cyprian und Johannes Chrysostomus hatten gegen das Lachen und den Scherz gewettert, weil den Christen wegen seiner Sündhaftigkeit ständiger Ernst ziere. So ist das Lachen vor allem im klösterlichen Bereich tabuisiert. Der Mönch wird definiert als »is qui luget – der, der trauert.« Ja, Lachen gilt in den Klöstern als die obszönste und teuflischste Form üblen Sprechens. Lachen wird als diabolischer Ausdruck im besessenen menschlichen Leib gedeutet, und Feste, die nicht ernsten christlichen Anlässen dienen, haben einen Anstrich des Teuflischen (*EMG* 336–349).

Nach Bachtin wurde das Lachen fester Bestandteil einer inoffiziellen Gegenkultur außerhalb der kanonischen Formen. Le Goff konstatiert das Lachen sogar als zentralen Aspekt der sog. Karolingischen Renaissance, die mit einer ›Renaissance des Lachens‹ einhergehe. Offenkundig war ein Freiraum nötig, um ein Ventil für den Druck zu schaffen, unter dem das Volk den überwiegenden Teil des Arbeitsjahres stand. Es handelt sich bei den einschlägigen Texten um Parodien der Riten von Kirche und Hof, die sich in sog. Narren-

festen oder Narrentagen (*festa stultorum, fatuorum, follorum*) konkretisier-
ten, wie sie Scholaren und niederer Klerus am Stephanstag, zu Neujahr, am
Tag der unschuldigen Kinder, Dreikönig und Johannis begingen. Bekannt sind
die *fêtes des fous*, die aus der parodistischen Travestierung des offiziellen
Kults mit Maskeraden, Verkleidungen und obszönen Tänzen bestanden. Am
zügellosesten tobte der niedere Klerus an Neujahr und Epiphanie. Das weltliche Gegenstück zu den kirchlichen Narrenfesten war der Karneval, der eine
Umstürzung der weltlichen Hierarchien auf Zeit darstellt. Einfache Leute
konnten die Rollen von Königen und Prinzessinnen übernehmen, und die sog.
Narren führten das Regiment.

Mit Narren bezeichnete man zunächst die Geisteskranken und geistig
Behinderten, die wegen ihrer Unzurechnungsfähigkeit eine gewisse ›Narren-
freiheit‹ besaßen. Wegen ihrer Hilflosigkeit machte man sich über sie lustig.
Da sie in ihrem Tun und Reden keinen Zwängen unterworfen waren, zogen
gelegentlich Gesunde ihr Gewand über (sog. Schalksnarren), um in dieser Ver-
kleidung die Sitten der Zeit zu verspotten. Kenntlich sind die Narren an ihrem
wirren Haar und ihrem ungepflegten Äußeren, später an ihrer eigenen Tracht,
dem schellenbehängten bunten Rock und dem Narrenkolben, aus dem im
Lauf der Zeit die mit einem Narrenkopf gezierte Marotte wurde (*LCI* 3,
314–318). Ihre Kapuze wurde mit Eselsohren geschmückt, auf ihr Wams
Spiegel genäht. Während die eigentliche Narrenliteratur dem 15. und 16. Jh.
angehört,[37] treten Narren dennoch bereits in der älteren Literatur auf, und
zwar insbesondere in zwei Fassungen des Tristanstoffs (*Tristan d'Oxford; Tristan de Berne*) (Ed. Lacroix/Walter, S. 233f.; 283f.). Im Gewand des Narren
kann der verfolgte Tristan an den Königshof zurückkehren und Iseut in ver-
schlüsselter Rede noch einmal seine Liebe gestehen.

Hinzuweisen ist auch auf die Gepflogenheit, an Ostern von der Kanzel
ein heiteres ›Ostermärlein‹ zu erzählen, wodurch die Gläubigen zum ›Oster-
gelächter‹ (*risus paschalis*) angeregt wurden. Im Kult der Magna Mater (25.
März) wurden bereits die ›Hilaria‹ gefeiert, ein orgiastisches Freudenfest. Lachen ist hier Gegenstück des Todes, bricht dessen Bann und führt zur Auferstehung. Die apotropäische (abwehrende) Funktion des Lachens kommt auch
bei Leichenfeiern zum Tragen, wobei in ländlichen Gegenden sog. Lustigma-
cher ihre Scherze vortrugen (*HWDA* 5, 868–884).

Eine aufschlußreiche Textpassage zum Lachen bietet Chrétiens *Perceval*: Als Perceval zum ersten Mal an den Artushof kommt, lächelt ihn ein
Mädchen an und er lacht zurück (Olef-Krafft, S. 548f.). Sie prophezeit ihm eine große Zukunft als Ritter, was den Seneschall Keu so erbost, daß er das
Mädchen schlägt. Ein Hofnarr, der die gleiche Aussage macht, wird von Keu
ins Feuer gestoßen. Hier lachen also der Noch-nicht-Ritter, ein junges, un-
schuldiges Mädchen und ein Narr (der allerdings prophetische Gaben besitzt), und Keu, der Träger eines hohen Hofamts (Oberhofkämmerer), darf alle bestrafen, die Träger dieser unschuldigen, noch nicht den Zwängen unterworfenen Hofkultur sind:

EINSI li rois a Keu parloit.	So sprach der König zu Keu.
Et li vaslez, qui s'an aloit,	Und der Bursche, der schon fortging,
A une pucele veüe	hat ein schönes und anmutiges
Bele et jante, si la salue,	junges Mädchen erblickt, er grüßt sie,
Et ele lui et si li rist	und sie [grüßt] ihn und lachte ihm zu,
Et an riant itant li dist:	und lachend sagte sie darauf zu ihm:
»Vaslez, se tu viz par aage,	»Knabe, wenn du älter wirst,
Je pans et croi an mon corage	denke ich und glaube in meinem Sinn,
Qu'an trestote le monde n'avra	daß es auf der ganzen Welt
N'il n'iert, ne l'an ne l'i savra	keinen besseren Ritter als dich geben wird,
Nul meillor chevalier de toi:	weder gab es ihn, noch wird man je von einem erfahren:
Einsi le pans et cuit et croi.«	so denke ich, meine und glaube ich es.«
Et la pucele n'avoit ris,	Und das junge Mädchen hatte
Passez avoit anz plus de sis,	seit mehr als sechs Jahren nicht gelacht,
Et ce dist ele si an haut	und dies sagte sie so laut,
Que tuit l'oïrent. Et Keus saut,	daß alle es hörten. Und Keu,
Cui la parole enuia mout,	den die Rede sehr verdroß,
Si li dona cop si estout	springt auf und versetzte ihr mit der Handfläche
De la paume an la face tandre	einen so heftigen Schlag in das zarte Gesicht,
Qu'il la fist a la terre estandre.	daß er sie zu Boden streckte.
Quant la pucele ferue ot,	Als er das Mädchen geschlagen hatte,
An son retor trova un sot	traf er bei seinem Rückweg einen Narren,
Lez une cheminee estant,	der neben einem Kamin stand,
Si le bota el feu ardant	er stieß ihn aus Zorn und aus Wut
Del pié par corroz et par ire	mit dem Fuß in das brennende Feuer,
Por ce que li soz soloit dire:	weil der Narr zu sagen pflegte:
»Ceste pucele ne rira	»Dieses Mädchen wird so lange nicht lachen,
Jusque tant que ele verra	bis sie den sieht,
Celui qui de chevalerie	der den ganzen Adel
Avra tote la seignorie.«	des Rittertums besitzen wird.«
Einsi cil crie, et cele plore.	So schreit dieser, und sie weint.
Et li vaslez pas ne demore ...	Und der Bursche verweilt sich nicht ...
(vv. 1033–1064)	(Schöler-Beinhauer, S. 123/125)

Immerhin wird im höfischen Roman das Lachen thematisiert; in den *chansons de geste* gibt es nur wenig zu lachen;[38] dafür weinen im *Rolandslied* gelegentlich hunderttausend Ritter, »idunc plurerent cent milie chevalers« (vv. 3120; 3870; 3882). Und auch einzelne Ritter weinen, wenn sie an die *dulce France*, ihre Lehnsmannen, den Kaiser Karl usw. denken (v. 2381); sogar der Kaiser kann sich der Tränen nicht erwehren (v. 2517).

Selbst im Hochmittelalter ist es noch nicht zu wirklich komischen Texten gekommen, wenn wir nicht die *Fabliaux* (DLF 439–441) mit ihrer satirischen Absicht und ihrer derben Erotik (Edd. Gier; Rossi/Straub) dazu zählen wollen. Aber ihr Selbstzweck ist nicht primär komisch. In programmatischen Texten finden wir ebenfalls keine Aussagen zur Komik, und Auseinandersetzung zwischen Karneval und Fasten (*Bataille de Caresme et de Charnage*)[39] und Narrenelogien stammen meist aus dem 15./16. Jh.

Im MA gibt es das Komische jedoch im Motiv der ›verkehrten Welt‹ (*le monde à l'envers*). Die Volkskundler kennen das Phänomen des ›Rückwärtssagens‹ von Segenssprüchen, Gebeten oder Zauberformeln. Das Ziel des Umdrehens ist es, sie wirkungslos zu machen. So ist es auch der Sinn der Komik, den Ernst aufzuheben.[40] Eng verwandt mit der ›verkehrten Welt‹ sind die Adynata, die ›Reihung unmöglicher Dinge‹, die die Rhetorik kennt. Ein schönes volkssprachliches Beispiel findet sich hierfür bei Chrétien (*Cligés*, vv. 3847 ff.; éd. Micha):

> Amors sans criemme et sanz peor
> Est feus ardanz et sanz chalor,
> Jorz sanz soloil, cire sanz miel,
> Estez sans flor, yvers sans giel,
> Ciax sans lune, livres sanz letre.
> Et s'a neant le volez metre,
> Que la ou criemme se dessoivre,
> N'i fet Amors a ramantoivre.
> (Ed. Micha, vv. 3847–3854, S. 117)

> Liebe ohne Furcht und Schrecken
> ist [wie] glühendes Feuer ohne Wärme,
> wie ein Tag ohne Sonne, Wachs ohne Honig,
> Sommer ohne Blume, Winter ohne Frost,
> Himmel ohne Mond, Buch ohne Buchstaben.
> Und wenn ihr sie zuschanden machen (widerlegen) wollt,
> bis sich die Furcht [von der Liebe] trennt,
> dann wird man sich an die Liebe (Amor) nicht mehr erinnern.

Wilhelm Kellermann[41] hat auf die mittelalterlichen Fatrasien, Gedichte mit fester Form, hingewiesen, die vielleicht den Höhepunkt komischer Unsinnsdichtung (Liede 2,257f., 40f.) darstellen und besonders eng mit den bekannteren ›Lügenmärchen‹ verwandt sind. In einem Mirakel Gautiers von Coinci wird sogar gesagt, daß viele törichte Leute lieber als eine Predigt das Folgende anhören: »une risée, un rigolage, une grant truffe, une falorde, une fastrasie, une bourde«, was alles Arten unterhaltender Rede sind. Diese Formen funktionieren durch Zerreißen eines Sinn-Nexus und Herstellung eines ›nonsens absolu‹. Mit der Entfesselung der Gedanken korrespondiert eine intakte und korrekte Syntax. Einig sind sich die Forscher auch darin, in derartigem Dichten eine Form der Evasion zu sehen, die den, der sie dichtet, wie den, der dies hört, temporär und punktuell aus seinen Alltagszwängen befreit.

VIII. ÜBERLIEFERUNGSGESCHICHTE DER ALTFRANZÖSISCHEN LITERATUR

Die Ausgangssituation

Die altfranzösische Literatur, deren Werke heute größtenteils in modernen Editionen vorliegen und deren ›typographische‹ Lektüre somit niemandem mehr Schwierigkeiten bereitet, ist jedoch handschriftlich überliefert, da ihre Entstehung wie die Kopien der wichtigsten Manuskripte ausnahmslos in die Zeit vor der Erfindung des Buchdrucks (um die Mitte des 15. Jh.s) fallen. Am Ende dieses Jahrhunderts wurden allerdings bereits der *Roman de la Rose*, die *Mélusine* von Jean d'Arras und der enzyklopädische *Livre de Sydrac le philosophe* (auch: *Livre de la fontaine de toutes sciences*) und andere Werke gedruckt, die besonders erfolgreich und populär waren; mehrere jetzt erscheinende Ritterromane sind Prosaadaptationen der höfischen Literatur des 12./13. Jh.s. (*DLF* 931–949). Der *Mystère de la Passion* von Jean Michel, 1486 in Angers aufgeführt (*DLF* 1042), sowie einige *farces* (Kurzdramen) und *soties* (Narrenspiele) sind sogar nur als Inkunabeln (Wiegendrucke) überliefert.

Inkunabeln nennt man die Drucke, die bis zum Jahr 1500 hergestellt werden (Walther, S. 225–234). Das Wort kommt vom lat. *cunae* = Wiege bzw. *incunabula* = Wickel-, Wiegenbänder und meint entweder die Ursprungszeit des gedruckten Buchs oder die wiegende Bewegung der Druckergesellen beim Druckvorgang. Aus dieser Zeit sind etwa 40.000 verschiedene Werke, davon 30.000 Bücher sowie Klein- und Einblattdrucke erhalten. Sie werden im 1925 begonnenen und immer noch nicht abgeschlossenen internationalen *Gesamtkatalog der Wiegendrucke (GW)* erfaßt und bilden den Grundstock der ›Inkunabulistik‹, eines eigenen Forschungszweiges der Buchwissenschaft. An die Inkunabelnzeit schließt sich die der ›Frühdrucke‹ (1501–1550) an; auch sie bilden einen eigenen Forschungsgegenstand. Auffällig ist der geringe Anteil alt- und mittelfranzösischer Literatur unter den ersten Drucken, was bereits ein deutliches Zeichen eines nachlassenden Interesses an diesen Texten ist. Mit dem Ende der Ritterkultur im Humanismus wurde das MA als ›finster‹ abgelehnt, seine literarischen Zeugnisse von den Gebildeten mißachtet, wenngleich noch lange volkstümliche Prosaadaptationen oder besser -kompilationen von *chansons de geste* und *romans de chevalerie* verfaßt wurden, die den Blick auf die sterbende Ritterwelt lenken sollten und auch als Druckerzeugnisse noch ein breites Publikum fanden,[1] z.B. der anonyme *Roman de Perceforest* (1317), *Le Morte d'Arthur* von Sir Thomas Malory (1408–1471; 1485 von William Caxton veröffentlicht) oder die *Conquestes et croniques de Charlemaigne* von David Aubert (1413/24 – n. 1479), der auch ein bedeutender Handschriftenkopist war (Straub, passim). Dabei gerät das eigentliche Ziel, die Propagierung und Stärkung der ritterlichen Ideale, aus den Augen; Abenteuer, Waffentaten, Wunder- und Liebesgeschichten füllen die Seiten (Brogsitter, S. 74f.). Insbesondere am burgundischen Hof ließ man mittelalterliche Werke kopieren und prächtig illuminieren, die in einigen Fällen schon früh einen Drucker fanden, z.B. die *Histoire d'Olivier de Castille et Artus d'Algarbe* von Philippe Camus, die 1482–97 bei Louis Cruse in Genf gedruckt wurde.[2]

Es ist keine der geringsten philologischen Leistungen des 19. Jh.s, alle diese Texte gesammelt und ediert zu haben.[3] Wenn aber zwei Drittel der im 15. Jh. gedruckten Bücher von Zeitgenossen bzw. antiken Autoren stammen und fast alle übrigen nicht älter als ein Jahrhundert sind, dann erkennt man, daß die ›Schwarze Kunst‹ eher für neue Themen offen war und geistige Veränderungen beeinflußte, statt auf die Anfänge der volkssprachlichen Kultur zurückzugreifen. Vielleicht wirft aber bereits der ganz auf die Antike ausgerichtete Renaissancehumanismus seine Schatten voraus, der die Literatur des MA.s sprachlich, formal und inhaltlich für überholt und obsolet erklärt, man denke an Joachim Du Bellays Manifest *Deffence et Illustration de la langue françoyse* (1549), das der Dichterschule der Pléiade und damit der Literatur der zweiten Jahrhunderthälfte den Weg weist:

> Wenn mich einer fragte, was ich von unseren besten französischen Dichtern denke, dann würde ich sagen, wie jene Stoiker, die, befragt, ob Zenon, Kleanthes, Chrysippos Weise waren, antworteten, daß diese gewiß groß und verehrungswürdig gewesen seien, doch nicht das besessen hätten, was die menschliche Natur an Vortrefflichstem besitzt; ich würde antworten (sage ich), daß sie gut geschrieben, daß sie unserer Sprache Glanz gegeben haben, daß Frankreich ihnen Dank schuldet; aber ich würde auch sagen, daß unsere Sprache (wenn ein fähiger Mann sie in die Hand nehmen wollte) eine viel erlesenere Versdichtung hervorbringen könnte, die man bei den alten Griechen und Römern suchen muß, nicht aber bei den französischen Autoren; denn aus den letzteren kann man gar wenig gewinnen: nur Haut etwa und Farbe; aus jenen aber Fleisch, Knochen, Sehnen und Blut. (Hausmann, S. 62)

Die Geschichte der Textkritik und die Methode Lachmanns

Die Edition zuverlässiger Texte erfolgte erst im Lauf des 19. Jh.s, als sich die Philologien zu eigenständigen Wissenszweigen und Universitätsdisziplinen entwickelten. Bis zu diesem Zeitpunkt (etwa 1830) druckte man bei antiken und mittelalterlichen Werken (wenn man letztere überhaupt veröffentlichte) irgendeine Handschrift ab, die man zufällig zur Verfügung hatte, und bei der der Herausgeber nur die gröbsten und augenscheinlichsten Fehler verbesserte. Die klassische Philologie des 19. Jh.s machte einen Anfang mit der ›Textkritik‹, was nicht weiter verwundert, da die griechische und lateinische Literatur der Antike in der Auffassung der Gebildeten seit dem Zeitalter des Humanismus immer noch ihre exemplarische Mustergültigkeit hatte behaupten können und im Zentrum des gelehrten Interesses stand (Grimm, *Einführung*, S. 42–53).

Zwei Faktoren begünstigten jedoch auch die Entstehung einer romanischen Philologie: die Nationalgeschichtsschreibung Frankreichs und die deutsche Romantik. Seit der Zeit Ludwigs XIV., in deren Gefolge die geistige Vormachtstellung Frankreichs in ganz Europa anerkannt wurde, erschien auch die historisch-politische Vergangenheit des Landes wichtig. Der ›Académie des Inscriptions et Belles Lettres‹, die sich aus der ›Académie Française‹ abgespalten hatte und sich anfangs nur mit der Beschreibung und Erklärung alter Kunst- und Baudenkmäler befaßte, fiel später die Pflege der älteren Geschichte, Literatur und Kultur Frankreichs zu. Die Idee des Akademiemitglieds La Curne de Sainte-Palaye (1697–1781), auch altfranzösische Handschriften zu sammeln und davon möglichst genaue Texte herzustellen, wurde vorerst noch nicht aufgegriffen.

Einen wichtigen Impuls für die Erforschung der altfranzösischen und altprovenzalischen Literatur setzte die monumentale *Histoire littéraire de la France*, die von den Benediktinern der Abtei Saint Maur bei Paris unter Leitung von Dom A. Rivet († 1749) begonnen wurde und von der 1733–50 die ersten neun Bände erschienen. Sie behandeln die Literatur bis zum Anfang des 12. Jh.s, konzentrieren sich aber auf die lateinische Literatur auf französischem Boden.[4] Erst in der Epoche der Romantik, in der alles Mittelalterliche eine günstige Aufnahme fand, setzte, vor allem in Deutschland, eine systematische Beschäftigung mit der altromanischen, besonders der altprovenzalischen Literatur ein. Friedrich Schlegel (1772–1829) träumte in den Jahren seines Pariser Aufenthalts davon, die gesamte altprovenzalische Literatur in einem Korpus herauszugeben, ließ diesen Plan jedoch später wieder fallen. Jakob Grimm (1785–1863), Ludwig Uhland (1788–1862) und Ludwig Tieck (1773–1853) beschäftigten sich intensiv mit älterer romanischer Dichtung. August Heinrich Hoffmann v. Fallersleben (1798–1874), der 1841 auf Helgoland das Deutschlandlied dichtete, war auch ein tüchtiger Germanist und Bibliothekar und entdeckte in der Bibliothèque Municipale von Valenciennes in Nordfrankreich den aus dem Kloster Saint-Amand bei Valenciennes stammenden ältesten literarischen Text der französischen Sprache, die *Séquence de Sainte Eulalie* vom Ende des 9. Jh.s (Tagliavini, S. 376f.; *DLF* 1255–1356). Als Begründer der romanischen Philologie wird jedoch François Raynouard (1761–1836) angesehen, der an der 5. Ausgabe des *Dictionnaire de l'Académie Française* (1798) mitarbeitete und dabei zu dem Schluß kam, der französische Wortschatz sei vor allem an Hand älterer Texte genauer zu erforschen. Aus diesem Grund befaßte er sich intensiv mit dem Altprovenzalischen, der Sprache der Trobadors, das er irrtümlich für die Vorform aller romanischen Sprachen hielt. Dem deutschen Gelehrten Friedrich Diez (1794–1876), der aus dem Umkreis der Romantiker kam und von August Wilhelm Schlegel auf das Werk Raynouards hingewiesen worden war, gebührt jedoch das Verdienst, die historische oder genealogische

Methode, die sich um die ›kritische‹ Edition von Texten sorgt, auf die Edition romanischer Texte übertragen zu haben.

Im 19. Jh. kümmerte man sich bevorzugt um die Rekonstruktion des Textes und erstellte ›Stammbäume‹ (Stemmata) der ihn überliefernden Handschriften (Stemmatologie). Diese Stammbäume sollten die ›Verästelungen‹ und Abhängigkeiten der Handschriften untereinander untersuchen, wozu auch Fragen nach dem sprachlichen Zustand der Handschrift(en) sowie ihrem Verfasser gehörten. Aus diesen beiden Teilaspekten sind später Sprach- und Literaturgeschichte hervorgegangen. Heute interessieren den Forscher besonders die kodikologischen Fragen, d.h. alles, was mit Entstehung und Beschaffenheit der Manuskripte (auch Kodizes oder Handschriften genannt) zu tun hat (Name der Bibliothek, Provenienz, Beschreib- und Schreibstoff, Schrift und Einrichtung der Handschrift, Einband).

Die historische oder genealogische Methode

Die historische oder genealogische Methode wurde an altphilologischen und mediävistischen Texten entwickelt, die meist in fremdhändigen Abschriften oder späteren Drucken, fast nie im Original oder in Vorstufen, überliefert sind. Die *Summa contra Gentiles* des hl. Thomas von Aquin (1225–1274) ist eine Ausnahme, doch handelt es sich um eine ›Arbeitskopie‹, kein Manuskript im engeren Sinne. Autographe in nennenswertem Umfang sind erst seit der italienischen Renaissance (Petrarca, Boccaccio, Nikolaus von Kues) erhalten. Aus dieser Situation heraus entstand die Textkritik, die das besondere Verdienst des Altphilologen und Germanisten Karl Lachmann (1793–1851) ist. Er vertrat die Ansicht, die handschriftliche Überlieferung jedes Autors/Werks gehe stets auf ein einziges Exemplar, den von ihm so benannten ›Archetypus‹, zurück, der im Idealfall mit dem Original identisch, aber in den seltensten Fällen noch erhalten sei. Der Begriff ›Original‹ im Sinne von ›erster Niederschrift‹ ist zu statisch, da im Normalfall jedes Werk in mehreren Schichten entsteht. Man geht deshalb vom sog. Archetypus aus, auf den alle erhaltenen Handschriften, auch als ›Zeugen‹ bezeichnet, zurückzuführen sind. Der klassische Editor versucht, den ursprünglichen Text (Archetyp oder Original) durch möglichst vollständige Beseitigung der überlieferungsgeschichtlich bedingten Textverderbnisse (Korruptelen) zu rekonstruieren. Da er es meist mit nicht-autorisierten Überlieferungsträgern zu tun hat, an denen der Autor keinen Anteil (mehr) hat, ist er zum Verfahren der ›Kontamination‹, d.h. der Vermischung von Lesarten aus verschiedenen Handschriften, gezwungen.

Die Textkritik der Altphilologie und Mediävistik geschieht im allgemeinen in zwei Phasen, die man ›Recensio‹ und ›Emendatio‹ nennt. Der kritische Text soll auf einer Klassifizierung sämtlicher bekannter Handschriften fußen, die nach einem sorgfältigen Vergleich die gegenseitigen Abhängigkeitsverhältnisse und Beziehungen deutlich macht, sie zu ›Handschriftenfamilien‹ zusammenfaßt und in einem Stammbaum (Stemma) ordnet, da sich die Handschriften oft nach Alter und Beschaffenheit erheblich voneinander unterscheiden. So gibt es z.B. vom *Roman de la Rose* über 100 und von Jean de Mandevilles Voyages (*DLF* 810–814) über 250 Handschriften (in zehn Sprachen) sowie 90 Druckausgaben vor dem Jahr 1600. Es muß daher geprüft werden, welche Handschrift(en) und/oder Drucke (wenn die Handschriften verloren sind oder ein Druck besonders nahe am Archetypus ist) der späteren Ausgabe zugrunde gelegt werden soll(en). Diesen Vorgang der Handschriften-Sichtung nennt man ›Recensio‹. Als Kriterium der Klassifizierung dient das Vorkommen von sog. (Leit-)Fehlern, die zwei oder mehr Manuskripten gemeinsam sind. Man geht dabei davon aus, daß zwei oder mehr Kopisten unabhängig voneinander nicht denselben Fehler machen. Wenn ein solcher vorliegt, muß er bereits in der Vorlage, von der die Handschriften abgeschrieben worden sind, gestanden haben. Diese Fehler werden aus der großen Zahl der Lesarten (Varianten) mit Hilfe der sog. Konjekturalkritik (von lat. *coniectura* = Vermutung, vermutete Lesart) ausgewählt, begründen die verschiedenen Handschriften-Familien und führen zur Erstellung des Stemmas. Die Identifikation eindeutiger Fehler ist sehr schwierig, da Verschreibungen und andere Versehen ausgeschaltet werden müssen und zum Schluß nur wirkliche Fehler übrigbleiben.

Ist das Stemma angelegt, dient es auch zur Rekonstruktion (Restitutio) des Textes, und zwar nach den gleichen Kriterien, die zu seiner Anlage geführt haben (Zirkelschluß!), denn die Lesart des vermeintlichen Orignals ergibt sich aus der Übereinstimmung der Mehrheit seiner voneinander unabhängigen Abkömmlinge, die ihrerseits durch (Nicht-)Übereinstimmung der Fehler geordnet worden waren. Bei der ›Restitutio‹ stellt der Editor sämtliche Lesarten einander gegenüber (Kollationierung) und sucht die besten nicht bloß in subjektiver Entscheidung, sondern unter Einbeziehung sprachlich-stilistischer, grammatikalischer, metrischer u.a. Kriterien aus. Er verbessert Fehler, füllt Textlücken und tilgt nicht originale Einschübe (Interpolationen). Diese Textverbesserung durch Erschließung an Hand innerer Kriterien nennt man ›Emendatio‹. Der Herausgeber muß seine Entscheidungen im Einzelfall jedoch deutlich machen und zum Zweck der Überprüfbarkeit die ausgeschiedenen Lesarten in einem ›kritischen Apparat‹, meist am Fuß der Seite, abdrucken. Der durch ›Recensio‹ und ›Emendatio‹ rekonstruierte Text beruht demnach auf einer mosaikartigen Verbindung mehrerer Handschriften (Kontamination) und setzt eine klar erkennbare Erbfolge des Textes von Handschrift zu Handschrift bis zurück zum Archetypus oder Original voraus. Neben der Herstellung des Texts zeigt das Stemma aber auch die Geschichte der Textüberlieferung an und wird in den verschiedenen Ausgaben deshalb möglichst gleichartig angelegt. Der erschlossene Archetypus wird meist mit ω, die Subarchetypi, d.h. die erschlossenen Urformen einzelner Handschriften-Familien, mit α, β, γ usw., die vorhandenen Handschriften mit Großbuchstaben des lateinischen Alphabets A, B, C usw., soweit es sich um Pergament-Handschriften, mit den Kleinbuchstaben a, b, c usw., soweit es sich um Papier-Handschriften handelt, bezeichnet. Die dem Original am nächsten stehenden und damit qualitativ besten Abkömmlinge werden von links nach rechts und ihrem Alter entsprechend von oben nach unten gesetzt und mit Schrägstrichen verbunden, wobei der Archetypus zuoberst steht. Das erste derartige Stemma wurde 1831 von C.G. Zumpt, nach Meinung anderer 1832 von F. Ritschel erstellt.[5]

Die Edition altfranzösischer Texte

Nachdem Friedrich Diez die von Lachmann entwickelte historisch-genealogische Methode der Textkritik auch auf Editionen romanischer Texte übertragen hatte, folgte Edition auf Edition, doch dauerte es einige Jahrzehnte, bis sich eine wissenschaftlich fundierte romanistische Textkritik entwickelt hatte. Die Romanistik wurde gleichzeitig mit anderen Nationalphilologien immer mehr in den deutschen Universitätsbetrieb integriert. Im Lauf des 19. Jh.s erhielt jede deutsche Universität mindestens einen romanistischen Lehrstuhl (als erster Diez 1830 in Bonn). Bis zum Ende des Ersten Weltkriegs bestand die vornehmste Aufgabe der deutschen und in ihrem Gefolge der europäischen Romanistik in der kritischen Edition von Texten. Das wichtigste editorische Forum bildeten die Fachzeitschriften, die zumeist bis heute, nur durch die Weltkriege unterbrochen, erschienen sowie diverse Textreihen.[6]

Seit 1846 erscheint in Braunschweig das *Archiv für das Studium der Neueren Sprachen* (ASNS), 1859 (bis 1876) folgte das *Jahrbuch für romanische und englische Sprache und Literatur* (Berlin/Leipzig), ab 1877 gab Gustav Gröber (zunächst Halle a.S., heute Tübingen) die *Zeitschrift für romanische Philologie* (ZrP oder ZrPh) heraus, 1883 (Erlangen, heute Frankfurt a.M.) begann Karl Vollmöller mit *Romanische Forschungen* (RF). Die wichtigsten Textreihen sind die ›Altfranzösische Bibliothek‹ (Heilbronn, 1881ff., Bd. 1–15), unter der Ägide von Wendelin Foerster, die ›Bibliotheca Normannica‹ (Halle a.S., 1879–1911, Bd. 1–8), von Hermann Suchier begonnen, denen später die ›Romanische Bibliothek‹ (Halle a.S., 1888–1926, Bd. 1–50) und die ›Gesellschaft für Romanische Literatur‹ (Dresden/Jena, 1903–38, Bd. 1–50) nachfolgten. Diese heute vergessenen und leider kaum noch ausgeübten philologischen Betätigungen, in denen Deutschland lange Zeit Weltrang besaß, sind für immer mit Namen wie Wendelin Foerster, Hermann Suchier, Albert Stimming, Eduard Koschwitz, Berthold Wiese, Karl Warnke, Gustav Körting, Karl Vollmöller, Gustav Gröber, Karl Bartsch u.v.a. verbunden. Sie alle waren im weitesten Sinne Jünger Lachmanns, dessen Weg sie fortsetzten, indem sie zumeist aus den Varianten verschiedener Handschriften den Text kontaminierten, seltener ihrer Edition nur eine Handschrift zugrunde legten, die sie nach Aufstellung des Stemmas als die wertvollste erkannt hatten, ein

Verfahren, das man heute bevorzugt. Im übrigen können inzwischen die elektronischen Medien mit ihren zahlreichen Möglichkeiten die textphilologische Arbeit erheblich erleichtern. Muster kontaminierter Editionen sind z.B. die Romane Chrétien de Troyes in der von Foerster begonnenen Ausgabe oder das *Rolandslied* in der Version Stengels.

In Frankreich hatte zwar Claude Fauriel (1772–1844), erster Inhaber eines Lehrstuhls für ›Langues et littératures de l'Europe méridionale‹ an der Sorbonne, umfangreiche Studien zur mittelalterlichen Epik, den Ritterromanen und der Trobadorlyrik unternommen (z.B. *Histoire de la poésie provençale*, 1847), aber erst der Diez-Schüler Gaston Paris (1839–1903) stellte die Romanistik nach deutschem Modell auf ein wissenschaftliches Fundament. Seine Edition des *Alexiusliedes* (1872), die erste im strengen Sinne kritische romanistische Textausgabe überhaupt, fand sofort allgemeine Anerkennung und machte Schule. Zusammen mit seinem Kollegen Paul Meyer (1840–1917) gründete er 1872 die Zeitschrift *Romania*, der 1869 in Montpellier die *Revue des langues romanes* vorangegangen war, die sich aber besonders mit dem Okzitanischen befaßte. Beide Zeitschriften, die noch heute erscheinen, leisteten und leisten Wesentliches zur romanistischen Textkritik. Neben Paris und Meyer sind als französische Editoren vor allem Joseph Bédier (1869–1938), Alfred Jeanroy (1869–1953) und Mario Roques (1875–1961) zu nennen. Seit 1875 (anfänglich unter Leitung von Paris und Meyer) erschienen in Paris die Ausgaben der ›Société des anciens textes français‹ (SATF) – bisher etwa 260 Bände –, seit 1910 die ›Classiques français du Moyen-Age‹ (CFMA) – bisher etwa 200 Bände, und neuerdings auch zahlreiche altfranzösische Texte in der Reihe ›Textes littéraires français‹ (TLF). Auch in den USA, England, Belgien, den Niederlanden und den skandinavischen Ländern, zuletzt noch in Italien, wurden bedeutende Ausgaben altfranzösischer Texte erstellt.

Gegen die historische Methode Lachmanns, die mit Hilfe von ›Trenn-‹ und ›Bindefehlern‹ die Abhängigkeit einzelner Handschriften voneinander ermittelt und danach ein Stemma aufstellt, wurden von verschiedenen Seiten (vor allem J. Bédier) methodische Einwände vorgebracht (hermeneutischer Zirkel). Dies hat dazu geführt, von der Rekonstruktion eines Archetypus abzugehen und zu einem editorischen ›Eklektizismus‹, d.h. dem Abdruck einer Handschrift, der ›besten‹ oder ›fehlerfreisten‹, zurückzukehren. Zu Übungszwecken wird gelegentlich sogar ein diplomatischer Abdruck (zu gr. *diploma* = gefaltetes Schreiben) erstellt, der die Handschrift mit Kürzungen, Auslassungen und anderen Besonderheiten nachbildet. Um die z.T. recht erheblichen Unterschiede zwischen einer kontaminierten und einer eklektischen Textausgabe zu verstehen, genügt es bereits, die erste Laisse der *Chanson de Roland* in der Ausgabe Stengels (Leipzig, 1900) mit der Ausgabe Segres (Milano/Napoli, 1971) zu vergleichen.[7] Dabei wird folgendes deutlich: Während Segre konsequent der Oxforder Handschrift folgt und die Varianten der anderen Handschriften geschlossen in den Apparat verweist, legt zwar auch Stengel diese beste Handschrift seiner Edition zugrunde, gibt deren Lesarten jedoch gegenüber Lesarten, die von mehreren anderen selbständigen Fassungen (vor allem V_4, in frankoitalienischer Mundart geschriebene Venetianer Handschrift) belegt werden, auf, weil er abweichend von den heute allgemein anerkannten stemmatologischen Erkenntnissen davon ausgeht, daß O (Oxforder Handschrift der Bodleian Library) und V_5 (andere Venetianer Handschrift der Biblioteca di San Marco) auf einen gemeinsamen Subarchetyp zurückgehen. Weiterhin verbessert er stillschweigend die Anglonormandismen des Kopisten. Das Ergebnis sind zwei recht – um nicht zu sagen völlig – verschiedene Texte.

Sprach- und Textgeschichte als Teil einer Kulturgeschichte

Unsere Vorstellungen von der mittelalterlichen Schriftkultur sind nach neueren Erkenntnissen im allgemeinen zu statisch und tragen dem Prozeß der Herausbildung der romanischen Sprachen zu wenig Rechnung. Auch trübte der ›nationalphilologische‹ Kontext des 19. und frühen 20. Jh.s den Blick der Forscher, die die nationale Identität mit Hilfe von Schriftzeugnissen konstituieren bzw. rekonstruieren wollten.[8] Die romanischen Sprachen sind am Anfang jedoch erst tastende umrißhafte Versuche, denen diverse Normierungs- und Kodifizierungsprozesse noch bevorstehen. So gibt es auch kaum abgrenzbare individuelle (Urtexte) oder ›beste‹ Texte, die ediert werden können, sondern eine komplizierte Überlieferung mit extremen Textvarianten. Paul Zumthor[9] spricht in diesem Zusammenhang von *mouvance*, was so viel wie ›Lehnsverhältnis‹ und ›Veränderlichkeit‹ meint. Die Texte müssen als solche ernst genommen werden, dürfen nicht mehr ausschließlich als Steinbrüche für sprachwissenschaftliche Untersuchungen unterschiedlicher Art verwendet werden. Die kommunikativ-sprachlichen Fakten werden durch diverse Prozesse überformt und sind vielfach durch die Verschriftung erzeugt (schriftinduziert). Die Texte sind daher stets in ihre lebensweltliche Praxis einzuordnen. Sie müssen im Kontext der damaligen Schriftkultur gelesen, und ihr überwiegend lateinisches Umfeld muß berücksichtigt werden. Es sollten zudem die Funktionsbereiche rekonstruiert werden, aus denen heraus Texte entstehen, z.B. Herrschaft, Grundbesitz, Kirche, Schule, Kloster, Kanzlei usw. Schrift ist zudem nicht nebensächlich, sie bildet nicht nur zeichenhaft Sprache ab; hinter ihr verbirgt sich keine autonome Realität von normierten Dialekten und fest gefügter gesprochener Sprache. Die Verschriftlichungsprozesse müssen deshalb bis zu ihren Ursprüngen zurückverfolgt werden. Ein pragmatischer und soziokultureller Zugang zu den Phänomenen läßt überindividuelle Gesichtspunkte zurücktreten und schärft den Blick für das Einzelne, das vielfach kollektives Handeln erst vorantreibt. Der Laienschriftlichkeit kommt ein wichtiger Platz zu; das MA ist nur bedingt eine Epoche der ›Oligoliterarität‹.[10] Das bedeutet im vorliegenden Kontext, daß im Fall von mehreren Textzeugen jeder einzelne gleichen Rang beanspruchen und daher gleiche Aufmerksamkeit wie die anderen reklamieren kann (Rohr, S. 1–7).

Dies gilt schon deshalb, weil sich die größte Zahl der auf uns gekommenen Handschriften nicht mehr am Ursprungsort befindet. Tausch, Schenkung, Verkauf, Unterschlagung oder Diebstahl sind der eine Grund für ihre Zerstreuung (Walther, S. 193). Weitaus folgenreicher war die Auflösung der Bibliotheken in der Säkularisation. In Frankreich wurden auf Vorschlag Talleyrands am 2.11.1789 die Kirchengüter meist an Privatleute versteigert. In den österreichischen Ländern waren 1782 im Gefolge der Aufklärung durch Joseph II. mehr als 700 ›unnütze‹ Klöster aufgehoben worden. In Deutschland wurden 1802/03 als Entschädigung für die französischen Eroberungen links des Rheins die Hoheitsrechte und der Besitz von 4 Erzbistümern, 18 Bistümern und etwa 300 Abteien, Stiften und Klöstern eingezogen. Dies bedeutete nicht nur eine Entmachtung der Kirchen, sondern vor allem die Zerstörung von in Jahrhunderten erworbenem und gewachsenem Kulturgut. Die Rekonstruktion mittelalterlicher Bibliothekskataloge, die ältere Bestände nachweisen und Provenienzen offenlegen, ist eine aufwendige und mühsame Forschertätigkeit, die durch die geschilderten Vorgänge nötig wurde. Aber natürlich hat nicht jede Bibliothek derartige Verzeichnisse angelegt (Langosch, S. 16f.). Immerhin ist daran zu erinnern, daß es allein etwa 1 Million mittelalterlicher lateinischer Handschriften gibt.

Solange die altfranzösische und altprovenzalische Literatur dialektal überliefert sind, sind einzelne Texte ohnehin nur sehr schwer einer bestimmten Sprachstufe und einem Ursprungsort zuzuordnen. Die *Passion de Clermont* und der *Saint Léger* (*DLF* 1344–1345; *GRLMA* I,1, S. 564–566) sind in einer einzigen, in der Bibliothek von Clermont-Ferrand (Ms. 240, früher 189) aufbewahrten Handschrift aus dem 11. Jh. überliefert, stammen aber schon aus dem 10. Jh. Sie sind ursprünglich in einer nordfranzösischen Mundart abgefaßt und durch einen provenzalischen Kopisten teilweise ins Provenzalische umgesetzt worden. Der *Saint Léger* war zunächst wohl wallonisch (südwestlich von Namur; Kloster Borgne, das spätere Saint-Gérard). Wie die *Eulalia* und das *Jonasfragment* gehörten alle diese Texte ursprünglich dem nordfranzösischen Raum an und kamen von dort in den Süden, wurden gar ins Okzitanische umgeschrieben, und derartiges ist für alle Texte möglich. Handschriften wanderten so in jede Richtung, von Nord nach Süd, aber auch, wie der *Boécis* (heute: Orléans, Bibliothèque municipale 444, ursprünglich: Abbaye de Saint-Benoît-sur-Loire), den umgekehrten Weg (Schwarze; *DLF* 208–209).

Wir wissen also nur selten, wo eine Handschrift entstand: So dürfte die einzige Version der *Conquête de Constantinople* (*DLF* 1283–1285) des Robert de Clari (Anfang 13. Jh.), übrigens wieder eine Sammelhandschrift (Kopenhagen, KB Ms. 487), die den *Roman de Troie* von Jean de Flixecourt, die Turpin-Chronik und eine französische Übersetzung der *Disciplina clericalis* des Petrus Alfonsi enthält,[11] aus dem Kloster Corbie in der Picardie stammen, wo auch der Vierte Kreuzzug vorbereitet wurde und wohin Robert später kostbare Reliquien aus dem Heiligen Land brachte. Man kann sich gut vorstellen, daß auch andere Texte an den Orten, die Schauplatz der Handlung sind, verstärkt abgeschrieben wurden, man denke an Bédiers Epentheorie; beweisen kann man dies leider nur selten. In Kloster Glastonbury (Benediktinerabtei in Somerset) tat man besonders viel für die Förderung der *Artus*-Sage, aber von keiner Handschrift wissen wir, daß sie aus Glastonbury stammt. In Cambrai mag man an *Raoul de Cambrai*, in Metz an *Hervis de Metz* usw. denken. Auch der Beitrag der Universitäten zur Überlieferungsgeschichte der altfranzösischen Literatur dürfte eher bescheiden sein. Die Sorbonne wurde 1255 von Robert de Sorbon gegründet, einzelne Fakultäten wie die juristische existierten *de facto* aber schon früher (1160). Montpellier war 1240 durch Ausbau einer Artistenfakultät ›Volluniversität‹ geworden. Der Unterricht war lateinisch, beschränkte sich auf Theologie, Philosophie und Recht. Weder bei den Professoren noch den Studenten bestand Interesse an ›schöner Literatur‹.

Die Schriftformen der altfranzösischen Handschriften

Die gesamte altfranzösische Literatur ist handschriftlich überliefert, noch längst sind nicht alle Werke gedruckt.[12] Die Romantiker leisteten in dieser Hinsicht eine wirkliche Entdeckungstat. Auch bezüglich der Handschriften – gemeint ist zunächst die Schriftform oder Schriftart; der Begriff ist im Deutschen doppeldeutig, da er auch das fertige Produkt, das Manuskript, bezeichnen kann – ist das Französische wie die übrigen romanischen Sprachen wiederum ein Erbe Roms. Die Schriftformen der altfranzösischen Literatur unterscheiden sich nur in einigen unwesentlichen Besonderheiten (Ligaturen, Abkürzungen) von denen der lateinischen Texte. Das Studium handschriftlicher Texte heißt Paläographie, die eine wichtige Hilfswissenschaft für jeden Herausgeber von Texten ist.[13] Mit Beginn der römischen Kaiserzeit, etwa um die Zeitenwende, sind die lateinischen Buchstaben zur klassischen Form ausgebildet. Man schrieb nur Großbuchstaben, die, für Inschriften verwendet, Kapital- oder Monumentalschrift genannt werden. Die Kursive (Capitalis-Kursive) ist, abgesehen von Graffiti (Wandinschriften) und Pinselinschriften, erst mit dem auf Papyrus geschriebenen Brief an einen gewissen Macedo (etwa 17–14 v. Chr.) sowie auf geschäftlichen Wachstäfelchen aus Pompeji (53–62 n. Chr.) überliefert. Als Buchschrift wurden, daran anschließend, im wesentlichen vier Arten verwendet:

1. die *Capitalis quadrata*, die in Handschrift übertragene Kapitalschrift, so genannt, weil ihre Buchstaben wie einem Quadrat eingeschrieben erscheinen;
2. die etwas schmalere und mit schwungbetonten Rohrfederstrichen geschriebene *Capitalis rustica*;
3. die stark gerundete *Unziale* (zu lat. *uncialis* = eine Unze, einen Zoll hoch bzw. *uncinus* = Haken), aus der sich im 5. Jh. durch immer stärkere Kursivierung allmählich
4. eine kleinformige und vereinfachte Schrift mit Ober- und Unterlängen (*Minuskel*- oder jüngere römische Kursive) entwickelt, die oft Ligaturen über mehrere Buchstaben bildet.

Von der römischen Minuskelkursive gehen in vorkarolingischer Zeit in der Völkerwanderungsepoche die *langobardischen, beneventanischen und angelsächsischen Schriften* aus. Auch *Visigotica* und *Merowingica* gehören hierher.

Da diese Schriften immer mehr degenerierten und nur noch schwer lesbar waren, machten sich im Reich Karls des Großen an verschiedenen Klosterschulen Reformbestrebungen gegen diese diversen Verfallserscheinungen bemerkbar. Dem von Alkuin in Tours entwickelten neuen Schrifttyp, der ›karolingischen Minuskel‹, lag die ›Halbunziale‹ zugrunde. Es wurden jetzt klar lesbare Buchstaben mit regelmäßigen Formen gebildet, Ligaturen vermieden und die Worte deutlich getrennt. Diese Minuskel wurde schon bald als einheitliche Buch- und Urkundenschrift gebraucht. Früheste Zeugnisse sind ein Gedicht, das dem von Godescalc zwischen 781 und 783 in Unzialschrift geschriebenen Evangeliar angehängt ist, und ein von Dagulf 795 ganz in Minuskel geschriebener Psalter. Diese karolingische Minuskel herrscht mit gewissen Abwandlungen bis ins 12. Jh. und geht dann allmählich in die gotischen Schriften über.

Der von Nordfrankreich ausgehende gotische Stil beeinflußt auch die karolingische Minuskel. Um die Wende vom 12. zum 13. Jh. zeigt sie in fortschreitendem Maß Brechungen oben und unten an den Schäften und in den Bögen. Das verleiht ihr einen eckigen Charakter. Zugleich wird sie enger und steiler, die Buchstaben erhalten An- und Abstriche, Ligaturen und Kürzungen häufen sich, Verzierungen und Schnörkel tauchen auf. Wegen der Brechung der Schäfte spricht man auch von Frakturschriften (gotische Minuskel; zu lat. *frangere* = brechen). Man erkennt sie an den breiten Federn mit fetten Grund- und feinen Aufstrichen; I-Punkt und Satzzeichen werden verwendet. Die gotische Minuskel hat viele Gesichter, die Urkundenschrift ist kursiver als die Buchschrift. Mischformen aus beiden werden *Bastarda* genannt und für die gleichen Zwecke verwandt. Auch sie wandelt sich zur Druckschrift und ist dann in Frankreich, den germanischen Ländern und Osteuropa verbreitet. Die Italiener entwickeln aus karolingischer Minuskel und römischer Capitalis die humanistische *Antiqua*, die heute noch unsere Schrift ist, da sie im frühen Buchdruck reichliche Verwendung fand. Erwähnenswert ist auch noch die *Rotunda*, eine in Italien herausgebildete Variante der gotischen Minuskel.[14]

Die Manuskripte – Mündlichkeit und Schriftlichkeit

Die meisten uns hier interessierenden altfranzösischen Manuskripte oder Handschriften stammen vom Ende des 12. und aus dem 13. Jh. *Bastarda* und *Rotunda* herrschen deshalb als Schrifttypen vor; bei frühen Texten schlägt gelegentlich noch die karolingische Minuskel durch, z.B. bei der Oxforder Rolandshandschrift. Reine Minuskelhandschriften sind natürlich die *Straßburger Eide*, die *Eulalia* und die okzitanische *Chanson de Sainte Foy (Sancta Fides)*. Abgesehen vom Oxforder *Roland* (Bodl. Digby 23), der dem 12. Jh. angehört,[15] haben wir keinerlei epische und überhaupt keine eigentlich dichterischen Werke in Handschriften vor dem 13. Jh. Chrétien schrieb vermutlich zwischen 1175 und 1190; die ältesten Handschriften reichen jedoch nicht weiter als bis ins erste Viertel des 13. Jh.s zurück, so daß mindestens eine Zeitspanne von 30 Jahren zwischen Werkentstehung und Kopie liegt. Wie kommt das? Es gibt Handschriften aus dem 12. Jh., aber sie liefern nur allegorische Texte wie Homiliensammlungen (Predigten, Bibelauslegungen), Lapidarien (Steinbücher), Bibelnachdichtungen, Heiligenleben (*Alexius*), jedoch keine *chansons de geste*, keine Romane, keine Erzählungen, keinen Schwank, keine Branche des *Fuchsromans*, kurz, keinerlei frivole Literatur. Dabei wurden die Werke eines Wace, Chrétien, Pierre de St. Cloud, einer Marie de France und anderer Autoren des 12. Jh.s sofort dem Pergament anvertraut und gelangten zu großer Berühmtheit. Dies beweisen die Nachahmungen in vielen Teilen Europas. Dennoch sind diese Handschriften fast alle verschwunden. Dies liegt, so lautet eine Hypothese, daran, daß sie nur zum Privatgebrauch der Jongleurs bestimmt waren. Die Texte wurden nicht vorgelesen, sondern auswendig vorgetragen und psalmodiert. Für die Epik verwandte man zur Begleitung übrigens eher Streichinstrumente, für die Lyrik Arten von Gitarren oder Lauten, bei Tanzliedern Schlaginstrumente (Trommeln, Schellen u.a.) sowie Flöten. Fast alle mittelalterlichen Instrumente kommen aus Asien oder Nordeuropa.[16]

In dem okzitanischen *Flamenca*-Roman (Mitte 13. Jh.) findet man detaillierte Hinweise auf die Oralität der altfranzösischen und altprovenzalischen Literatur. Die altfranzösische Literatur ist also zunächst mündlich. Auch wenn die Sänger nicht improvisierten, waren sie nicht an den genauen Text gebunden. Für 2000 Verse, die kürzesten Epen (*Charroi de Nîmes*, 1486 Verse; *Chanson de Guillaume*, 1980 Verse) benötigten die Jongleurs etwa zwei Stunden. Bei längeren Texten, wohl schon beim *Rolandslied* (4002 Verse), wählten sie aus und trugen vor, was dem recht kunstverständigen Publikum besonders gefiel. Ihre Gebrauchsexemplare, die eine Gedächtnisstütze bildeten und zum Ausgangspunkt individueller Improvisationen dienten, wurden viel benutzt, abgenutzt und dann weggeworfen.[17] Die Zahl der Spielleute war geringer als die des höfischen Publikums, der Kundschaft, für die sie arbeiteten, so daß der gesamte Umfang der für den Bedarf der Sängerkorporationen benötigten Handschriften eher klein war. Sobald ein Text aus der Mode kam, verloren die Manuskripte ihren Wert. Sie mußten anderen Werken weichen oder wurden gar überarbeitet. Dies erklärt die Existenz mehrerer Fassungen unterschiedlicher Länge ein und desselben Werks bzw. von Sammelhandschriften mit mehreren Gesten, Romanen oder Romanstücken.

Von der bereits mehrfach zitierten Rolands-Handschrift (Oxford, Bodleian Library, Digby 23) nimmt man mit ziemlicher Sicherheit an, daß sie ein Spielmannsexemplar war, denn sie ist auf schlechtem Pergament eher nachlässig einspaltig geschrieben. Sie ist zudem das Werk zweier Kopisten, was für ein professionelles Schreibatelier spricht. Der Lütticher Altmeister Maurice Delbouille schreibt dazu:

> Das wechselnde Stilempfinden, aber auch die Vielfalt der dialektalen Unterschiede und die ständige Entwicklung der Sprache machten häufige Anpassungen des Textes an neue Bedürfnisse nötig. Zweifellos trugen auch die Launen der mehr oder weniger uninteressierten Kopisten und die Konkurrenz unter den Spielleuten zu einer Entwicklung bei, die sich auf die veralteten Handschriften verhängnisvoll auswirkte.[18]

Erst durch Rychners Forschungen[19] ist der ursprünglich mündliche Charakter der Ependichtung zum romanistischen Forschungsgegenstand erhoben worden. Ausgehend von den Untersuchungen des amerikanischen Gräzisten Milman Parry (1928) über die Mündlichkeit der homerischen Epen wurde von Altphilologen, Anglisten und Romanisten eine ›theory of oral-formulaic composition‹ entwickelt, die auch die Vortragskunst der altfranzösischen Jongleurs berührt. Diese waren demnach Improvisationskünstler, die nicht einmal lesen können mußten. Daher spielt das handschriftliche Buch noch keine große Rolle. Die Texte sind in mehreren Fassungen überliefert, weil ihnen noch die scharfen Umrisse fehlen; ihr Aufbau ist höchst locker. Die *Laisse* erweist sich dabei als Gedächtnisstütze und Strukturelement. Hinzu treten Erzählschablonen und Formeln. Daraus ergibt sich für die Literaturwissenschaft die Frage, ob Werke wie die *Chanson de Roland* und andere nicht sogar mündlich gedichtet wurden, was eine gewisse Eintönigkeit des epischen Stils erklären würde. Forscher wie Rychner und Sir Maurice Bowra behelfen sich mit dem Begriff der ›semi-literarischen‹ Dichtung, die zwischen Mündlichkeit und Schriftlichkeit oszilliert und eine Mischung aus beiden Kompositionsweisen darstellt.[20]

Erst in letzter Zeit ist auch der Blick auf die Blatt- oder Seitengestaltung der frühen Handschriften gelenkt worden. Der Verschriftungsprozeß der romanischen Sprachen setzt ungefähr auf halbem Weg zwischen dem Aufkommen des Kodex und der Erfindung des Buchdrucks ein. Die Schreiber der frühen romanischen Texte finden in der lateinischen Schrifttradition gewisse Modelle der Seitengestaltung vor. Gleichzeitig stehen sie vor der Aufgabe, eine bis dahin nur mündlich realisierte Sprache in einem für sie neuen Medium darzustellen. Der Schritt zu einer mittelalterlichen Schriftkultur, die nicht mehr von medialer Mündlichkeit dominiert ist, vollzieht sich zunächst im lateinischen Schrifttum mit der Ablösung des monastischen Bildungs- und Schriftmonopols. Die scholastische Schriftkultur erhebt den geschriebenen Text immer mehr zum Analyseobjekt; die vorrangige Rezeptionsart ist das private Lesestudium. Für die volkssprachliche Schriftkultur bleibt die mediale Mündlichkeit noch bis weit ins 13. Jh. typisches Kennzeichen. Erst mit der zunehmenden Laienbildung und dem Aufkommen einer kommerzialisierten bürgerlichen Schriftproduktion wird auch dort der Übergang zur lesenden Rezeption vollzogen.[21] Literarische Manuskripte entsprechen in ihrer optischen Gestaltung den Bedürfnissen der Leser, indem sie, analog zu wissenschaftlichen scholastischen Texten, die Hierarchie der Erzählstruktur durch hierarchisch abgestufte Markierungstechniken (Miniaturen, Initialschmuck, alphabetische Register, laufende Seitentitel, Thematisierung bzw. Markierung der Makrostruktur am Rand, Durchnumerierung der Argumentationsschritte usw.) wiedergeben.

Erst damit ist für die mittelalterliche laikale Gesellschaft der Eintritt in eine Schriftkultur vollzogen.[22] Dafür gibt es genügend Zeugnisse: Im *Yvain* (v. 5366) ist von einem sechzehnjährigen Mädchen die Rede, das seinen Eltern im Garten einen *romanz* vorliest. Im Lai *Yonec* von Marie de France begegnen uns lesende Frauen (v. 60), und in *Floire et Blancheflor* werden Kinder geschildert, die lateinische Bücher lasen: »Livres lisoient paienor, ou ooient parler d'amor – Sie lasen heidnische Bücher, in denen sie von der Liebe sprechen hörten« (Auerbach, S. 221f.). Dennoch muß daran erinnert werden, daß die mittelalterliche Welt analphabetisch ist (man schätzt zu 95 %); Lesefähigkeit war ein Privileg weniger Gebildeter. Dadurch wurden Bilder und Abbildungen in jeglicher Form aufgewertet; man denke beispielsweise an die sog. Armenbibeln (*Biblia pauperum*), die zuerst im 13. Jh. in Süddeutschland oder Österreich aufkamen und pro Seite ein oder zwei Bildgruppen zeigen, die aus typologisch aufeinander bezogenen Darstellungen des NT.s und des AT.s bestehen.[23]

Irgendwann zu Beginn des 13. Jh.s muß sich eine Art literarischer Kanon herausgebildet haben, der zur schriftlichen Fixierung der beliebtesten Texte führt. Ein gewisser Requis (*DLF 1268–1269*) führt seinen (nichtbretonischen) Roman *Richars li Biaus* wie folgt ein:

Segnour, un petit m'entendés,
En entendant sens aprendés.
Car chilz qui ot et riens n'entent,
Ch'est chilz qui cace et riens ne prent.
Mes pourpoz est, dont ie weil dire,
Telz c'on ne puet de millour lire.
Ains li contes de Lanselot,
D'Erech ne de Bielliennort,
De Maden ne de Piercheval,
D'Ieuwain, de Keu le senescal,
Ne de Cliget ne de Clipois
Ne valurent pas un liegeois,
Ne li rois Mars ne dans Tristans,

Que ceste ne vaille dis tans.
Pour nient oriez de Charlemainne
Qui en Espagne ot mainte painne
Ne de Rolland ne d'Olivier
Ne dou duc Namlon ne d'Ogier
Ne de Gerart le Vienois
Ne dou bon Berart l'Ardenois,
De Bauduin ne de Sebille,
D'Alixandre le roy nobille
Ne d'Izembart ne de Guillaume
Qui tant paien feri sour hyaume
Ne d'Aimmery le sien chier pere,
D'Orson ne d'Ughe son compere,
De Parise ne d'Ughechon
Ne de dame Aye d'Avignon -
Tout chil que ie vous ai conté
N'ont de valour ne de bonté
Vaillant deus nois enviers chestui
Dont vous m'orrés conter ancui [...].
(Mölk, Nr. 51, vv. 1-32, S. 58)

Ihr Herren, hört mir ein Weilchen zu,
denn beim Zuhören könnt ihr die höhere Bedeutung begreifen.
Denn wer zuhört und nichts versteht,
ist wie jemand, der auf die Jagd geht und nichts fängt.
Meine Absicht ist es, und deshalb will ich euch etwas erzählen,
das das Beste ist, was man lesen kann.
Bestimmt waren die Erzählungen von Lancelot,
von Erec oder Bielliennort,
Maden oder Perceval,
Iwein, dem Seneschall Keu,
noch von Cligès oder Gliglois
nicht einen Lütticher Heller wert,
und auch König Marke und Herr Tristan [sind nicht so viel wert],
daß meine Geschichte nicht zehnmal mehr wert ist.
Um nichts in der Welt sollt ihr etwas von Karl dem Großen hören,
der in Spanien große Not litt,
noch von Roland oder Olivier,
dem Herzog Namlon oder Ogier
noch von Girart le Viennois
oder dem guten Berart l'Ardenois,
von Bauduin noch von Sebille,
dem edlen König Alexander,
noch von Isembart oder Wilhelm,
der so viele Heiden auf den Helm schlug,
noch von Aimeri seinem lieben Vater,
von Orson oder Hugo seinem Gevatter,
von Paris noch von Ughechon
oder der Dame Aye d'Avignon –
alle, die ich euch aufgezählt habe,
sind nicht so viel wert wie zwei Nüsse
verglichen mit dem,
was ihr mich jetzt erzählen hören werdet.

Schwierigkeiten beim Verständnis dieser ›Hit-Liste‹ macht die Tatsache, daß nicht nur selbständige Titel, sondern offenkundig auch Eigennamen aus der großen Fülle der altfranzösischen Literatur genannt werden. Mit einer Ausnahme (Alexander) beschränkt sich Requis auf die *matière de Bretagne* – mit der er, chronologisch umgekehrt, anfängt – und die *chansons de geste*. Er beginnt mit fünf Romanen Chrétiens (*Érec et Énide*; *Lancelot, ou le conte de la charrette*; *Perceval, ou le conte du Graal*; *Ivain ou Le Chevalier au lion* und *Cligés*), dann dem *Gliglois*-Roman (*DLF* 548–549), auf der *Tristan*-Roman folgt, von dem es verschiedene Versionen gibt, so daß wir nicht genau wissen, welche hier gemeint ist. Es folgen das *Rolandslied* und verschiedene Chansons de geste wie *Chevalerie/Enfance Ogier, Girart de Vienne*, einer der vielen *Baudouin*-Romane, *La reine Sebile (Macaire ou ...)* (*DLF* 977), *Gormont et Isembart, Chanson de Guillaume, Aymeri de Narbonne, Orson de Beauvais* (*DLF* 1089), *Parise La Duchesse* (aus der *Geste de Nanteuil*) bzw. *Paris et Vienne, Aie d'Avignon* usw. Für die Namen Bielliennort, Maden, Berart l'Ardenois und Ughechon müssen wir einen Nachweis schuldig bleiben.

Skriptorium und Bibliothek

Da die Kultur der in der ausgehenden Antike ins Römerreich eindringenden Germanenstämme weitgehend schriftlos war und die römische Verwaltung mit ihren Kanzleien im Gefolge der Völkerwanderung unterging, wurde die Kirche bis ins 12. Jh. hinein zur ausschließlichen Trägerin der abendländischen Schriftkultur (*SWB* 103–104). Die Klöster waren, seit der Kirchenvater Hieronymus ihnen zu Beginn des 5. Jh.s diesen Auftrag gegeben hatte, Bildungsstätten, und auch Cassiodor († 580) empfahl in seinen *Institutiones* den Mönchen, Bücher nicht nur zu studieren, sondern selber zu sammeln und abzuschreiben, allerdings nur für den eigenen Bedarf. Die Mönche brachten auch den Missionsgebieten die Buch- und Schreibkultur, insbesondere die anglo-irischen machten sich um die Errichtung von Skriptorien (Schreibstuben) in den kontinentaleuropäischen Klöstern verdient. Für die Handschriften benötigte man zunächst wenig Raum (ein paar Pulte, Regale, Kästen und Schränke), mehr für die Schreiber, die seit der Karolingerzeit in größeren Gemeinschaften zusammenarbeiteten. Ihre Bibliothek ist eine Präsenzbibliothek, aus der nicht ausgeliehen werden kann (Vernet, passim). Nur ganz selten werden gegen Pfand Handschriften an befreundete Klöster zum Abschreiben weitergegeben. Die späteren Universitätsbibliotheken führen die Trennung in Präsenzbibliothek (*libraria magna*) und Ausleihbibliothek (*libraria parva*) ein.

Hand in Hand mit dem Aufblühen der volkssprachlichen Literatur im 12. Jh. wird auch das Publikum lesehungriger und sachverständiger.[24] Der Bedarf an Handschriften steigt. Aber wenn religiöse und erbauliche Werke bisher in den Klöstern abgeschrieben und aufbewahrt wurden, so kommen diese kaum für Epen und noch weniger für höfische Romane als Ursprungsort in Frage. Das gleiche gilt für die Bibliotheken der Kathedralschulen (*LexMA* 2,113–125). Besser sah es an den Fürstenhöfen aus, z.B. am Hof von Champagne, wo die Gräfin Marie, die Gattin des Grafen Henri und Tochter Eleonores von Aquitanien, Sänger und Spielleute um sich versammelte. Weiterhin gab es den Hof von Blois, wo Aelis (Alix), die Schwester Maries, ihr Mäzenatentum ausübte. Philipp von Elsaß, Graf von Flandern, Henri II. Plantagenêt († 1189) u.a. sind zu nennen. Ludwig IX. (der Heilige) richtete in der Mitte des 13. Jh.s eine wirkliche Bibliothek in der Kapelle seines Palastes ein.[25] Aber selbst dort befanden sich in erster Linie moralphilosophische Werke. Der erste bibliophile König ist Jean II le Bon (1350–1364), der auch Übersetzer unterstützte und viel Geld für schöne Bücher ausgab. Sein Sohn Karl V. gründete 1367 in der ›Tour de la Fauconnière‹ des Louvre eine luxuriöse Bibliothek mit über tausend Bänden, unterhielt ein Skriptorium, sammelte und ließ systematisch übersetzen. In seiner Bibliothek finden wir das *Rolandslied, Aimeri de Narbonne, Raoul de Cambrai*; die Artus-Romane, Abenteuerliteratur, den *Atre Périlleux, Lancelot, Tristan, Meliadus, Méraugis de Portlesguez, Blancandin de Cornouaille, Chatelain de Coucy, Theben-, Troja-* und *Alexanderroman, Li Roman des Sept Sages, Florimont* usw.[26] Je weiter die Zeit voranschreitet, um so besser sind wir über die bibliophilen Gewohnheiten der Fürsten informiert. So schreibt z.B. David Aubert über Philippe le Bon (1462):

> Et pour vous avertir icelluy tresrenommé et tresvertueux prince a des long temps acoustumé de journellement faire devant luy lire les anciennes histoires. Et pour estre garny d'une librairie non pareille a toutes autres, il a des son jenne eage eu a ses gaiges plusieurs translatteurs, grans clers, expers orateurs, ystoriens et escripvains et [sic] en diverses contrees en groz nombre dilligamment labourans tant que au jour d'huy c'est le prince de la crestiente sans reservation aucune qui est le mieulx garny de autentique et riche librairie comme tout ce poeult plainement apparoir. (Straub, S. 300)

> Ich möchte euch mitteilen, daß dieser hochberühmte und äußerst tugendhafte Fürst seit langem die Gewohnheit hatte, sich täglich alte Geschichten vorlesen zu lassen. Und um mit einer Bibliothek ausgestattet zu sein, die mit keiner anderen zu vergleichen wäre, hat er seit seiner Jugend mehrere Übersetzer, bedeutende Gelehrte, erfahrene Redner, Historiker und Schriftsteller in Sold, die in verschiedenen Gegenden in großer Zahl sorgfältig arbeiteten. Deshalb ist er heute ohne Einschränkung in der Christenheit derjenige Fürst, der am besten mit einer zuverlässigen und reichhaltigen Bibliothek ausgestattet ist, wie dies ganz offensichtlich zu Tage tritt.

Mit steigendem Bedarf an profanen Texten übernehmen, notgedrungen, immer mehr Laien Schreibaufgaben. In den Notariaten, wo Verträge jeglicher Art beurkundet wurden, hatte es schon immer eine laizistische Schreibkultur gegeben, aber sie fiel angesichts der Leistungen der Mönche nicht besonders ins Gewicht. Hier wurden vor allem Urkunden ausgefertigt, für die es bereits früh Formularsammlungen und -bücher gab (*artes dictaminis*). Während die Mönche zum Ruhme Gottes schrieben und genügend Zeit hatten, arbeiteten die weltlichen Schreiber in ihren Schreibstuben für Gewinn. Sie kopierten mit ihren Gehilfen alles, was man ihnen gab.

Alle Schreiber, ob kirchlich oder weltlich, benötigten die gleiche Ausrüstung: Vorräte an *Pergament* (nach der kleinasiatischen Stadt Pergamon, wo Tierhäute angeblich zuerst zum Schreiben zugerichtet wurden) von verschiedenem Format und unterschiedlicher Qualität, Bimstein zum Glätten des Pergaments, Kreide zum Grundieren, Tinte, Federn (Gänsekiele ersetzten den Rohrgriffel), Feder- und Radiermesser, ein Lineal, Silber- oder Bleistifte. Da Pergament sehr teuer war, wurden Texte, die man nicht mehr benötigte oder wegen gewandelter Interessen für wertlos hielt, abgewaschen oder abgeschabt und neu beschrieben. Man kann heute durch Ultraviolett- oder Infrarotlampen die frühere Schrift dieser sog. *Palimpseste* (zu gr. πάλιν = wieder und ψάω = schaben) wieder lesbar machen; Ciceros *De republica* ist nur zu einem Viertel, und zwar als Palimpsest des 4. Jh.s, erhalten und wurde 1819/22 von Angelo Mai in der Vatikanischen Bibliothek entdeckt.

Der mittelalterliche Kodex und die Beschreibstoffe

Der handgeschriebene mittelalterliche Kodex (*SWB* 328–331) löst die Buchrollen (*volumina, rotuli*) der Antike ab und ist wesentlich leichter zu handhaben als diese, da man beim Lesen eine Hand freibehält und mehrere Kodizes auf einmal aufschlagen kann. Aber das Wort *explicare* (=auseinanderfalten), das ursprünglich für das Aufrollen des *rotulus* verwandt wurde, erinnert trotz seiner heutigen Bedeutungserweiterung (entfalten, erklären) an die Frühzeit. Der Kodex (zu lat. *caudex* = Holzklotz, Holzplatte) ist meist in Holzdeckel gebunden, die in seltenen Fällen, vornehmlich im Frühmittelalter und bei wichtigem theologischen Inhalt, mit geschnitzten Elfenbeinreliefs, Gemmen, Emaille- oder edelsteinbesetzten Treibarbeiten geschmückt, im allgemeinen aber mit Leder überzogen sind. Der Ledereinband wird mit Blindpressungen (Rollen- oder Einzelstempel), Goldauflagen usw. verziert, das Buch mit kunstvollen metallenen Schließen (Messing, selten Eisen) zusammengehalten, gelegentlich sogar angekettet, um es an seinem Platz im Bücherschrank, im Armarium, festzuhalten und vor Diebstahl zu sichern. Auch der Schnitt konnte verziert werden oder bereits zu schnellem Erkennen den Autornamen tragen. Häufig sind die Handschriften wegen der starken Abnutzung neu gebunden worden, so daß der Originalzustand selten ist. Einen schönen Bibliotheksbeleg finden wir im *Cligés*-Prolog:

> Ceste estoire trovons escrite,
> Que conter vos vuel et retreire,
> An un des livres de l'aumeire
> Mon seignor saint Pere a Biauvez.
> (Mölk, Nr. 30, vv. 19–21, S. 33)

Diese Geschichte, die ich euch erzählen und berichten will,
finden wir niedergeschrieben
in einem der Bücher der Bibliothek (=Bibliotheksschrank)
von St. Peter in Beauvais.

Auf der Innenseite des Deckels sowie auf Vorsatzblättern oder am Schluß der
Kodizes werden häufig Eintragungen gemacht, die für Entstehung und Provenienz der Handschrift wichtig sind. Gelegentlich wurden für den Einband ma-
kulierte Blätter älterer Handschriften verwendet, so daß nicht wenige Frag-
mente, die sonst verloren wären, auf diese Weise erhalten sind. Bis ins Hochmittelalter wird meist auf Pergament (geglättete Haut von Schwein, Rind,
Kalb oder Schaf) geschrieben. Für eine durchschnittliche Handschrift benötigt
man die Haut von 200 Tieren (Flasch, S. 147f.), die mit scharfer Kalklauge
gebeizt wurde. Die Haut wurde danach mit einem Schabeisen gereinigt, auf
einen Rahmen gespannt und getrocknet. Löcher und Beschädigungen wurden
zugenäht.

Seit dem 13. Jh. kommen dank der technischen Leistungen der oberitali-
enischen Papiermühlen (die erste Mühle ist 1276 in Fabriano nachgewiesen,
die erste französische 1338 in Troyes) verstärkt auch Papierhandschriften auf
(Walther, S. 281–286); das *Adamsspiel* ist die früheste französische Papier-
handschrift und stammt vom Ende des 13. Jh.s. Die Araber hatten das Papier
auf Sizilien eingeführt, von wo es sich nach Norden ausbreitete. Beim Papier
gilt das Wasserzeichen, das durch einen in den Papierbrei eingelegten Silber-
oder Messingfaden und die dadurch bedingte geringere Faserkonzentration
entsteht, als wichtiges Bestimmungsmittel für Provenienz und Datierung.
Meist stellt es Kronen, Türme, Ochsenköpfe u.ä. Gegenstände dar. Die Papiermühlen markierten so ihre Produkte (Walther, S. 352–354). Aber Papier galt
immer als vergänglich, eignete sich nicht zur Kolorierung mit den damaligen
Farben, diente lange für Handschriften minderer Qualität. So schreibt der
deutsche Humanist Johannes Trithemius (1462–1516) in seiner *Polygraphia*,
der ersten Renaissance-Abhandlung über Geheimschriften und Verschlüsse-
lungen:»Pergament hält 2000 Jahre; beim Papier sind 200 schon viel!«

Das Pergament hatte im 2. Jh. n. Chr. den zumeist aus Ägypten kommenden Papyrus (Stengelmark der damals in Ägypten heimischen Papyrus-
staude, eines Riedgrases, das in dünne Streifen geschnitten, übereinanderge-
legt und gepreßt wurde) verdrängt (Walther, S. 286–287), und durch die Expansion der Araber wurde im 7./8. Jh. der Papyrushandel fast gänzlich unterbunden.[27] Nur die päpstliche Kanzlei hielt noch bis zum 11. Jh. am Papyrus
fest. Beim Übergang vom Papyrus zum Pergament kam der Ausdruck ›tran-
scribere in membranis‹ auf, der zweierlei bedeutet: Was erhaltenswert war,
wurde auf das dauerhaftere Medium umgeschrieben, das zudem ein doppel-
seitiges Beschreiben erlaubte, und dabei wurde die qualitative Spreu vom Weizen gesondert. Innerhalb der handschriftlichen Phase ist die ›Pergamentpha-
se‹ die bedeutendste.

Die einzelnen Pergament- bzw. Papierbogen werden gefaltet, zu Lagen (im Normalfall vier Bögen) ineinandergelegt und zusammengeheftet, die einzelnen Lagen später mit Draht oder Zwirn zum Kodex zusammengenäht. Je nach Anzahl der Doppelblätter heißen die Lagen Unionen (1 Bl.), Binionen (2 Bl.), Ternionen (3 Bl.), Quaternionen (4 Bl.), Quinternionen (5 Bl.), Sexternionen (6 Bl.) usw. Die einzelnen Lagen werden wie folgt angegeben: Unio mit I (2 Bl., 4 S.), Binio mit II (4 Bl., 8 S.) usw. Fehlende oder hinzugefügte Blätter werden mit vorangestelltem Minus- bzw. Pluszeichen markiert. Die Formate sind eigentlich eine Erfindung der Inkunabelzeit, als man große kräftige Bögen verwandte, die nach ihrer Brechung oder Faltung bestimmt wurden, aber man arbeitet auch bei Handschriften mit diesen Begriffen: einmal gebrochen = Folio (2°) ergibt das ›Normalformat‹, welches in etwa dem heutigen DIN-A 4-Format entspricht; Zweibruch = Quart (4°), 4 Blatt oder 8 Seiten, Dreibruch = Oktav (8°), 8 Blatt oder 16 Seiten, Vierbruch = Sedez (16°), 16 Blatt oder 32 Seiten. Kleinformate wie Duodez (12°), Oktodez (18°), Vigesimoquart (24°) entstehen durch ineinandergesteckte Teile eines Bogens; Zwischenformate wie Kleinoktav (kl. 8°) oder Großfolio (gr. 2°) sind auf Größenunterschiede der verwendeten Bögen zurückzuführen (Walther, S. 186).

Die genaue Feststellung der Lagenzahl dient der Überprüfung der Vollständigkeit. Die Reihenfolge der Lagen, gelegentlich auch der Doppelblätter innerhalb dieser, wird durch sog. Kustoden gesichert, Zahlen und/oder Buchstaben am oberen oder meist unteren Rand des ersten, in jedem Fall auch des letzten Blattes einer Lage. Denselben Zweck verfolgen die sog. Reklamanten, d.h. man notierte auf dem letzten Blatt der Lage unten das erste Wort der folgenden. Die Foliierung wurde zunächst bei liturgischen Handschriften üblich, doch zählte man nur die Vorderseite (*recto*, auch *fol. r* oder *fol. a*; die Rückseite wird entsprechend mit *verso*, *fol. v/b* angegeben, wobei die Buchstaben r/a bzw. v/b meist hochgestellt werden).

Die Kennzeichnung mit Kustoden, Reklamanten oder Zahlen war auch deshalb sinnvoll, weil häufig im sog. Pecia-Verfahren geschrieben wurde (zu lat. *pecia* = Stück).[28] Damit wird ein Quaternio bezeichnet, der den Abschreibern als Modell dienen konnte oder eine ›Zerstückelung‹ der Vorlage, die dann an diverse Schreiber gegeben wurde. Auf diese Weise wurde eine größere Schreibgeschwindigkeit erzielt; auch konnte man diese Vorlagen gegen Bezahlung ausleihen und sich selber seine Texte kopieren. Im Jahr 1275 halten die eingeschriebenen Mitglieder der Buchhändlerzunft in Paris 138 derartig zerlegbare Werke auf Lager. Das System hat bis zur Erfindung des Buchdrucks überdauert.

Für die Markierung der einzelnen Zeilen wurden in der Regel Linien gezogen. Dazu nahm man einen Stechzirkel oder ein Falzbein, später spannte man Schnüre in regelmäßigen Abständen über ein Brett von der Größe der Kodexseite und drückte diese dann in das Pergament/Papier ein, so daß man immer die gleichen Ränder und Abstände erhielt. Seltener wurden sie mit Blei- oder Silberstift oder gar mit Tinte gezogen. Besondere Textstellen sind, wie wir bereits sagten, mit Rot (lat. *ruber*, daher dt. Rubrik; lat. *minium* = Zinnober, Mennige, daher Miniieren, Miniatur; das Wort bedeutet nicht etwa ›Kleinmalerei‹) geschrieben oder ausgezeichnet. Dies besorgt der Rubrikator. Ferner können die Handschriften mit Initialen, den kunstvollen Anfangsbuchstaben, und/oder Miniaturen, Figurenbildern und Ornamenten, ausgestattet sein, die eigene Berufsgruppen (Illuminiatoren, Miniatoren) erstellten. Die mittelalterlichen Handschriften haben im allgemeinen keine Titelblätter; als Ersatz gilt das *Incipit*, die Eröffnungsformel. Auch der Schluß, das *Explicit*, ist zur Bestimmung nicht unwichtig. Die Blätter sind zunächst nicht durchnumeriert, sondern der dargestellte Stoff ist genau in Kapitel, Abschnitte, Paragraphen usw. gegliedert, so daß man Stellen, die man sucht, leicht wiederfindet und entsprechend zitieren kann. Eine nicht unwesentliche Aufgabe der damaligen Wissenschaft besteht in der sachgerechten *dispositio* des Stoffs.

Die Größe der Texte reicht vom kleinen Handexemplar, das der Spielmann in sein Gepäck stecken konnte, bis zum Prachtfolianten, der in einer Bibliothek an den Schrank oder die Lesebank angekettet wurde (sog. Kettenbücher, in England sind noch 120 Kettenbibliotheken erhalten). Meist wurde der Text zweispaltig (in zwei Kolumnen) angelegt. Die Titel werden rot geschrieben, oft in größeren Buchstaben. Sie sind häufig etwas länger, weil es noch keine Inhaltsverzeichnisse gibt:

> C'est li livres de messire Lancelot du Lac ouquel sont contenuz tous les faiz et les chevaleries du livre et de l'avenement du saint graal et la queste de celuy faite et achevee par le bon chevalier Galaad, Perceval le galoys et Boort en laquelle furent les bons chevaliers Lancelot, Tristan et Polamides.
> (Paris, Bibliothèque Nationale, Ms. franç. 111, f.1^r)

> Das ist das Buch von (=über) Herrn Lanzelot vom See, in dem alle Taten und ritterlichen Unternehmungen des Werks enthalten sind sowie die Ankunft des heiligen Grals und seine Suche, die der gute Ritter Galehaut, Perceval der Waliser und Boort unternommen und zu Ende geführt haben und an der die tapferen Ritter Lanzelot, Tristan und Polamides beteiligt waren.

Es ist zu beachten, daß es im MA nur ansatzweise in größeren Universitätsstädten wie Paris und Orléans einen regulären Buchhandel gab, auch wenn einzelne Bücher immer käuflich waren. Die entsprechenden Preise lassen sich nur schwer in heutige Währungen umrechnen. Vom Ende des 14. Jh.s wissen wir, daß Ludwig I. v. Orléans († 1407) für eine illuminierte *Chronique de France* 235 Goldfranken, für einen *Joseph* bzw. einen *Lancelot* 180 Goldtaler bezahlte. Das sind für die damaligen Verhältnisse exorbitante Summen. Oft haben Kirchen und Klöster ihre Bücher verpfändet oder verkauft, wenn sie in Bedrängnis gerieten. Das galt natürlich auch für Einzelpersonen, wie wir dem Fabliau *Le Département des livres* entnehmen können, in dem ein Kleriker den Verkauf seiner Bücher beklagt, mit deren Erlös er offensichtlich seinen Lebensunterhalt bestritt. Allerdings ist dieser Text zunächst einmal scherzhaft zu verstehen und dient der Wegbeschreibung eines ›fahrenden Scholaren‹. Wenn er Paternoster, Credo, Psalmen, Litanei usw. zurückläßt, so bedeutet dies vielleicht nur, daß er in einer Kirche gebetet hat und eigentlich gar nichts besitzt. Dennoch ist die Zusammenstellung interessant:

> A Gandelus lez la Ferté
> La lessai-je mon A.B.C.
> Et ma patenostre à Soisson,
> Et mon Credo à Monloon,
> Et mes set siaumes à Tornai,
> Mes quinze siaumes à Cambrai,
> Et mon sautier à Besançon,
> Et mon kalendrier à Dijon.
> Puis m'en revint par Pontarlie,
> Iluec vendi ma litanie,
> Et si bui au vin mon messel
> A la ville où l'en fet le sel.
> (Wattenbach, S. 550)

> In Gandelus bei La Ferté
> ließ ich meine Fibel (=ABC).
> Und mein Gebetbuch (=Paternoster) in Soissons,
> mein Glaubensbekenntnis (=Credo) in Monloon (Melun ?),
> meine Psalmen in Tournai,
> meine fünfzehn Psalmen in Cambrai,
> meinen Psalter in Besançon
> und meinen Kalender in Dijon.
> Dann kehrte ich über Pontarlier zurück,
> dort verkaufte ich mein Gebetbuch mit Litaneien
> und vertrank mein Meßbuch (=Missale)
> in der Stadt, wo man das Salz siedet (=Salins-les-Bains).

Formal können Handschriften als Vorläufer des gedruckten Buchs mit seinen Eigenheiten und inhaltlich als Überlieferer antiker, christlicher und mittelalterlicher Literatur gelten. Der Begriff des ›Buchs‹ ist dem MA allerdings auch nicht fremd.[29] Mit ihm verbindet sich zunächst auf theologisch-philosophischer Ebene die Vorstellung von der Welt oder der Natur als einem ›Buch‹, das das Wort Gottes sozusagen als zweites Buch ergänzt. Dies hängt sicherlich mit der Wertschätzung der Bibel zusammen, in der Gottes Wort geoffenbart ist und die so zur Quelle und zum Bezugspunkt alles Wissens wurde. Der Begriff des Buches hat aber bereits eine ganz pragmatische Bedeutung.

Nach den Untersuchungen von Max Grosse meint *livre* im Altfranzösischen allerdings nicht nur einen Gegenstand, den darin aufgezeichneten Text oder einen Teil dieses Textes, sondern auch das Lateinische und die ihm zugebilligte Autorität. Daher wird der Terminus nur zögernd als Bezeichnung für volkssprachliche Texte verwendet. In den *chansons de geste* meint das Wort das Aufzeichnungsmedium, nicht die *chanson* selber. Ab den Laien-Enzyklopädien des 13. Jh.s wird die Einheit des Buchs nicht mehr von einer lateinischen Vorlage, sondern von der Totalität des Weltbildes wie von der Tätigkeit des Kompilators bestimmt, der seinen Lesern die Fülle des Wissens in geordneter Form zu vermitteln bemüht ist. So soll der Leser von Gossouins *Image du monde* nicht eklektisch herausgreifen, was gerade seine Aufmerksamkeit erregt, sondern gewissenhaft der Reihe der Kapitel von Anfang bis Ende folgen. Auf der Makroebene werden Komposition und Lektüre zusammengeführt:

> Qui bien veult savoir et entendre cest livre pour savoir et pour aprandre comment il doit vivre et soi contenir en cest sicle, dont il vaudra mieulz touz les jours de sa vie, si lise tout premierement et tout ordenéement, si qu'il ne lise riens avant, devant ce qu'il entendra bien ce qui est devant. Et ainsi porra il savoir et entendre cest livre. (Ed. Prior, S. 59)

> Wer dieses Buch genau kennen und verstehen will, um zu wissen und zu lernen, wie er leben und sich in dieser Welt verhalten soll, wodurch er sich alle Tage seines Lebens bessern wird, der soll alles zuerst und alles der Reihenfolge nach lesen, damit er nicht weiterliest, bevor er das Vorhergehende versteht. So wird er dieses Buch kennen und verstehen können. (Übers. Grosse, S. 92f.)

Schreibervermerke

Wichtig sind auch die sog. Kolophone (zu gr. κολοφών = der Gipfel, Abschluß), Schreibervermerke am Schluß, aber nur selten sind die französischen Handschriften vom Schreiber persönlich unterzeichnet.[30] Alexandre Micha fand in den großen Beständen der Bibliothèque Nationale (Paris) bis zum Jahr 1500 nur 50 Namen von Kopisten und vermutet, in der ganzen Welt würde man nicht mehr als 200 bis 300 Namen finden. Der älteste Name ist sicherlich der des ominösen Turoldus in der Oxforder Handschrift des *Rolandsliedes* (Digby 23): »Ci falt la geste que Turoldus declinet – Hier schließt das Lied, das Turoldus gedichtet« (Klein, S. 221), wobei wegen der Mehrdeutigkeit des Wortes *declinet* nicht geklärt ist, ob Turoldus der Autor, der Schreiber (wahrscheinlich) oder der Vortragende ist. In diesem Zusammenhang ist anzumerken, daß sich das schriftstellerische Selbstbewußtsein nur langsam herausbildet und die Autoren auch nur sporadisch ihren Namen nennen. Das schreibende, dichtende oder erzählende ›Ich‹ versteht sich im MA als Träger kollektiver Ideen, die in der christlich-feudalen Welt verwurzelt sind.[31]

Ein wichtiger Schreiber ist (kurz nach 1213) ein gewisser Guiot, der mit Paris, Bibliothèque Nationale, Ms. franç. 794 eine bedeutende Sammelhandschrift geschrieben hat (*copie de Guiot*; sie enthält fünf Romane Chrétiens, dazu *Athis et Profilias*, *Le siège d'Athènes* von Alexandre de Bernai, den *Roman de Troie* von Benoît de Sainte-Maure, den *Roman de Brut* von Wace, *Les Empereors de Rome* von Calendre usw.). Auf das Explizit des *Löwenritters* folgen die nachstehenden Verse:

Cil qui l'escrit Guioz a non	Der Schreiber heißt Guiot,
devant Nostre Dame del Val	und vor Notre-Dame-du-Val
est ses ostex tot a estal.	hat er beständig sein Haus (=seinen Laden).
(*Erec et Enide*, éd. Roques, S. XXXVIII)	

Man hat das Kloster Notre-Dame-del-Val – der Name kommt mehrfach vor – als dasjenige bei Provins in der Champagne identifiziert. Es liegt auf dem Territorium der Grafen von Brie und Champagne, die als Gönner Chrétiens hervorgetreten sind. Dort war Guiot offensichtlich Schreiber und, vielleicht, gleichzeitig Buchhändler.

Nur gelegentlich sind die Subskriptionen reichhaltiger.[32] Aufschlußreich ist die von Jean Madot, dem Neffen des bekannten, aus Arras stammenden Dichters Adam de la Halle, auch Adam le Bossu genannt. Er hat eine Kopie des *Trojaromans* (Paris, BN Ms. franç. 375, f.119r) abgeschrieben und ihr ein amüsantes gereimtes *Explicit* beigefügt, das sogar die Datierung dieses Manuskripts (26. August 1286) erlaubt. Möglich ist, daß er sich mit seinem Porträt in die Tradition der *poètes maudits* oder *povres clercs* einreihen will, der später von Eustache Deschamps und François Villon gepflegt werden wird:

Cis Jehanes Mador ot non	Der hieß Johannes Madot:
Qu'on tenoit a bon compagnon	Man hielt ihn für einen guten Gesellen,
D'Arras estoit, bien fu connus	er stammte aus Arras; bekannt war
Ses oncles, Adans li boçus.	sein Onkel, Adam der Bucklige.
Cist livres fu fais et finés	Dieses Buch wurde beendet
En l'an de l'incarnation	im Jahre der Fleischwerdung,
Que Jhesus soufri passion	als Jesus das Leiden ertrug,
Quatre vins et mile et deus cens	achtzig und tausend und zweihundert
Et wit. Biax fu li tans et gens,	und acht. Das Wetter war schön und günstig,
Fors tant ke ciex avoit trop froit,	außer daß derjenige fror,
Qui surcot ne cote n'avoit.	der weder Überkleid noch Rock besaß.

Aber auch aus anderen Subskriptionen geht hervor (»Tot li convenoit metre em pain/ Quanqu'il gaignot et soir et main – Alles, was er Tag für Tag verdiente, mußte er aufs Brot verwenden«), daß der materielle Gewinn der Kopisten bescheiden war. Selbst die Illuminierer und Illustratoren verdienten kaum mehr, weshalb zur Zeit Philipps des Schönen einige von ihnen zusätzlich den Beruf des Schankwirts ausübten. Die meisten Handschriften wurden in Paris hergestellt. Auf dem linken Seine-Ufer, im Quartier Saint-Séverin in der Rue des Écrivains (früher: Rue de la Parcheminerie) und in der Rue Boutebrie hatten die Schreiber und Händler ihre Ateliers. Doch auch in Arras, wo es einen Pui oder Puy (zu lat. *podium* = Tritt, Stufe, Untersatz) gab, eine Art regionaler Dichterakademie (*SWB* 664), dazu Spielmannsbruderschaften und namhafte Dichter, entstanden manche Handschriften. Aktive Skriptorien gab es zudem in der Normandie und England, später am burgundischen Hof.

Der Dialekt einer Handschrift sagt im allgemeinen nur etwas über Autor und Schreiber, nicht über den Entstehungsort aus. Ganz Frankreich hatte

Anteil an der Handschriften-Überlieferung. Kurz vor der Etablierung des Buchdrucks werden mehrere professionelle Schreiber für Philipp III. den Guten (1396–1467) von Burgund tätig, die wir namentlich benennen können und über deren Kopisten-, Bearbeiter- und Herausgebertätigkeit wir recht genau informiert sind, insbesondere soweit es sich um die Handschriften von Jean Wauquelin handelt, der sich 1441 in Mons niederläßt. Als er 1447 einen Prosa-*Girart de Roussillon* für den Herzog herstellt, kombiniert er eine Version in Alexandrinern mit einer lateinischen Vita des 12. Jh.s (*DLF* 860–681).

Die ›Schreiber-Forschung‹ ist noch jungen Datums und nimmt erst langsam an Bedeutung zu. Dies könnte damit zusammenhängen, daß Erasmus von Rotterdam, der hier stellvertretend für viele Humanisten spricht, in mehreren seiner Werke über nachlässige Schreiber Klage führt. So sagt er in den *Adagia*, »die grauenvolle Verwirrung in den Handschriften rührt ja eben daher, daß man wahllos irgendwelche obskuren und unwissenden Mönche und zuletzt sogar einfältige Nonnen mit der Durchführung einer so hohen Aufgabe betraute.« Und er fährt fort: »At quantulum est mali, quod adfert scriba negligens aut indoctus, si conferas typographum? – Wie geringfügig ist der Schaden, den ein nachlässiger oder ungebildeter Schreiber anrichtet, wenn man einen Buchdrucker mit ihm vergleicht?« Erasmus fordert sogar ein Gesetz gegen Buchdrucker, die für ihre Druckfehler rechtskräftig verurteilt werden sollen. Nicht von ungefähr wurden Schreib- und Sprachfehler einem eigenen Teufel mit Namen Titivillus angelastet. Das Urteil des Erasmus ist ungerecht, denn die Schreiber wurden, zumal im MA, gründlich geschult, die Skriptorien standen unter strenger Aufsicht. Erst langsam verwilderten die Schreibsitten, und ein Kleriker des 15. Jh.s rühmte sich, im Lauf eines Tages Ovids *De remedio amoris*, über 800 Hexameter, kopiert zu haben. Es kommt beim Kopieren auf die Tagesform an, und das erklärt, daß auf fast fehlerfreie Seiten oft eine unerwartet hohe Fehlerdichte folgt. Die Bedeutung der Schreiber wird dadurch erhöht, daß sich eine Linie vom Scriptor über den Kompilator und den Kommentator, den Redaktor und den Mutator (Bearbeiter, der Veränderungen vornimmt) hin zum Auctor ziehen läßt.[33]

ANMERKUNGEN

I. Zum Begriff des Mittelalters

1 P.E. Hübinger, *Spätantike und frühes Mittelalter. Ein Problem historischer Periodenbildung*, Darmstadt 1965, S. 17.– Zur schnellen Information sei empfohlen *Der Große Ploetz. Auszug aus der Geschichte*, Freiburg-Würzburg, 30., aktualisierte Aufl., bearbeitet von 69 Fachwissenschaftlern, 1986.– Die mittelalterliche Geschichte Frankreichs ist auf S. 334f., 442f., 540 f. behandelt; *LexMA* 6,684–687.

2 ›Mittelalter‹, in: *Grundbegriffe der Geschichte. 50 Beiträge zum europäischen Geschichtsbild.* Hg. in Zsarb. mit d. Europarat u.d. Internat. Schulbuchinst., Gütersloh 1964, S. 224.

3 W. Freund, *Modernus und andere Zeitbegriffe des Mittelalters*, Köln-Graz 1957, vor allem »Exkurs: Einige Aspekte des novus-Problems«, S. 106–110; E. Gössmann, *Antiqui und Moderni im Mittelalter. Eine geschichtliche Standortbestimmung*, München-Paderborn-Wien 1974, S. 81f. (über den *Cligés*-Prolog).

4 W. Haug, »Die Zwerge auf den Schultern der Riesen. Epochales und typologisches Geschichtsdenken und das Problem der Interferenzen (1987)«, in: Ders., *Strukturen als Schlüssel zur Welt. Kleine Schriften zur Erzählliteratur des Mittelalters*, Tübingen 1989, S. 86–109 (wichtig der Hinweis auf Merton).

5 Zit. von Johannes von Salisbury im *Metalogicon* III,4, Migne, *Patrologia Latina (PL)* 199, col. 900: »Dicebat Bernardus Carnotensis nos esse quasi nanos, gigantium humeris insidentes, ut possimus plura eis et remotiora videre non utique proprii visus acumine, aut eminentia corporis, sed quia in altum subvehimur et extollimur magnitudine gigantea.« Dazu ausführlich Buck, S. 78–79.

6 H.U. Gumbrecht, »Literarische Gegenwelten, Karnevalskultur und die Epochenschwelle vom Spätmittelalter zur Renaissance«, in: *Literatur in der Gesellschaft des Spätmittelalters*, hg. v. H.U. Gumbrecht, Heidelberg 1980, S. 95–144.

7 F. Petrarca, *Rime-Trionfi e poesie latine.* A cura di F. Neri u.a., Milano-Napoli: Riccardo Ricciardi, 1951, S. 802: »AD FRANCISCUM PRIOREM SANCTORUM APOSTOLORUM DE FLORENTIA.« (»Ich lebe, jedoch voller Zorn auf das Schicksal, daß es mich erst in diesen traurigen Zeiten hat zur Welt kommen lassen und mich in ziemlich schlimmen Jahren leben läßt. Wäre ich doch früher oder viel später geboren! Denn es gab und es wird wieder ein glücklicheres Zeitalter geben; dieses *mittlere* ist voller Schmutz. Du siehst, wie in unserer Zeit alles Schändliche zusammenkommt.«)

8 W. Berschin, *Griechisch-lateinisches Mittelalter. Von Hieronymus zu Nikolaus von Kues*, Bern u. München 1980, S. 14: »Mit mehr Recht als bei den lateinischen Studien konnte der Humanismus bei den griechischen auf seine Originalität hinweisen; er hat es vielfältig getan, und das humanistische Urteil ›Das Mittelalter hat kein Griechisch gekonnt‹ lebt als eine communis opinio bis in die Gegenwart fort. Es ist weithin berechtigt, aber in seiner Verallgemeinerung doch irreführend. Es gibt eine sozusagen punktierte Linie der Beschäftigung mit dem Griechischen und der Kenntnis des Griechischen durch das ganze lateinische Mittelalter, und der frühe Humanismus hat sogar an solch mittelalterliches Griechischstudium angeknüpft.« – Zu allgemeinen Fragen der Byzantinistik O. Mazal, *Handbuch der Byzantinistik*, Graz 1989 (wichtige Bibliogr., S. 212f.).

9 R.R. Grimm (Hg.), *Mittelalter-Rezeption. Zur Rezeptionsgeschichte der romanischen Literaturen des Mittelalters in der Neuzeit*, Heidelberg 1991, S. 15–21; G. Althoff (Hg.), *Die Deut-*

schen und ihr Mittelalter. Themen und Funktionen moderner Geschichtsbilder vom Mittelalter, Darmstadt 1992 (Ausblicke).

10 F. Meinecke, *Die Entstehung des Historismus*. Hg. u. eingel. v. C. Hinrichs, München 1959, S. 167f.

11 A. Borst, *Barbaren, Ketzer und Artisten. Welten des Mittelalters*, München-Zürich 1990, S. 22f.

12 F. Wolfzettel, »Französische Mediävistik im 19. Jahrhundert«, in: *GRLMA Begleitreihe 2*, 1991, S. 181–196; ders., *Einführung in die französische Literaturgeschichtsschreibung*, Darmstadt 1982, passim.

13 »La littérature romantique est la seule qui soit susceptible encore d'être perfectionnée, parce qu'ayant ses racines dans notre propre sol, elle est la seule qui puisse croître et se vérifier de nouveau; elle exprime notre religion; elle rappelle notre histoire; son origine est ancienne, mais romantique« (Voss, S. 297 Anm. 53).

14 *Génie du christianisme*, ed. P. Reboul, Paris 1966, hier Bd. I, 399 f. Zit. nach Voss, S. 298 Anm. 58.

15 G.D. Economou, *The Goddess Natura in Medieval Literature*, Cambridge Mass. 1972, S. 104f.

16 P. Ariès, *Geschichte des Todes*. Aus d. Franz. von H.-H. Henschen u. U. Pfau, München-Wien 1980.

17 Boethius, *Trost der Philosophie. Consolatio Philosophiae*. Lat. u. deutsch. Hg. u. übers. von E. Gegenschatz u. O. Gigon. Eing. u. erl. v. O. Gigon, München und Zürich 1990, S. 46–47. »Tu vero volventis rotae impetum retinere conaris? – Du versuchst den Schwung des rollenden Rades aufzuhalten?« Es handelt sich um einen der ältesten Belege für das Bild vom Rad der Fortuna (S. 332). – Wie beliebt die *Consolatio* war, zeigt das leider nur 257 Verse umfassende *Boeci[s]*-Fragment, das älteste Dokument in altprovenzalischer Sprache (limousinischer Dialekt), das ursprünglich etwa 27.000 Verse lang war.– Auf die Biographie des christlichen Philosophen Anicius Manlius Severinus Boethius (480–524) folgte eine Paraphrase der *Consolatio*, die in der Haft im Gefängnisturm zu Pisa verfaßt wurde und die Tröstungen der Philosophie im Unglück enthält, vgl. *DLF* 208–209.

18 Ein schönes Beispiel liefert der im Turm gefangengesetzte Lancelot. (*Le Chevalier de la charrette*, éd. M. Roques, S. 197: »›Haï! Fortune, con ta roe/ m'est ore leidemant tornee!/ Malemant la m'as bestornee,/ car g'iere el mont, or sui el val;/ or avoie bien, or ai mal;/ or me plores, or me rioies./ Las, cheitis, por coi le feisoies/ quant ele si tost t'a lessié!/ An po d'ore m'a abessié/ voiremant, de si haut si bas./ Fortune, quant tu me gabas,/ molt feïs mal, mes toi que chaut?/ A neant est comant qu'il aut./ Ha! sainte Croiz, sainz Esperiz,/ con sui perduz, con sui periz!‹« – »›Weh! Fortuna, wie hat sich dein Rad/ jetzt zu meinem Verhängnis gedreht!/ Zu meinem Übel hast du es für mich gedreht,/ denn ich war oben, und jetzt bin ich unten;/ zuvor ging es mir gut, jetzt geht es mir schlecht;/ jetzt beweinst du mich, zuvor verlachtest du mich./ Elend, gefangen, warum tatest du das,/ als es dich so bald im Stich gelassen hat?/ In kurzer Zeit hat es mich wirklich herabgestürzt,/ von ganz oben nach ganz unten./ Fortuna, als du mich verhöhntest,/ handeltest du sehr schlecht, aber was kümmert es dich?/ Wie es jemandem geht, ist ihr völlig unwichtig./ Ah, heiliges Kreuz, heiliger Geist,/ wie bin ich verloren und verlassen!‹«

19 K. Weinhold, »Glücksrad und Lebensrad«, in: *Abh. d. Preuß. Akad. d. Wiss. zu Berlin, Phil.-Hist. Klasse 1*, 1892, S. 1–27; *EnzMär* 5,1–6 (beste Bibl.).

20 F.-J. Schmale, *Funktion und Formen mittelalterlicher Geschichtsschreibung. Eine Einführung*. Mit einem Beitrag von H.-W. Goetz, Darmstadt 1985.

21 E. Auerbach, *Typologische Motive in der mittelalterlichen Literatur*, Krefeld 1953; *SWB* 844–846.

22 W. Nigg, *Vom Geheimnis der Mönche. Antonius, Pachomius, Basilius der Große, Augustin, Benedikt von Nursia, Bruno von Köln, Bernhard von Clairvaux, Franziskus von Assisi, Dominikus, Teresa von Avila, Ignatius von Loyola*, Zürich 1990; K.S. Frank, *Geschichte des christlichen Mönchtums*, Darmstadt ⁵1993.

23 *Translatio imperii. Ein Beitrag zur Geschichte des Geschichtsdenkens und der politischen Theorien im Mittelalter und in der frühen Neuzeit*, Tübingen 1958; U. Krämer, »*Translatio imperii et studii« – zum Geschichts- und Kulturverständnis in der französischen Literatur des Mittelalters und der frühen Neuzeit*, Phil. Diss. Aachen 1995.

24 »Translatio artium. Über die Herkunft und Entwicklung einer kulturhistorischen Theorie«, in: *Archiv für Kulturgeschichte* 47, 1965, S. 1–22.

25 M.A. Freeman, *The Poetics of »Translatio Studii« and »Conjointure«: Chrétien de Troyes's »Cligès«*, Lexington, Kentucky 1979; F. Lyons, »Interprétations critiques au XXe siècle du Prologue de *Cligès*«, in: *Œuvres et Critiques* 5, 1980–81, S. 39–44; D. Kelly, »*Translatio studii*«, in: *Philological Quarterly* 57, 1978, S. 287–310; L.W. Patterson, »The Historiography of Romance and the Alliterative *Morte Arthure*«, in: *Journal of Medieval and Renaissance Studies* 13, 1983, S. 1–32 (wieder abgedr. als letztes Kapitel von: *Negotiating the Past*, Madison 1987).– Vgl. auch H.P. Schwake, *Der Wortschatz des »Cligés« von Chrétien de Troyes*, Tübingen 1979, S. 468f. (»Literatur und Kunst«). Diese Untersuchung ist nach dem Hallig-Wartburg'schen Begriffssystem angelegt, das allerdings deutlich seine Begrenzungen zeigt.

26 V. Roloff, »Der ›gute‹ König Artus – Mythos und Ironie«, in: H. Hecker (Hg.), *Der Herrscher. Leitbild und Abbild in Mittelalter und Renaissance*, Düsseldorf 1990, S. 141–159; D. Boutet, *Charlemagne et Arthur ou le roi imaginaire*, Paris-Genève: Champion-Slatkine, 1992, bes. S. 440f.

27 *Einleitung in die lateinische Philologie des Mittelalters*, München 1911, S. 113; J. Szövérffy, *Weltliche Dichtungen des lateinischen Mittelalters. Ein Handbuch. I. Von den Anfängen bis zum Ende der Karolingerzeit*, Berlin 1970, S. 109ff.

28 E. Faral, *Les Arts poétiques du XIIe et du XIIIe siècle. Recherches et documents sur la technique littéraire du Moyen Age*, Paris: Champion, 1958, S. 86f. (mit Abb.); Curtius, S. 238 u.ö.; *SWB* 787.

29 Köhler, S. 37–65 Kap. II: »Chevalerie – clergie – Doppelbestimmung und Geschichtsbewußtsein des höfischen Rittertums«: »Bei Chrestien jedoch erscheint *clergie* gewandelt. Die Artuswelt, stellvertretend für das höfische Rittertum der Zeit Chrestiens stehend, ist die Vollendung der zu ihr hinführenden Antike, das Wissen – *clergie* – der eigenen Zeit die Vollendung des Wissens der Alten. Hatte in den antikisierenden Romanen die *clergie* noch im Vordergrund gestanden und die Bildung sich wesentlich auf die Artes bezogen, so nennt jetzt Chrestien im *Cligès*-Prolog die *chevalerie* zuerst, und *clergie* richtet sich nicht mehr so sehr auf gelehrte Bildung als auf das Wissen um ein volles, eben ritterlich-höfisches Menschenbild.« (S. 61)

30 M. Tanner, *The Last Descendant of Aeneas. The Hapsburgs and the Mythic Image of the Emperor*, New Haven & London: Yale Press, 1993. Tanner bestätigt den Einfluß der *Aeneis* auf jegliche Translationsvorstellung im MA, da Aeneas von Troja nach Italien zieht.

31 H. Brät, »Marie de France et l'obscurité des anciens«, in: *Neuphilologische Mitteilungen* 79, 1978, S. 180–184; K. Brightenback, »Remarks on the ›Prologue‹ to Marie de France's *Lais*«, in: *Romance Philology* 30, 1976, S. 168–177; C. Brown, »Glossing the Origin«, in: *Romance Philology* 43, 1989, S. 197–208; J.C. Delcos, »Encore le prologue des *Lais* de Marie de France«, in: *Le Moyen Age* 90, 1984, S. 223–232 u.v.a.

32 R. Baader/ D. Fricke (Hgg.), *Die französische Autorin vom Mittelalter bis zur Gegenwart*, Wiesbaden 1979.

33 »The Prologue of the Lais of Marie de France and Medieval Poetics«, in: *Modern Philology* 41, 1943/44, S. 96–102, nachgedr. in: *Romanische Literaturstudien*, Tübingen 1959, S. 3–14.

34 E. Bernheim, *Mittelalterliche Zeitanschauungen in ihrem Einfluss auf Politik und Geschichtsschreibung. Teil I: »Die Zeitanschauungen: Die Augustinischen Ideen – Antichrist und Friedensfürst – Regnum und Sacerdotium«*, Tübingen 1918; *KNLL* 1, 866–868; Flasch, S. 705–706.

35 A. Dempf, *Sacrum Imperium. Geschichts- und Staatsphilosophie des Mittelalters und der politischen Renaissance*, Darmstadt 1962, S. 116–132; im Anschluß daran Gurjewitsch, S. 116–161.

36 Ähnlich im altprovenz. *Boeci* (vv. 20–22): »En[s]anzc en dies foren ome fello;/ mal ome fo-ren, aora sunt peior./ Uolg i Boecis metre quastiazo ... In früheren Tagen waren die Menschen gottlos; schlecht waren die Menschen, jetzt sind sie ›noch‹ schlechter. Dagegen wollte Boethi-us mit einer Züchtigung vorgehen ...« Zit. nach: C. Schwarze, *Der altprovenzalische »Boe-ci«,* Münster 1963, S. 163 und S. 38f. Schwarze vermutet Einfluß von 2. Tim 3,13: »Mali au-tem homines et seductores proficient in peius – Mit den bösen Menschen aber und Betrügern wird's je länger, desto ärger: sie verführen und werden verführt.«

II. Geschichte und geschichtliche Gestalten Frankreichs im Mittelalter

1 Eine aktuelle Zusammenschau bietet: *Kleine Geschichte Frankreichs.* Von H.-G. Haupt u.a., hg. v. E. Hinrichs, Stuttgart 1994; dort finden sich auf S. 60f. u. 120f. alle wichtigen Litera-turhinweise zu anderen historischen Darstellungen Frankreichs, insbes.: *Handbuch der eu-ropäischen Geschichte,* hg. v. Th. Schieder, Stuttgart 1976ff. (Bd. 1, »Europa im Wandel von der Antike zum Mittelalter«, 1976, hg. v. Th. Schieffer; Bd. 2, »Europa im Hoch- und Spät-mittelalter«, 1987, hg. v. F. Seibt). Einzelnachweise entfallen im folgenden. Zu den französi-schen Herrscherpersönlichkeiten J. Ehlers, H. Müller u. B. Schneidmüller (Hgg.), *Die fran-zösischen Könige des Mittelalters. Von Odo bis Karl VIII. 888–1498,* München 1996.

2 *Die Germanen. Geschichte und Kultur der germanischen Stämme in Mitteleuropa. Ein Handbuch in zwei Bänden.* Ausgearbeitet von einem Autorenkollektiv unter Leitung von B. Krüger. Bd. II: *Die Stämme und Stammesverbände in der Zeit vom 3. Jahrhundert bis zur Herausbildung der politischen Vorherrschaft der Franken,* Berlin [2]1986, bes. S. 379f.; W. Kienast, *Studien über die französischen Volksstämme des Frühmittelalters,* Stuttgart 1968.

3 Wir stützen uns im folgenden vielfach auf Suchanek-Fröhlich; nützlich auch H.K. Weinert, *Die Kultur Frankreichs.* Teil I: ›Von den Anfängen bis zum Ende des 19. Jahrhunderts‹, Wies-baden 1976.

4 K. Hallinger, *Gorze-Kluny. Studien zu den monastischen Lebensformen und Gegensätzen im Hochmittelalter,* Rom 1950–51, 2 Bde.; É. Magnien, *Cluny. L'Abbaye – la ville – la région. Guide historique et touristique,* Mâcon: Combier, 1961 u.ö.

5 M. Aubert, *Romanische Kathedralen und Klöster in Frankreich.* Unter Mitarbeit von S. Gou-bet. Aus d. Franz. übertr. u. hg. v. J.A. Schmoll gen. Eisenwerth, Wiesbaden 1966.

6 O. v. Simson, *Die gotische Kathedrale. Beiträge zu ihrer Entstehung und Bedeutung.* Mit Ge-nehmigung der Bollingen Foundation Inc., New York, ins Deutsche übers. v. E.R. Knauer und vom Verf. überarbeitet, [2]1972. Reprogr. Nachdr. Darmstadt 1992.

7 J. van der Meulen/ A. Speer, *Die fränkische Königsabtei Saint-Denis – Ostanlage und Kult-geschichte.* Mit Beiträgen von A. Firmenich u. R. Hoyer, Darmstadt 1988.

8 C. Brühl, *Deutschland – Frankreich. Die Geburt zweier Völker,* Köln-Wien 1990. Diese 843 S. umfassende Studie mag gelegentlich zu Widersprüchen herausfordern, ist jedoch wegen der reichhaltigen Literaturbelege auch für den Romanisten eine Fundgrube.

9 Hinzuweisen ist hier auf die materialreiche und klar disponierte Studie von Heim, *Romanen und Germanen in Charlemagnes Reich*; weiterhin H. Thomas, »frenkisk. Zur Geschichte von *theodiscus* und *teutonicus* im Frankenreich des 9. Jahrhunderts«, in: R. Schieffer (Hg.), *Beiträge zur Geschichte des Regnum Francorum. Referate beim Wissenschaftlichen Collo-quium zum 75. Geburtstag von Eugen Ewig am 28. Mai 1988,* Sigmaringen 1990, S. 67–96. Der Vf. vertritt die These, das Wort *theodiscus* sei als wertneutraler Begriff für die fränkische Verhandlungssprache im Jahr 774 (gegen *vulgaris* bzw. *barbarus*) geschaffen worden.

10 Der Name Ile-de-France taucht erst 1429 auf und hängt damit zusammen, daß das Kernland Franziens eine ›Insel‹ bildet, die von fünf Flüssen umgrenzt wird: Marne, Seine, Oise, Thève und Beuvronne. Vgl. A. Longon, »L'Ile-de-France, son origine, ses limites, ses gouverneurs«, in: *Mémoires de la Société de l'Histoire de Paris et de L'Ile-de-France* 1, 1875, S. 1f.

11 Zum ›Topos der süßen Heimat‹, der bei Homer (*Od.* IX,34 f.), Vergil (*Aen.* X,782), Ovid, *ex*

Ponto I,3 usw. immer wieder vorkommt, W. Ziltener, *Chrétien und die Aeneis. Eine Untersuchung des Einflusses von Vergil auf Chrétien von Troyes*, Graz-Köln 1957, S. 12 Anm. 2.

12 M. Waltz, *Rolandslied – Wilhelmslied – Alexiuslied. Zur Struktur und geschichtlichen Bedeutung*, Heidelberg 1965, S. 127 u.ö. Waltz spricht in diesem Zusammenhang von einer »doppelten territorialen Struktur.«

13 Evans, *Das Leben im mittelalterlichen Frankreich*, S. 2 u. 163 (dt. Übers.). Diesem Werk verdanke ich zahlreiche Hinweise und Anregungen. Leider werden die aufgenommenen Zitate nur selten nachgewiesen. Vgl. im vorliegenden Fall: A. Henry, *Les Œuvres d'Adenet le Roi.* Tome V: *Cleomadés*, 2 Bde., Bruxelles: Éd. de l'univ., 1971.

14 *The Old French Crusade Cycle.* Vol. VI: *La Chanson de Jérusalem.* Ed. by N.R. Thorp, Tuscaloosa and London: The Univ. of Alabama Press, 1992, S. 60, Laisse 39: »Et dist li quens de Flandres, ›Se Dex me beneïe,/ Mervelle mai de Deu qui tot a en baillie/ Et le ciel et la terre si con li mons tornie,/ Por qu'il se herbrega en ceste Sinaïe ...‹ – Und da sagte der Graf von Flandern, ›So wahr mich Gott segne,/ Ich wundere mich, daß Gott, dem doch alles gehört,/ Himmel und Erde, so wie die Welt sich dreht, in diesem Land Sinai lebte ...‹ «

15 *Grand Dictionnaire Encyclopédique Larousse 5*, 1983, S. 4477 (Übersichtskarten); F.W. Putzger, *Historischer Weltatlas*, Berlin-Bielefeld [92]1970, S. 42–43 (»Das Reich Karls des Großen [814] – Zerfall des Karolingerreiches«) mit den Nebenkarten Vertrag von Verdun 843, Vertrag von Meersen 870, Verträge von Verdun und Ribemont 879/80, die die Grenzen zwischen dem west- bzw. ostfränkischen Reich deutlich zeigen; S. 44 (»Europa im Hochmittelalter [um 1000]«; S. 50–51 (»Mittel- und Westeuropa zur Zeit der Staufer«); S. 62 (»England, Frankreich und Burgund im 15. Jahrhundert«).

16 W. Wilke, *Die französischen Verkehrsstraßen nach den Chansons de geste*, Halle a.S. 1910 bietet viele Belege und einen guten Überblick über das französische Straßensystem im MA. Am Schluß des Bandes findet sich eine nützliche Überblickskarte.

17 *Histoire des Pays-Bas français. Flandre, Artois, Hainaut, Boulonnais, Cambrésis.* Publ. sous la dir. de L. Trenard, Toulouse: Privat, 1972.

18 *Picardie. Cadre naturel, histoire, art, littérature, langue, économie, traditions populaires*, Le Puy: Bonneton, 1980; *Histoire du Nord. Flandre, Artois, Hainaut, Picardie*, Paris: Hachette, 1978.

19 J. Mabire/ J.-R. Ragache, *Histoire de la Normandie*, Paris: Hachette, 1978.

20 A. Chédeville, *Histoire de la Bretagne*, Paris: PUF, 1993; Y. Brekilien, *Histoire de la Bretagne*, Paris: Hachette, 1977.

21 *Histoire des pays de la Loire. Orléanais, Touraine, Anjou, Maine.* Publ. sous la dir. de F. Lebrun, Toulouse: Privat, 1972.

22 *Histoire de la Champagne.* Publ. sous la dir. de M. Crubellier, Toulouse: Privat, 1975.

23 L. Boehm, *Geschichte Burgunds. Politik, Staatsbildungen, Kultur*, Stuttgart [2]1979; *Histoire de la Bourgone.* Publ. sous la dir. de J. Richard, Toulouse: Privat, 1978.

24 J.M. Tyrrell, *A History of the Estates of Poitou* usw: Mouton, 1968.

25 *Histoire de l'Aquitaine.* Publ. sous la direction de Ch. Higounet, Toulouse 1971–73, 2 Bde.

26 H. Haarmann, *Soziologie und Politik der Sprachen Europas*, München 1975, S. 297–301.

27 A. Borst, *Die Katharer*, Stuttgart 1953.

28 Methodisch interessant der Versuch von L. Struss, *Epische Idealität und historische Realität. Der Albigenserkreuzzug und die Krise der Zeitgeschichtsdarstellung in der occitanischen, altfranzösischen und lateinischen Historiographie*, München 1980, den Gegensatz zwischen ›forme épique‹ und ›fond historique‹ zu überbrücken.

29 Einzelheiten dieser blutige Geschichte finden sich in der *Chanson de la Croisade Albigeoise*, einem provenzalischen Epos: Texte original. Préface de G. Duby ..., Adaptation de H. Gougaud. Introduction de M. Zink, Paris 1989. Begonnen wurde das Epos von einem Anhänger der Kreuzfahrer, beendet von einem Sympathisanten der Albigenser.

30 E. Le Roy Ladurie hat mit seinem Inquisitionsbericht *Montaillou, village occitan de 1294 à 1324*, Paris: Gallimard, 1975 ein äußerst spannendes Dokument ediert. Der Inquisitor Jacques Fournier hat sich ein Dorf vorgenommen und es auf katharisches Gedankengut hin aus-

spioniert; seinem Auge bleibt nichts verborgen, und dieser Bericht ist ein mentalitätsge-schichtliches Dokument erster Ordnung.

31 Ed. R. Buchner; Einzelheiten zum Thema bei R. Folz, *Le Souvenir et la légende de Charle-magne dans l'Empire germanique médiéval*, Paris: Belles Lettres, 1950.

32 F. Sieburg, *Französische Geschichte*. Ausg. mit Bildern. Mit einem Schlußkapitel Von der »Vierten zur Fünften Republik« von N. Benckiser, Frankfurt a.M. ²1964, S. 10–13. Wir fol-gen ein Stück weit seiner ironischen Ausdrucksweise.

33 Ed. Buchner I,119.– Dieses »Mitis depone colla, Sigamber; adora quod incendisti, incende quod adorasti« ist sprichwörtlich geworden.

34 P.J. Geary, *Die Merowinger. Europa vor Karl dem Großen*. Aus dem Englischen von U. Scholz, München 1996 versteht den Übergang von der Spätantike zum Mittelalter als »Bar-barisierung der Römer und Romanisierung der Barbaren.«

35 *Der Große Ploetz*, S. 343–347; *Frankreich Ploetz*. Französische Geschichte zum Nachschla-gen. Von W. Loth u.a., Freiburg-Würzburg ³1993.

36 P. Wunderli, »Variationen des Karlsbildes in der altfranzösischen Epik«, in: H. Siepmann/ F.-R. Hausmann (Hgg.), *Vom ›Rolandslied‹ zum ›Namen der Rose‹*, Bonn 1987, S. 65–84.

37 E. Köhler, *›Conseil des barons‹ und ›jugement des barons‹. Epische Fatalität und Feudalrecht im altfranzösischen Rolandslied*, Heidelberg 1968.

38 »Episches Ausspekulieren und synchronische Geschichte«, in: *Romanistische Zeitschrift für Literaturgeschichte* 1, 1977, S. 234–241.

39 *Rückzug in epischer Parade*, Frankfurt a.M. 1963.

40 Einen weiteren analogen Beleg finden wir in *Doon de Maience*, ed. Mölk, Nr. 16, S. 13–15, hier S. 14, wo es heißt: »Bien le sevent pluisieurs, il n'y a point doubtance,/ Que jadis ot trois gestes an royalme de France:/ Charlemainne en fut l'unne, sans nule variance,/ Et Garin de Montglenne fut l'aultre, sans doubtance,/ Et la tierce dez gestes, dont no livre commence,/ Fut le bon Doelin, dont issi mainte branche,/ Qui moult firent paiens anoy, paine et grevance,/ Decha mer et dela et en mainte tenance – Und die meisten wissen genau, darüber gibt es kei-nen Zweifel,/ daß es einst im Königreich Frankreich drei ›Gesten‹ gab:/ Die erste bildete un-bestritten Karl der Große;/ Garin de Montglenne, zweifellos, die zweite,/ und die dritte Ge-ste, mit der unser Buch beginnt,/ handelte vom guten Doelin, von dem manche Sippe ab-stammte,/ die den Heiden diesseits und jenseits des Meeres in zahlreichen ihrer Besitztümer/ viel Ärger, Kummer und Beschwernis bereitete.«

41 Frenzel, *Stoffe*, S. 654–657; H. Rempel, *Die Rolandstatuen. Herkunft und geschichtliche Wandlung*, Darmstadt 1989.– Die auffällige Zahl von Onkeln und Neffen in der altfranz. Epik erläutert D. Kullmann, *Verwandtschaft in epischer Dichtung. Untersuchungen zu den französischen ›chansons de geste‹ und Romanen des 12. Jahrhunderts*, Tübingen 1992, S. 112 u.ö. Ihre Erklärung ist allerdings unbefriedigend: Söhne kämen nicht in Frage, der Generati-onsunterschied impliziere ein zu geringes Alter; Söhne waren Kinder, die man zu Hause ließ. »Das bedeutet, daß die Neffen kein Motiv mit einer besonderen Bedeutung darstellen und auch die Häufigkeit, mit der sie vorkommen, nicht erklärungsbedürftig ist« (S. 112). Was würde die Psychoanalyse dazu sagen?

42 W.-D. Lange geht in diesem Beitrag davon aus, die älteste bekannte Version des *Rolandslie-des* (Oxforder Handschrift) sei erst um 1100 fixiert worden.

43 J. Grès-Gayer, »Gallicanisme«, in: Ph. Levillain (Hg.), *Dictionnaire historique de la papauté*, Paris: Fayard, 1994, S. 713–717.

44 J. Ehlers, »Politik und Heiligenverehrung in Frankreich«, in: J. Petersohn (Hg.), *Politik und Heiligenverehrung im Hochmittelalter*, Sigmaringen 1994, S. 149–176, hier S. 152ff.

45 *Doon de Maience. Chanson de geste*. Publiée pour la première fois d'après les manuscrits de Montpellier et de Paris, par M.A. Pey, Paris: F. Vieweg, 1859. Reprint Nendeln: Krauss, 1966, S. 348 (Ms. c).

46 P.E. Schramm, *Der König von Frankreich. Das Wesen der Monarchie vom 9. bis zum 16. Jahrhundert. Ein Kapitel aus der Geschichte des abendländischen Staates*, Weimar 1939, (Bd. 1: Text; Bd. 2: Anhänge, Anmerkungen, Register), hier I,204ff.; ders., *Herrschaftszeichen und*

Staatssymbolik. Beiträge zu ihrer Geschichte vom dritten bis zum sechzehnten Jahrhundert, 3 Bde., Stuttgart 1954–1956, S. 682f.

47　A. Tobler/ E. Lommatzsch, *Altfranzösisches Wörterbuch*, Wiesbaden 1954, III,1294 (essaucier).

48　Th. Walter, *Die altfranzösischen Dichtungen vom Helden im Kloster*, Phil. Diss. Tübingen 1910.

49　D.A. Trotter, *Medieval French Literature and the Crusades (1100–1300)*, Genève: Droz, 1988; Wentzlaff-Eggebert, passim; *LexMA* 5,1508–1525.

50　*A History of the Crusades*, Cambridge Univ. Press 1951–54, 3 Bde.; dt. München 1957–1960.

51　*Idee und Wirklichkeit der Kreuzzüge*, Germering b. München 1965; ders., *Geschichte der Kreuzzüge*, Stuttgart 1965; ders., *Bibliographie zur Geschichte der Kreuzzüge*, Hannover [2]1965.

52　Weiterhin C. Erdmann, *Die Entstehung der Kreuzzugsgedanken*, Stuttgart 1935. Repr. Nachdruck Darmstadt 1955; Stuttgart 1965.

53　J. Hartmann, *Die Persönlichkeit des Sultans Saladin im Urteil der abendländischen Quellen*, Berlin 1933; *LAW* 516.

54　*Der Grosse Ploetz*, S. 1062–1074; *EnzMA* 299.

55　H. Pirenne, *Mohammed und Karl der Große. Untergang der Antike am Mittelmeer und Aufstieg des germanischen Mittelalters*. Mit einem Nachwort von D. Diner, Frankfurt a.M. 1985; P.E. Hübinger (Hg.), *Bedeutung und Rolle des Islam*, Darmstadt 1968.

56　*Les musulmans dans les chansons de geste du Cycle du roi*, Thèse Aix-en-Provence, Marseille 1982, 2 Bde.

57　M. Borgolte, *Der Gesandtentausch der Karolinger mit den Abbasiden und mit den Patriarchen von Jerusalem*, München 1976.

58　*Der Große Ploetz*, S. 380–386; *EnzMA* 114–118; F. Dölger, *Byzanz und die europäische Staatenwelt. Ausgewählte Vorträge und Aufsätze*, Ettal [2]1967; Besson, S. 53–60.

59　E. Köhler, »Byzanz und die Literatur der Romania«, in: *GRLMA* I (1972), Kap. VII, S. 396–407; H. Grégoire et R. De Keyser, »La Chanson de Roland et Byzance ou de l'utilité du grec pour les romanistes«, in: *Byzantion* 14, 1939, S. 265–315.

60　H.-J. Neuschäfer, »*Le Voyage de Charlemagne en Orient* als Parodie der Chanson de Geste. Untersuchungen zur Epenparodie im Mittelalter (I)«, in: *Romanistisches Jahrbuch* 10, 1959, S. 78–102. N. glaubt, das Werk sei eine französische Reaktion auf die Heiligsprechung Karls des Großen am 8. Januar 1166 im Dom zu Aachen. »Es wäre immerhin sehr gut denkbar, daß man es in Frankreich nicht gern sah, wie Karl, der Stammvater der nationalen französischen Heldendichtung, nun auch noch in Deutschland, wo er das Vorbild Barbarossas ist, kanonisiert und damit gleichsam zum Hausheiligen des deutschen Kaisertums erhoben wird.« (S. 100f.)

61　A. Kendall, *Medieval Pilgrims*, London: Wayland/ New York: Putnam, [2]1972.

62　F. Hassauer, *Santiago: Schrift, Körper, Raum, Reise; eine medienhistorische Rekonstruktion*, München 1993.

63　F.-G. Maier, *Cypern, Insel am Kreuzweg der Geschichte*, Stuttgart 1964; D. Alastos, *Cyprus in History: A Survey of 5000 Years*, London: Zeno, [2]1977.

64　H.H. Ben-Sasson, *Geschichte des jüdischen Volkes. Von den Anfängen bis zur Gegenwart*, München 1992, S. 473f.

65　G.A. Campbell, *Die Tempelritter*, Stuttgart 1938; H. Neu, *Bibliographie des Templer-Ordens, 1927–1965*. Mit Erg. zur Bibliogr. von M. Dessubre, Bonn 1965.

66　R. Pernoud (Hg.), *Die Kreuzzüge in Augenzeugenberichten*, Düsseldorf 1961.

67　C.Th.J. Dijkstra, *La chanson de croisade. Étude thématique d'un genre hybride*, Amsterdam: Schiphouwer, 1995. Der Autor unterscheidet drei Arten von Kreuzliedern: »la chanson d'appel à la croisade (L'*Aufrufslied*), la chanson de départie à sujet masculin et la chanson de départie à sujet féminin.« Diese Subgenera seien mit dem Aufkommen der Kreuzzugsbewegung in das durchlässige lyrische Gattungsgefüge neu aufgenommen worden.

68 Ph. Henderson, *Richard Cœur de Lion, a biography*, London: R. Hale, 1958; J.T. Appleby, *England without Richard, 1189–1199*, Ithaca, NY: Cornell Univ. Press, 1965.
69 G. Paris, *Itinéraires à Jérusalem et descriptions de la Terre Sainte rédigées en français au XIᵉ, XIIᵉ et XIIIᵉ siècle*, éd. H. Michelant et G. Raynaud, Genf 1882.

III. Stände, Institutionen und Landesbeschaffenheit

1   G. Duby, *Guerriers et paysans VI-XIIᵉ siècle. Premier essor de l'économie européenne*, Paris: Gallimard, 1973; ders., *Les trois ordres ou l'imaginaire du féodalisme*, Paris: Gallimard, 1978.
2   *DLF* 1247–1248; R. Mohl, *The Three Estates in Medieval and Renaissance Literature*, New-York: Columbia Univ. Press, 1933.
3   J.M. van Winter, *Rittertum. Ideal und Wirklichkeit*, München 1969, darin vor allem S. 80f.
4   D. Peil, *Der Streit der Glieder mit dem Magen. Studien zur Überlieferungsgeschichte der Fabel des Menenius Agrippa von der Antike bis ins 20. Jahrhundert*, Frankfurt a.M. usw. 1985, S. 57f.; zuvor schon H. Gombel, *Die Fabel ›Vom Magen und den Gliedern‹ in der Weltliteratur (mit besonderer Berücksichtigung der romanischen Fabelliteratur)*, Halle a.S. 1934.
5   A. Borst (Hg.), *Das Rittertum im Mittelalter*, Darmstadt ²1989; Bumke, S. 34–82; G. Althoff, »Nunc fiant Christi milites, qui dudum extiterunt raptores. Zur Entstehung von Rittertum und Ritterethos«, in: *Saeculum* 32, 1981, S. 317–333.
6   G. Cohen, *Histoire de la chevalerie en France au Moyen Âge*, Paris: Richard-Masse, 1949 (mit zahlreichen Abb.); F.L. Ganshof, *Was ist das Lehnswesen? (Qu'est-ce que la féodalité?, deutsch)*. Aus d. Franz. übers. v. Ruth u. Dieter Groh, 2., rev. dt. Aufl., Darmstadt 1967.
7   K.O. Brogsitter, »Miles, chevalier und ritter«, in: *Festschrift Werner Betz*, Tübingen 1977, S. 421–435.
8   G. Eifler (Hg.), *Ritterliches Tugendsystem*, Darmstadt 1970.
9   M. Beinhauer, *Ritterliche Tapferkeitsbegriffe in den altfranzösischen Chansons de geste des 12. Jahrhunderts. Ein Beitrag zur Untersuchung der ritterlichen Tugendbezeichnungen*, Phil. Diss. Köln, 1956. Die Vf. legt ihrer Untersuchung *Gormont et Isembart, Chanson de Roland, Le Couronnement de Louis, Le Charroi de Nîmes, La Prise d'Orange, Moniage Guillaume* und *Le Pèlerinage de Charlemagne* zugrunde. Ihre Schlüsselbegriffe sind: »baron, ber, barnage, chevaleros, chevalier, cointe, corage, hardement, hardi, proece, proz, prozdom, vaillant, vassal, vasselage.« Raoul de Houdenc fordert in seinem viel gelesenen Lehrgedicht *Le Roman des Eles* vor allem *prouesse, largesse* und *courtoisie* (Ed. Majorano, S. 63f.).
10 G.J. Brault, *Early Blazon: Heraldic Terminology in the Twelfth and Thirteenth Centuries with Special Reference to Arthurian Literature*, Oxford: Clarendon Press, 1972.
11 Zum rituellen Spielcharakter der Ritterkultur, der im Spätmittelalter immer deutlicher hervortritt und sich insbesondere im Turnierwesen niederschlägt, vgl. M. Stanesco, *Jeux d'errance du chevalier médiéval. Aspects ludiques de la fonction guerrière dans la littérature du Moyen Âge flamboyant*, Leiden usw.: Brill, 1988.
12 R.L. Kilgour, *The Decline of Chivalry as shown in the French Literature of the Late Middle Ages*, Gloucester, Mass.: Peter Smith, 1966.
13 A. Bomba, *Chansons de geste und französisches Nationalbewußtsein im Mittelalter*, Wiesbaden-Stuttgart 1987, S. 53ff.
14 *DLF* 332; *Les rédactions en vers du Couronnement de Louis*, éd. Y.G. Lepage, Genève: Droz, 1978; *Le Couronnement de Louis, Chanson de geste du XIIIᵉ siècle*, trad. A. Lanly, Paris 1969; *Wilhelmsepen*, Ed. Heintze/Hesse.
15 Zur Rolle der Frau in der Feudalgesellschaft vgl. G. Duby, *Le chevalier, la femme et le prêtre. Le mariage dans la France féodale*, Paris: Hachette, 1981; auch dt. Frankfurt a.M. 1985.
16 M. Heintze, *König, Held und Sippe. Untersuchungen zur Chanson de geste des 13. und 14.*

Jahrhunderts und ihrer Zyklenbildung, Heidelberg 1991.

17 Vgl. die ausführliche Einleitung von Schöler-Beinhauer, S. 7–65, die auch die einschlägige Forschungsliteratur erschließt. Immer noch wichtig: W. Kellermann, *Aufbaustil und Weltbild Chrestiens von Troyes im Percevalroman*, Halle a.S. 1936, S. 156f.; Olef-Krafft, S. 529f.

18 *DLF* 1087; St. Jauernick, *Das theoretische Bild des Rittertums in der altfranzösischen Literatur*, (Koblenz), Phil. Diss., (o.J., o.O.); Raoul de Hodenc, Edd. Busby bzw. Majorano.

19 H.-D. Mauritz, *Der Ritter im magischen Reich. Märchenelemente im französischen Abenteuerroman des 12. und 13. Jahrhunderts*, Bern-Frankfurt a.M. 1974, Kap. IV; *SWB* 69–70.

20 W. Hotz, *Kleine Kunstgeschichte der deutschen Burg*, Darmstadt 1965; G. Fournier, *Le Château dans la France médiévale. Essai de sociologie monumentale*, Paris/ Poitiers: Aubier-Montaigne, 1978; Bumke, S. 137–171.

21 *Recueil de contes en vers, du XIIe siècle*, éd. Herbers, Paris 1856, Bibl. Elzév., S. 334; zit. nach Schultz I,20. *KLL* 20,8742–8743 (*Sindbād-nāme*) nennt eine andere Ausg. von 1856 (*Li romans de Dolopathos*, ed. A. de Montaiglon). Es handelt sich um einen der beliebtesten Stoffe des MA.s, vgl. Frenzel, *Motive*, S. 160–170 (›Die verschmähte Frau‹).

22 *Le Régime du corps de Maître Aldebrandin de Sienne, texte français du XIIIe siècle*, ed. L. Landouzy et R. Pépin, Paris 1911.

23 *DLF* 1010–1011; *Manger et boire au Moyen Âge*, Paris 1984 (Publ. Fac. Lettres et Sc. humaines de Nice, 27–28), 2 Bde.; vgl. Ed. Brereton/Ferrier/Ueltschi, passim, vor allem S. 538f.

24 K. Becker, »Aspekte des Fachschrifttums in der spätmittelalterlichen Dichtung Frankreichs«, in: G. Mensching/ K.-H. Röntgen (Hgg.), *Studien zu romanischen Fachtexten aus Mittelalter und früher Neuzeit*, Hildesheim usw. 1995, S. 11–27.

25 H.A. Smith, »La femme dans les Chansons de geste«, in: *Colorado Coll. Stud.* 9, 1904, S. 6–24; A.S. de Feo, »La donna nelle *chansons de geste*, ed Alda la bella«, in: *Rivista d'Italia* 10, S. 9ff.; S. Gaunt, *Gender and Genre in Medieval French Literature*, Cambridge: Univ. Press, 1995.

26 Bumke, S. 110f. und Literaturangaben S. 818 f.; ders., *Die romanisch-deutschen Literaturbeziehungen im Mittelalter. Ein Überblick*, Heidelberg 1967.

27 F. Prinz, *Frühes Mönchtum im Frankenreich. Kultur und Gesellschaft in Gallien, den Rheinlanden und Bayern am Beispiel der monastischen Entwicklung (4. bis 8. Jahrhundert)*, Darmstadt ²1988.

28 »Und zum Manne sprach er: Weil du gehorcht hast der Stimme deines Weibes und gegessen von dem Baum, von dem ich dir gebot und sprach: Du sollst nicht davon essen –, verflucht sei der Acker um deinetwillen! Mit Mühsal sollst du dich von ihm nähren dein Leben lang.«

29 »Als nun Noah erwachte von seinem Rausch und erfuhr, was ihm sein jüngster Sohn angetan hatte, sprach er: Verflucht sei Kanaan und sei seinen Brüdern ein Knecht aller Knechte!«

30 Montaiglon/Raynaud II,148–156; *Poèmes français sur les biens d'un ménage depuis l'Oustillement au vilain du XIIIe siècle jusqu'aux Controverses de Gratien du Pont*, éd. U. Nyström, Helsinki 1940; M.-T. Lorcin, »De l'oustillement au vilain ou l'inventaire sans ratonlaveur«, in: *Revue historique* 1985, S. 321–339; *DLF* 1093.

31 *DLF* 1206–1207; *Hundert altfranzösische Bauernsprüche*. Nach A. Toblers Ausg. der PROVERBES AV VILAIN (1895). Ausgew. u. mit Glossar versehen v. E. Lommatzsch, Tübingen ²1955; Langlois 2,27–46.

32 M. Zink, *La pastourelle. Poésie et folklore au Moyen Âge*, Paris-Montréal 1972.

33 G. Belz, *Die Münzbezeichnungen in der altfranzösischen Literatur*, Phil. Diss. Straßburg 1914.

34 J. Le Goff, *Das Hochmittelalter*, Frankfurt a.M. 1965, S. 23ff.

35 M. Stauffer, *Der Wald. Zur Darstellung und Deutung der Natur im Mittelalter*, Bern 1959; M. Jansen, *Un retour secret vers la forêt. Wald, Park und Natur in der französischen Literatur des 18. Jahrhunderts*, Bonn 1992.

36 Eine religiöse Bewegung, die sich in Westfrankreich im 10. Jh. als Reaktion gegen die feudale Anarchie herausbildete. Da die Idee eines permanenten Friedens unrealistisch war, wurde die sog. *treuga Dei* (Waffenruhe Gottes) erlassen, die Angriffe auf Kleriker und Unbewaffne-

te verbot und die Kriegsführung auf gewisse Jahreszeiten und drei Tage in der Woche einschränkte.

37 L. Olschki, *Paris nach den altfranzösischen nationalen Epen. Topographie, Stadtgeschichte und lokale Sagen*, Heidelberg 1913, S. 27f.

38 M. Zimmermann, *Vom Hausbuch zur Novelle. Didaktische und erzählende Prosa im Frankreich des späten Mittelalters*, Düsseldorf 1989; Ed. Brereton/Ferrier/Ueltschi.

IV. Die Wissenschaften: Mikrokosmos und Makrokosmos

1   Ehlers, passim; *LexMA* 5,1207–1211 hebt, vom deutschen Sprachgebrauch ausgehend, allzu sehr auf die kirchlichen Funktionen ab.

2   H. Grundmann, »Litteratus – illitteratus. Der Wandel einer Bildungsnorm vom Altertum zum Mittelalter«, in: *Archiv für Kulturgeschichte* 40, 1971, S. 1–65.

3   E. Schubert, *Fahrendes Volk im Mittelalter*, Bielefeld 1995.

4   E. Faral, »Les débats du Clerc et du Chevalier dans la littérature française des XIIe et XIIIe siècles«, in: *Romania* 41, 1912, S. 473–517.

5   *Arbeit, Musse, Meditation. Betrachtungen zur ›Vita activa‹ und ›Vita contemplativa‹*, hg. v. B. Vickers (Centre for Renaissance Studies ETH Zürich), Zürich 1985.

6   Volkssprachlich vgl. *Le Débat du Clerc et du Chevalier*, Bossuat 2798–2800, bzw. *DLF* 375; weiterhin Curtius, *ELLMA*, S. 186 ff. »Waffen und Wissenschaften.« Im ersten Text, der die mittellat. *Altercatio Phyllidis et Florae* bzw. das *Liebeskonzil von Remiremont* fortsetzt, geht es um die Frage, ob eine Frau sich einen Miles oder einen Clericus als Geliebten suchen solle; vgl. D. Ruhe, *Le Dieu d'Amours avec son Paradis. Untersuchungen zur Mythenbildung um Amor in Spätantike und Mittelalter*, München 1974.

7   *LexMA* 1,1058–1065; *HWBPh* 1,531–535; *HWBRh* 1,1080–1109; 1109–1114; C. Segre, »Le forme e le tradizioni didattiche«, in: *GRLMA* VI,1, S. 58–145, bes. S. 116f.

8   E. Ruhe, »Les plumes du paon et le mouton assimilé. Zum Problem der Originalität im Mittelalter«, in: E. Ruhe u. R. Behrens (Hgg.), *Mittelalterbilder aus neuer Perspektive. Diskussionsanstöße zu amour courtois, Subjektivität in der Dichtung und Strategien des Erzählens*, München 1985, S. 194–209. Ruhe zit. den Prolog des *Tournoiement de l'Antéchrist* von Huon de Méry (1234/5).

9   M. Irvine, *The Making of Textual Culture. ›Grammatica‹ and Literary Theory, 350–1100*, Cambridge: Univ. Press, 1994.

10 *Wissenschaft im Mittelalter. Ausstellung von Handschriften und Inkunabeln der Österreichischen Nationalbibliothek Prunksaal 1975*, ed. O. Mazal, E. Irblich, I. Németh, Graz [2]1980 beschreibt S. 71ff. zwei Handschriften von Martianus Capella und liefert weitere Literaturangaben; J.J. Murphy, *Rhetoric in the Middle Ages*, Berkeley: Univ. of California Press, 1974, passim.

11 *DLF* 808–809; A. Långfors (Hg.), *Le Mariage des sept arts par Jehan le Teinturier d'Arras, suivi d'une version anonyme. Poèmes français du XIIIe*, Paris 1923. Ältere Ausg. in: *Histoire litt. de la France* XXIII, S. 219 ff.

12 G. Steer, »Imagines mundi-Texte als Beitrag zur Ausformung eines laikalen Weltbildes im Spätmittelalter«, in: N.R. Wolf (Hg.), *Wissensorganisierende und wissensvermittelnde Literatur im Mittelalter. Perspektiven ihrer Erforschung. Kolloquium 5.–7. Dezember 1985*, Wiesbaden 1989, S. 23–33.

13 P. Classen, *Studium und Gesellschaft im Mittelalter*. Hg. v. J. Fried, Stuttgart 1983.

14 *DLF* 588–590. Er ist der Vf. einer Autobiographie *De vita sua sive monodiarum libri*, éd. et trad. française E.R. Labande, G. de Nogent, *Autobiographie*, Paris: Société d'édition ›Les Belles Lettres‹, 1981, S. 30: »Nam cum aequevi mei passim ad libitum vagarentur, et eis debitae secundum tempus facultatis frena paterent, ego, ab hujusmodi per sedulas coercitiones inhibitus, clericaliter infulatus sedebam, et cuneos ludentium quasi peritum animal spectabam ...

Et cum mihi ita institeret, et ingeniolum meum prae tanta instantia quisque adintuens exacui plurimum crederet, spes omnium cassabatur.«

15 Ph. Ariès, *Geschichte der Kindheit*. Mit einem Vorwort von H. von Hentig, München [8]1988, S. 221f., bes. S. 244f. (über die Kollegs).

16 C. Thomasset, »La Médecine«, in: *GRLMA* VIII,1, S. 310–320.

17 *EnzMA* 501; H. Mitteis, *Lehnrecht und Staatsgewalt. Untersuchungen zur mittelalterlichen Verfassungsgeschichte*, 1933; Reprint Darmstadt 1958; H.E. Feine, *Kirchliche Rechtsgeschichte*, Bd. 1, Köln-Graz 1964; K. Kroeschell, *Deutsche Rechtsgeschichte*, Opladen [7]1985, 2 Bde.

18 Vgl. *Livre de jostice et de plet* (ca. 1260), das aus 342 Abschnitten besteht, von denen 200 eine fast wörtliche Übersetzung der Digesten sind; aber auch Teile der Dekretalien sind in dieses aus der Schule von Orléans hervorgehende Handbuch für die Praxis aufgenommen. Wichtig ist die prokönigliche Tendenz: »Ce que plest au prince vaut loi, ausint com se toz li peuples donoit tout son poer et son commandement a la loi que li rois envoie – Was dem Fürsten gefällt, ist so gut wie Recht, genauso als ob das ganze Volk dem Gesetz, das der König erläßt, seine ganze Macht und Befehlsgewalt abträte«, (*DLF* 955–958).

19 Die Schriften der wichtigsten Salernitaner Ärzte wurden ins Französische übersetzt, z.B. Matthaeus Platearius, *Liber de simplici medicina* oder Rogerius filius Frugardi (Roger de Salerne), *Practica chirurgica* (*DLF* 1004–1005; 1297–1298).

20 *LexMA* 5,211–213 (mit Zuordnung der vier Elemente Luft, Feuer, Erde, Wasser; der Körperteile Herz, Leber, Milz, Hirn; der Farben rot, gelb, schwarz, weiß; der Lebensalter Jüngling, Mann, Greis, Kind; der Jahreszeiten Frühling, Sommer, Herbst, Winter; der Gestirne Jupiter, Mars, Saturn, Mond zu den Säften Blut, Galle, schwarze Galle, Schleim).

21 G. Mannheimer, »Etwas über die Ärzte im alten Frankreich«, in: *Romanische Forschungen* 6, 1891, S. 581–614.

22 Alanus ab Insulis, *Liber de planctu naturae* (PL 210, col. 444) sagt z.B.: »Deus rem auctoritate disponit; angelus actione componit; homo se operantis voluntati supponit – Gott ordnet die Dinge mit seiner Autorität; der Engel setzt sie durch sein Tun zusammen [=bewirkt sie]; der Mensch unterwirft sich dem Willen des Schöpfers.«

23 *HWRh* 1,1040–1046; F.J. Worstbrock, »Die Frühzeit der Ars dictandi in Frankreich«, in: H. Keller, K. Grubmüller und N. Staubach (Hgg.), *Pragmatische Schriftlichkeit im Mittelalter. Erscheinungsformen und Entwicklungsstufen. (Akten des Internationalen Kolloquiums 17.–19. Mai 1989)*, München 1992, S. 131–156.

24 *LexMA* 5,1021–1024; R. Simek, *Erde und Kosmos im Mittelalter. Das Weltbild vor Kolumbus*, München 1992; A.-D. von den Brincken, »*Fines Terrae« – Die Enden der Erde und der vierte Kontinent auf mittelalterlichen Weltkarten*, Hannover 1992.

25 *DLF* 1491–1497; P. Wunderli (Hg.), *Reisen in reale und mythische Ferne. Reiseliteratur in Mittelalter und Renaissance*, Düsseldorf 1993.

26 *SWB* 466; J.G. Leithäuser, *Mappae Mundi. Die geistige Eroberung der Welt*, Berlin 1958, S. 43f.

27 D.D.R. Owen, *The Vision of Hell. Infernal Journeys in Medieval French Literature*, Edinburgh & London: Scottish Academic Press, 1970.

28 F.-R. Hausmann, »Dantes Kosmographie – Jerusalem als Nabel der Welt«, in: *Deutsches Dante Jahrbuch* 63, 1988, S. 7–46 (mit reichlichem Bildmaterial und weiterführender Literatur).

29 F. Hassauer, »Volkssprachliche Reiseliteratur: Faszination des Reisens und räumlicher ordo«, in: *GRLMA* XI,1, S. 259–283.

30 *DLF* 555–556 (éd. de O.H. Prior, Lausanne-Paris 1913; N. Fahs, Berkeley, 1936). Die Prior'sche Ausg. ist mit zahlreichen Diagrammen versehen, die den Aufbau der Welt gut veranschaulichen und sich bereits in den Handschriften befinden: »Ci commence li chapitre du romanz mestre Gossouin qui est apelez ymage du monde. Ce livre de clergie, que l'en apele l'ymage dou monde, qui est translatez de latin en rommanz, contien .LV. chapistre et .XXVIII. figures, sanz quoi li libres ne porroit estre legierement entenduz, qui est devisez en .III. par-

ties ...« Der erste Teil behandelt die Erschaffung der Welt, die Rolle des Menschen und die Einsetzung der Sieben Freien Künste; der zweite liefert eine geographische Einteilung der Erdkugel unter besonderer Berücksichtigung von Indien, wo das Paradies angesiedelt ist; die Tiere und Pflanzen, die sich auf Erden finden, werden klassifiziert, desgleichen die Elemente. Der dritte Teil gilt dem Planetensystem.

31 P. Jezler (Hg.), *Himmel, Hölle, Fegefeuer. Das Jenseits im Mittelalter*. Eine Ausstellung des Schweizerischen Landesmuseums in Zusammenarbeit mit dem Schnütgen-Museum und der Mittelalterabteilung des Wallraf-Richartz-Museums der Stadt Köln, Zürich [2]1994.

V. Latein und Volkssprache – das literarische Publikum

1 J. Marouzeau, *Das Latein – Gestalt und Geschichte einer Weltsprache*, München 1969; Bodmer, S. 360–403.

2 G. Devoto, *Geschichte der Sprache Roms*, aus dem Ital. übertr. v. I. Opelt, Heidelberg 1968, Kap. X u. XI.

3 Langosch, *Lateinisches Mittelalter*, passim; ders., *Mittellatein und Europa*, Darmstadt 1990; P.G.Schmidt, *Das Interesse an mittellateinischer Literatur*, Freiburg Schweiz 1995.

4 Es gelang mir bisher nicht, das Zitat nachzuweisen. Es scheint sich um eine Abänderung von Cicero, *Arch.* 10 zu handeln:»Graeca leguntur in omnibus fere gentibus«, zit. nach Forcellini, *Totius latinitatis lexicon* 3,228. Vgl. O. Mazal (Hg.), *Byzanz und das Abendland. Katalog einer Ausstellung der Handschriften- und Inkunabelsammlung der Österreichischen Nationalbibliothek*. Mit einem Geleitwort von Generaldirektor Dr. J. Zeßner-Spitzenberg. Prunksaal 25. Mai – 10. Oktober 1981, Wien 1981, passim.

5 K. Vossler, *Einführung ins Vulgärlatein*, hg. u. bearb. v. H. Schmeck, München (1953), vor allem S. 55f.; Berschin/ Felixberger/ Goebl, passim.

6 Gute Zusammenstellung bei M. C. Diaz y Diaz, *Antología del latín vulgar*, Madrid: Gredos, 1950.

7 H. Rönsch, *Itala und Vulgata. Das Sprachidiom der urchristlichen Itala und der katholischen Vulgata unter Berücksichtigung der römischen Volkssprache durch Beispiele erläutert*, München [2]1965.

8 E. Löfstedt, *Philologischer Kommentar zur Peregrinatio Aetheriae. Untersuchungen zur Geschichte der lateinischen Sprache*, Oxford-Uppsala-Leipzig [2]1936.

9 L. Renzi, *Einführung in die romanische Sprachwissenschaft*, hg. v. G. Ineichen, Tübingen 1980, bes. S. 68–124.

10 M. Cohen, *Histoire d'une langue: Le Français (des lointaines origines à nos jours)*, Paris: Éd. Sociales, [4]1973, passim; Berschin/ Felixberger/ Goebl, S. 169f.

11 Berschin/ Felixberger/ Goebl, S. 183; R. Copeland, *Rhetoric, Hermeneutics, and Translations in the Middle Ages. Academic Traditions and Vernacular Texts*, Cambridge: Univ. Press, 1995.

12 F. Brunot, *Histoire de la langue française des origines à 1900*. Tome I: ›De l'époque latine à la Renaissance‹, Paris: Armand Colin, [3]1924, S. 135f. (mit Abb.); *DLF* 1374–1375; M. Zink, *Littérature française du Moyen Age*, Paris: PUF, 1992, S. 27f.; Berschin/ Felixberger/ Goebl, S. 183f.; R. Baum, »Die Geburt des Französischen aus dem Geist der Übersetzung«, in: W. Hirdt (Hg.), *Übersetzen im Wandel der Zeit. Probleme und Perspektiven des deutsch-französischen Literaturaustausches*, Tübingen 1995, S. 21–63.

13 Guten Einblick gewährt: *Poésie latine chrétienne du Moyen Age IIIe-XVe siècle*. Textes recueillis, traduits et commentés par H. Spitzmuller, Bruges: Desclée de Brouwer, 1971.

14 H. Quirin, *Einführung in das Studium der mittelalterlichen Geschichte ...*, Braunschweig [3]1964, S. 110f., 153f.

15 K. Langosch, *Profile des lateinischen Mittelalters. Geschichtliche Bilder aus dem europäischen Geistesleben*, Darmstadt 1965.

16 M. Manitius (unter P. Lehmanns Mitwirkung), *Geschichte der lateinischen Literatur des Mittelalters*, München 1911–1931, 3 Bde.; F. Brunhölzl, *Geschichte der lateinischen Literatur des Mittelalters*, München 1975–1992, 2 Bde. (Bd. 1: ›Von Cassiodor bis zum Ausklang der karolingischen Erneuerung‹; Bd. 2: ›Die Zwischenzeit vom Ausgang des karolingischen Zeitalters bis zur Mitte des elften Jahrhunderts‹); immer noch nützlich G. Gröber, *Übersicht über die lateinische Litteratur von der Mitte des VI. Jahrhunderts bis zur Mitte des XIV. Jahrhunderts*, München o.J. (Nachdruck aus dem Grundriß der romanischen Philologie, hg. v. G. Gröber, II. Bd., 1. Abt., Straßburg 1902).

17 B. Bischoff, »Die mittellateinische Literatur«, in: *KLL* 1, S. 138–144.

18 Weitere Hinweise Curtius, *ELLMA*, S. 228 A. 2: »in libris explanandis VII antiqui requirebant: auctorem, titulum operis, carminis qualitatem, scribentis intentionem, ordinem, numerum librorum, explanationem; sed moderni IV requirenda censuerunt: operis materiam, scribentis intentionem, finalem causam et cui parti philosophiae subponatur quod scribitur – die Alten verlangten bei der Erklärung der Bücher sieben Punkte: Verfasser, Titel des Werks, Qualität des Gedichts (gem. ist wohl die metrische Analyse), Absicht des Schreibenden, Aufbau, Zahl der Bücher, Interpretation; aber die Modernen glaubten, sie müßten nur vier Punkte verlangen: Stoff des Werks, Absicht des Verfassers, Endziel und welchem Teil der Philosophie das Geschriebene zugeordnet werden soll.« Weiterhin Brinkmann, S. 4–9, 303f., 361–368, 402–404; P. Klopsch, *Einführung in die Dichtungslehren des lateinischen Mittelalters*, Darmstadt 1980, S. 48ff.

19 G. Highet, *The Classical Tradition. Greek and Roman Influences on Western Literature*, Oxford: Clarendon Press, [2]1953, S. 48–69.

20 *DLF* 1481–1483; Curtius, *ELLMA*, S. 197–200 u. 454; G. Lobrichon, »Saint Virgile auxerrois et les avatars de la IVe Eglogue«, in: *Lectures médiévales de Virgile*, Collection de l'Ecole Française de Rome, 1985, S. 375–396.

21 *Recherches sur les sources latines des contes et romans courtois du moyen âge*, Paris: Champion, 1913.

22 *The Renaissance of the Twelfth Century*, Cambridge Mass.: Harvard Univ. Press, 1927.

23 »Das zwölfte Jahrhundert und die Antike", in: *Archiv für Kulturgeschichte* 35, 1953, S. 247–271.

24 B. Munk Olsen, *L'Étude des auteurs classiques latins aux XIe et XIIe siècles. Catalogue des manuscrits classiques latins copiés du IXe au XIIe siècle*, Paris: Éd. du CNRS, 1982–87, 3 Bde. Der Katalog listet in den ersten 2 Bdn. die lat. Klassiker in alphabetischer Reihenfolge auf und liefert in Bd. 3,1–2 eine Aufteilung dieser Autoren nach Bibliotheken.

25 H. Gmelin, »Das Prinzip der Imitatio in den romanischen Literaturen«, in: *Romanische Forschungen* 46, 1932, S. 83–360.

26 J. v. Stackelberg, »Das Bienengleichnis. Ein Beitrag zur Geschichte der literarischen *Imitatio*«, in: *Romanische Forschungen* 68, 1956, S. 271–293.

27 Curtius, *ELLMA*, S. 50, mit Hinweis auf J. de Ghellinck, *Le mouvement théologique du XIIe siècle*, Bruges [2]1948, S. 94f.

28 Sergijewskij, passim; Berschin/ Felixberger/ Goebl, S. 260f.

29 Bartsch, *Chrestomathie*, zit. nach: Sergijewskij, S. 33 u. 299; modifizierter Text bei A. Wallenskjöld, *Chansons de Conon de Béthune*, Helsingfors 1891, S. 223.

30 Brunot, 1966, S. 330; zit. nach: Sergijewskij, S. 299.

31 M. Bloch, *Les Rois thaumaturges. Étude sur le caractère surnaturel attribué à la puissance royale particulièrement en France et en Angleterre*, Strasbourg-Paris, 1924.

32 I. Baehr, *Saint Denis und seine Vita im Spiegel der Bildüberlieferung der französischen Kunst des Mittelalters*, Worms 1984.

33 W. Kesselring, *Grundlagen der französischen Sprachgeschichte Bd. VII. Die französische Sprache im Mittelalter – von den Anfängen bis 1300 – Handbuch des Altfranzösischen: Äußere Sprachgeschichte, Phonologie, Morphosyntax, Lexik, Dokumente*, Tübingen 1973, S. 199.

34 H. Rheinfelder, *Altfranzösische Grammatik*, München 1968, 2 Bde. (I: Lautlehre; II: For-

menlehre); E. Schwan, *Grammatik des Altfranzösischen*. Neu bearbeitet von D. Behrens, Darmstadt 1963; K. Voretzsch, *Einführung in das Studium der altfranzösischen Sprache zum Selbstunterricht für den Anfänger*. Achte Aufl., bearb. v. G. Rohlfs, Tübingen 1955.

35 M.K. Pope, *From Latin to Modern French with especial consideration of Anglo-Norman*, Manchester: Univ. Press, Barnes & Noble Books, 1973, vor allem Appendix (›Conspectus of dialectal traits‹), S. 486f.

36 Mustergültig und exemplarisch für die Beschreibung eines Dialekts ist z.B. K.Th. Gossen, *Grammaire de l'ancien picard*, Paris: Klincksieck, 1970. Lit. Texte ab S. 178 (*Huon de Bordeaux*; *Aiol et Mirabel*, Philippe de Remi, *La Manekine*; *Le Roman du Castelain de Couci et de la Dame de Fayel*; Sarrasin, *Le Roman du Hem*; *Le Roman de la Violette*; Robert de Clari; Jean Froissart; Adam le Bossu; Jean Bodel).

37 »L'on a remarqué dans *Erec* quelques traits de langue qui ne se retrouvent pas dans les autres romans de Chrétien, ce qui peut s'expliquer par le fait que ce roman est une des plus anciennes œuvres du poète, et que, dans le parler champenois qu'il veut adopter, ont pu d'abord subsister quelques traces de différences locales ou de mélange dialectal.– Ainsi peuvent s'expliquer quelques rimes de -s et -z qui sont plutôt du Nord ou de l'Est« (*Erec et Enide*, éd. M. Roques, S. XXXVI).

38 Vgl. die eindrucksvolle Zusammenstellung von A. Dees, *Atlas des formes linguistiques des textes littéraires de l'ancien français* avec le concours de M. Dekker, O. Huber et K. van Reenen-Stein, Tübingen 1987. Der Bd. liefert S. 519–533 eine regionale Aufschlüsselung von 200 altfranzösischen Handschriften, deren unterschiedliche Formen nach Art eines Sprachatlasses verzeichnet werden: »Ainsi un mélange de formes hétérogènes peut facilement se produire lorsqu'un copiste transcrit un texte littéraire à partir d'un modèle de provenance étrangère. Quand on constate que le ›Perceval‹ de Chrétien de Troyes a survécu dans une quinzaine de versions, comportant tantôt un ensemble de traits anglo-normands, tantôt un ensemble de traits poitevins ou franc-comtois, comment ne pas accepter que les rejetons de ce texte primitivement champenois puissent refléter les adaptations auxquelles les migrations des manuscrits ont donné lieu?« Und weiter, »la supposition qu'un français écrit commun serait en train de se répandre sur le domaine d'oïl dès avant 1300 est incompatible avec la constation empirique que toute une série de caractéristiques régionales se relèvent être parfaitement intactes, lorsqu'on les étudie dans un vaste ensemble de chartes« (ibid.).

39 A. Petit, *Naissances du Roman. Les techniques littéraires dans les romans antiques du XIIe siècle*, Thèse Lille, Genève: Slatkine, 1985, II,773f. Das Verb *hören* weise nicht unbedingt auf Mündlichkeit hin, sondern könne auch *kennenlernen* bedeuten.

40 M.G. Scholz, *Hören und Lesen. Studien zur primären Rezeption der Literatur im 12. und 13. Jahrhundert*, Wiesbaden 1980.

41 J. Rychner, *La Chanson de geste: essai sur l'art épique des jongleurs*, Genève-Lille: Droz, 1955.

42 Curtius hat dem Gegenstand in *ELLMA* mehrere Exkurse gewidmet (VII–XII, XVII): »Die Existenzform des mittelalterlichen Dichters; Der göttliche Wahnsinn der Dichter; Dichtung als Verewigung; Dichtung als Unterhaltung; Dichtung und Scholastik; Dichterstolz, Nennung des Autornamens im Mittelalter.« Für den vorliegenden Kontext sind die zahlreichen Belege, die er zusammenträgt, nur bedingt verwendbar, da es sich um lateinisches, nicht volkssprachliches Material handelt.

43 Mölk, S. 114–115 (Sachregister): »Bescheidenheit, Freigebigkeit, Kritik, Publikum, Ruhm«, und im terminologischen Index, S. 111–113 »chanson, conte, estoire, geste, jogleor, livre, matiere, troveor, vers.«

44 So gibt es drei voneinander unabhängige Studien zum Hof Heinrichs II. von England, des größten Mäzens seiner Zeit: R.R. Bezzola, *Les origines et la formation de la littérature courtoise en occident (500–1200)*, Paris: Champion, 1944–63, Reprint Paris 1966–68, 3 Bde., hier 3,1, S.3–207; U. Broich, *Studien zum literarischen Patronat im England des 12. Jahrhunderts*, Köln-Opladen 1962; M. Dominica Legge, *Anglo-Norman Literature and Its Background*, Oxford 1963, S. 44–73.

45 J. Markale, *La vie, la légende, l'influence d'Aliénor, comtesse de Poitou, duchesse d'Aquitaine, Reine de France, puis d'Angleterre, Dame des Troubadours et des bardes bretons*, Paris 1983.

46 Einzelheiten zu weiblichen Gönnerinnen, Leserinnen, Protagonistinnen usw. bei R.L. Krueger, *Women Readers and the Ideology of Gender in Old French Verse Romance*, Cambridge: Univ. Press, 1993, bes. S. 1–32.

47 *Chansons de Gace Brulé*, publ. par G. Huet, Paris: F. Didot, 1902, S. XVIII: »En outre, le même manuscrit C et, ce qui est plus important, *Guillaume de Dole*, donnent à Gace la chanson XXXIX (*Bien cudai*), composé à la demande de la ›comtesse de Brie‹. Si la pièce est réellement de Gace, cette mention est remarquable à un autre titre. Comme la chanson est citée dans *Guillaume de Dole*, cette ›comtesse de Brie‹ ne peut être que Marie de France, comtesse de Champagne, morte en 1199 [sic].«

48 *DLF* 487–489; Gautier d'Arras, *Eracle*. Publié par G. Raynaud de Lage, Paris: Champion, 1976, S. X (bez. auf vv. 86, 6524–28).

49 T. Atkinson Jenkins, *Eructavit. An old French metrical paraphrase of Psalm XLIV published from all the known manuscripts and attributed to Adam de Perseigne*, Dresden 1909, S. VII: »The work is dedicated (v. 3) to *ma dame de Champaigne*. Toward the close of the poem (v. 2079) this lady is again addressed as *la jantis suer le roi de France*, and was therefore identified by Arbois de Jubainville with Marie, Countess of Champagne (1145–1198), the half-sister of Philip II Augustus.«

50 G. Morgan, »The Conflict of Love and Chivalry in ›Le chevalier de la Charrette‹«, in: *Romania* 102, 1981, S. 177–201.

51 W.F. Schirmer, »Der englische Hof im 12. Jh.«, in: Bumke, *Mäzenatentum*, S. 232–247.

VI. Gattungen und Stoffe der altfranzösischen Literatur

1 *LexMA* 4,836–844 (M.-R. Jung) teilt ein: Anfänge (bis Mitte 12. Jh.); Zweite Hälfe des 12. Jh.s; das 13. Jh.– Vgl. auch J. Grimm (Hg.), *Französische Literaturgeschichte*, 3., um die frankophonen Literaturen außerhalb Frankreichs erweiterte Aufl., Stuttgart-Weimar 1994, Kap. I u. II; Suchanek-Fröhlich, S. 132f., 214f., 286f.

2 Vgl. dazu jetzt: *Hagiographies. Histoire internationale de la littérature hagiographique latine et vernaculaire en Occident des origines à 1550 ...*, sous la dir. de G. Philippart ..., Turnhout: Brepols, 1994, insbes. P. Bonnasse, P.-A. Sigal, D. Iogna-Prat, »La *Gallia* du Sud, 930–1130«, S. 289–344; Th. Head, »The Diocese of Orléans, 950–1150«, S. 345–358; S. Bledniak, »L'hagiographie imprimée: œuvres en français, 1476–1550«, S. 359–406; M. Thiry-Stassin, »L'hagiographie en Anglo-Normand«, S. 407–428.

3 E. Köhler, »Zur Selbstauffassung des höfischen Dichters«, in: *Der Vergleich. Festgabe für H. Petriconi* zum 1. April 1955, Hamburg 1955, S. 65.

4 E. Köhler (Hg.), *Der altfranzösische höfische Roman*, Darmstadt 1978, S. 1–16.

5 Wir stützen uns bei der Behandlung unseres Themas auf L. Pollmanns Freiburger Habilitationsschrift (1966). Diese Arbeit war von Hugo Friedrich angeregt worden, der sich selber in Büchern und Vorlesungen mit der italienischen Lyrik der Frühzeit und dem höfischen Roman Frankreichs beschäftigt hatte und dabei den antiken, biblischen, arabischen und mittellateinischen Quellen dieser Konzeption nachspürte. In seiner Freiburger Dissertation von 1955 hatte Pollmann bereits einen der wichtigsten Liebestraktate des Mittelalters, den *Tractatus de amore* des Andreas Capellanus, untersucht.

6 *Mittelalterliche Lyrik Frankreichs I. Lieder der Trobadors. Provenzalisch/Deutsch*. Ausgewählt, übers. u. komm. v. D. Rieger, Stuttgart 1980 bzw. ders., »Die altprovenzalische Lyrik«, in: *Lyrik des Mittelalters I*, S. 197–390.

7 *L'amour et l'occident. Édition définitive*, Paris: Plon, 1972.

8 H. Friedrich, *Epochen der italienischen Lyrik*, Frankfurt a.M. 1964, S. 1–15; U. Mölk, *Tro-*

badorlyrik. Eine Einführung, München u. Zürich 1982; L. Paterson, *The World of the Trou-badours. Medieval Occitan Society, c.1100–c.1300*, Cambridge: Univ. Press, 1993; *Les Chansons de Guillaume IX Duc d'Aquitaine (1071–1127)*, éd. par A. Jeanroy, Paris: Champion, ²1972 (zweisprachige Ausg.).

9   J. Gruber, *Die Dialektik des Trobar: Untersuchungen zur Struktur und Entwicklung des oc-citanischen und französischen Minnesangs des 12. Jahrhunderts*, Tübingen 1983; DLF 1451–1452.

10 A.C. Spearing, *The Medieval Poet as Voyeur. Secrecy, Watching and Listening in Medieval Love-narratives*, Cambridge: Univ. Press, 1993.

11 E. Köhler, »Provenzalische Literatur«, in: *KLL* 1,149–152, hier S. 150.

12 *Tagelieder des deutschen Mittelalters*. Mittelhochdeutsch/ Neuhochdeutsch. Ausgewählt, übers. u. komm. v. M. Backes. Einleitung v. A. Wolf, Stuttgart 1992, S. 25–43 (»Vom *al-ba*–Ruf zur *alba*–Kanzone bei den Troubadours um 1200«).

13 »Les Genres Lyriques«, *GRLMA* II,1, Fasc. 7, hg. v. D. Rieger, Heidelberg 1990.

14 A. Rieger, *Trobairitz. Der Beitrag der Frau in der altokzitanischen höfischen Lyrik. Ed. des Gesamtkorpus*, Tübingen 1991; U. Mölk (Hg.), *Romanische Frauenlieder*. Eingel., hg., übers. u. komm., München 1989, S. 52–77; DLF 1450–1451.

15 »Die Rolle des niederen Rittertums bei der Entstehung der Trobadorlyrik«, in: *Esprit und ar-kadische Freiheit*, S. 9–26.

16 Kritik an der literatursoziologischen Auffassung bei U. Liebertz-Grün, *Zur Soziologie des ›amour courtois‹. Umrisse der Forschung*, Heidelberg 1977.

17 »Tre studi per la storia del libro di Andrea Cappellano«, in: *Studi di Filologia Romanza* 5, 1891, S. 193–272; *LexMA* 1,604–607.

18 *Les Arrêts d'Amour – Die Urteile Amors*. Übers., eingel. u. mit einem Glossar versehen v. K. Becker, München 1995, S. 1–34, hier S. 24f.

19 *Andreae Capellani Regii Francorum De amore libri tres*. Recensuit E. Troje, München ²1964; *Das buch Ouidij von der liebe zu erwerben, auch die liebe zeverschmehen*, J. Hartlieb, Augsburg 1482; mod. Ausg. A. Karnein, München 1970; *Des königlich fränkischen Kaplans An-dreas drei Bücher über die Liebe*, übers. v. H.M. Elster, Dresden 1924.

20 DLF 101–104. Die wichtigsten altfranzösischen Texte sind die fälschlich Richard de Fourni-val zugeschriebenen *Commens d'amour*, dann *Jugement d'amour, Hueline et Aiglantine, Blanchefleur et Florence, Melior et Ydoine, Clef d'amors*, Jacques d'Amiens, *Art d'aimer, Ro-man de la Rose, Confort d'Amors, Échecs amoureux*.

21 F. Schlösser, *Andreas Capellanus. Seine Minnelehre und das christliche Weltbild des 12. Jahr-hunderts*, Bonn ²1962.

22 P. Cerchi, *Andreas and the Ambiguity of Courtly Love*, Toronto-Buffalo-London: Univ. of Toronto Press, 1994, betont die Bedeutung der *mezura*.

23 *Lettres d'Héloïse et d'Abélard*. Préface d'E. Porquerol, Clairefontaine 1970; *KNLL* 13,198–201.

24 G. Misch, *Geschichte der Autobiographie*, Frankfurt a.M. 1962, III,2,523–719.

25 P. von Moos, *Mittelalterforschung und Ideologiekritik. Der Gelehrtenstreit um Héloise*, München 1974.

26 R. Schnell, *Causa Amoris. Liebeskonzeption und Liebesdarstellung in der mittelalterlichen Literatur*, Bern u. München 1985.

27 J. Frappier, *Étude sur La Mort le Roi Artur. Roman du XIIIᵉ siècle. Dernière partie du Lan-celot (Lanzelot) en prose*, Genève: Droz; Paris: Minard, ²1961; *König Artus*, S. 30f. u.ö.

28 F. Wolfzettel, »Die mittelalterliche Lyrik Nordfrankreichs«, in: *Lyrik des Mittelalters I*, S. 391–578; *Mittelalterliche Lyrik Frankreichs II: Lieder der Trouvères*, Altfranz./Dt., Übers. u. Komm. v. D. Rieger, Stuttgart 1980; Hausmann, *Die Gedichte*, Nr. 13–14, S. 184–203.

29 Köhler, *Mittelalter II*, S. 12ff.; Engler, S. 187; Th.W. Elwert, *Französische Metrik*, München 1961, S. 140f. u. passim.

30 W. Brand, *Chrétien de Troyes. Zur Dichtungstechnik seiner Romane*, München 1972, S. 47–50 (»Liebeshandlung und Phasenaddition«). Brand hebt vor allem auf die auffällige

«Doppelungstechnik» wichtiger Romanszenen ab.

31 V. Roloff, *Reden und schweigen. Zur Tradition und Gestaltung eines mittelalterlichen Themas in der französischen Literatur*, München 1973; D. Peil, *Die Gebärden bei Chrétien, Hartmann und Wolfram (Erec-Iwein-Parcival)*, München 1975.

32 W. Ziltener, *Repertorium der Gleichnisse und bildhaften Vergleiche der okzitanischen und der französischen Versliteratur des Mittelalters*, Bern 1972–1983, 2 Hefte; ders., *Studien zur bildungsgeschichtlichen Eigenart der höfischen Dichtung. Antike und Christentum in okzitanischen und altfranzösischen Vergleichen aus unbelebter Natur*, Bern 1982.

33 *GRLMA* IV,1: »Le Roman jusqu'à la fin du XIIIe siècle«, vor allem Kap. III: »Romans d'aventure et d'amour«, S. 454–479; Schmolke-Hasselmann, passim.

34 C. Soeteman, »Ritterroman und Gesellschaft. Versuch über die Soziologie der höfischen Epik«, in: Voorwinden/ de Haan, S. 271–291, hier S. 282–283. Aus Platzgründen wird auf die Wiedergabe des altprovenzalischen Originals verzichtet (Ed. Huchet, S. 56–60).

35 E. Jeauneau, »›Nani gigantum humeris insidentes‹. Essai d'interprétation de Bernard de Chartres«, in: ders., »*Lectio philosophorum.*« *Recherches sur l'École de Chartres*, Amsterdam: Adolf Hakkert, 1973, S. 53–73.

36 *LexMA* 6,1592–1599; E. Faral, *Recherches sur les sources latines des contes et romans courtois du Moyen Âge*, Paris: Champion, 1967; Ch. Baswell, *Virgil in Medieval England. Figuring ›The Aeneid‹ from the Twelfth Century to Chaucer*, Cambridge: Univ. Press, 1995.

37 *Arthurian Literature in the Middle Ages. A Collaborative History.* Ed. by R.Sh. Loomis, Oxford 1959; G.D. West, *An Index of Proper Names in French Arthurian Verse Romances, 1150–1300*, Toronto 1969; Brogsitter, passim; *GRLMA* IV,1, S. 184–195; *EnzMär* 1,828–849; *Erec et Enide*, ed. Gier, S. 413f.; *König Artus*, ed. Langosch/Lange.

38 *GRLMA* IV,1, S. 377–501 unterscheidet bei »Les romans arthuriens« sieben »Romans dont Gauvain est le héros«, acht »Romans de quête«, drei mit dem Thema »Le déclin du merveilleux«, wobei Tristan-, Gral- und Chrétien-Romane schon zuvor behandelt wurden.

39 R.Sh. Loomis, *Arthurian Tradition. Chrétien de Troyes*, New York: Columbia Univ. Press, 1949; ders., *The Grail from Celtic myth to Christian Symbol*, Cardiff: Univ. of Wales Press - New York: Columbia Univ. Press, 1963; vgl. auch D. Maddox, *The Arthurian Romances of Chrétien de Troyes. Once and Future Fictions*, Cambridge: Univ. Press, 1991.

40 *Classical Mythology and Arthurian Romance*, London 1922.

41 K. Burdach, *Der Gral. Forschungen über seinen Ursprung und seinen Zusammenhang mit der Longinuslegende*, Stuttgart 1938, Reprint Darmstadt 1974.

42 A. Guerreau-Jalabert, *Index des motifs narratifs dans les romans arthuriens français en vers (XIIe–XIIIe siècles) [Motif-index of French Arthurian Verse Romances (XIIth – XIIIth Cent.)]*, Genève: Droz, 1992.

43 Ph. Ménard, *Les Lais de Marie de Fance. Contes d'amour et d'aventure du moyen âge*, Paris 1979.

44 C.T. Erickson (Hg.), *The Anglo-Norman Text of ›Le Lai du Cor‹*, Oxford: Published for the Anglo-Norman Text Society by Basil Blackwell, 1973, mit wichtiger Einl.

VII. Mittelalterliche Hermeneutik

1 W. Hirdt, *Studien zum epischen Prolog*, München 1975, S. 61; ders., »Untersuchungen zum Eingang in der erzählenden Dichtung des Mittelalters und der Renaissance«, in: *Arcadia* 7, 1972, S. 47–64; J.A. Schultz, »Classical Rhetoric, Medieval Poetics, and the Medieval Vernacular Prologue«, in: *Speculum* 59,1, 1984, S. 1–15.

2 Überblicke über lateinische Dichtungslehren finden sich außer bei Brinkmann und Curtius (*ELLMA*) noch bei E. de Bruyne, *Études d'esthétique médiévale*, Genève: Slatkine, 1975, 3 Bde.

3   »Entstehung und Strukturwandel der allegorischen Dichtung«, in: *GRLMA* VI,1, S. 146–244.

4   »La littérature religieuse (Liturgie et Bible)«, in: *GRLMA* VI,1, S. 1–57.

5   *DLF* 174–197 (Bible au Moyen Âge; *Bible française*; *Bible occitane*); *Le Moyen Age et la Bible*, sous la direction de P. Riché et G. Lobrichon, Paris 1984; *LexMA* 2,40–82.

6   S. Berger, *Histoire de la Vulgate pendant les premiers siècles du Moyen Âge*, Paris 1893. Reprint New York: Burt Franklin, o.J.

7   H. Beumann, »Topos und Gedankengefüge bei Einhard«, in: *Archiv für Kulturgeschichte* 33, 1951, S. 337–350; wieder abgedruckt in: ders., *Ideengeschichtliche Studien zu Einhard und anderen Geschichtsschreibern des früheren Mittelalters*, Darmstadt [2]1969, S. 1–14.

8   P. Jentzmik, *Zu Möglichkeiten und Grenzen typologischer Exegese in mittelalterlicher Predigt und Dichtung*, Göppingen 1973; H. Freytag, *Die Theorie der allegorischen Schriftdeutung und die Allegorie in deutschen Texten besonders des 11. und 12. Jahrhunderts*, Bern-München 1982; *HWBRh* 1,330–393; *LexMA* 1,420–427; *RAC* 1,283–293.

9   Als erster Vf. gilt Jacobus Palladini de Teramo (1349–1417); die Teufelsprozeß-Literatur ist aber wesentlich älter, vgl. *KLL* 5,2624–2625.

10 W. Harms, *Homo viator in bivio. Studien zur Bildlichkeit des Weges*, München 1970.

11 F. Garnier, *Le langage de l'image au moyen-âge. Signification et symbolique – Grammaire des gestes*, Paris: Le Léopard d'Or, 1982, 2 Bde.

12 F. Quadlbauer, *Die antike Theorie der ›genera dicendi‹ im lateinischen Mittelalter*, Graz-Wien-Köln 1962.

13 L. Arbusow, *Colores rhetorici. Eine Auswahl rhetorischer Figuren und Gemeinplätze als Hilfsmittel für Übungen an mittelalterlichen Texten*, hg. v. H. Peter, Göttingen [2]1963, S. 86.

14 G. Kurz, »Zu einer Hermeneutik der literarischen Allegorie«, in: *Formen und Funktionen der Allegorie. Symposion Wolfenbüttel 1978*, hg. v. W. Haug, Stuttgart 1979, S. 12ff.

15 F. Ohly, *Hoheliedstudien. Grundzüge einer Geschichte der Hoheliedauslegung des Abendlandes bis um 1200*, Wiesbaden 1958.

16 »Figura«, 2. Teil von *Neue Dante-Studien*, Istanbul 1944; wieder abgedruckt in: *Gesammelte Aufsätze zur Romanischen Philologie*, hg. F. Schalk, Bern 1967, S. 55–92.

17 *DLF* 171–173; D. Hassig, *Medieval Bestiaries. Text, Image, Ideology*, Cambridge: Univ. Press, 1995.

18 *DLF* 1312–1315; *EnzMär* 5,447–537; H.R. Jauss, *Untersuchungen zur mittelalterlichen Tierdichtung*, Tübingen 1959.

19 Wichtiges Material zur fünffachen Natur des Löwen findet sich in der *Chevalerie de Judas Macabé* bzw. dem *Roman de Kanor*, einer Fortsetzung der *Sept Sages de Rome* (*Beasts and Birds*, S. 134–143), J. Bichon, *L'Animal dans la littérature française au XIIème et au XIIIème siècles*, Lille: Service de Reproduction des Thèses, 1976, 2 Bde. Auf fast 1000 S. werden alle wichtigen Tiere vorgestellt, die in der altfranz. Literatur vorkommen. Dabei widmet der Autor insbesondere den Reittieren, die für die Ausübung des Ritterwesens wichtig sind, seine Aufmerksamkeit, stellt aber auch alle symbolischen Tiere vor.

20 *DLF* 919–921; *LCI* 1,578–579; U. Engelen, *Die Edelsteine in der deutschen Literatur des 12. u. 13. Jahrhunderts*, München 1978.

21 Ch. Krauß, ›... und ohnehin die schönen Blumen‹. Essays zur frühen christlichen Blumensymbolik, Tübingen 1994; *EnzMär* 2,483–495.

22 Einzelheiten bei N. Henkel, *Studien zum Physiologus im Mittelalter*, Tübingen 1976; *LCI* 3,432–436.

23 *Untersuchungen zur allegorischen Bedeutung der Träume im altfranzösischen Rolandslied*, München 1963.

24 O.M. Johnston, »The Episode of Yvain, the Lion, and the Serpent in Chrétien de Troies«, in: *Zeitschrift für französische Sprache und Literatur* 31, 1907, S. 157–166. Vgl. jetzt zusammenfassend D. Rieger, »›Il est à moi et je à lui‹ – Yvains Löwe – ein Zeichen und seine Deutung«, in: *Chloe, Beihefte zum Daphnis* 20 (*Die Romane von dem Ritter mit dem Löwen*, hg. v. X. v. Ertzdorff), Amsterdam 1994, S. 245–285. Rieger arbeitet sechs Deutungsmöglichkeiten für den Löwen heraus: 1. Symbol für den idealen höfischen Ritter; 2. Symbol Jesu Chri-

sti; 3. ›Zitat‹ Enides und Symbol für Chrétiens Ideal einer liebenden, loyalen Ehefrau; 4. Symbol der Kraft und der Herrschaft; 5. astrologisches Symbol, 6. Antisymbol ohne moralisch-eschatologische Bedeutung.

25 Hrab Maur (PL 111,470f.) interpretiert die in Apok 21,18–20 erwähnten Edelsteine wie folgt: Jaspis = Kraft des Glaubens; Saphir (Lapislazuli) = Größe der himmlischen Hoffnung; Chalzedon = innere Liebesglut; Smaragd = Glaubensstärke im Unglück; Sardonyx = Demut der Heiligen; Sarder (Karneol) = Blut der Märtyrer; Chrysolith = geistliche Beredsamkeit u. Wunderkraft; Beryll = vollkommenes Leben der Prediger; Topas = glühendes Gebet der Prediger; Chrysopras = Tat u. Lohn der Märtyrer; Hyazinth = erhabene Lehre u. menschliches Verstehen der Gelehrten; Amethyst = Gedanken des Himmels in Demut; Onyx = Wert der tugendhaften Werke; Karfunkel = das Wort Gottes, das die Dunkelheit erleuchtet; Lyncurius = das furchtbare Leiden der Märtyrer; Achat = Weltverachtung; vgl. *LCI* 1,579.

26 J. Sauer, *Symbolik des Kirchengebäudes und seiner Ausstattung in der Auffassung des Mittelalters. Mit Berücksichtigung von Honorius Augustodunensis, Sicardus und Durandus*, Münster ²1964; W. Kirfell, »Zahlen- und Farbensymbole«, in: *Saeculum* 12, 1961, S. 238ff.; E. Hellgardt, *Zum Problem symbolbestimmter und formalästhetischer Zahlenkomposition in mittelalterlicher Literatur. Mit Studien zum Quadrivium und zur Vorgeschichte des mittelalterlichen Zahlendenkens*, München 1973; H. Meyer/ R. Suntrup, *Lexikon der mittelalterlichen Zahlenbedeutungen*, München 1987; ; *Mensura. Maß, Zahl, Zahlensymbolik im Mittelalter.* Hgg. v. A. Zimmermann u. G. Vuillemin-Diem, Berlin-New York 1983–84, 2 Bde., bes. S. 1–21; Brinkmann, S. 86f.

27 R. Assunto, *Die Theorie des Schönen im Mittelalter*, Köln 1963.

28 M. Hardt, *Die Zahl in der Divina Commedia*, Frankfurt a.M. 1973.

29 R. Klink, *Die lateinische Etymologie des Mittelalters*, München 1970.

30 R. Guiette, »L'Invention étymologique dans les lettres françaises au moyen age«, in: ders., *Forme et senefiance. Etudes médiévales recueillies par J. Dufournet u.a.*, Genève: Droz, 1978, S. 110–121.

31 *Études sur le poème allégorique en France au moyen âge*, Bern 1971.

32 »Typologisches in mittelalterlicher Dichtung«, in: *Vom Werden des deutschen Geistes*, Festgabe für G. Ehrismann zum 8. Oktober 1925, hgg. v. P. Merker u. W. Stammler, Berlin 1925, S. 40–55.

33 W. Schröder, »Zum Typologie-Begriff und Typologie-Verständnis in der mediävistischen Literaturwissenschaft«, in: *The Epic in Medieval Society. Aesthetic and Moral Values.* Hg. v. H. Scholler, Tübingen 1977, S. 64–85; F. Ohly, »Typologie als Denkform der Geschichtsbetrachtung«, in: ders., *Natur, Religion, Sprache*, Münster 1983, S. 68–102.

34 *Griechische Mythen in christlicher Deutung*, Darmstadt ³1966.

35 K. Wais (Hg.), *Der arthurische Roman*, Darmstadt 1970, S. 1–18, bes. S. 8f.

36 »Formen narrativer Identitätskonstitution im höfischen Roman«, in: *GRLMA* IV,1, S. 25ff.

37 M. Foucault, *Wahnsinn und Gesellschaft. Eine Geschichte des Wahns im Zeitalter der Vernunft*, Frankfurt a.M. 1978, S. 19f.

38 Vgl. die materialreiche Studie von Ph. Ménard, *Le Rire et le sourire dans le roman courtois en France au Moyen Âge*, Genève: Droz, 1969: »Comparés aux épopées du XIIᵉ siècle, les romans nous introduisent dans un autre monde. Alors que les chansons de geste peignent des héros truculents, des païens horrifiques, des horions mirifiques, les romans ne s'intéressent plus aux grandes batailles collectives. Ils préfèrent évoquer les aventures singulières des chevaliers errants, les jeux incertains de la galanterie et de l'amour. Alors que les trouvères épiques interviennent rarement dans le récit pour plaisanter, les romanciers courtois, loin de s'identifier complètement à leurs personnages, savent prendre du champ et badiner. La peinture du sentiment de l'amour, presque inconnu des premières chansons de geste, est une innovation capitale de la littérature romanesque. Au rire vigoureux et franc de l'épopée succèdent des sourires mêlés« (S. 747). Diese Aussage ist kein Widerspruch zum vorher Gesagten, denn natürlich kommen sprachliche und stilistische Varianten der Komik in allen Werken vor, nur ist dies selten kohärent der Fall.

39 F.-R. Hausmann, »Rabelais' ›Gargantua et Pantagruel‹ als Quelle mittelalterlicher Fest- und Spieltradition«, in: *Feste und Feiern im Mittelalter. Paderborner Symposion des Mediävistenverbandes.* Hgg. v. D. Altenburg u.a., Sigmaringen 1991, S. 335–348 (mit weiteren Literaturhinweisen).

40 Curtius behandelt den Topos der verkehrten Welt in *ELLMA*, S. 104–108, allerdings meist als Zeitklage; die soziologisch-philosophische Dimension ist bei ihm ausgeklammert.

41 »Über die altfranzösischen Gedichte des uneingeschränkten Unsinns«, in: *Archiv für das Studium der Neueren Sprachen* 205, 1969, S. 1–22.

VIII. Überlieferungsgeschichte der altfranzösischen Literatur

1 M. Zink, »Le roman«, in: *GRLMA* VIII,1, 1988, S. 197–218.

2 *DLF* 1138–1139; G. Doutrepont, *La Littérature française à la cour des ducs de Bourgogne*, Paris 1909; ders., *Les mises en prose des épopées et des romans chevaleresques du XIVe au XVIe siècle*, Bruxelles 1939.

3 B. Cerquiglini, *Éloge de la variante. Histoire critique de la philologie*, Paris: Seuil, 1989.

4 Vgl. den ›methodengeschichtlichen Rückblick‹ bei L. Pollmann, *Literaturwissenschaft und Methode*, Frankfurt a.M. ²1973, S. 86f.

5 Wichtig die Beiträge von Segre und Antonelli in: *Letteratura italiana*. Volume quarto: L'interpretazione, ed. A. Asor Rosa, Torino: Einaudi, 1985, S. 21–244.

6 H.H. Christmann, *Romanistik und Anglistik an der deutschen Universität im 19. Jahrhundert. Ihre Herausbildung als Fächer und ihr Verhältnis zu Germanistik und klassischer Philologie*, Stuttgart 1985, S. 13f.

7 Einzelheiten und bibliogr. Angaben in: *Das altfranzösische Rolandslied nach der Oxforder Handschrift.* Hg. v. A. Hilka. Siebente, verbesserte Aufl. besorgt von G. Rohlfs, Tübingen 1974, S. 5–14.

8 M. Selig, B. Frank, J. Hartmann (Hgg.), *Le Passage à l'écrit des langues romanes*, Tübingen 1993; demnächst auch die Habilitationsschrift von M. Selig, *Volkssprachliche Schriftlichkeit im Mittelalter – Die Genese der altokzitanischen Schriftsprache* (Freiburg i.Br., 1995).

9 *La Lettre et la voix. De la ›littérature‹ médiévale*, Paris: Seuil, 1987.

10 J. Goody (Hg.), *Literacy in Traditional Societies*, Cambridge 1968.

11 Im 12. und 13. Jh. war das Interesse der Franzosen an Übersetzungen eher gering, vgl. E. Schulze-Busacker, »French Conceptions of Foreigners and Foreign Languages in the Twelfth and Thirteenth Centuries«, in: *Romance Philology* 41, 1987, S. 24–47.

12 *LexMA* 4,1904–1908; *Histoire de l'édition française*. Tome I: ›Le livre conquérant. Du Moyen Âge au milieu du XVIIe siècle‹, éd. H.-J. Martin et R. Chartier en collab. avec J.-P. Vivet, Promodis, 1982.

13 H. Foerster, *Abriss der lateinischen Paläographie*, Stuttgart ²1963.

14 F. Funke, *Buchkunde. Ein Überblick über die Geschichte des Buch- und Schriftwesens*, Leipzig 1959, S. 26–35; C. List/ W. Blum, *Buchkunst des Mittelalters. Ein illustriertes Handbuch*, Stuttgart 1994; Walther, S. 318–322.

15 Es handelt sich um eine Pergamenthandschrift mit 72 Blatt im Format 17 x 12 cm aus der 2. Hälfte des 12. Jh.s, die 1634 in einer Schenkung von 241 Kodizes durch den Descartes-Freund Sir Kenelm Digby in die berühmte Oxforder Bibliotheca Bodleiana gelangte.

16 Rohr, S. 11 u. 119f.; F. Dick, *Bezeichungen für Saiten- und Schlaginstrumente in der altfranzösischen Literatur*, Gießen 1932; F. Brückner, *Die Blasinstrumente in der altfranzösischen Literatur*, Gießen 1926.

17 Beispiele von *manuscrits de jongleurs* sind Paris, BN ms. fr. 2493 (*Raoul de Cambrai*); 2494 (*Aliscans; Bataille Loquifer*); 2495 (*Aspremont; Jean de Lanson* – es handelt sich aber um zwei voneinander unabhängige, nur zusammengebundene Handschriften); Paris, Bibl. de l'Arsenal 6562 (*Aliscans, Loquifer, Moniage Rainouart, Moniage Guillaume*); London, BL

Harley 4334 (*Girart de Roussillon*); Venedig, San Marco Fr. XIC (*Beuve de Hantone*), vgl. *DLF* 944.

18 Zit. nach A. Micha, »Französische Literatur«, in: *Geschichte der Textüberlieferung der antiken und mittelalterlichen Literatur*, Zürich 1964, II,204.

19 *La Chanson de geste. Essai sur l'Art épique des Jongleurs*, Genève/ Lille: Droz, 1955.

20 A. Bonjour, »Neuere Forschungen zur mittelalterlichen Heldendichtung«, in: N. Voorwinden u. M. de Haan (Hgg.), *Oral Poetry. Das Problem der Mündlichkeit mittelalterlicher epischer Dichtung*, Darmstadt 1979, S. 79–98 (vgl. auch die Einleitung in diesen Band).

21 S. Noakes, *Timeley Reading*, Ithaca: Cornell Univ. Press 1988.

22 B. Frank, *Die Textgestalt als Zeichen. Lateinische Handschriftentradition und die Verschriftlichung der romanischen Sprachen*, Tübingen 1994, passim (vgl. am Schluß das reiche, wenngleich zu klein geratene Abbildungsmaterial); R.M. Ruggieri, *Testi antichi romanzi. I. Facsimili, II. Trascrizioni*, Modena 1949; G. Hasenohr, »Traductions et littérature en langue vulgaire«, in: *Mise en page et mise en texte du livre manuscrit* sous la direction de H.-J. Martin et J. Vezin. Préface de J. Monfrin, Promodis: Éd. du Cercle de la Librairie, 1990, S. 231–354.

23 *DLF* 197–198; *SWB* 52; H. Cornell, *Biblia pauperum*, Stockholm 1925; G. Schmidt, *Die Armenbibeln des 14. Jahrhunderts*, Graz 1959; M. Berve, *Die Armenbibel*, Beuron, 1969. Im Franz. wird mit ›Armenbibel‹ auch eine okzitanische Übersetzung der Bibel zum Gebrauch der ›Pauvres de Lyon‹, d.h. der Waldenser, bezeichnet.

24 R.W. Hanning, »The Audience as Co-Creator of the First Chivalric Romances«, in: *Yearbook of English Studies* 11, 1981, S. 1–28.

25 S. Balayé, *La Bibliothèque Nationale des origines à 1800*. Préface de M. André Miquel, Genève: Droz, 1988, S. 3f. Balayé zeigt gut am Beispiel der BN, wie diese bedeutende Bibliothek zusammengewachsen ist.

26 L. Delisle, *Recherches sur la librairie de Charles V*, Paris 1905, 2 Bde.

27 Th. Birt, *Das antike Buchwesen in seinem Verhältnis zur Litteratur. Mit Beiträgen zur Textgeschichte des Theokrit, Catull, Properz und anderen Autoren*, Berlin 1882. Reprint Aalen 1959; O. Mazal, *Lehrbuch der Handschriftenkunde*, Wiesbaden 1986.

28 J. Destrez, *La Pecia*, Paris 1935; G. Pollocrol, »The Pecia System in the Medieval Universities«, in: *Mélanges N.R. Ker*, London 1978, S. 145–161.

29 Dies belegt der bei Curtius, *ELLMA*, S. 323f. ausführlich behandelte Topos vom ›Buch der Natur‹; weiterhin J.M. Gellrich, *The Idea of the Book in the Middle Ages*, Ithaca: Cornell Univ. Press, 1985; Grosse, passim.

30 Vgl. das große Verzeichnis der Benediktinermönche von Bouveret: Bénédictins de Bouveret, *Colophons de manuscrits occidentaux des origines au XVIᵉ siècle*, Fribourg 1965–1982, 6 Bde.

31 L. Spitzer, »Note on the Poetic and the Empirical ›I‹ in Medieval Authors«, in: *Traditio* 4, 1946, S. 414–422.

32 Wattenbach, S. 523–524 teilt durch Vermittlung von Adolf Tobler eine 62 Verse umfassende französische Subskription aus einer Berliner Handschrift mit lateinischen Heiligenleben mit. Sie stammt von einem Kleriker Johann aus England, der sie in Mons für die Äbtissin (*doiene*) Hermine schrieb.

33 P.G. Schmidt, *Probleme der Schreiber – der Schreiber als Problem*, Stuttgart 1994.

ABKÜRZUNGSVERZEICHNIS

BN   Bibliothèque Nationale
DLF   Dictionnaire des Lettres Françaises
DWB   Deutsches Wörterbuch (Jacob und Wilhelm Grimm)
ELLMA   Europäische Literatur und lateinisches Mittelalter (Curtius)
EMG   Europäische Mentalitätsgeschichte (Dinzelbacher)
EnzMA   Enzyklopädie des Mittelalters (Grabois)
EnzMär   Enzyklopädie des Märchens
ESM   Epische Stoffe des Mittelalters (Mertens/ Müller)
GBL   Das Große Bibellexikon (Burkhardt)
GRLMA   Grundriß der Romanischen Literaturen des Mittelalters
HWBPh   Historisches Wörterbuch der Philosophie (Ritter/ Gründer)
HWBRh   Historisches Wörterbuch der Rhetorik (Ueding)
HWDA   Handwörterbuch des deutschen Aberglaubens (Bächthold-Stäubli/ Hoffman-Krayer)
KLL   Kindlers Literatur Lexikon im dtv
KNLL   Kindlers Neues Literatur Lexikon
LAW   Lexikon Arabische Welt (Barthel/ Stock)
LCI   Lexikon für Christliche Ikonographie
LexMA   Lexikon des Mittelalters
LWR   Literaturwissenschaftliches Wörterbuch für Romanisten (Hess)
PL   Patrologia Latina (Migne)
RAC   Reallexikon für Antike und Christentum
SWB   Sachwörterbuch der Mediävistik (Dinzelbacher)

BIBLIOGRAPHIE

Primärliteratur

Aiol et Mirabel und Elie de Saint Gille. Zwei altfranzösische Heldengedichte, ed. W. Foerster, Heilbronn 1876–1882.

Berol, *Tristan und Isolde*. Übers. v. U. Mölk, München 1962; [2]1992.

Arnold, I.D.O. et Pelan, M.M., *La partie arthurienne du Roman de Brut (Extrait du manuscrit B.N. fr. 794)*, Paris: Klincksieck, 1962.

La Chanson d'Aspremont, chanson de geste du XIIe siècle. Texte du manuscrit de Wollaton Hall éd. par L. Brandin, Paris: Champion, [2]1970, 2 Bde.

Aucassin et Nicolette. Ed. critique, deuxième éd. revue et corrigée. Chronologie, préface, bibliogr., trad. et notes par J. Dufournet, Paris: Garnier-Flammarion, 1984.

Augustinus, Aurelius, *Vom Gottesstaat*, übers. v. W. Thimme, eingel. u. erl. v. C. Andresen, Zürich-München [2]1955.

Benedeit, *Le Voyage de saint Brendan*, trad. I. Short/ B. Merrilees, Paris 1984.

Le Bestiaire de Philippe de Thaün. Texte critique, publ. avec introduction, notes et glossaire, par E. Walberg, Lund-Paris 1900.

Die Bibel. Altes und Neues Testament. Einheitsübersetzung, Freiburg i.Br. 1980.

Die Bibel nach der Übersetzung Martin Luthers, Stuttgart 1985.

Bibliorum Sacrorum iuxta Vulgatam Clementinam Nova Editio ..., cur. A. Grammatica, Typis Polyglottis Vaticanis 1959.

Jehan Bodel, *La Chanson des Saisnes*. Éd. critique par A. Brasseur, 2 Bde., Genève 1989.

Boethius, *Trost der Philosophie. Consolatio Philosophiae*. Lat. u. dt. Hg. u. übers. v. E. Gegensatz u. O. Gigon. Eingel. u. erl. v. O. Gigon, München-Zürich 1990.

Robert de Boron, *Le roman du Graal*. Manuscrit de Modène. Texte établi et présenté par B. Cerquiglini, Paris: Union Générale d'Éditions, 1981.

Robert de Boron, *Le Roman du Saint-Graal*. Übers. u. eingel. von M. Schöler-Beinhauer, München 1981.

La Chanson de Roland. Übers. v. H.W. Klein, München 1963.

Das altfranzösische Rolandslied nach der Oxforder Handschrift. Hg. v. A. Hilka. Siebente, verbesserte Aufl. besorgt von G. Rohlfs, Tübingen 1974.

Chrestien (Chrétien) de Troyes, *Romans de la Table Ronde*. Préface de J.-P. Foucher, Paris: Gallimard, 1975.

Chrestien de Troyes, *Le Chevalier de la charrette*, publié par M. Roques, Paris: Champion, 1965.

Chrestien de Troyes, *Cligés*, publié par A. Micha, Paris: Champion, 1975.

Chrestien de Troyes, *Erec et Enide*, publié par M. Roques, Paris: Champion, 1973.

Chrestien (Chrétien) de Troyes, *Erec et Enide – Erec und Enide. Altfranz./ Deutsch*. Übers. u. hg. v. A. Gier, Stuttgart 1987.

Chrestien (Chrétien) de Troyes, *Le Roman de Perceval ou Le Conte du Graal – Der Percevalroman oder Die Erzählung vom Gral. Altfranzösisch/Deutsch*. Übers. u. hg. v. F. Olef-Krafft, Stuttgart 1991.

Chrestien (Chrétien) de Troyes, *Der Percevalroman (Le Conte du Graal)*. Übers. u. eingel. v. M. Schöler-Beinhauer, München 1991.

Chrestien de Troyes (Kristian von Troyes), *Yvain (Der Löwenritter)*. Nach W. Foersters letzter Ausg. in Auswahl bearb. u. mit Einl. u. Glossar versehen v. R. Baehr, Tübingen 1976.

Chrestien de Troyes, *Yvain*, übers. u. eingel. von I. Nolting-Hauff, München [2]1983.

Die Chronik von Karl dem Großen und Roland. Der lateinische ›Pseudo-Turpin‹ in den Handschriften aus Aachen und Andernach, ed., komm. u. übers. v. H.-W. Klein, München 1986.

Die Gedichte aus Dantes ›De vulgari eloquentia‹. Eine Anthologie provenzalischer, französischer und italienischer Gedichte des Mittelalters. Ausgewählt, übers. u. eingel. von F.-R. Hausmann, München 1986.

Einhard, *Vita Karoli Magni. Das Leben Karls des Großen. Lateinisch/ Deutsch.* Übers., Anmerkungen u. Nachw. v. E. Scherabon Firchow, Stuttart 1994.

Fabliaux et Contes des poètes françois des XIe, XIIe, XIIIe, XIVe et XVe siècles, éd. É. Barbazan. Nouvelle éd. augm. et revue par D.M. Méon, Paris: Warée, 1808, 4 Bde.

Fabliaux. Französische Schwankerzählungen des Hochmittelalters. Altfranzösisch/Deutsch. Ausgew., übers. u. komm. v. A. Gier, Stuttgart 1985.

Fabliaux érotiques. Textes de jongleurs des XIIe et XIIIe siècles. Ed. critique, trad., introd. et notes par L. Rossi avec la coll. de R. Straub, Paris 1992.

Flamenca. Roman occitan du XIIIe siècle. Texte établi, traduit et présenté par J.-Ch. Huchet, Paris: Union Générale d'Éditions, 1988.

Gormont et Isembart, éd. A. Bayot, Paris: Champion, 1921, ³1931.

Gregor von Tours, *Zehn Bücher Geschichten.* Auf Grund der Übers. W. Giesebrechts neubearbeitet von R. Buchner, Darmstadt 1967.

R.R. Grimm, *Schöpfung und Sündenfall in der altfranzösischen Genesisdichtung des Evrat*, Frankfurt a.M. usw. 1976.

Guernes de Pont-Sainte-Maxence, *Vie de saint Thomas Becket*, éd. E. Walberg, Paris 1936.

Guillaume de Lorris und Jean de Meun, *Der Rosenroman.* Übers. u. eingel. von Karl August Ott, München 1976–1979, 3 Bde.

Œuvres de Guiot de Provins, éd. J. Orr, Manchester 1915.

Henry, A. (Hg.), *Chrestomathie de la littérature en ancien français*, Bern ⁶1978.

Hervis de Metz. Vorgedicht der Lothringer Geste. Nach allen Handschriften zum erstenmal vollständig hg. v. E. Stengel, Dresden 1903.

L'Image du Monde de Maître Gossouin. Rédaction en prose. Texte du Manuscrit de la Bibliothèque Nationale Fonds Français N° 574 avec corrections d'après d'autres manuscrits, notes et introduction par O.H. Prior, Lausanne 1913.

Isidori Hispalensis Episcopi *Etymologiarum sive originum libri XX*, rec. W.M. Lindsay, Oxford: Clarendon, 1911, 2 Bde.

Karls des Grossen Reise nach Jerusalem und Constantinopel. Ein altfranzösisches Heldengedicht, hg. v. Dr. E. Koschwitz, 5. Aufl. bes. v. G. Thurau, Leipzig 1907.

König Artus und seine Tafelrunde. Europäische Dichtung des Mittelalters. In Zsarb. mit W.-D. Lange hg. v. K. Langosch, Stuttgart 1980.

Klopsch, P. (Hg.), *Lateinische Lyrik des Mittelalters. Lateinisch/Deutsch.* Ausgewählt, übers. u. komm., Stuttgart 1985.

Kolmerschlag, E., *Interpretation und Übersetzung des »Conte de Floire et Blancheflor«. Poetische Herrschaftslegitimation im höfischen Roman*, Frankfurt a.M. usw. 1995.

Lyrik des Mittelalters. Probleme und Interpretationen. Von H. Bergner, P. Klopsch, U. Müller, D. Rieger und F. Wolfzettel, hg. v. H. Bergner, Stuttgart 1983, 2 Bde. (I: ›Die mittellateinische Lyrik; Die altprovenzalische Lyrik; Die mittelalterliche Lyrik Nordfrankreichs‹)

Le Mesnagier de Paris. Texte édité par G.E. Brereton et J.M. Ferrier. Trad. et notes par K. Ueltschi, Paris: Le Livre de Poche, 1994.

Montaiglon, A. de/ Raynaud, G., *Recueil général et complet des Fabliaux des XIIIe et XIVe siècles*, Paris: Librairie des Bibliophiles, 1877.

Marie de France, *Les Lais*, publiés par J. Rychner, Paris: Champion, 1983.

Marie de France, *Die Lais.* Übers., mit einer Einl., einer Bibliogr. sowie Anmerkungen versehen von D. Rieger, München 1980.

Otto Bischof von Freising, *Chronik oder Die Geschichte der Zwei Staaten.* Übers. v. A. Schmidt. Hg. v. W. Lammers, Darmstadt 1961.

Ovidius Naso, Publius, *Metamorphosen. Epos in 15 Büchern*, übers. u. hg. v. H. Breitenbach, mit einer Einl. von L.P. Wilkinson, Stuttgart 1988.

»Ovide moralisé«. Poème du commencement du quatorzième siècle, publié d'après tous les manuscrits connus par C. De Boer, Amsterdam 1915–38, Reprint Wiesbaden 1966.

Pauphilet, A./ Pognon, E., (Hgg.), *Historiens et Chroniqueurs du Moyen Age. Robert de Clari, Villehardouin, Joinville, Froissart*, Paris: Gallimard, 1952.

Pauphilet, A. (Hg.), *Poètes et romanciers du Moyen Age*, Paris: Gallimard, 1952.

La vie du Pape Saint Grégoire ou La légende du bon pécheur – Das Leben des heiligen Papstes Gregorius oder Die Legende vom guten Sünder. Text nach der Ausg. v. H. B. Sol mit Übers. u. Vorwort v. I. Kasten, München 1991.

Der Physiologus. Tiere und ihre Symbolik. Übertr. u. erl. v. O. Seel, Zürich-München 1992.

Rau, R. (Hg.), *Quellen zur karolingischen Reichsgeschichte*. Teil 1: *Die Reichsannalen. Einhard, Leben Karls des Großen. Zwei »Leben« Ludwigs. Nithard, Geschichten*. Unter Benutzung der Übers. v. O. Abel u. J. v. Jasmund neu bearb., Darmstadt, Reprogr. Nachdruck 1993.

Raoul de Hodenc, *Le Roman des Eles – The Anonymous Ordene de Chevalerie*. Critical editions with introductions, notes, glossary and translations by K. Busby, Amsterdam/ Philadelphia, 1983.

Renart le Contrefait, éd. G. Raynaud et H. Lemaître, Paris 1914, 2 Bde.

Majorano, M., *Il Roman des Eles di Raoul de Houdenc*. Edizione critica, con introduzione, note e glossario, Bari 1983.

Li romans de Carité et Miserere du Renclus de Moiliens, Poèmes de la fin du XIIe siècle. Éd. critique, éd. A.-G. Van Hamel, Paris, 1885.

Robert de Clari, *La Conqueste de Constantinople*, éd. Ph. Lauer, Paris 1974.

Le Roman d'Eneas. Übers. u. eingel. v. M. Schöler-Beinhauer, München 1972.

Le Roman de Thèbes, éd. G. Raynaud de Lage, Paris: Champion, 1966, 2 Bde.

Richthofen, E. v. (Hg.), *Vier altfranzösische Lais. Chievrefeuil, Äustic, Bisclavret, Guingamor*, Tübingen ³1968.

Sankt Alexius. Altfranzösische Legendendichtung des 11. Jahrhunderts. Hg. v. G. Rohlfs, Tübingen ⁵1968.

Das Leben des heiligen Alexius. Aus dem Altfranz. übers. v. K. Berns, München 1968.

Schwarze, Chr., *Der altprovenzalische ›Boeci‹*, Münster 1963.

Thomas, *Tristan*. Eingel., textkritisch bearbeitet u. übers. v. G. Bonath, München 1986.

Tristan et Iseut. Les poèmes français – La saga norroise. Textes originaux et intégraux présentés, traduits et commentés par D. Lacroix et Ph. Walter, Paris: Librairie Générale Française, 1989.

Das altfranzösische Fablel du Vilain Mire. Kritischer Text mit Einl., Anmerkungen u. Glossar, hg. v. C. Zipperling, Halle 1912.

Villon, François, *Das Kleine und das Große Testament*. Französisch/Deutsch, hg., übers. u. komm. v. F.-R. Hausmann, Stuttgart 1988.

Wilhelmsepen. Le Couronnement de Louis – Le Charroi de Nîmes – La Prise d'Orange. Eingel. v. M. Heintze, übers. v. B. Hesse, München 1993.

Sekundärliteratur

Auerbach, E., *Literatursprache und Publikum in der lateinischen Spätantike und im Mittelalter*, Bern 1958.

Badel, P.-Y., *Introduction à la vie littéraire du Moyen Age*, Paris: Bordas, 1969.

Bächtold-Stäubli, H./ Hoffmann-Krayer, E. (Hgg.), *Handwörterbuch des deutschen Aberglaubens*, Berlin-New York, 1987, 10 Bde. (Reprint der Ausg. 1927) (*HWDA*).

Barthel, G./ Stock, K. (Hgg.), *Lexikon Arabische Welt. Kultur, Lebensweise, Wirtschaft, Politik und Natur im Nahen Osten und Nordafrika*, Darmstadt 1994 (*LAW*).

Beasts and Birds of the Middle Ages: the Bestiary and its Legacy, dir. by W.B. Clark and M.T.

McMunn, Philadelphia: Univ. of Pennsylvania Press, 1989.

Bender, K.-H., *König und Vasall. Untersuchungen zur Chanson de Geste des XII. Jahrhunderts*, Heidelberg 1967.

Berschin, H./ Felixberger, J./ Goebl, H., *Französische Sprachgeschichte. Lateinische Basis. Interne und externe Geschichte. Sprachliche Gliederung Frankreichs. Mit einer Einführung in die historische Sprachwissenschaft*, München 1978 u.ö.

Besson, W. (Hg.), *Geschichte. Das Fischer Lexikon*, Frankfurt a.M. 1961.

Bodmer, Fr., *Die Sprachen der Welt. Geschichte – Grammatik – Wortschatz in vergleichender Darstellung*, Herrsching 1989.

Bossuat, R. (Hg.), *Manuel bibliographique de la littérature française du Moyen Âge*, Melun-Paris, 1951–61.

Botheroyd, S. u. P., *Lexikon der keltischen Mythologie*, München [3]1995.

Bräuer, R. (Hg.), *Dichtung des europäischen Mittelalters. Ein Führer durch die erzählende Literatur*, München 1990.

Brinkmann, H., *Mittelalterliche Hermeneutik*, Tübingen 1980.

Brogsitter, K.O., *Artusepik*, Stuttgart [2]1965.

Buck, A., *Humanismus. Seine europäische Entwicklung in Dokumenten und Darstellungen*, Freiburg-München 1987.

Bumke, J. (Hg.), *Literarisches Mäzenatentum. Ausgewählte Forschungen zur Rolle des Gönners und Auftraggebers in der mittelalterlichen Literatur*, Darmstadt 1982.

Bumke, J., *Höfische Kultur. Literatur und Gesellschaft im hohen Mittelalter*, München [7]1994.

Burkhardt, H. u.a. (Hgg.), *Das große Bibellexikon*, Wuppertal-Gießen 1980–1989, 3 Bde. (*GBL*).

Curtius, E.R., »Zur Interpretation des Alexiusliedes«, in: *Zeitschrift für romanische Philologie* 56, 1936, S. 113–137.

Curtius, E.R., *Europäische Literatur und lateinisches Mittelalter*, Bern-München [6]1967 (*ELLMA*).

Delort, R., *La vie au moyen âge*, Paris: Seuil, 1982.

Dictionnaire des Lettres Françaises publié sous la direction du Cardinal G. Grente. *Le Moyen Age* ouvrage préparé par R. Bossuat et al. Éd. entièrement revue et mise à jour sous la direction de G. Hasenohr et M. Zink, Paris: Fayard, 1992 (*DLF*).

Dinzelbacher, P. (Hg.), *Europäische Mentalitätsgeschichte. Hauptthemen in Einzeldarstellungen*, Stuttgart 1993 (*EMG*).

Dinzelbacher, P. (Hg.), *Sachwörterbuch der Mediävistik*, Stuttgart 1992 (*SWB*).

Ehlers, K., ›Clerc‹ und ›Clergie‹ im Sprachgebrauch des mittelalterlichen Frankreich. Eine Abhandlung über den Begriff des Gelehrten und der Gelehrsamkeit im Frankreich des 11. bis 14. Jahrhunderts, Phil. Diss. Marburg 1940, gedr. Bückeburg.

Engler, W., *Lexikon der französischen Literatur*, Stuttgart [2]1984.

Enzyklopädie des Märchens. Handwörterbuch zur historischen und vergleichenden Erzählforschung, hg. v. K. Ranke, Berlin-New York 1977f. (bisher 7 Bde.) (*EnzMär*)

Evans, J., *Das Leben im mittelalterlichen Frankreich*, Köln 1960.

Flasch, J., *Das philosophische Denken im Mittelalter. Von Augustinus zu Machiavelli*, Stuttgart 1986.

Foerster, W., *Wörterbuch zu Kristian von Troyes' sämtlichen Werken*. Revidiert u. neubearb. v. H. Breuer, Tübingen [5]1973.

Glunz, H.H., *Die Literarästhetik des europäischen Mittelalters. Wolfram, Rosenroman, Chaucer, Dante*, Bochum-Langendreer 1937; Reprint Darmstadt 1961.

Grabois, A., *Enzyklopädie des Mittealters*, Zürich o.J. (*EnzMA*).

Greimas, A.J., *Dictionnaire de l'Ancien Français jusqu'au milieu du XIVe siècle*, Paris: Larousse, [2]1986.

Grimm, J. u. W., *Deutsches Wörterbuch*, München 1984, 33 Bde. (*DWB*).

Grimm, J. u.a. (Hg.), *Einführung in die französische Literaturwissenschaft*, Stuttgart [3]1987.

Grimm, J. (Hg.), *Französische Literaturgeschichte*, 3., um die frankophonen Literaturen außerhalb Frankreichs erweiterte Aufl., Stuttgart-Weimar 1994.

Grosse, M., *Das Buch im Roman. Studien zum Buchverweis und Autoritätszitat in altfranzösischen Texten*, München 1994.

Gurjewitsch, A., *Das Weltbild des mittelalterlichen Menschen*, München 1982.

Hauser, A., *Sozialgeschichte der Kunst und Literatur*, München 1953.

Hausmann, F.-R. u.a. (Hgg.), *Französische Poetiken*. Teil I: ›Texte zur Dichtungstheorie vom 16. bis zum Beginn des 19. Jahrhunderts‹, Stuttgart 1975.

Heim, W.-D., *Romanen und Germanen in Charlemagnes Reich. Untersuchung zur Benennung romanischer und germanischer Völker, Sprachen und Länder in französischen Dichtungen des Mittelalters*, München 1984.

Hess, R. u.a. (Hgg.), *Literaturwissenschaftliches Wörterbuch für Romanisten*, Tübingen [3]1989 (*LWR*).

Historisches Wörterbuch der Philosophie, hgg. v. J. Ritter/ K. Gründer, Basel-Stuttgart, 1971f. (*HWBPh*).

Historisches Wörterbuch der Rhetorik, hg. v. G. Ueding, Tübingen 1992 f. (*HWBRh*).

Hofer, St., *Chrétien de Troyes. Leben und Werk*, Graz-Köln 1954.

Holmes, G. (Hg.), *Europa im Mittelalter*. Aus d. Engl. v. J.G. Scheffner, Stuttgart-Weimar 1993.

Hunger, H. u.a. (Hgg.), *Geschichte der Textüberlieferung der antiken und mittelalterlichen Literatur*, Zürich 1961 (Bd.1: ›Antikes und mittelalterliches Buch- und Schriftwesen. Überlieferungsgeschichte der antiken Literatur‹); K. Langosch u.a. (Hgg.), Zürich 1964 (Bd. 2: Überlieferungsgeschichte der mittelalterlichen Literatur).

Kindlers Literatur Lexikon im dtv, München 1974, 25 Bde. (*KLL*).

Kindlers Neues Literatur Lexikon, hg. v. W. Jens, München 1988–92, 20 Bde. (*KNLL*).

Köhler, E., *Ideal und Wirklichkeit in der höfischen Epik. Studien zur Form der frühen Artus- und Graldichtung*, Tübingen [2]1970.

Köhler, E., *Vorlesungen zur Geschichte der Französischen Literatur. Mittelalter I u. II*, hg. v. H. Krauß u. D. Rieger, Stuttgart 1985.

Krauß, H. (Hg.), *Altfranzösische Epik*, Darmstadt 1978.

Langlois, Ch.-V., *La vie en France au Moyen Âge de la fin du XIIe au milieu du XIVe siècle d'après les romans mondains du temps*, Paris: Hachette, 1924, 2 Bde.

Langosch, K., *Lateinisches Mittelalter. Einleitung in Sprache und Literatur*, Darmstadt 1963.

Lexikon der christlichen Ikonographie, hg. v. E. Kirschbaum u.a., Rom usw. 1990, 8 Bde. (*LCI*)

Lexikon des Mittelalters, München-Zürich 1980f. (bisher 8 Bde.) (*LexMA*)

Liede, A., *Dichtung als Spiel. Studien zur Unsinnspoesie an den Grenzen der Sprache*, Berlin 1963, 2 Bde.

Lough, J., *Writer and Public in France. From the Middle Ages to the Present Day*, Oxford: Clarendon Press, 1978.

Lubac, H. de, *Exégèse médiévale. Les quatre sens de l'écriture*, Paris: Aubier, 1959–61, 2 Bde.

Mertens, V./ Müller, U. (Hgg.), *Epische Stoffe des Mittelalters*, Stuttgart 1984 (*ESM*).

Mettke, H. (Hg.), *Altdeutsche Texte*. Ausgewählt u. komm., Leipzig [2]1987.

Mölk, U., *Französische Literarästhetik des 12. und 13. Jahrhunderts. Prologe-Exkurse-Epiloge*, Tübingen 1969.

Der Grosse Ploetz. Auszug aus der Geschichte, Freiburg-Würzburg [30]1986.

Pollmann, L., *Die Liebe in der hochmittelalterlichen Literatur Frankreichs. Versuch einer historischen Phänomenologie*, Frankfurt a.M. 1966.

Presser, H., *Das Buch vom Buch*, Bremen 1962.

Reallexikon für Antike und Christentum. Sachwörterbuch zur Auseinandersetzung des Christentums mit der antiken Welt, hg. v. Th. Klauser, Stuttgart 1950f. (bisher 16 Bde.) (*RAC*).

Rohr, R., *Matière, Sens, Conjointure. Methodologische Einführung in die französische und provenzalische Literatur des Mittelalters*, Darmstadt 1978.

Schmolke-Hasselmann, B., *Der arthurische Versroman von Chrestien bis Froissart. Zur Geschichte einer Gattung*, Tübingen 1980.

Schoell, K., *Das komische Theater des französischen Mittelalters*, München 1975.

Schöning, U., *Thebenroman – Eneasroman – Trojaroman. Studien zur Rezeption der Antike in der französischen Literatur des 12. Jahrhunderts*, Tübingen 1991.

Schultz, A., *Das höfische Leben zur Zeit der Minnesinger*, Leipzig ²1889, 2 Bde., Reprint Osnabrück 1965.

Schweikle, G. u. I. (Hgg.), *Metzler Literatur Lexikon. Begriffe und Definitionen*, Stuttgart ²1990.

Sergijewskij, M.W., *Geschichte der französischen Sprache*, München 1979.

Seznec, J., *La Survivance des Dieux antiques. Essai sur le rôle de la tradition mythologique dans l'Humanisme et dans l'art de la Renaissance*, Paris: Flammarion, 1993 (dt. J. Jatho, München 1990).

Straub, R.E.F., *David Aubert, escripvain et clerc*, Amsterdam-Atlanta GA, 1995.

Suchanek-Fröhlich, St., *Kulturgeschichte Frankreichs*, Stuttgart 1966.

Tagliavini, C., *Einführung in die romanische Philologie. Studienausg.*, München 1973.

Tusculum-Lexikon griechischer und lateinischer Autoren des Altertums und des Mittelalters völlig neu bearbeitet v. W. Buchwald u.a., München 1963.

Vernet, A. (Hg.), *Histoire des bibliothèques françaises. Les bibliothèques médiévales. Du VIᵉ siècle à 1530*, Promodis 1989.

Voorwinden, N./ de Haan, M. (Hgg.), *Oral Poetry. Das Problem der Mündlichkeit mittelalterlicher epischer Dichtung*, Darmstadt 1979.

Voss, J., *Das Mittelalter im historischen Denken Frankreichs. Untersuchungen zur Geschichte des Mittelalterbegriffs und der Mittelalterbewertung von der zweiten Hälfte des 16. bis zur Mitte des 19. Jahrhunderts*, München 1972.

Vossler, K., *Frankreichs Kultur und Sprache. Geschichte der französischen Schriftsprache von den Anfängen bis zur Gegenwart*, Heidelberg ²1929.

Walther, K.K., *Lexikon der Buchkunst und Bibliophilie*, München 1995.

Wattenbach, W., *Das Schriftwesen im Mittelalter*, Leipzig 1896, Reprint Graz ⁴1958.

Wehrli, M., *Literatur im deutschen Mittelalter. Eine poetologische Einführung*, Stuttgart: Reclam, 1984.

Wentzlaff-Eggebert, F.-W., *Kreuzzugsdichtung des Mittelalters. Studien zu ihrer geschichtlichen und dichterischen Wirklichkeit*, Berlin 1960.

REGISTER DER WICHTIGSTEN EIGENNAMEN UND WERKTITEL

Französische Literaturgeschichte

Herausgegeben von Jürgen Grimm
3., aktualisierte und um die frankophonen
Literaturen außerhalb Frankreichs (Belgien, Kanada,
Karibik, Maghreb, Schwarzafrika) erweiterte Auflage.
1994. X, 477 Seiten, 235 Abb., gebunden
ISBN 3 - 476 - 01228 -X

Diese neue Literaturgeschichte, nach Epochen angeordnet, reicht von den ersten Textzeugnissen der karolingischen Zeit bis in die Gegenwart. Die Kapitel sind nach Gattungen gegliedert: Drama, Epik, Lyrik; außerdem werden die Essayistik, Moralistik, Geschichtsschreibung, Salon- und Memoirenliteratur behandelt. Weiterführende Literaturangaben sowie ausführliche Autoren- und Werkregister vervollständigen den Band. Marginalien, Dichterporträts und zahlreiche Abbildungen aus der Welt des Films und des Theaters, aus Malerei und Architektur betonen die lebendige Darstellung. Das Buch bietet einen ebenso materialreichen wie unterhaltsamen Überblick der Literatur unserer französischen Nachbarn.

»Ein luxuriöses Schulbuch, auch für den Hausgebrauch, für Wissensdurstige, für Systematiker. Eine Anleitung zum Einordnen von Literatur in historische und gesellschaftliche Zusammenhänge. Eine repräsentative Bestandsaufnahme durch neun Jahrhunderte von den Anfängen der französischen Buchproduktion bis zur Gegenwart. Verständlich und informativ geschrieben.«

Basler Zeitung

VERLAG J.B. METZLER

Italienische Literaturgeschichte
Herausgegeben von Volker Kapp
2., verbesserte Auflage.
1994. X, 427 Seiten, 430 Abb., gebunden
ISBN 3 - 476 - 01277- 8

Im Mittelpunkt dieser Literaturgeschichte stehen die
großen Werke und Autoren, die Einfluß genommen
haben auf die Herausbildung der italienischen und der
gesamten europäischen Literatur. Schwerpunkte bilden
u. a. Dante, Petrarca, Boccaccio im 14. Jahrhundert, die
Humanisten und Renaissancedichter im 15. Jahrhundert; Ariost, Tasso und Machiavelli dominieren im
16. Jahrhundert, während das gesamte Denken im
17. Jahrhundert durch Galilei eine bedeutende
Umwandlung erfährt. Die Besonderheit der italienischen
Romantik wird an Foscolo, Leopardi oder Manzoni
deutlich, und die neuere Literatur reicht von Pirandello
bis Dario Fo, von Ungaretti zu Manganelli, von d'An-
nunzio bis Eco. Die italienische Literaturgeschichte gibt
einen informativen Überblick über die vielen Facetten
des literarischen Lebens, die kulturelle Entwicklung in
der Oper wie des Theaters und die historischen Hinter-
gründe des Landes.

»Entstanden ist ein in seiner Informationsfülle beein-
druckender, insgesamt höchst aufschlußreicher, zudem
spannend zu lesender Streifzug durch acht Jahrhunderte
italienischer Literaturgeschichte.«
                                    Stuttgarter Zeitung

VERLAG
J.B. METZLER